Jürg Willi

Therapie der Zweierbeziehung

Analytisch orientierte Paartherapie
Anwendung des Kollusions-Konzeptes
Handhabung der therapeutischen
Dreiecksbeziehung

Rowohlt

Umschlagentwurf Werner Rebhuhn

1.–24. Tausend August 1978
25.–29. Tausend Juni 1982
Copyright © 1978 by Rowohlt Verlag GmbH, Reinbek bei Hamburg
Alle Rechte vorbehalten
Gesamtherstellung Clausen & Bosse, Leck
Printed in Germany
ISBN 3 498 07285 4

Inhalt

Einleitung

Dieses Buch handelt von Paartherapie und ist somit zunächst mal an Fachleute gerichtet. Soll es auch dem nicht psychotherapeutisch Tätigen empfohlen werden? Besteht nicht die Gefahr, daß der Laie heute durch psychologische Literatur verwirrt und neurotisiert wird und höchstens intellektuell davon profitieren kann? Versperrt ein derartiges Buch nicht sogar den Zugang zur Therapie?

Solche Fragen sind schwer zu beantworten. Ich bin diesbezüglich nicht so pessimistisch wie manche meiner Kollegen. Ich glaube, es lassen sich heute gerade im Bereich der Partnerbeziehungen stark emotionale Prozesse erfassen, denen die Gesellschaft als Ganzes unterworfen ist. Therapie einer Zweierbeziehung ist deshalb nicht nur etwas, das dieses oder jenes Paar in seinen speziellen Schwierigkeiten betrifft, vielmehr finden sich die Partnerprobleme, die unsere Gesellschaft bewegen, in jede Paartherapie hineinverwoben. Jedes Paar steht in Therapie stellvertretend für viele andere mit ähnlichen Problemen. Die Gesellschaft erweist sich nach meiner Überzeugung durchaus als fähig zu einem differenzierten Reifungsprozeß. So bin ich überzeugt, daß das intensive Suchen der heutigen Gesellschaft nach einer besseren Gestaltung von Partnerbeziehungen langfristig von Erfolg gekrönt sein wird. Dieser Prozeß ist aber krisenhaft, beschwerlich und führt über Sackgassen und Irrwege. Wir Psychotherapeuten können auch nichts Genaues sagen, wie sich dieser Prozeß entwickeln wird. Wir können aber unsere Erfahrungen aus der Therapie mitteilen und darauf hinweisen, daß der gesellschaftliche Reifungsprozeß wahrscheinlich in mancher Hinsicht einem ähnlichen Verlauf folgen wird wie der psychotherapeutische Reifungsprozeß. Gerade im Beispiel der sexuellen Liberalisierung der letzten Jahre sehe ich eine gesamthaft gesehen positive Bestätigung für einen derartigen Wandel der Einstellung im Sinne von Freiheit und Selbstverantwortung. Nach einer Phase der revolutionären Befreiung von einschränkenden moralischen Tabus und der Verkehrung von Verboten in Gebote können wir heute eine Phase sich anbahnen sehen, die gegenüber dem, was früher war, ein echter Fortschritt ist. Sex weder als Sünde noch als Pflicht und Leistung, sondern Sex soweit man darin Freude und Beglückung findet, womit der seelische Aspekt und die Partnerbezogenheit der Sexualität wieder mehr betont wird. Sexuelle Beziehungen können denn auch wieder eher verweigert werden, wenn man dazu keine Lust hat oder man für einen Partner nicht ausreichend Sympathien empfindet, ohne sich deswegen sexuell verklemmt vorkommen zu müssen. Dieser von der Gesellschaft vollzogene Prozeß deckt sich bis ins Detail mit dem analytischen Therapieverlauf eines Neurotikers, der unter einem strengen Über-Ich in seiner sexuellen Erlebnisfähigkeit behindert war und der in der Therapie nach einer forcierten Befreiungsphase allmählich lernt, Sexualität nicht zur bloßen Triebbefriedigung oder Selbstbestätigung zu betreiben, sondern als integralen Bestandteil liebevoller Partnerbeziehungen zu erfahren.

Bereits heute zeichnet sich im Suchen der Gesellschaft nach einer Neugestaltung von Partnerbeziehungen ein prozeßhafter Verlauf ab. Es hat sich nicht ereignet, was in der revolutionären Phase befürchtet worden war. Es kam nicht zur generellen Auflösung dauerhafter Paarbildungen, nicht zum Übergang zu Gruppenehen oder zu beziehungslosem und ungebundenem Gruppensex. Vielmehr scheint sich ein subtiler Sinn für Treue im Sinne von Verläßlichkeit herausbilden. Mindestens bei jüngeren und gebildeten Paaren hat sich die Erkenntnis verbreitet, daß man sich in einer Partnerschaft persönlich nicht aufgeben darf, sondern sich selbst bleiben muß. Wieviel Abgrenzung notwendig ist, um sich selbst zu bewahren, andererseits aber nicht in Beziehungslosigkeit zu verfallen, ist heute eines der zentralsten Probleme, die die meisten Paare in der Therapie beschäftigen. Es wird auch das zentrale Problem des in diesem Buch ausführlich beschriebenen Paares sein.

Der Bedarf an Psychotherapie wird mit der rasch zunehmenden Sensibilisierung der Gesellschaft für psychosoziale Probleme flutartig ansteigen. Als Fachleute müssen wir uns um Methoden bemühen, um einerseits breitere Kreise der Gesellschaft therapeutisch zu erreichen und andererseits Laien vermehrt zu motivieren, sich selbst, das heißt ohne direkte Inanspruchnahme von Fachtherapeuten, zu helfen. In diesem Sinne hoffe ich, daß auch Nichtfachleute durch ‹Die Zweierbeziehung› (1975) und durch ‹Therapie der Zweierbeziehung› persönlich angesprochen werden und für die Gestaltung ihrer Partnerbeziehung profitieren können.

Wenn man die beiden Bücher nebeneinander stellt, lassen sie sich folgendermaßen charakterisieren: ‹Die Zweierbeziehung› kann den Dienst einer topographischen Karte übernehmen. Sie vermittelt Übersicht, läßt den eigenen Standort ausmachen, das Ziel, das man erreichen möchte, erkennen und gibt Hinweise auf die Schwierigkeiten, die auf dem Weg zum Ziel zu erwarten sind. Aber die Betrachtung der Karte ersetzt einem nicht den Weg, den man zur Erreichung des Zieles unter die Füße nehmen muß. Die Karte ist wertvoll als Orientierungshilfe. ‹Therapie der Zweierbeziehung› dagegen ist eher ein Expeditionsbericht. Es finden sich darin praktische Anleitungen für den Expeditionsführer, aber auch ein Erfahrungsbericht über ein Paar, das sich auf den Weg gemacht hat und einigermaßen beglückt, aber mit blauem Auge und vielen Wunden an einem von ihm nicht klar vorausgesehenen Ziel angekommen ist. Das Lesen eines Erfahrungsberichtes kann durch die Identifikation mit den «Helden» ein Stück von deren Erlebnissen mitvollziehen lassen, manchmal so intensiv, daß sich das auf das eigene Leben auswirkt. Das Sich-Vertiefen in das Schicksal dieses Paares ist nicht Therapie, kann aber wohl doch in mancher Hinsicht klärend und hilfreich wirken. Ja, vielleicht finden sich manche, die sich aus der Distanz des Lesens leichter mit ihren Problemen befassen können und vielleicht froh sind, durch das Lesen von Therapieprotokollen sich ein klareres Bild über einen therapeutischen Prozeß machen zu können. Eine höhere Transparenz von dem, was sich in einer Therapie ereignen kann, sollte helfen, Vorurteile abzubauen und therapeutische Heilserwartungen auf ein realistisches Maß zu reduzieren.

1. Der Kampf der Geschlechter als Kollusion

Mein Name ist Jürg Willi, mein Beruf ist Psychiater und Psychotherapeut, mein Geschlecht ist männlich. Obwohl ich annehme, daß Sie aus dieser Ankündigung keine neuen Informationen entnehmen können, möchte ich damit meine Position definieren, das heißt, ich möchte die Begrenztheit meiner Fähigkeit, zu diesem Thema etwas auszusagen, klarstellen. Eine meiner wichtigsten Erfahrungen in der Paartherapie ist, in wie hohem Maße meine therapeutischen Interpretationen eines Paarkonfliktes geschlechtsgebunden sind. Diese Erfahrung, auf die ich im Rahmen meiner Ausbildung kaum hingewiesen worden war, hat mich erschüttert und mich ernsthaft an meiner Befähigung zur Paartherapie zweifeln lassen. Es bedeutet ein schwacher Trost zu sehen, daß auch andere psychotherapeutische Autoren derselben Schwierigkeit unterliegen.

Ich schreibe hier über den Kampf der Geschlechter als *männlicher* Psychotherapeut, der sich zwar ehrlich bemüht, Frauen zu verstehen, der aber diesbezüglich in einem Lernprozeß steht und bekennt, daß ihm die feministische Bewegung in mancher Hinsicht die Augen geöffnet hat für die Hypokrisie der Männer und die uns Männern oft kaum bewußten Benachteiligungen der Frauen. Wenn ich mich nicht eingehend über die gesellschaftlichen Hintergründe des Kampfes der Geschlechter äußere und kaum etwas sage über die für die Zukunft zu empfehlende Funktionsteilung in Haushalt, Kindererziehung und Berufsarbeit, so nicht, weil ich die Bedeutung dieser Probleme mißachte, sondern weil ich mich hier auf *einen* Aspekt des Problems beschränken möchte, nämlich auf die partnerbezogene Dimension.

Ich schreibe als *Psychotherapeut*, das heißt, ich gehe von den

Erfahrungen zum Thema aus, die ich im Rahmen meiner therapeutischen Arbeit, also im Umgang mit Paaren, die für die Behebung ihrer Schwierigkeiten therapeutische Hilfe beanspruchen, gewonnen habe. Dabei beachte ich jetzt weniger – wie es sonst bei der Diskussion dieses Themas üblich ist – die soziologischen und psychologischen Hintergründe, sondern eher die Art, wie dieser Kampf der Geschlechter ausgetragen wird.

Ausgehen möchte ich von der unterschiedlichen Art, wie Frau und Mann sich in der Paartherapie darstellen. Ich versuche dabei den *heutigen Ist-Zustand in der Therapie* zu beschreiben und sage damit nicht, daß dieser Zustand gottgewollt, von der Natur gegeben und für alle Zukunft so festgelegt sei. Als männlicher Therapeut möchte ich lediglich zu beschreiben versuchen, wie Mann und Frau mir in den eigenen Therapien, aber auch in vielen Paartherapien von weiblichen Kollegen, die ich begleiten konnte, erscheinen. Trotz individueller Abweichungen glaube ich, ein typisches Verhalten von Mann und Frau in der Therapie feststellen zu können.

1.1. Das weibliche Verhalten in der Therapie und dessen wertgebundene Interpretation

Meist ist es die Frau, die die Initiative ergreift und sich beim Psychotherapeuten oder Eheberater meldet. Sie ist es auch, die in weit höherem Maße in einer Ehekrise Hilfe außerhalb der Zweierbeziehung sucht, vor allem bei Verwandten und Freunden. In der Paarsitzung ist die Frau in der Regel in der Position der Klägerin. Sie beschuldigt den Mann, er sei an ihr desinteressiert, weiche ihr aus, habe kein Verständnis für sie, unterdrücke sie und sei ihr untreu. Weit mehr als der Mann gibt sie vielerlei körperliche und psychische Symptome an, wie Nervosität, Erschöpfung, Kopfweh, Schwindel, Verstopfung, Schlafstörungen und anderes mehr. Sie äußert auch depressive Verstimmung, Lebensverleider und Suizidgedanken. Sie präsentiert sich kränklich, schwach und hilfebedürftig oder droht mit Scheidung. Sie klagt darüber, mit der Kindererziehung allein gelassen zu werden und keine Möglichkeit zur Selbstentfaltung zu haben. Bezüglich des Leitbildes ihrer Beziehung setzt sie die absoluteren Maßstäbe. Sie sucht intensive Nähe, vorbehaltlose Offenheit, gegenseitige Einfühlung und Anteilnahme, absolute Treue und Gemeinsamkeit. Von diesen Maßstäben abzuweichen würde in ihrer Vorstellung oft die Hinfälligkeit der Beziehung oder das Absterben ihres Liebeslebens bedeuten. Meist ist sie überzeugt, es sei besser, hohe, wenn auch unerfüllbare Ansprüche an eine Beziehung zu stellen, als die Erwartungen auf Machbares zu reduzieren. Sie ist in ihren Ansprüchen aufdringlich und versetzt ihren Erwartungen eher durch Tränen, durch Einbezug von Bundesgenossen (Kinder, Freunde, Verwandte) oder durch Krankheitssymptome Nachdruck. Sie hat Angst, in ihren Forderungen nicht ernst genommen zu werden, und meint, je mehr sie durch emotional betontes Verhalten ihren Wünschen Ausdruck verleihe, desto eher würden diese gehört. Häufiger als der Mann ist sie von der Beziehung enttäuscht, fühlt sich betrogen und hat den Eindruck, weit mehr in die Beziehung investiert zu haben als der Mann. Für ihre persönliche Entfaltung erwartet sie die tatkräftige Unterstützung des Mannes.

Viele dieser Beobachtungen lassen sich auch statistisch belegen (D. BECKMANN 1976, 1977, DUSS 1975, FULLER 1963). Dieses Verhalten kann vom Beobachter sehr unterschiedlich interpretiert werden, auch wenn er sich um eine wertfreie und wissenschaftliche Sicht bemüht. Gemäß *psychiatrischer Nomenklatur* kann das Beobachtete *als hysterisch etikettiert* werden: Die Frau neige in ihrem übersteigerten Gefühlsausdruck zu unechter Theatralik, sie benütze die Beziehungen zu Drittpersonen – auch jene zum Therapeuten –, um ihren Partner zu manipulieren und gegen ihn zu intrigieren, sie versuche, ihn mit ihrem Leiden und Wehklagen zu erpressen und gebrauche ihre Schwäche als Hilfeappell, um die Umgebung zu tyrannisieren. Ihre unangemessenen Klagen seien irrational und realitätsfern, entbehrten jeder Logik und Objektivität und zeigten ein regressives und infantiles Verhalten. In ihrer Unreife erwarte sie alle Hilfe nur immer von der Umgebung ohne Bereitschaft, die Verantwortung für ihr eigenes Versagen zu übernehmen.

Man kann dasselbe Verhalten aber auch durchaus positiv werten: Dank der höheren Gefühlsoffenheit und Leidensfähigkeit (RICHTER 1974) der Frau sei sie eher motiviert, in einer unbefriedigenden Partnersituation Hilfe aufzusuchen und etwas für die Veränderung des unbefriedigenden Zustandes zu unternehmen. Sie wolle die Beziehung vorantreiben und sich nicht mit Halbheiten abfinden. Sie engagiere sich stärker als der Mann, um die Beziehung lebendig zu erhalten und in der Gemeinsamkeit Erfüllung zu finden. Dank ihrer höheren Gefühlsoffenheit leide sie zwar manifester, bleibe aber objektiv gesunder als der Mann (RICHTER 1974, BECKMANN 1976). Die Fähigkeit, eigene Schwächen einzugestehen und Hilfe zu beanspruchen, erweise sich als ihre Stärke. Durch ihre Fähigkeit, unter Stress regressive Verhaltensmuster zu benutzen, könne sie sich leichter wieder auffangen und sei deshalb eher in der Lage, schwierige Zeiten durchzustehen. Ihre Regression und Somatisierungstendenz stehe somit durchaus im Dienste des Ichs. BECKMANN (1976) stellt denn auch die Frage, ob eine Anpassung der Frau an das Männlichkeitsideal überhaupt wünschenswert sei.

Das affektiv oft übersteigerte Anklageverhalten der Frau kann zudem als einzig adäquate Reaktion auf die emotionale Unberührbarkeit des Mannes verstanden werden. Die Frau in ihrer Verzweiflung und in ihrem Gefühl, vom Mann nicht ernst genommen zu werden, habe den Eindruck, seinen Panzer nur durchdringen zu können, wenn sie mit scharfem Geschütz auf ihn losschieße.

Je nach persönlicher Einstellung wird also ein wissenschaftlicher Beobachter dasselbe Verhalten unterschiedlich interpretieren, wobei ihm gerade dann, wenn er sich anmaßt, wertfrei beobachten zu können, die größten Einseitigkeiten unterlaufen werden.

1.2. Das männliche Verhalten in der Therapie und dessen wertgebundene Interpretation

Männer erscheinen in der Regel widerstrebend zur Paartherapie. Sie sind eher der Ansicht, man müßte den Ehekonflikt untereinander austragen und keinen Drittpersonen eröffnen. Sie fühlen sich in der Therapiesituation unwohl. Sie äußern kein Bedürfnis nach einer Therapie, möchten aber einen guten Eindruck erwecken und erklären sich deshalb bereit, einmal mitzukommen, um mit dem Therapeuten zu sprechen, wie man der Frau am besten helfen könne. Sie erwarten vor allem einen kurzen Ratschlag. Wenn sie diesen nicht erhalten, zweifeln sie bald an der Kompetenz des Therapeuten. Sie glauben, durch lautstarke Auseinandersetzungen in der Therapie werde alles nur noch schlimmer. Sie verhalten sich den Anklagen der Frau gegenüber defensiv, versuchen sich zurückzuhalten, die Angriffe zu beschwichtigen, die Vorwürfe zu bagatellisieren und die Streitpunkte auf objektivierbare Sachprobleme zu reduzieren. Trotz der Unzufriedenheit der Frau und den dramatischen häuslichen Szenen sind sie angeblich mit ihrer Ehe recht zufrieden und möchten nichts Grundsätzliches geändert haben. Die scheinbare Maßlosigkeit der Vorwürfe von seiten der Frau gibt ihnen die Möglichkeit, sie dem Therapeuten als Patientin anzubieten: «Nun schauen Sie mal, wie Sie mit einer so unvernünftigen Frau fertig werden. Sie sehen ja, auf derartige Argumente kann ich nicht eintreten.»

Den Männern fällt es schwer, in der Therapie etwas von ihren Gefühlen zu zeigen. Sie befürchten, wenn sie eigene Ängste und Schwächen eingestehen würden, wären sie verkauft, hätten ihre Waffen der Frau übergeben, die jetzt die Möglichkeit hätte, die Geständnisse gegen sie zu verwenden. Sie lassen sich nicht gerne in die Karten gucken und sind überzeugt, als Mann selbst mit ihren Problemen fertig werden zu müssen. Insbesondere glauben sie, als Mann habe man unbegrenzt belastbar zu sein. Über lange Zeit lassen sie sich die Vorwürfe der Frau ohne Wimpernzucken gefallen. Sie glauben, sie müßten in der Lage sein, ihren Kopf einem Punchingball ähnlich hinzuhalten und die Frau darauf eintrommeln zu lassen. Nur selten kommt es im Rahmen der Therapie bei den Männern zu unkontrollierten Reaktionen, zu Wut- oder gar Drohgesten.

Das überkompensierende Bemühen des Mannes, eigene Gefühle von Angst, Schuld und Schwäche zu unterdrücken, behindert ihn auch in der Wahrnehmung und Ansprechbarkeit auf die Gefühle der Frau. Er attestiert sich rollenkonforme Tapferkeit, wenn er die Angriffe der Frau parieren kann, ohne ins Wanken zu geraten. Von der Frau aber wird diese Unberührbarkeit als Arroganz, seelische Grausamkeit und Sadismus erlebt.

Je nach Einstellung wird man auch dieses Verhalten unterschiedlich interpretieren können. In der offiziellen *Psychiatrie* gibt es für dieses typisch männliche Gebaren *keine psychopathologischen Begriffe*. Dieses Verhalten wird kaum als pathologisch diagnostiziert, obwohl die geringere Lebenserwartung der Männer, die höhere Rate von schweren psychosomatischen Organkrankheiten, von Suizid, von Alkoholismus und Kriminalität darauf hinweisen müßten, daß Männer häufiger krank sind als Frauen und somit dieses typisch männliche Verhalten einer pathogenen Abwehrhaltung entspricht. *Männer fallen auf durch die starke Identifikation mit den gesellschaftlichen Normen.* Es wäre für die Psychiatrie ein Widerspruch, wenn sie ein Verhalten, das sich vollends mit den geltenden gesellschaftlichen Werten und Normen deckt, als abnorm bezeichnen müßte. Wo kämen wir hin, wenn wir das Abnorme als normal und das Normentsprechende als abnormal bezeichnen würden? In der Therapie befürchten Männer, durch die behandlungsbedingte persönliche Erschütterung an Effizienz in der Erfüllung ihrer Leistungsnormen einzubüßen oder durch die angestrebte größere Gefühlsoffenheit sich in den Beziehungen am Arbeitsplatz weniger unter Kontrolle halten zu können und sich lächerlich zu machen. Männer haben Mühe zu zeigen, wenn es ihnen schlechtgeht und ihr Zusammenbruch droht. Vielmehr klammern sie sich dann um so krampfhafter an das männliche Rollenbild in der Hoffnung, darin erneuten Halt zu finden. Sie haben Angst, wenn sie sich ihre Belastung anmerken ließen, wären sie endgültig verloren, weil der Partner diese Schwäche ausnutzen würde, um sich über sie zu stürzen und sie zu vernichten. Gewalttätigkeit in der Ehe, über die heute so viel gesprochen wird, konnte ich vor allem bei folgenden Männern beobachten:

- bei Alkoholikern,
- bei Männern mit sexuellen Potenzstörungen, die sich von ihren Frauen lächerlich gemacht fühlen,
- bei alternden Männern, die, beunruhigt durch den spürbaren Kräfteschwund, fürchten, von ihren jüngeren Ehefrauen nicht mehr ernst genommen zu werden,
- und bei Arbeitern, die sich wegen ihrer niedrigen Lohnklasse von ihren Frauen verachtet fühlen.

STRAUS konnte statistisch nachweisen, daß es bei Ehemännern aus der Arbeiterklasse, die hinsichtlich ihrer «Ressourcen», wie geschätzte Charakterzüge, materielle Waren- und Dienstleistungen, gut dastanden, keine Korrelation zwischen Macht und Gewalttätigkeit gab, daß jedoch bei Ehemännern aus der Arbeiterschaft, deren Ressourcen gering waren, die Korrelation zwischen männlicher Macht und Gewalttätigkeit 0,49 betrug. Gerade auch dieses Phänomen kann unterschiedlich interpretiert werden: Man kann sagen, Männern sei jedes Mittel recht, um ihre überlegene Position aufrechtzuerhalten, selbst physische Gewalt, wenn andere Machtmittel versagen. Man kann aber auch darauf hinweisen, Männer stünden unter einem derartig normierten Rollenzwang, daß sie unter Angst vor Gesichtsverlust zur Gewaltanwendung Zuflucht nehmen.

Das überkompensierende Bemühen der Männer, Haltung und Selbstkontrolle zu wahren und die gesellschaftlichen Leistungsnormen zu erfüllen, treibt viele Männer dazu, ohne zu klagen bis zum Zusammenbruch auszuharren, sich kräftemäßig bis zum äußersten zu verausgaben und sich gesundheitlich zu ruinieren. Die Diskrepanz in der Lebenserwartung von Mann und Frau wird von Jahr zu Jahr größer. Man könnte Mitleid mit den Männern haben wegen ihrer selbst auferlegten Isolation, ihrem Eingeschlossensein in einer normierten Schale von Jovialität, Überlegenheit und flotter Tüchtigkeit, die ihnen so wenig Erlebnisfähigkeit, Lebendigkeit und Kontaktfähigkeit ermöglicht und sie gesundheitlich in so hohem Maße gefährdet. Man kann aber auch die Einstellung haben, sie seien selbst schuld, wenn sie sich in ihrem Herrscherwahn zugrunde richten wollten. Würden sie ihren nichtlegitimierten Anspruch auf Überlegenheit der Frau gegenüber aufgeben, so wären sie weniger dem Stress ausgesetzt und müßten sich nicht überfordern. Männer fühlen sich diesbezüglich allerdings von den Frauen in einer Beziehungsfalle (Double-bind-Situation) gefangen, in der sie, was immer sie tun, bestraft werden: Erfüllen sie die gesellschaftlichen Leistungsnormen, sind tüchtig, machen Karriere und verdienen viel Geld, so erfahren sie von seiten der Frau Neid, Eifersucht und Anschuldigung wegen männlichen Überlegenheitsanspruches. Versuchen sie aber, mehr von ihren Ängsten und Schwächen zu zeigen, Bedürfnisse nach mütterlicher Zuwendung an die Frau zu richten und auf berufliche Karriere zu verzichten, so bekommen sie von Frauen zu hören, sie seien keine Männer, sie seien Muttersöhnchen und seien nicht in der Lage, einer Familie anständige Lebensbedingungen zu verschaffen.

Nach BOSZORMENYI-NAGY (1977) übernimmt die Frau mit der Fortpflanzung mehr existentielle Verpflichtungen für die Gemeinschaft, als Männer es je können. Männer stellen sich damit schicksalshaft in eine Schuldnerposition, die von Frauen in regressiver Weise ausgebeutet werden kann. Zudem ist die – wie er es nennt – existential-ethische Bedeutung des Mannes wesentlich geringer, besonders heute, wo er nicht mehr als großer Krieger sein Leben riskieren oder durch berufliche Pioniertaten seine besondere Bedeutung legitimieren kann. Männer leiden an dem unbedeutenden Anteil an den lebenswichtigen Funktionen der Fortpflanzung und neigen dazu, ihre Schuld in selbstzerstörerischer Weise abzutragen. Männer sollten deshalb eine verantwortungsvollere Rolle bei der Gestaltung der Fortpflanzung und der Sorge um die neue Generation übernehmen können.

Das Bisherige möchte ich folgendermaßen zusammenfassen:
1. Mann und Frau zeigen in der Therapie typische voneinander

deutlich verschiedene Verhaltensweisen, die sich auch statistisch objektivieren lassen.

2. Die Interpretation dieser unterschiedlichen Verhaltensweisen ist aber in hohem Maße wertabhängig.

3. Sowohl die Verhaltensweisen des Mannes wie diejenigen der Frau können je nach Werthaltung positiv gedeutet oder negativ als unreif, infantil oder neurotisch deklariert werden.

4. Entscheidend wird somit die Werthaltung des Interpreten, in unserem Falle des Therapeuten sein. Seine Sicht wird stark vom eigenen Geschlecht bestimmt. Sich der Geschlechtsgebundenheit seiner Beobachtungen und Interpretationen bewußt zu werden, halte ich für eines der schwierigsten, aber auch wichtigsten Probleme der Paartherapie. Wie komme ich damit zurecht, daß in jeder Paartherapie, die ich durchführe, eine therapeutische Dreiecksbeziehung entsteht, in der doppelt so viel Männer wie Frauen anwesend sind, oder anders ausgedrückt, in der von der Geschlechterverteilung her immer eine 2:1-Relation besteht? Wie komme ich aber auch persönlich als Therapeut mit meiner Gegenübertragung zurecht, wenn ich feststelle, daß ich als Therapeut nicht geschlechtsneutral zu reagieren vermag, sondern mich deutlich geschlechtsgebunden von den Partnern ansprechen und in therapeutische Kollusionen verwickeln lasse? Wie sollen wir uns unparteiisch oder allparteiisch (STIERLIN) dem Austrag von Partnerkonflikten auszusetzen vermögen, wo wir Psychotherapeuten doch alle in eigenen ungelösten Partnerkonflikten befangen sind?

1.3. Die unterschiedliche Art von Mann und Frau, je nachdem, ob sie partnerschaftlich aufeinander bezogen sind oder nicht

In der Fachliteratur wird meist pauschal von Mann und Frau gesprochen. Eine weitere, für mich wichtige Erfahrung in der Paartherapie und -forschung ist die Feststellung, daß Mann und

Frau unterschiedliche Persönlichkeiten zeigen, je nachdem, ob wir sie in einer Paarsituation oder allein sehen.

C. Manika (1978) konnte diese Beobachtung in einer statistischen Untersuchung von 87 Ehepaaren nachweisen, die ich mit dem individuellen und dem Gemeinsamen Rorschach-Versuch in den Jahren 1966 bis 1970 untersucht hatte.

Die wesentlichsten Ergebnisse können folgendermaßen zusammengefaßt werden:

1. Im individuellen Rorschach-Test läßt sich keine typisch männliche oder weibliche Wahrnehmungs- und Deutungsart nachweisen.

2. Im Gemeinsamen Rorschach-Versuch, das heißt, wenn die Partner miteinander den Rorschach-Test absolvieren mit der Auflage, sich bei jeder Tafel auf eine Deutung zu einigen, zeigen sich dagegen wesentliche Unterschiede zwischen männlichem und fraulichem Deutungsverhalten. Männer lassen sich in der Zusammenarbeit mit ihren Frauen stärker zu guter Übersicht stimulieren, während Frauen den Männern diese Funktion eher überlassen. Männer zeigen in der Zusammenarbeit mit ihren Frauen eine stärkere Tendenz zu Affektkontrolle und Realitätsanpassung.

Vergleichen wir Männer im Einzelversuch und im Gemeinsamen Versuch, so werden sie in Anwesenheit ihrer Frauen zurückhaltender in Merkmalen, die auf innere Bewegtheit, Triebimpulse, innere Spannungen, Empfindsamkeiten und ängstlich-depressive Stimmungsreaktionen hinweisen. Sie werden im Gemeinsamen Rorschach-Versuch großzügiger, konventioneller und zeigen weniger von ihrer Gemütsverfassung.

Vergleichen wir Frauen im individuellen Versuch mit Frauen im Gemeinsamen Versuch, so fällt auf, daß sie mehr und ausgeprägtere, situationsbedingte Deutungsveränderungen zeigen als Männer. Im Gemeinsamen Versuch nimmt ihre Übersicht über die Gesamtaufgabe ab, sie werden unproduktiver und nehmen sich affektiv stärker zurück.

In der partnerschaftlichen Situation zeigen Männer also mehr Übersicht, mehr Realitätssinn, mehr Selbstbeherrschung und mehr Affektkontrolle, als wenn sie die Aufgabe allein lösen müssen, das heißt, sie scheinen in der Zusammenarbeit mit der Frau ich-stärker zu werden. Frauen dagegen verlieren in der gemeinsamen Aufgabe an Überblick und an Realitätssinn. Sie werden unproduktiver. Sie zeigen also in der gemeinsamen Situation eine Tendenz zur Ich- bzw. Persönlichkeitseinschränkung.

Diese Unterschiede zwischen individuellem Rorschach-Versuch und Gemeinsamem Rorschach-Versuch sind auf dem 1-Prozent- bzw. 5-Prozent-Niveau signifikant.

Der Gemeinsame Rorschach-Versuch gibt aber nicht nur Aufschlüsse über das emotionale Erleben, wie es sich im Deuten der Kleckstafeln zeigt, sondern er zeigt gleichzeitig, wie sich die Partner bei dieser Problemlösungsaufgabe verhalten, wer die Tafeln hält, wer Vorschläge bringt, wie diese Vorschläge beurteilt werden und wer sich schließlich mit seinem Vorschlag durchsetzt. Die Unterschiede zwischen Mann und Frau sind im Gemeinsamen Rorschach-Versuch im sozialen Verhalten viel ausgeprägter als im Wahrnehmen und Deuten der Kleckstafeln. Da zeigen sich Männer hochsignifikant aktiver, entscheidungsfreudiger und durchsetzungswilliger als die Frauen, während die Frauen sich viel stärker zurücknehmen und auf die Bestätigung des Mannes ausrichten. Der Unterschied im sozialen Verhalten ist somit viel größer als im emotionalen Erleben, das heißt, das soziale Rollenverhalten scheint viel bestimmender zu sein, als es vom emotionalen Erleben her zu erwarten und «zu rechtfertigen» wäre.

Vereinfacht können wir schlagwortartig sagen:

1. Frauen werden «fraulicher» und Männer «männlicher», wenn sie in einer Paarsituation aufeinander bezogen sind, wie wenn sie allein sind.

2. Die Unterschiede zwischen Frau und Mann sind im sozialen Verhalten viel ausgeprägter als im emotionalen Erleben.

Die Ergebnisse dieser Untersuchung bestätigen, was wir in

jeder Paartherapie zu hören bekommen. Besonders Frauen betonen immer wieder, sie seien vor der Heirat selbständig und selbstbewußt gewesen und könnten nicht verstehen, weshalb sie jetzt so abhängig und hilflos geworden seien. Auch wenn wir Patienten gleichzeitig in Einzel- und in Paartherapie haben, fällt uns immer wieder auf, wie derselbe Mann, der eben in der Einzeltherapie offen über seine Schwächen gesprochen hat, in der Paartherapie eine viel zurückhaltendere und kontrolliertere Pose annimmt oder dieselbe Frau, die in der Einzeltherapie zu einem konstruktiven Arbeitsbündnis befähigt war, sich in der gemeinsamen Situation viel regressiver und passiver verhält.

Wenn wir von Mann und Frau sprechen, sollten wir also immer den situativen Aspekt beachten. Wir sollten definieren, ob wir sie in einer partnerbezogenen Situation beobachten oder in einer Situation, wo sie stärker auf sich selbst gestellt sind. Ich bezeichne die auf den Partner bezogene Persönlichkeit als Interaktionspersönlichkeit, die, wie oben erwähnt, wesentlich von der auf sich selbst gestellten Persönlichkeit differieren kann. Die Interaktionspersönlichkeiten zweier Partner sind interdependent und sind stark vom unbewußten Zusammenspiel der Partner, von ihrer Kollusion, bestimmt.

Wenn U. SCHEU ihrem Buch den Titel gibt, ‹Wir werden nicht als Mädchen geboren – wir werden dazu gemacht›, so läßt sich für die Männer dasselbe sagen: Wir werden nicht zu Männern geboren – wir werden dazu gemacht. Wenn Männer aktiver und aggressiver sind, so beruht das wohl nicht nur auf einer entsprechenden biologischen Disposition (MACOBY und JACKLIN 1974), sondern auch auf einer entsprechenden Sozialisation, die aber nicht nur männlichem Herrschaftsbedürfnis entspricht, sondern auch von Frauen stimuliert oder ausgebeutet werden kann (BECKMANN, 1977, spricht von der Prostitution der männlichen Aggressionsbereitschaft).

Eine der Zielsetzungen der Paartherapie sehe ich in der Lockerung und im Abbau von zu starren Interaktionspersönlichkeiten. Die Partner sollten lernen, sich in der Paarsituation nicht so reaktiv durch die Persönlichkeit des Partners bestimmen zu lassen und sich dadurch in Kollusionen zu verwickeln, sondern sollten eine bezogene Individuation (STIERLIN) entfalten, das heißt, sie sollten sich als voneinander getrennt und zugleich aufeinander bezogen erleben können. In jeder Zweierbeziehung, sei diese nun gleichgeschlechtlich oder gegengeschlechtlich, besteht die Tendenz zur Funktionsteilung und damit zur Polarisierung der Verhaltensweisen.

Sowohl in unseren Untersuchungen mit dem Gemeinsamen Rorschach-Versuch wie auch in der Paartherapie läßt sich immer wieder feststellen, daß Frauen die Tendenz haben, unter ihren Möglichkeiten zu leben und Ansprüche zur Entfaltung der eigenen Persönlichkeit in einer Partnerbeziehung aufzugeben. JEAN BAKER MILLER (1973) beschreibt aus ihrer psychotherapeutischen Praxis Frauen, die im Zusammenhang mit der Heirat Phobien entwickelt hatten: Angst vor dem Eingeschlossensein, Gefühl, in einer Falle zu sitzen, Verlust der Kontrolle über die eigene Persönlichkeit, Angst, ohne den Mann auszugehen, allein Auto zu fahren oder irgendeine Entscheidung zu treffen. Diese Frauen waren in der Regel vor der Ehe relativ unabhängig, selbständig und energisch, sie hatten eine gute Berufsausbildung, gaben aber nach der Heirat zum Teil die Berufstätigkeit auf oder schränkten sie ein. Ihre Männer waren angeblich rücksichtsvoll und verständnisvoll, was die Frauen ihre Ängste und Depressionen als Undankbarkeit gegenüber dem Ehemann erleben ließ. BAKER MILLER als weibliche Therapeutin interpretiert diesen Befund als Folge der sanften Unterdrückungsmethoden dieser Ehemänner. Ich selbst habe ebenfalls viele in dieser Weise erkrankte Frauen behandelt, wobei mir als männlichem Therapeut bei diesen Frauen vor allem die regressive Tendenz auffiel, nämlich die Einstellung: «Jetzt habe ich ja einen Mann, der für mich sorgt, jetzt muß ich mich nicht mehr um meine eigene Entfaltung kümmern.»

Die Tatsache, daß Frauen häufig die Tendenz haben, in der Ehe zugunsten ihrer Bezugspersonen die eigene Entwicklung aufzugeben, ist nicht nur für sie selbst unbefriedigend und oft krankheitserzeugend, sondern kann zusätzlich die Umgebung erheblich gefährden. In dem Maße, in dem sich die Frau zurücknimmt und auf die eigene Entfaltung verzichtet, wird sie ein um so höheres Anspruchsniveau ihren Bezugspersonen gegenüber zeigen. Um ihrem Selbstverzicht einen Sinn zu geben, wird sie sich darauf verlegen, nur für und in ihren Bezugspersonen zu leben und sich in diesen verwirklichen zu wollen. Die Bezugspersonen sollen sich stellvertretend nach ihrem Idealbild entfalten und ihr die Befriedigung verschaffen, den tragenden Boden zu bilden, auf dem sie leben und wachsen können. Das kann für die Kinder gefährlich sein, die der Mutter als Substitut für das eigene Selbst oder Idealselbst (RICHTER 1969) dienen müssen. Wenn die Frau auf die Möglichkeit zur Selbstverwirklichung verzichtet, so soll der Sohn sich zu dem Mann entfalten, den sie «geschaffen» hat. Das Gefühl, die Mutter für den Verzicht auf ihre eigenen Möglichkeiten entschädigen zu müssen, kann dem Sohn zwar das Gefühl besonderer Wichtigkeit geben, ihn als Erwachsenen zur Erfüllung ehrgeiziger Ziele antreiben, durch die er der Mutter zeigen will, daß sich ihr Einsatz gelohnt hat. Der Sohn wird aber gerade durch seine Mutter zu jenem Typ Mann forciert, den die Feministen wiederum als Produkt einer patriarchalischen Gesellschaft bekämpfen.

Der Selbstverzicht der Frau ist aber auch gefährlich für den Mann. Zwar wird er zunächst dankbar sein, jemanden zu haben, der nur für ihn dazusein scheint, ihn unterstützt und fördert und ganz zu ihm hält. Sekundär kann das bei den Männern aber schwere Identitätskrisen in den mittleren Jahren begünstigen, wenn sie den Eindruck haben, unter der Förderung der Frau sich in eine Richtung entwickelt zu haben, die gar nicht ihrem eigenen Selbst entspricht. Plötzlich fühlen auch sie sich in einer Weise von sich selbst entfremdet, die dem Selbstverzicht der Frau nicht unähnlich ist, wenn auch der Mann dabei zumindest vordergründig durch seinen beruflichen Erfolg und sein Prestige entschädigt wird. Ausbruchversuche aus der Ehe, sinnlose Geldverschwendung, Trunksucht, aber auch psychosomatische Verschleißkrankheiten sind Ausdruck dieses auch für den Mann ungesunden Verhältnisses zur Frau.

Zusammenfassend läßt sich sagen: Eine langdauernde intensive Zweierbeziehung führt zu einer tiefgehenden Veränderung der Persönlichkeit beider Partner. Es kann zur ausgeprägten Bildung von Interaktionspersönlichkeiten kommen, das heißt zu Persönlichkeiten, die sich in ihrem Erscheinungsbild stark von der auf sich selbst gestellten Persönlichkeit unterscheiden und von den Erfordernissen einer Zweierbeziehung, insbesondere von der Persönlichkeit des Partners, maßgeblich bestimmt sind. Unter dem Einfluß des Partners kann jemand gesunder oder kränker werden. Es kann auch sein, daß sich der eine Partner auf Kosten des anderen gesund erhalten kann. Interaktionspersönlichkeiten sind interdependent, das heißt aufeinander abgestimmt und zeichnen sich durch eine vom Partner bestimmte Strukturierung aus. In diesem Sinne ist es berechtigt, daß die Partner sich gegenseitig vorhalten, durch den anderen «so gemacht» worden zu sein. Ein Ziel der Therapie wird darin liegen, die Interaktionspersönlichkeit mit der auf sich selbst gestellten Persönlichkeit vermehrt in Einklang zu bringen, was sowohl für die Gesundheit der Frau wie derjenigen des Mannes notwendig sein wird.

Geschiedene Männer haben eine dreimal höhere jährliche Sterberate als geschiedene Frauen. Bei Witwern tritt innerhalb der ersten sechs Monate nach dem Tod ihrer Frau der Tod um 40 Prozent häufiger ein, als statistisch zu erwarten wäre, wobei sich vor allem Tod an Koronarkrankheiten («gebrochenes Herz») häuft (PARKES et al. 1969). Nach Scheidung werden Männer um 20 Prozent häufiger psychiatrisch hospitalisiert als Frauen. Nach Scheidung oder Tod der Frau sind Männer besonders stark und deutlich mehr alkoholismusgefährdet als Frauen nach dem Verlust ihrer Männer (Bulletin der Deutschen Hauptstelle gegen die Suchtgefahren 1977). Diese Befunde könnten dafür sprechen, daß der Mann als Persönlichkeit vom Zusammenleben mit der Frau mehr profitiert als diese von ihm. Damit werde offensichtlich, daß er auf ihre Kosten lebe und sie ausbeute. Man kann aber ebensogut sagen, daß der Mann sich unter dem Einfluß der Frau stärker von sich selbst entferne, sich von der Frau abhängig mache und deshalb – wieder allein – mehr Mühe habe, zu sich zurückzufinden. In der Paartherapie ist für manche Frauen eines der erstaunlichsten Erlebnisse, vom Mann erstmals zu hören, wie abhängig er von ihr ist und wie verloren er sich ohne sie fühlen würde. Natürlich spielt dabei auch mit, daß der Mann bei einer Scheidung oft sein Heim und die Kinder verliert. In der Paartherapie wird eines der zentralen Ziele sein, daß Mann und Frau sich aus der beidseitigen «Selbstentfremdung» herausarbeiten und sich zu zwei eigenständigen, aufeinander bezogene, aber nicht voneinander bestimmte Persönlichkeiten entwickeln. Durch die stärkere Tendenz der Frau, sich für den Mann aufzugeben, wird dieser aufgeblasen und lebt quasi über seine persönlichen Verhältnisse, so daß er, plötzlich wieder auf sich selbst gestellt, in sich zusammenfällt. Die Tendenz der Frau, ihre Entwicklung für ihren Mann hintanzustellen, ist nicht nur für sie selbst schädlich, sondern bedeutet auch für den Mann einen fragwürdigen Gewinn.

1.4. Auswirkungen des Kampfes der Geschlechter in der heutigen Gesellschaft

Der Kampf der Geschlechter, wie er heute in gesellschaftlichen Dimensionen geführt wird, nimmt sich wie die Vergrößerung dessen aus, was sich als Kampf zwischen Mann und Frau in der Paartherapie darstellt.

Die Feministen überschütten die Männer mit Vorwürfen und Anklagen. Sie beschimpfen die Männer als Tyrannen, Ausbeuter, Paschas und Popanzen, wobei sie sich in ihren Angriffen zu überbieten suchen gemäß der Devise: Es kann den Männern überhaupt gar nie genug zugesetzt werden, denn das, was wir mit unseren Angriffen an Reaktionen bei ihnen auszulösen vermögen, wird immer zuwenig sein.

Analog zur Paartherapie zeichnet sich die Männerwelt von

außen gesehen durch Reaktionslosigkeit aus. Die Männer verhalten sich rein defensiv, versuchen den Angriffen der Frauen auszuweichen, sie zu beschwichtigen, ihnen mit oft heuchlerischer Aufgeschlossenheit entgegenzukommen, oder es wird versucht, mit wissenschaftlichen Argumenten und sachlichen Problemlösungsvorschlägen die Ansprüche der Frauen auf Machbares zu reduzieren. Im Grunde findet aber die direkte Konfrontation der Geschlechter gar nicht so recht statt, denn die Männer wollen sich offensichtlich nicht zum Kampf provozieren lassen, sondern glauben, der feministische Sturm werde sich am ehesten legen, wenn sie das ganze Getöse ohne Wimpernzucken über sich hereinbrechen und damit leerlaufen lassen. Bei den Männern verdichtet sich der Eindruck, wenn sie auf dieses Geschrei reagierten, würden die Frauen noch maßloser werden. Dabei besteht die Gefahr, daß das, was die Männer zu tapferem Ausharren und standhafter Duldsamkeit emporstilisieren, von den Frauen als blasierte Weigerung interpretiert wird, ernsthaft auf sie einzugehen. Ähnlich wie in der hysterischen Ehe besteht dann die Gefahr, daß die Frauen in ihren Vorwürfen immer maßloser, irrationaler und provokanter werden bis zu dem Punkt, wo die Männer in ihrer «Logik» sagen können, auf derartigen Unsinn zu reagieren, sei ihnen einfach nicht möglich.

Gibt es in diesem Kampf der Geschlechter überhaupt die Möglichkeit einer fairen, konstruktiven Lösung? Ich glaube, daß sich im Feminismus eine Tendenz abzeichnet, die sehr erfolgversprechend sein könnte. Die Frauen haben lange Zeit um die Gleichberechtigung gekämpft, wobei das Maß aller Dinge der Mann blieb. Die Frauen wollten beweisen, daß sie in jeder Hinsicht den Männern ebenbürtig seien, und bestätigten sich gerade in diesem dauernden Gleichseinwollen ihre als minderwertig empfundene Ungleichheit. Bestehende Verschiedenheiten von Mann und Frau wurden reduziert auf den kleinen anatomischen Unterschied, während alle anderen Unterschiede nur auf die repressive Sozialisation der Frau zurückgeführt wurden. Auf die Frage, «was ist die emanzipierte Frau?», ließ sich antworten, «der Mann!» In dieser wohl notwendigen Durchgangsphase konnten die Frauen keine eigene Identität finden.

In neuer Zeit wird eine andere Tendenz spürbar. Frauen wollen nicht mehr gegen Männer kämpfen, sondern sie wollen für sich selbst kämpfen. Sie ziehen sich in eigene Reviere zurück, aus denen sie die Männer ausschließen. Sie versuchen, einander in der Selbsterfahrung als Frau zu fördern, ihren fraulichen Körper zu erforschen und eine Gegenkultur zur einseitig von männlichen Werten bestimmten Welt aufzubauen. Diese neue Frauenbewegung will den Männern ihr Podest nicht mehr streitig machen, sondern stellt dieses Podest als solches in Frage. Sie sucht nach Alternativen, nach einer besseren Zukunft für die Kinder, nach Mütterlichkeit als politischer Faktor. In der von Frauen geschaffenen Gegenkultur soll Konkurrenzstreben, Machthunger, Geniekult und Scheinobjektivität an Bedeutung verlieren, ja, es kommt das Bewußtsein auf, daß nur das Ende der Männer-Herrschaft die Zerstörung der Natur zu verhindern vermöge. «Den Planeten heute der Herrschaft der Männer entreißen – um ihn morgen der Menschheit wiederzugeben» (FRANCOISE D'EAUBONNE). Frauen bilden exklusive Gruppen, in denen sie Gemeinschaft und Solidarität pflegen, in einer fröhlichen und spannungsfreien Atmosphäre kreativ sind und dabei eigene Werte entdecken. Nichts dürfte die Männer so sehr verunsichern wie dieser Ausschluß, diese Selbstgenügsamkeit, diese Demonstration, auf die Männer verzichten zu können. Sicher hat diese schroffe Abkehr noch eine provozierende Note, sicher wird die Solidarität dieser Frauen noch stark gefestigt durch das überhöhte Feindbild «Mann». Ich glaube aber, daß in dieser Entwicklung eine Chance liegt, die sich mit dem wesentlichen Anliegen der Paartherapie deckt: Die Befreiung von einem rollenkonformen Geschlechtsverhalten, aber nicht nur im Kampf um Veränderung äußerer Realitäten, sondern auch als ein verinnerlichter Vorgang. Die Partner müssen ihre Interaktionspersönlichkeiten, ihre überstarke Bezogenheit aufeinander abbauen. Die Beziehung soll nicht dazu dienen, sich selbst für den Partner aufzugeben, sondern soll im Gegenteil jedem von beiden die

Möglichkeit geben, sich durch den anderen und mit dem anderen besser zu erfahren und zu verwirklichen. Diese Entwicklung erfordert zunächst eine stärkere Abgrenzung vom Partner, eine Besinnung auf sich selbst, eine innere Scheidung und Trennung. Frauen brauchen für diese Selbstfindung zunächst den Ausschluß der Männer.

Aber auch bei den Männern tut sich was, wenn sich der Wandel auch mehr im stillen vollzieht. BECKMANN et al. (1977) stellten bei der 1975 durchgeführten Neustandardisierung des Gießentests fest, daß die seelische Wandlung der Westdeutschen seit 1968 sehr viel stärker die Männer ergriffen hat als die Frauen. Sowohl Männer wie Frauen beschreiben sich 1975 als liebevoller, kontaktoffener, phantasievoller, abhängiger. Die Männer zeigen einen statistisch gesicherten Zuwachs von Vertrauen zu anderen Menschen, in der Bereitschaft, aus sich herauszugehen und sich mit ihren emotionalen Bedürfnissen offen darzustellen. Überraschenderweise sind es nicht die jüngeren (18- bis 34jährigen), sondern die älteren Männer (35- bis 60jährigen), die am weitesten von den Daten von 1968 abgerückt sind. Wenn man die herkömmlichen Rollenklischees von «männlich» und «weiblich» zum Maßstab nimmt, könnte man sagen, daß der Gesamttrend deutlich in die Richtung von mehr «Weiblichkeit» weist. Im Durchschnitt sind die Frauen nicht kämpferischer und härter, dafür sind die Männer weicher und gefühlsbetonter geworden.

Auch diese Untersuchung von BECKMANN et al. zeigt die Interdependenz der Veränderungen von Mann und Frau. «Was sich die Männer in Hinsicht auf mehr Laxheit und Bequemlichkeit leisten, kompensieren die Frauen, indem sie sich – wie sie selbst sagen – vergleichsweise mehr Mühe schaffen, eher überordentlich und fürsorglicher als die Männer sind.»

In gesellschaftlichen Dimensionen scheint etwas in Bewegung zu geraten, was sich mit dem in der Paartherapie angestrebten Prozeß deckt. Frauen und Männer sind in unterschiedlicher Weise daran, die polar aufeinander bezogenen Rollenklischees zu überwinden und nach einer geschlechtlichen Identität zu suchen, die inneres Erleben und äußeres Verhalten in Einklang bringt. Dieser Prozeß verläuft krisenhaft und ist bei weitem noch nicht abgeschlossen. Ähnlich wie in einer Paartherapie erzeugt jede Veränderung der Gegenseite eine Abwehr, weil sie die eigene Veränderung notwendig macht und das Einspielen eines neuen Gleichgewichtes erfordert. So war und ist die Abwehr der Männer gegen die Frauenemanzipation unter anderem auch ein Widerstandsphänomen, das paardynamischen Gesetzmäßigkeiten entspricht. Schwieriger zu verstehen ist vielleicht, daß manche Frauen gereizt und unglücklich reagieren, wenn Männer sich an Hausarbeiten und Kindererziehung stärker engagieren und damit in einem Bereich, der zuvor ganz ihnen überlassen war, nicht nur mehr mitarbeiten, sondern auch stärker mitbestimmen. Nach BECKMANN et al. scheint es die Frauen auch zu verunsichern, die Männer verstärkt «in den eigenen traditionellen Monopolbereich der Gefühlswelt einbrechen zu sehen». Das wirkt zunächst paradox, entsprechen die Männer damit doch eigentlich nur den von den Frauen längst an sie gerichteten Forderungen. Und doch handelt es sich dabei um Reaktionsweisen, die wir in jeder Paartherapie als Widerstandsphänomen beobachten können.

2. Von den Störungen der Zweierbeziehung zur therapeutischen Dreierbeziehung

2.1. Kritik am Kollusionskonzept

Das Kollusionskonzept, wie 1975 dargestellt, befaßt sich mit dem unbewußten Zusammenspiel zweier Partner. Ich glaube, daß dieses Konzept für die Paartherapie bedeutungsvoll ist, daß es aber nicht alle Facetten der therapeutischen Realität abzudecken vermag. Ich möchte deshalb auf einige kritische Einwände Bezug nehmen, die helfen, das Kollusionskonzept in die angemessenen Proportionen für die Paartherapie zu setzen.

In ‹Die Zweierbeziehung› habe ich beschrieben, wie die Disposition, sich in Kollusionen zu verwickeln, stark von unbewältigten Beziehungskonflikten mit den Eltern, deren *Wurzeln bis in die frühe Kindheit zurückreichen*, bestimmt ist, oder von der Angst, in die gleichen Beziehungsstörungen zu geraten wie die Eltern in ihrer Ehe. Ergänzend bemerkt RICHTER (1976) zu Recht, daß Psychoanalytiker Gefahr laufen, die aktuellen Probleme ihrer Patienten immer nur unter dem Gesichtspunkt der Wiederholung früherer Kindheitserfahrungen zu sehen. Der Erwachsene ist aber mit einer Fülle von neuartigen sozialen Bedingungen konfrontiert, die er rein auf Grund seiner kindlichen Erfahrungsmuster weder voll verstehen noch praktisch bewältigen kann. Er muß somit neue Antworten auf Fragestellungen finden, die seine privaten Partnerbeziehungen betreffen. Die Psychoanalyse sollte *nicht nur die unzugänglich gewordenen Erinnerungen an die eigene Lebensgeschichte wieder erfahrbar machen, sondern auch die unbewußten Einwirkungen der momentanen realen Situation.* Dazu gehören die oft zuwenig bewußten aktuellen Zwänge und Ängste um die Erfüllung der geschlechtlichen Rollenanforderungen, aber auch die Verunsicherungen, die heute um das Leitbild einer Ehe bestehen – Institution Ehe, Arbeitsteilung zwischen Mann und Frau, Familiengründung, außereheliche Beziehungen usw. All diese Verunsicherungen verstärken den Zwiespalt zwischen beharrend traditionellen und emanzipatorischen Tendenzen innerhalb eines Paares und begünstigen die Bildung von Kollusionen.

Das Kollusionskonzept birgt ferner die Gefahr in sich, die *Paarbeziehung zu sehr als ein in sich geschlossenes dynamisches System* darzustellen. Man kann der Psychoanalyse nicht vorwerfen, sie beschäftige sich zu stark mit den innerseelischen Strukturen eines hypostasierten Individuums, um dann mit der nächstgrößeren Einheit, der Paarbeziehung, in die gleiche Einseitigkeit zu verfallen. Die «Zweierbeziehung» ist eine sozio-kulturelle Neubildung. In vielen Kulturen gibt es keine exklusive Paarbildung, die losgelöst von der Bezugsgruppe einen Eigenwert und ein Eigenleben hat. Bei der Heirat verbinden sich dort nicht in erster Linie zwei Partner, sondern eher zwei Familien miteinander. Man sieht in seiner Frau nicht so sehr eine Liebespartnerin als die Mutter seiner Kinder. Eine allzu große Intimität zweier Liebespartner wird von der Familiengruppe als störend empfunden und oft bewußt verhindert. Der zentrale familiäre Konflikt besteht dann gar nicht so sehr zwischen Mann und Frau wie zum Beispiel zwischen Schwiegermutter und Schwiegertochter, oder es bilden sich komplexere familiäre Konfliktfelder, aus denen sich die Ehebeziehung nicht isolieren läßt. Aber auch in unserer westlichen Welt ist eine Liebesehe keine allgemeine Gegebenheit. Häufig werden Ehen aus äußeren Erfordernissen geschlossen, etwa wegen eingetretener Schwangerschaft oder unter gesellschaftlichen, wirtschaftlichen und versorgungsmäßigen Erwägungen. Es kommt gar nicht zur eigentlichen Liebeswahl mit all den damit verbundenen tiefen Erwartungen an Glück, Erfüllung und Selbstbestätigung, so daß tiefere unbewußte Strebungen, wie sie bei der Bildung einer Kollusion wirksam sind, weniger aktualisiert werden. *In vielen Ehen lassen die äußeren Bedingungen die Entfaltung einer intimen Paardynamik gar nicht zu*, etwa bei Arbeitern, wo wegen beengenden Wohnverhältnissen und großer Kinderzahl das Paar gar nie allein sein kann. Zudem stehen Schwierigkeiten um die Existenzsicherung oder Konflikte, die sich aus den sozialen Realitäten ergeben, so im Vordergrund, daß die *therapeutische Bearbeitung unbewußter Erwartungen und Phantasien als Luxus* anmuten würde. Die «Paarbeziehung» ist phänomenologisch eine Abstraktion, die je nach kulturellen und sozialen Verhältnissen in sehr unterschiedlichem Maße abgegrenzt werden kann und soll. In der westlichen Industriegesellschaft bildet die dauerhafte Zweierbeziehung trotz Kritik einen für das persönliche Glück und die Erfüllung noch nie so hoch veranschlagten Wert. Das macht die Zweierbeziehung aber auch in einem noch nie dagewesenen Maße krisenanfällig und problematisch. Das Kollusionskonzept bezieht sich auf jene Schwierigkeiten, bei denen die Partner sich gegenseitig in unlösbaren Verstrickungen gefangenhalten und sich das Leben aus irrationalen Motiven schwermachen.

2.2. Die ich-stabilisierende Wirkung der Paarbeziehung

In ‹*Die Zweierbeziehung*› (1975) lag das Hauptgewicht meines Interesses auf den unbewußten Verstrickungen zweier Partner. *Zwei Menschen können durch gemeinsame Grundvorstellungen motiviert sein, sich als Paar zusammenzuschließen, Phantasien, die von tiefen Ängsten und Bedürfnissen bestimmt sind. Solche gemeinsamen Phantasien führen aber nicht zu gleichen Haltungen in der Beziehung, vielmehr kristallisieren sie sich meist in polar aufeinander bezogene Positionen aus:* in eine progressive, besonders «erwachsene», oft überkompensierende Position und eine regressive, oft dekompensierende Position.

An sich bietet eine Ehe Raum für progressive und für regressive Haltungen. Bis zu einem gewissen Grad sollen in einer Ehe Bedürfnisse nach regressiver Umsorgung, nach Schutz und Halt, nach Zärtlichkeit und sexueller Befriedigung, nach projektiver Identifikation mit dem bewunderungswürdigen Partner gestillt werden können. Bis zu einem gewissen Grad soll die Ehe von einem aber auch progressive Möglichkeiten abfordern, nämlich Verantwortungsbewußtsein und Opferbereitschaft für die Partnerschaft, Belastungsfähigkeit, Frustrationstoleranz, Reife und Nachsicht in der Beziehung zum Partner. Sie soll einem aber auch Bestätigungen in sexuellen und persönlichen Belangen vermitteln. In jeder Ehe vollziehen die Partner in vielerlei Hinsicht Funktionsteilungen und spielen sich auf Ergänzungen ein, was die Effizienz der Partnerschaft erhöht und beidseitige Befriedigung durch die Aufgabenteilung vermittelt. Eine Partnerbeziehung kann in hohem Maße zur *Stabilisierung des Ichs durch Aufteilung von Abwehrfunktionen* beitragen. Das Ich kann von Abwehraufgaben entlastet werden, indem es diese dem Partner delegiert zum Preise einer erhöhten Abhängigkeit. Das Ich kann ebenso stabilisiert werden *durch die Identifikation mit einer Rolle im Dienste der Gemeinschaft oder durch die Bildung einer Art Gruppen-Ich*, was ebenfalls die Bindung verstärkt. Die Paarbeziehung kann zur Zufluchtsstätte bei innerer Unsicherheit oder bei äußerer Bedrohung werden und kann in hohem Maße Abwehr- und Adaptationsfunktionen (Anpassungsmechanismen, PARIN 1977) übernehmen. Bei der heutigen immer stärker werdenden Entfremdung bei der Arbeit, der zunehmenden gesellschaftlichen Mobilität und der Flüchtigkeit menschlicher Beziehungen erhält die Zweierbeziehung eine immer zentralere Bedeutung. *Je mehr sie aber Abwehr- und Adaptationsfunktionen übernehmen soll, desto intensiver werden sich die Partner von den Erfordernissen ihrer Gemeinschaft bestimmen lassen.* Aus der Fülle latenter persönlicher Möglichkeiten werden jene zur Manifestation gelangen, die innerhalb der Partnerschaft benötigt und zugelassen werden. Die Partner stimmen sich aufeinander ab und bilden aufeinander bezogene *«Interaktionspersönlichkeiten»* (WILLI 1973, 1975). Dabei nimmt das Individuum eine von den ihm möglichen Gestalten an, büßt aber an freien Entwicklungsmöglichkeiten ein. Es ist *ein kleiner Schritt, ob festgestellt werden kann, jemand habe sich in der Ehe stabilisiert und habe Identität, Struktur und Linie gefunden, oder jemand*

34

habe in der Ehe an Flexibilität eingebüßt und sei starr, fad und spießig geworden. Es ist nicht leicht zu entscheiden, inwiefern die Bildung einer «Interaktionspersönlichkeit» einer Reifung und einem Fortschreiten in der persönlichen Entwicklung entspricht oder einer Stagnation. Sicher wäre falsch, die Ich-Stabilisierung durch die Partnerbeziehung *nur* als Abwehr- oder Anpassungsphänomen zu betrachten. Das Beantwortetwerden durch den Partner ist ein wichtiger Bestandteil der Identitätsfindung (ERIKSON 1956/57). Die Möglichkeit, in einer dauerhaften Beziehung Befriedigung und eine sinnvolle Aufgabe zu finden, die Forderung, Position zu beziehen, Gestalt anzunehmen und sich brauchen zu lassen, kann der phasengemäßen Reifung des Erwachsenenalters entsprechen. Gesundes und Neurotisches läßt sich da nicht scharf trennen und kann durchaus ineinander übergehen.

2.3. Ich-einschränkende Wirkungen der Partnerschaft

Störungsanfällige Partnerschaften zeichnen sich aus durch ein besonders hohes Maß an Ängsten, die durch die partnerschaftliche, strukturelle Verflechtung abgewehrt werden sollen, und durch ein besonders hohes Maß an anderweitig nicht zu befriedigenden Bedürfnissen, die durch die Partnerschaft gestillt werden sollen. Neurotische Partnerschaften sind aber nicht direkt gleichzusetzen mit Partnerschaften von neurotischen Persönlichkeiten, indem keineswegs alle schweren Neurotiker die Heilung und Linderung ihres Leidens, ihrer Hemmungen und unbewältigten Konflikte durch die Partnerschaft erwarten. Eine Kollusion, das heißt ein im geheimen Einvernehmen inszeniertes *Zusammenspiel von Partnern, ist in dem Maße neurotisch, als sie zu einer zwangsläufigen Bezogenheit der Partner aufeinander führt und keinem die Möglichkeit offenläßt, aus dieser Befangenheit auszusteigen.*

Sosehr auf der einen Seite die Partnerschaft ich-stabilisierend wirken kann und die Abwehr- und Anpassungsfunktionen gegenüber inneren und äußeren Bedrohungen und Belastungen gestärkt werden können, so sehr kann auf der anderen Seite die Partnerschaft als solche zur Bedrohung und Belastung für das Individuum werden und neurotisierend auf eine in den übrigen Lebensbereichen relativ gesunde Persönlichkeit wirken. Eine Ehe ist kein Status, sondern ein *Prozeß, der von den Partnern dauernde Anpassungen an wechselnde innere und äußere Gegebenheiten abfordert.* Dazu ist eine Gemeinschaft, in der die Partner als Interaktionspersönlichkeiten zu stark aufeinander bezogen und voneinander bestimmt sind, nicht in der Lage. Es findet sich zuwenig Spielraum für Entwicklung, für Experimentieren und für Sammeln von neuen Erfahrungen, ohne daß dabei unerträgliche Ängste vor Lockerung des gemeinsam errichteten Abwehrgebäudes oder vor Auflösung der Beziehung auftritt.

Im Laufe des längeren Zusammenlebens erweist sich *partnerschaftliche Durchdringung in vielfältiger Weise als problematisch*, denn alles, was der Partner einem an Ich-, Es- und Über-Ich-Funktionen abnimmt, versetzt einen in Abhängigkeit von der Bereitschaft des Partners, diese Delegationsaufträge zuverlässig und immerwährend zu erfüllen. Sollte er dazu nicht mehr bereit sein, so wird man die eigenständige Bewältigung vorbestehender Schwierigkeiten als frustrierender erleben, wie wenn man sich gar nicht der hoffnungsvollen Erwartung überlassen hätte, die Partnerschaft könnte einem dabei weiterhelfen. Oft geben Patienten in der Therapie glaubwürdig an, vor der Heirat selbständig und lebenstüchtig gewesen zu sein und keine irrealen und unerfüllbaren Erwartungen an ihr Leben gestellt zu haben. Erst nachdem sie sich unter großen Widerständen auf die Partnerschaft eingelassen hätten, seien sie so regressiv, unselbständig und anspruchsvoll geworden. Sie spüren aber auch, daß sie mit ihren Delegationsaufträgen eigenen Tendenzen des Partners entsprechen und daß dieser nicht mehr so leicht bereit ist, auf die Ich-Stabilisierung, die ihm diese Aufträge vermitteln, zu verzichten. Die Übernahme von Delegationsaufträgen kann andererseits nicht nur ich-stabilisierend, sondern auch ich-einschränkend wirken, indem sie einen auf ein definiertes Rollenverhalten festlegt. Wo beispielsweise die Phantasie der Verschmelzung verbindend wirkte, sollte alles vermieden werden, was die Partner auf ihr Getrenntbleiben in der Partnerschaft verweisen könnte. Der progressive Partner wird sich aber auf die Dauer in dem idealisierten Bild, das sich der regressive von ihm gemacht hat, gefangen und zu einem falschen Selbst manipuliert fühlen, wodurch es zu gereizten und verletzenden Reaktionen kommen wird, um den Partner aus sich auszubooten. Aber auch der regressive Partner, der sich für den progressiven aufgegeben hat, kann nicht ungestraft seine eigene Selbstentfaltung vernachlässigen. Er wird diesen in all seinen Phantasien, Gefühlen und Strebungen verfolgen und ihn durch Erzeugung von Schuldgefühlen daran zu hindern suchen, mehr zu sich selbst zu finden und sich von ihm abzugrenzen. Die Partner bleiben in einem Konflikt gefangen, in dem sie sich weder nahekommen noch sich voneinander abgrenzen können.

Gestörte Paare zeichnen sich aus durch das Befangensein in einer quälenden Ambivalenz. Der eine Partner formuliert die Emanzipationsbestrebungen und der andere den beharrenden Aspekt gemäß ursprünglichem Liebesvertrag. Der eine zieht nach vorne, der andere nach hinten, die Entfaltung der Beziehung bleibt blockiert. Manche Therapeuten fordern in der Therapie die Partner auf, klar zu formulieren, was sie wünschen, um so einen Kompromiß in den einander entgegengesetzten Tendenzen zu erwirken. Dabei wird leicht übersehen, daß der eine die Strebung in die eine Richtung nur so lange vertritt, wie der andere die Strebung in die andere Richtung betont, weil beiden Partnern der Zwiespalt in einander widersprechenden Tendenzen gemeinsam ist. Gestörte Paare zeichnen sich ferner aus durch die große Angst vor jeder Veränderung ihrer Beziehung. So lautstark jedes vom Partner eine Änderung fordert, so sehr wird jedes den anderen an einer wirklichen Veränderung hindern, weil damit ja die Notwendigkeit einer eigenen Veränderung verknüpft wäre, was die ursprüngliche Liebesdefinition gefährden könnte. Das erschwert die Therapie von Ehekonflikten enorm. Vordergründig scheint es so einfach, einem gestörten

Paar einen guten Ratschlag zu geben und von den Partnern zu erwarten, sie sollten Vernunft annehmen, etwas toleranter und nachgiebiger sein, sich endlich mal entscheiden, das eine zu tun und das andere zu lassen oder miteinander irgendwelche Kompromisse auszuhandeln. Das geht oft an der tieferen Realität vorbei, weil die Partner das, was sie vordergründig so eindeutig wollen, hintergründig gerade abwehren.

2.4. Die Bildung des therapeutischen Dreiecks als Kompensationsversuch

Jene Partnerbeziehungen erweisen sich als besonders störungsanfällig, die unter den geforderten Anpassungen an immer wechselnde innere und äußere Gegebenheiten unter unerträglichen Stress geraten, weil sie jede Veränderung ängstlich abwehren und sich starr an die ursprünglichen Beziehungsstrukturen klammern. Ob es unter dem Stress ehelicher Spannungen zu Erschöpfung und damit zur eigentlichen Dekompensation kommt, wird von vielerlei Faktoren abhängen. Stabilisierend können insbesondere Faktoren wirken, die von außen her die Partner stützen und entlasten, so der Rückhalt in der Bezugsgruppe, zum Beispiel bei den Kindern, bei den Eltern, Verwandten oder Freunden, der Rückhalt in der Weltanschauung und Religion. Kompensationsmöglichkeiten lassen sich finden in Arbeit, anderen Ersatzbefriedigungen und Ersatzkontakten.

BATESON (1958), M. BOWEN (1966), HALEY (1977) und andere amerikanische Familienforscher halten die Zweierbeziehung an sich für ein unstabiles System, das dazu neige, sobald es unter Stress gerate, sich in eine Dreiecksbeziehung umzubilden. In diesem Dreieck besteht in der Regel ein Zwei-gegen-eins-System: Zwei Partner polarisieren sich gegen einen Dritten, wobei durch diese Dynamik die ursprüngliche und fortbestehende Zweierbeziehung zwar getrennt, gleichzeitig aber zusammengehalten wird. Diese Drittpartner können Kinder, Eltern und Freunde sein, aber auch ein Therapeut.

Für den Paartherapeuten ist es wichtig zu sehen, daß rein aus den äußeren Rahmenbedingungen er selbst Teil dieser Triangulation, dieser Dreiecksbildung sein wird, ob er das will oder nicht. Es liegt in der dynamischen Eigengesetzlichkeit, daß es für das Patientenpaar zunächst vor allem darum gehen wird, in welchem Sinne sich das 2:1 konstellieren wird. Der Therapeut gerät unter einen gewaltigen Beziehungsdruck. Wird er sich mit der Frau gegen den Mann oder mit dem Mann gegen die Frau zusammenschließen oder polarisieren sich die Ehepartner gemeinsam gegen ihn? Der Therapeut kann versuchen, sich dieser Dynamik zu entziehen, indem er sich um die Position des neutralen, objektiven Beobachters bemüht. Er kann aber auch versuchen, diese unvermeidliche Triangulationsdynamik zu akzeptieren, sich in diese Dynamik einzulassen und zu versuchen, deren Gesetzmäßigkeiten therapeutisch fruchtbar zu machen. HALEY (1977, S. 164) sagt: «Welchen Regeln ein Paar auch immer folgt, der Therapeut ist Teil davon . . . Die therapeutische Hebelwirkung wird wirksam durch die Art, wie der Therapeut diese Regel verändert, sobald sie auf ihn angewandt wird.»

Paartherapie wird in diesem Buch unter dem Gesichtspunkt der therapeutischen Dreiecksbeziehung, das heißt der psychologischen Verstrickung des Therapeuten mit dem Patientenpaar, dargestellt.

3. Methodik der Paartherapie: Das erste Gespräch mit dem Paar

3.1. Die Anmeldung

Der erste Kontakt zum Therapeuten wird meist durch einen telefonischen Anruf hergestellt. Oft möchte der Anrufer dem Therapeuten den Grund seiner Initiative eingehend darstellen und über die zu beklagenden Ehekrisen berichten. Ich versuche dem Anrufer aber schon gleich meine therapeutische Haltung zu definieren: Womöglich möchte ich keine Information über die Beziehung ohne Anwesenheit des Partners. Wenn wir uns den Telefonanruf aus der Dynamik des therapeutischen Dreiecks betrachten, so besteht die Gefahr, daß sich derjenige, der nicht anruft, von Anfang an in Nachteil gesetzt fühlt. Deshalb frage ich sogleich, ob der Partner bereit wäre, zu einem ersten und vorläufig einmaligen Gespräch hierherzukommen. Damit wird klargestellt, daß ich den Paarkonflikt und eine allfällige Therapie als eine gemeinsame Angelegenheit betrachte. Nicht selten wurde der Partner nämlich noch gar nicht über die Absicht des Anrufers orientiert, mit mir zu telefonieren. Es schimmert der Gedanke durch, mit mir zusammen eine Art Geheimsitzungen abzuhalten, in denen wir darüber beraten könnten, wie man den schwierigen Partner am geschicktesten in die Hände nehmen würde und mit welchen psychologischen Kunstgriffen er am ehesten zu ehelichem Wohlverhalten dressiert werden könnte. Oft wird mir entgegnet, der Partner wäre ohnehin nicht bereit, zu einem gemeinsamen Gespräch mitzukommen. Ich betone, daß es sich vorläufig nur um ein einmaliges Abklärungsgespräch handeln würde, bei dem mir viel daran liege, die Meinung des Partners zur gegenwärtigen Krise näher kennenzulernen und es jedem von uns dreien freigestellt sei, ob er eine anschließende therapeutische Zusammenarbeit für sinnvoll erachte. Wenn sich der Partner tatsächlich weigere, zu einem einmaligen Gespräch hierherzukommen, hätte ich die Befürchtung, daß eine Therapie von vornherein unter einem unglücklichen Stern stehe.

Fast immer ist der Ehepartner bereit, zu einem *einmaligen* Gespräch mitzukommen. Ist dies nicht der Fall, so stellt sich die Frage, wie der Anrufer meine Einladung dem Partner weitergeleitet hat. Nicht selten steckt ein Widerstand des Anrufenden selbst dahinter, der die Vereinbarung zu einem Dreiergespräch sabotiert aus dem Wunsch heraus, den Therapeuten zunächst für sich allein zu haben. GREENE empfiehlt in diesem Fall, daß der Therapeut selbst mit dem Partner telefoniert, um ihn zu einer Sitzung zu bitten.

3.2. Das Erstgespräch mit dem Paar

Gemäß meiner Konzeption von Paartherapie als therapeutische Dreiecksbeziehung, die sich auf die Bearbeitung der Paarbeziehung zentriert, führe ich bereits vom ersten Gespräch an nur Paarsitzungen und, zumindest in der Anfangsphase, keine Einzelsitzungen durch. Viele erfahrene Paartherapeuten beginnen die Therapie mit individuellen Sitzungen mit beiden Partnern (so z. B. GREENE) und halten es sogar für einen besonderen Vorteil, jedem einzelnen die Möglichkeit zu geben, dem Therapeuten gewisse Geheimnisse mitzuteilen. Der Ausschluß von Einzelgesprächen zu Beginn der Therapie ist für mich keine unumstößliche Bedingung. Ich finde lediglich, es vereinfache mir die Beziehung zum Paar und mache mich in der Therapie freier, insbesondere im Deuten von nichtverbalen Äußerungen der Partner oder im Ansprechen von Unstimmigkeiten zwischen Inhalt und Ausdruck in ihrer Kommunikation. Andererseits läßt die Kombination von Einzelgesprächen und Paargesprächen die Interaktionspersönlichkeit der Partner besser erfassen. Nicht selten ist jemand in der Paarsitzung ängstlich, stumm und passiv, im Einzelgespräch aber durchaus fähig, sich frei und offen zu äußern, oder jemand panzert sich in der Paarsitzung nur defensiv ab, kann aber im Einzelgespräch seine verletzbaren Seiten zeigen. Dadurch, daß ich meist von Anfang an nur Paarsitzungen durchführe, fehlen mir oftmals Daten aus der Vorgeschichte beider Partner. Ich bitte sie deshalb, an Hand von abgegebenen Fragebogen mir einiges über ihre Vorgeschichte niederzuschreiben.

Das Paar-Erstinterview ist eine spannungsvolle, intensive Begegnung zwischen dem Therapeuten und dem Paar. Jede Seite wird von der anderen beeindruckt und beeindruckt ihrerseits die andere Seite. Das Ziel dieses Erstgespräches ist die Klärung der Frage: Wollen wir drei uns in einen therapeutischen Prozeß einlassen, um besser zu verstehen, was das Zusammenleben in der Paarbeziehung erschwert und um bessere Voraussetzungen zu schaffen, um aus dieser Krise zu lernen?

Als Therapeut bin ich auf zwei Anliegen ausgerichtet:

– *Was* kann ich in diesem ersten Gespräch vom Paar *erfahren*, um etwas vom Wesen seiner Schwierigkeiten zu verstehen und eine Vorstellung über die einzuschlagende Therapieform zu entwickeln?

– *Was* kann ich in diesem ersten Gespräch dem Paar über das Wesen der Therapie *vermitteln*?

Das Erstinterview wird von mir halb strukturiert geführt, wobei in vielen Fällen der Ablauf des Gespräches der Darstellung in Kapitel 13, Seite 182 ff entspricht. Es gibt aber auch Paare, die den Ablauf völlig anders konstellieren. Meist dauern das Erstgespräch wie auch die späteren Therapiesitzungen 75 bis 90 Minuten.

In der Regel durchläuft bei mir das Erstinterview ungefähr folgende Phasen:

1. Phase:
Konfliktdarstellung aus der Sicht beider Partner
Ohne daß ich dabei einen der Partner ausschließlich anblicke, eröffne ich das Gespräch mit der Frage: «Ja, worum geht es?» Einer von beiden Partnern wird nun mit dem Bericht ihrer

42

Schwierigkeiten beginnen, wobei sich eine von mir zunächst nicht strukturierte Dynamik entwickeln kann. In diesen ersten Minuten stellt sich das Paar dem Therapeuten dar. Es ist wichtig zu sehen, wer das Paar dem Therapeuten vorstellt, wie sich die Partner in die Darstellung ihrer Schwierigkeiten teilen und was sie dem Therapeuten als erstes anbieten. Oft lassen sich schon diagnostische Feststellungen machen: Versucht gleich jedes, den Therapeuten auf seine Seite zu ziehen und ihm die Richterfunktion zuzuschieben, klagt jedes das andere an und will sich gleich rechtfertigen, sucht der eine in mir einen Vater, bei dem er sich ausweinen kann in der Hoffnung, ich werde dem Partner zurechtweisen; oder bietet der eine mir den anderen als Kranken an, um den wir uns gemeinsam zu kümmern hätten; oder läßt die Schilderung vermuten, daß bereits ein gewisses Konfliktbewußtsein vorliegt und die Partner von der Therapie eine Hilfe zur gemeinsamen Problembearbeitung suchen? Oft kommt der Paarkonflikt weniger im Inhalt als in der nichtverbalen Kommunikation zum Ausdruck, insbesondere in der Haltung desjenigen, der nicht spricht. Wirkt er an der Darstellung des Sprechenden beteiligt, oder kehrt er sich desinteressiert ab, scheint jeder nur als Einzelperson auf den Therapeuten bezogen, oder versuchen sie, miteinander sich dem Therapeuten darzustellen, beansprucht der eine das Wort ausschließlich für sich, um dem anderen keine Gelegenheit zu eigener Darstellung zu lassen; verhält sich der eine stumm-regressiv, als ob er noch nicht sprechen gelernt hätte, so daß der andere ihm das Wort immer abnimmt und die Sätze für ihn vollendet oder der Therapeut sich speziell um ihn kümmern muß, oder macht der eine den Eindruck, nicht sprechen zu können aus Angst, die jahrelang aufgestauten Gefühle könnten dammbruchartig losbrechen und den Therapeuten überfordern?

Ich versuche in diesen ersten Minuten auch wahrzunehmen, in welche Stimmung das Paar mich versetzt, was die Partner aus mir machen, einen Richter, einen Helfer, einen Feind, einen Verbündeten, einen Geliebten, eine Autorität, einen Rivalen usw.

In der Regel lasse ich aber das Gespräch nicht länger als einige

Minuten unstrukturiert laufen, dann beginne ich bei jeder Mitteilung die Meinung und Empfindung des anderen Partners zu erfragen. Diese stereophonische Mitteilungsform des Konfliktes soll dem Therapeuten ermöglichen, sich in die Paardynamik einzustimmen und aus der unterschiedlichen Darstellungsform der Partner die wesentlichen Konfliktelemente herauszuhören. Finde ich von Anfang an den einen von beiden unsympathisch und spüre die Tendenz, mich mit dem anderen zu identifizieren, so befasse ich mich mit dem ersteren etwas eingehender aus der Gewißheit, daß dieser aus seiner Sicht und aus seinem Erleben mit guten Gründen die mich unangenehm berührende Darstellungsform wählt. Insbesondere da, wo jahrelanger Haß, Bitterkeit und Enttäuschung vorliegt, muß zuerst eine kathartische Möglichkeit geboten werden, eine Möglichkeit, sich auszuweinen, zu entladen, zu entspannen, wobei ich mit meiner Haltung auszudrücken suche: «Ich spüre, wie schwer Sie es da haben», nicht aber: «Ich sehe, wie schwer Sie es mit Ihrem Partner haben.» Mit der Art, jedes Phänomen immer von beiden Seiten darstellen zu lassen, versuche ich, dem Paar schon in den ersten Minuten meine therapeutische Haltung zu vermitteln: «Jeder von euch hat hier das Recht, das, was sich zwischen euch ereignet, aus seiner Sicht zu vertreten. Ich bemühe mich, jeden von euch so gut ich kann zu verstehen, und bin überzeugt, daß alles, was sich zwischen euch ereignet, nicht Sache des einen oder des anderen ist, sondern eine gemeinsame Angelegenheit. Ich erwarte, daß jeder sich in der Therapie aktiv beteiligt und lasse es nicht zu, daß einer sich völlig passiv aus der Sache hält oder das Gespräch ganz für sich beansprucht. Ebenso möchte ich verhindern, daß der eine den anderen in ungebührlichem Maße verletzt und vor mir bloßzustellen versucht. Ich möchte mich mit keinem von beiden in eine Sonderallianz einlassen, sondern möchte mich mit dem Paar als ganzes in Beziehung setzen.»

2. Phase:
Beziehung zwischen jetzigem Konflikt und Partnerwahl
In der mittleren Gesprächsphase versuche ich das, was ich über

die jetzige Problematik vernommen habe, in seiner ehehistorischen Entwicklung besser zu verstehen und in den Zusammenhang zwischen Partnerwahl und Paarkonflikt herauszuarbeiten. Insbesondere möchte ich erfahren, wie es zur Partnerwahl kam: «Wie haben Sie sich kennengelernt? Was war Ihr Eindruck, als Sie den Partner zum erstenmal sahen? Was waren Ihre Hoffnungen und Erwartungen an diese Beziehung? Was waren Ihre Ängste und Befürchtungen? Welche Ihnen wichtigen Grundsätze sollten nach Ihrer Meinung eine sichere Basis in der Beziehung zum Partner bilden? Was veränderte die Partnerschaft in den Außenbeziehungen, insbesondere in der Beziehung zu den Eltern? Was waren die Verzichtleistungen, zu denen Sie damals bereit waren?»

Diese Fragen lösen oft einen gewissen Schock aus, eine gewisse Ratlosigkeit und Schwierigkeit, sich zu entsinnen, was einem damals den Partner so attraktiv erscheinen ließ. Oft präzisiere ich die Frage noch dahin: «Wie kam es wohl, daß Sie aus einer Reihe von an sich möglichen Partnern ausgerechnet auf diesen Partner gekommen sind?» Ich gehe davon aus, daß praktisch jeder einer an sich nicht begrenzten Zahl von potentiellen Partnern begegnet ist, daß es aber nur bei wenigen zu einer Bekanntschaft gekommen ist und schließlich nur einer geheiratet worden ist. Natürlich können äußere Umstände die Eheschließung maßgeblich beeinflußt haben, etwa eine bereits eingetretene Schwangerschaft oder der Wunsch, aus der unerträglichen Situation zu Hause freizukommen, oder eine gewisse Torschlußpanik oder der Versuch, eine Liebesenttäuschung mit einer neuen Beziehung aufzufangen. Ich akzeptiere dies aber kaum als entscheidenden Grund zur Heirat. Sehr häufig enthält die Schilderung der Partnerwahl bereits den interessanten Hinweis, daß ausgerechnet diejenigen Eigenschaften einen damals attraktiv dünkten, die einen heute am Partner stören und Anlaß zum Konflikt sind. Meist müssen sich die Partner damit attestieren, daß sie aneinander damals durchaus positive Eigenschaften hatten wahrnehmen können, etwas, was sie sich über viele Jahre nicht mehr eingestehen konnten. Oft sind die Partner derart ineinander verbissen, daß sie sich gar nicht mehr vorstellen können, sich je geliebt zu haben.

Die Diskussion um den Zusammenhang zwischen Partnerwahl und Paarkonflikt löst bei den Partnern oft ein gewisses «Aha-Erlebnis» aus. In welchem Ausmaß die Art der Partnerwahl bereits den jetzigen Konflikt beinhaltet, ist ihnen oft nicht ausreichend bewußt, und häufig wissen sie auch wenig über die Motive des Partners, sich in einen zu verlieben. Vorschnell wird angenommen, sich im Partner getäuscht zu haben oder an den falschen Partner geraten zu sein. In den meisten Fällen sind sich aber die Partner viel tiefer verbunden, als ihnen selbst bewußt ist. Das Erstgespräch sollte das so weit bewußt machen, daß das Interesse wach wird, sich in diese Problematik weiter zu vertiefen.

Mit diesen Fragen versuche ich dem Paar zu vermitteln, daß Ehekrise nicht nur eine momentane Schwierigkeit ist, sondern ein Prozeß, dessen Wurzeln bereits in der Partnerwahl gelegen sind. Ich möchte dem Paar damit zeigen, daß die Ehekrise nicht ein irrationales Geschehen ist, sondern weitgehend ein verstehbarer Vorgang, das Ergebnis eines folgerichtigen Ablaufs. Es geht darum, *die Krise fruchtbar zu machen, die Entwicklung, die die Krise den Partnern abverlangt, zu leisten.* Ich versuche die Partner zu motivieren, sich selbst und den Partner zu erforschen und durch Einsicht in das, was das gemeinsame Leben an Positivem und Negativem enthält, zu wachsen. Damit lege ich aber auch schon den Arbeitsstil klar. Ich möchte gegenseitiges Verständnis erarbeiten und erst sekundär Verhalten verändern. Dieses Vorgehen ist mir persönlich am vertrautesten, während ich mich vorläufig noch nicht entschließen konnte, den Therapieprozeß mit Abschluß von Therapiekontrakten, Durchführung von Kommunikations- und Verhaltensübungen oder durch Auferlegen von gewissen Hausaufgaben zu strukturieren. Ich glaube, jenen Paaren am besten behilflich sein zu können, die von diesem Arbeitsstil profitieren wollen.

3. Phase:
Probedeutungen und Klärung des therapeutischen Vorgehens

Wenn das Gespräch ca. 50 bis 60 Minuten gedauert hat, versuche ich, meine bisherigen Eindrücke etwas zu ordnen und gezielter zu klären. Meist formuliere ich einige zusammenfassende Bemerkungen, vor allem Hinweise auf die Interdependenz der beiderseitigen Verhaltensweisen: «Sie sagen: ‹Ich bin nur so, weil du so bist.› Müßte das nicht ergänzt werden durch ‹Du bist nur so, weil ich so bin›?» Wo es mir möglich ist, versuche ich den Behandlungsfokus in einer Kollusionsformel (siehe S. 75 ff) anzudeuten. Mit derartigen Probedeutungen möchte ich sondieren, was das Paar mit meinen Äußerungen anfangen kann. Es ist mir zum Beispiel wichtig, ob die Partner sich rein projektiv beschuldigen, oder ob dabei zumindest in Ansätzen die Bereitschaft spürbar ist, sich mit den eigenen Schwierigkeiten auseinanderzusetzen. Zuviel Entgegenkommen darf man aber in einem Erstgespräch nicht erwarten. Oft habe ich es erlebt, daß der eine Partner so von Verbitterung und Schmerz erfüllt ist, daß er diesem Schmerz erst über einige Sitzungen Ausdruck verleihen muß, bevor er sich in der Lage fühlt, sich introspektiv mit seinem Beitrag zur Krise auseinanderzusetzen. Gerade solche Patienten sind dankbar, wenn man sie zunächst einfach einmal in ihrer Bitterkeit akzeptiert und ohne zu drängen ausreden läßt. Eventuell soll der Therapeut dabei auch getestet werden, wie echt seine Bereitschaft ist, sich auf einen einzulassen. Schwierig wird diese Situation, wenn dadurch über längere Sicht die Aufmerksamkeit und Zuwendung des Therapeuten einseitig dem einen Partner zukommt.

Die Probedeutungen des Erstinterviews führen über zur Diskussion, was man nun weiter miteinander tun möchte. Ich frage jeden Partner, ob er eine Therapie wünscht und was er davon erwarten würde. Meist sind nicht beide Partner in gleichem Maße für die Behandlung motiviert. Es müssen die Bedenken, Widerstände und Ängste besprochen werden, aber auch überzogene Therapieerwartungen und vorschneller Besserungsoptimismus auf ein realisierbares Maß reduziert werden. Auch muß ich selbst mir klarwerden, ob ich mich in eine Behandlung einlassen will. Für mich ist entscheidend, ob ich in diesem therapeutischen Erstgespräch den Eindruck bekommen habe, daß mit Gesprächen beim Paar etwas in Bewegung gebracht werden kann. Das ist natürlich weitgehend eine Ermessensfrage. Diagnostische Überlegungen, wie ich sie bei der Indikationsstellung formuliert habe, spielen da mit, obwohl sie auf Grund des einmaligen Gespräches nicht leicht zu beantworten sind. Insbesondere die Motivation ist häufig schwer zu klären, und nicht selten bildet sich die Motivation erst im Laufe des therapeutischen Prozesses. Tests zur Klärung der Indikation, wie zum Beispiel der Gemeinsame Rorschach-Versuch (WILLI 1973), können die diagnostischen Überlegungen wesentlich verfeinern. Ich glaube aber, daß das Entscheidende mein persönlicher Eindruck bleibt, weil die Beziehung, die sich zwischen dem Paar und mir entwikkelt, von großer Bedeutung ist. Diese läßt sich nicht allein mit diagnostischen Überlegungen über die Struktur des Paares erfassen, sondern bleibt zum Teil auch eine persönliche «Partnerwahl» des Therapeuten.

Im günstigen Falle fühlen sich die Partner zu einer Therapie ermutigt als Gelegenheit, ihre Konflikte in einer Situation zu besprechen, in der fruchtloses Agieren, Manipulieren und Intrigieren nicht zugelassen wird, sondern eine sachliche und nüchterne Arbeitsatmosphäre besteht. Ein wichtiges Ziel des Erstinterviews ist es, dem Paar in Ansätzen das Erlebnis der Gemeinsamkeit ihrer Schwierigkeiten zu vermitteln. Der Behandlungserfolg wird stark von der Fähigkeit der Partner abhängen, aus den Gesprächen und Deutungen etwas für sich zu gewinnen, und von der Bereitschaft, den tieferen Sinn der Krise zu ergründen und damit eine veränderte persönliche Haltung zu erarbeiten.

Wenn möglich, suche ich mit dem Paar am Ende des Erstinterviews zu einem Entscheid über das weitere Vorgehen zu kommen. Schwierig zu lösen ist das Problem: Was soll der Therapeut sagen, wenn er den Eindruck hat, diesem Paar nicht weiterhelfen zu können? Im allgemeinen pflegen Therapeuten in dieser Situation Zeitmangel anzugeben und das Suchen eines anderen Therapeuten zu empfehlen. Will man dem Paar offen mitteilen, daß man glaubt, mit ihm therapeutisch nicht arbeiten zu können, so muß die Formulierung taktvoll gewählt sein, um von den Partnern nicht als vernichtendes Urteil erlebt zu werden. Man könnte zum Beispiel sagen: «Ich sehe leider auf Grund von dem, was wir miteinander besprochen haben, noch nicht, wie ich Ihnen mit den Methoden, mit denen ich arbeite, helfen kann. Was die Behandlung bei mir wesentlich erschweren würde, ist, daß ich keine ausreichende Bereitschaft zu . . . spüre. Ich bin für meine Arbeit auf die Erfüllung gewisser Voraussetzungen in dieser Hinsicht angewiesen.» Solche Äußerungen halte ich da für sinnvoll, wo man den Partnern eine reale Chance einräumen will, bei veränderter Einstellung einen erneuten Anlauf für eine Therapie zu nehmen.

3.3. Allgemeine Gesichtspunkte für das Erstinterview

Psychoanalytiker und Gesprächstherapeuten werden wohl meine Interviewführung als stark strukturiert empfinden. Eine aktivere therapeutische Haltung läßt sich sachlich begründen. Die Paare kommen ja meist mit erheblicher Angst. Der eine Partner erhofft sich möglicherweise von der Therapiesituation eine Arena, wo er sich mit dem anderen konfrontieren kann, ohne daß ihm dieser auszuweichen vermag. Der andere erscheint eventuell nur zögernd und sucht, sich einen Fluchtweg offen zu halten. Wird ihm dieser verbaut, so kommt es nicht selten zu Aggressivität aus Notwehr. Häufig sind sich die Partner über Jahre im Gespräch ausgewichen, nachdem frühere Versuche, Schwierigkeiten zu besprechen, gescheitert waren. Nun kommen sie in eine Therapie und lassen sich damit auf eine Situation ein, in der sie miteinander sprechen müssen. Das löst erhebliche Ängste vor Dammbrüchen von Wut, Haß, Verletzung und Erniedrigung aus. Mit der Strukturierung halte ich die Fäden des Gesprächs so weit in den Händen, daß es nicht völlig entgleiten wird mit dem

Ziel, dieses Gespräch nicht zu einem Mißerfolgserlebnis werden zu lassen, was nicht nur für das Paar, sondern auch für den Therapeuten wichtig ist. Wiederholt habe ich von Analytikern gehört, sie könnten keine Paarbehandlung durchführen, weil sie von den bisherigen Versuchen von Paargesprächen entmutigt seien. Es sei für sie einfach unerträglich zuzusehen, wie sich zwei Partner stundenlang beschimpften. Sie hielten dieses Ausmaß von chaotischer Destruktivität und ungebremster Aggressivität nicht aus. Ich glaube, daß die Paartherapie wie auch die Familientherapie es nicht zuläßt, daß der Therapeut einfach passiv zusieht, wie sich die Partner zerfleischen in der Hoffnung, daß irgendeinmal der Punkt kommen muß, wo beide Partner sich erschöpft eingestehen, daß es so nicht weitergehen kann. Auch erfüllt sich die Erwartung in der Regel nicht, man müsse die Partner nur lange genug streiten lassen, bis ein solches Maß an Hilflosigkeit entstanden sei, daß sie endlich auf den Therapeuten hören und Vernunft annehmen würden. Vielmehr erzeugt das beim Paar den Eindruck, es laufe hier alles gleich wie zu Hause mit dem Ergebnis, daß es von Resignation und Hoffnungslosigkeit ergriffen wird. Das Mißerfolgserlebnis des ersten Gespräches wird oft verhindern, daß sich ein ermutigendes Engagement für die Therapie bildet (GREENE, S. 15). Ich glaube, der Therapeut muß besonders zu Beginn einen klaren therapeutischen Rahmen setzen und aktiv dem Paar gegenüber in Erscheinung treten als eine Vertrauensperson, die die Therapie so weit in Händen halten wird, daß sie nicht chaotisch entartet. Ich bemühe mich um eine mittlere Linie zwischen Strukturierung und nichtdirektivem Verhalten. Ob allerdings so stark strukturiert werden muß, wie viele Kommunikations- und Verhaltenstherapeuten.es tun, glaube ich nicht, zumindest dann nicht, wenn man der Bearbeitung der unbewußten Dynamik Bedeutung beimißt. Diese kann sich in der Therapie am ehesten entfalten und darstellen, wenn ein ausreichender Freiraum für die Gestaltung der Gespräche durch die Partner gewährt wird.

Meist stehen die Partner unter der Angst, der Therapeut werde parteiisch sein. Ich glaube, in diesem ersten Gespräch sollte sich der Therapeut als ein Mensch darstellen, der sich in fairer Weise bemüht, dem vorgetragenen Streit verständnisvoll und engagiert gegenüberzutreten, ohne sich mit dem einen der beiden gegen den anderen zu verbünden. Dies ist leichter gesagt als getan. Sehr häufig trägt das Paar nämlich den Konflikt so an den Therapeuten heran, daß dieser sich rasch in die Problematik des einen Partners einfühlen kann, ohne zu sehen, was der andere Partner zu dieser Problematik beiträgt. Oder der eine beansprucht mit seiner Hilfebedürftigkeit die Zuwendung des Therapeuten so stark für sich, daß der Therapeut Mühe hat, die Therapiebedürftigkeit des anderen wahrzunehmen. Es bewährt sich, von der Faustregel auszugehen, daß jeder Partner 50 Prozent zur jetzigen Beziehungsstörung beiträgt. Ich teile dem Paar mit, nach meiner Meinung sei nicht einer von beiden der «Alleinschuldige» oder der «Alleinkranke», sondern beide Seiten hielten sich in ihrem Beitrag zur Krise ungefähr die Waage. Wenn diese Aussage wissenschaftlich vielleicht noch zuwenig gesichert ist und möglicherweise nicht in jedem Fall zutrifft, so bewährt sie sich doch als therapeutische Arbeitshypothese in der Kollusionstherapie.

4. Indikation zur Paartherapie und Wahl des Therapieverfahrens

4.1. Wozu Indikationsstellung?

Die Gepflogenheit, für eine Therapie eine spezifische Indikation zu stellen, kommt aus der somatisch-naturwissenschaftlichen Medizin. Im Idealfall gelingt es, eine spezifische Diagnose zu stellen, die Ursache der Krankheit auszumachen und durch eine definierte Methode auszuschalten. Je eingreifender eine Therapiemethode ist, desto klarere Indikationskriterien müssen aufgestellt werden. Es ist sorgfältig abzuwägen, welche heilenden Wirkungen zu erwarten und welche unerwünschten Nebenwirkungen dabei in Kauf zu nehmen sind. Der Idealfall dieses Modells sind die Infektionskrankheiten: zum Beispiel wird bei Vorliegen von Fieber, Kopfweh, Erbrechen und Nackenstarre zur diagnostischen Abklärung eine Lumbalpunktion durchgeführt. Ist der Liquor cerebrospinalis eitrig, so handelt es sich um eine Meningitis, deren Erreger zum Beispiel das Bakterium Haemophilus influenzae Pfeiffer sein kann. Wird die Krankheit nicht behandelt, so tritt Tod oder schwere Hirnschädigung mit erheblicher Wahrscheinlichkeit ein. Wird aber ein Antibiotikum, zum Beispiel Chloromycetin, verabreicht, so wird der Erreger der Krankheit vernichtet. Es wird dabei allerdings das Risiko eingegangen, daß durch Chloromycetin eine Agranulozytose (Schwund der weißen Blutkörperchen im Blut) eintritt, die zum Tod führen kann. Die Chance der heilenden Wirkung ist aber weit höher als das Risiko der befürchteten Nebenwirkung, so daß die Verabreichung des Chloromycetins medizinisch indiziert ist. Diese medizinische Modellvorstellung wurde auf die psychiatrisch-psychotherapeutische Praxis übertragen, obwohl eine klare Umschreibung von Indikationskriterien nur in sehr begrenztem Maße möglich ist, sowohl was die Diagnose der Patienten betrifft wie auch die Wirksamkeit der therapeutischen Methode. Jede Psychotherapie beruht nach D. RAPAPORT (1959) auf der Methode der zwischenmenschlichen Beziehung und enthält damit neben der Variable Patient immer auch die Variable Therapeut und die Variable der zwischen beiden sich entwikkelnden Beziehung (F. HEIGL 1976). Da Verlauf und Wirkung einer Psychotherapie stark von der speziell sich konstellierenden Beziehung zum Therapeuten abhängen, läßt sich eine allgemeine Indikation für eine bestimmte Therapiemethode nur begrenzt umschreiben. Die spezifische «pharmakologische Wirkung» der «Droge Arzt» (M. BALINT 1957) ist wenig objektivierbar, sie ist aber in der Regel von größerer Bedeutung als die Therapiemethode und oft ebenso wichtig wie die Persönlichkeit des Patienten.

Es wurde in den letzten Jahren immer häufiger Kritik am Bemühen zur Indikationsstellung geübt. MINSEL (1974) sagt: «Je spezifischer die Methode, je bedeutsamer der Ruf der Behandlungsinstitution und je spezialisierter die Ausbildung des Psychotherapeuten, desto weniger Flexibilität besteht in der Anwendung der Methode und desto mehr Klienten werden abgelehnt» (S. 91). Die Tendenz ist spürbar, daß Indikationskriterien in der Psychotherapie zum Urteil übertherapierbar bzw. nichttherapierbar werden. Insbesondere Therapeuten, die einer spezifischen Schule verpflichtet sind, neigen dazu, von Patienten zu erwarten, sich der Therapiemethode anzupassen, anstatt die Therapiemethode auf die Patienten auszurichten. WATZLAWICK sagte denn auch in einer Diskussion: «Es gibt keine unheilbaren Patienten, sondern nur inkompetente Therapeuten» (s. Praxis der Psychotherapie, S. 72, 1977).

Die Frage ist sicher berechtigt, ob es im Bereich der Behandlung von Paarkonflikten überhaupt Indikationen und Kontraindikationen gibt. SAGER (1966) meint, die einzige wirkliche Kontraindikation zur Paartherapie sei die Unfähigkeit des Therapeuten, einen Gatten daran zu hindern, die gemeinsamen Sitzungen für destruktive Absichten gegen seinen Partner zu mißbrauchen. Nach KAUFMANN gibt es Kontraindikationen in dem Sinn, daß richtig durchgeführte Familientherapie Schaden stiften könne, nicht. Als Kontraindikation wären höchstens Situationen zu verstehen, in denen Familientherapie wirkungslos bleibt. Diese Aussage läßt sich wohl auch auf die Paartherapie übertragen. Aber selbst wenn der Therapeut die Behandlung als wirkungslos bezeichnet, die Patienten halten sie häufig keineswegs für sinnlos und bereuen weder die aufgewendete Zeit noch die Kosten. Wozu also Indikationsstellung? Wem soll die Indikationsstellung dienen? *Ich glaube, sie dient häufig weniger der Bewahrung der Patienten vor nicht angemessenen Therapien als der Psychohygiene des Therapeuten!* Das Ausüben von Psychotherapie ist ein schwieriger Beruf. Psychotherapeuten müssen verständlicherweise gewisse Maßnahmen treffen, um ihr eigenes psychisches Gleichgewicht aufrechtzuerhalten, wenn sie sich in die oft chaotische Welt des Patienten einlassen. Diagnostisches Denken hilft dem Therapeuten in dieser Gefahr, die Orientierung aufrechtzuerhalten und sich den Belastungen dosiert auszusetzen, ohne sich dabei zu überfordern. Diagnostik steht somit direkt im Dienste des Patienten und ist keineswegs nur eine distanzierende und degradierende Etikettierung, wie die Antipsychiatrie es oft sehen will. Eine wirkungslose Therapie bleibt in der Regel nicht wirkungslos für den Psychotherapeuten, der seinerseits viel Hoffnung in eine Behandlung investiert hat und Gefahr läuft, unter der Enttäuschung für spätere Therapien nicht mehr die gleiche Motivation und das gleiche Engagement aufzubringen. Wirkungslose Therapien richten somit weniger Schaden bei den Patienten als beim Therapeuten an. Indikationskriterien helfen dem Therapeuten zu einer realistischeren Einschätzung seiner therapeutischen Möglichkeiten. Häufig werden sie vom Therapeuten allerdings erst post hoc (nachträglich) bei der Verarbeitung einer enttäuschend verlaufenen Therapie herangezogen. Der Verlauf wird dann damit gerechtfertigt, daß der Patient die Voraussetzung für die angewandte Methode nicht erfüllt habe, womit der Therapeut das Gefühl subjektiven Versagens durch objektivierende Distanzierung zu lindern vermag.

Indikationskriterien sollten es dem Therapeuten ermöglichen, mit dem Paar über die Voraussetzungen für die Durchführung einer bestimmten Therapiemethode zu diskutieren, um die therapiebegünstigenden und die therapieerschwerenden Faktoren klarer wahrzunehmen.

Bei der Einschätzung der therapeutischen Möglichkeiten der Paartherapie geht es um die Erfassung folgender Größen:

a) Das Paar: Seine Struktur, seine Ehesituation und seine Konfliktsituation.

b) Die psychotherapeutische Methode: Ihre Grenzen und Möglichkeiten.

c) Der Therapeut: Seine berufliche Kompetenz, seine methodischen Vorlieben, seine persönlichen Einstellungen zu Paarkonflikten und seine spezifische Beziehung zum Patientenpaar.

4.2. Das Paar und die Ehesituation als Indikationskriterium

In der Literatur finden sich – allerdings mit unterschiedlicher Übereinstimmung – bereits recht viele Angaben über Indikationskriterien zur Paartherapie. Vordergründig könnte man annehmen, daß es sich zunächst um die gleichen Kriterien wie für die analytische Fokaltherapie handelt (BECK 1974, MALAN 1965, MEERWEIN 1969, BELLAK und SMALL 1972 u. a. m.). Auf die Paartherapie übertragen eignen sich danach besonders jene Patienten, die einen abgrenzbaren Konflikt präsentieren, der den Partnern relativ bewußtseinsnahe ist, das Paar jedoch unter einen erheblichen Leidensdruck stellt und es damit zu einer therapeutischen Arbeit motiviert, wobei aber eine erhebliche Ich-Stärke der Patienten vorausgesetzt werden muß (unter anderem gute berufliche und soziale Bewährung), um den Anforderungen der Therapie und dem Aufbau eines therapeutischen Arbeitsbündnisses gewachsen zu sein. RICHTER betont nun aber meines Erachtens zu Recht, daß im Arrangement der Paartherapie mancher Patient behandlungsfähig sei, der weder zu einer Einzeltherapie bereit noch bei einer solchen zu reüssieren imstande wäre, zum Beispiel sogenannte Klienten mit mangelnder Krankheitseinsicht oder genereller Introspektionsunfähigkeit, das heißt die «verhinderten Patienten».

An spezifischen Kriterien für die Paartherapie finden sich in der Literatur (GRUNEBAUM, CHRIST und NEIBERG 1969, GREENE 1970, HOLLENDER 1971, RICHTER 1973, LIEF 1976, CHRIST 1976, SKYNNER 1976 u. a. m.):

– Beide Partner sollten grundsätzlich die Ehe fortführen wollen und sich der Ehe gegenüber in etwa gleichem Maße verpflichtet fühlen (LIEF). Eine derartige Erwartung ist meines Erachtens zwar eine gute therapeutische Voraussetzung, doch darf sie nicht zu verpflichtend angewandt werden. Therapie als Klärung der Beziehung sollte die Möglichkeit der Scheidung von vornherein offenhalten.

– Es sollte sich um eine gut etablierte Paarbeziehung handeln, die bereits über mehrere Jahre dauert und zu einem mehr oder minder festgefahrenen Interaktionskonflikt geführt hat (RICHTER, CHRIST). Eine Paartherapie bedeutet für beide Partner eine hohe Belastung. Den Partnern muß die Beziehung so viel wert sein, daß sie bereit sind, diese Belastungen auf sich zu nehmen. In der Regel sollte also eine Beziehung nicht nur ein passageres Aufeinandertreffen zweier Partner sein. Es sollten sich in der Beziehung auch intakte, konfliktfreie und befriedigende Bereiche befinden, die den nötigen Zusammenhalt bilden, um an der Lösung des Konfliktes arbeiten zu wollen.

– Es sollte sich um eine Krise handeln, die genügend lang dauert, um die Motivation zu einer vertieften Auseinandersetzung zu schaffen, aber nicht so lange, daß die Partner den Glauben an die Lösbarkeit ihres Konfliktes verloren haben, resigniert sind und das Fehlverhalten in ihrer Beziehung ich-synton integriert ist. Besonders geeignet sind Ehen, die über relativ lange Zeit befriedigend verlaufen sind und dann zu einer relativ akuten Störung und Krise kamen (CHRIST 1976).

– Das Paar sollte zu einer therapeutischen Allianz befähigt sein, das heißt, es sollte sich mit dem beobachtenden Ich des Therapeuten verbünden, um ein gewisses Verständnis für die Konflikte, die es erleidet, aufzubringen (SMITH und GRUNEBAUM 1976). Beide Partner fügen einander meist unbeabsichtigt Leiden zu. Sie möchten nun aber in einer Therapie trotz aller Enttäuschungen daran arbeiten, sich miteinander zu verständigen (RICHTER 1973). Zu dieser therapeutischen Allianz sind Paare wenig befähigt, solange sie eine unbewußte Koalition gegen jegliche Veränderung errichten, so daß jede Intervention an ihnen abprallt. Aber auch Partner, die rein projektiv die Therapiesitzungen benutzen möchten, um den Partner ins Unrecht zu setzen und anzuklagen, sind einem einsichtsvermittelnden Therapieverfahren schwer zugänglich.

Als Kontraindikationen für die Paartherapie werden genannt:

– Wenn derjenige, der die Initiative zur Therapie ergreift, dies nur unter dem Druck des Partners tut (HOLLENDER), zum Beispiel Behandlung einer Impotenz unter Scheidungsdrohung.

– Wenn der Psychiater einfach den Segen zu einer bereits beschlossenen Scheidung geben soll (HOLLENDER) und die Therapie nur als Alibiübung für den Scheidungsprozeß dient.

– Wenn die Therapiesituation dazu benutzt werden soll, um individuelle Geheimnisse des Partners, zum Beispiel außereheliche Beziehungen, zu erfahren (CHRIST, S. 375, 1976).

– Wenn die gemeinsamen Sitzungen dazu dienen sollen, die beiderseitige Abhängigkeit auch in der Therapie aufrechtzuerhalten und es nichts geben darf, was man nicht miteinander teilt.

– Wenn einer oder beide Partner angeben, für den anderen nichts mehr empfinden zu können (HOLLENDER). Gerade mit dieser Behauptung muß meines Erachtens vorsichtig umgegangen werden, wie das ausführlich dargestellte Beispiel belegt. Häufig will sich ein Partner vor den nicht erfüllbaren Ansprüchen des anderen schützen, indem er behauptet, seine Liebe sei erloschen. Der Therapeut muß versuchen, sorgfältig abzuwägen, ob «in der Beziehung noch etwas drinsteckt».

Im Gegensatz zu manchen amerikanischen Autoren bin ich nicht für eine allzu rigorose Klärung der Behandlungsvoraussetzungen im Sinne des Abschlusses eines Therapiekontraktes (Sager, Greene u. a.), weil ich oft gesehen habe, daß sich die Einstellung zur Therapie vor allem des progressiven Partners im Laufe der Behandlung positiv ändern kann und sich die Abmachungen des Kontraktes als Bumerang für den Therapeuten erweisen können. Manche Partner können sich bei Therapiebeginn nicht zu Ehewilligkeit und fortbestehenden Liebesgefühlen bekennen, weil sie sich dadurch verpflichtet fühlen würden. In ähnlicher Weise halte ich es im Gegensatz zu anderen Autoren für ungünstig, wenn der Therapeut für die Dauer der Therapie das Aufgeben einer außerehelichen Beziehung (Greene 1970) oder bei Getrenntleben das Zueinanderziehen als Bedingung stellen würde. Ambivalenz und Skepsis gegenüber der Paartherapie braucht nicht eine ungünstige Voraussetzung zu sein. Wenn der Therapeut an die Motivation der Partner zu rigorose Maßstäbe stellt, verscheucht er manche Partner und lädt ihnen damit die Schuld am Nichtzustandekommen der «rettenden» Therapie auf. Dabei wären manche von diesen Partnern durchaus therapiefähig, wenn der Therapeut das zögernde Engagement für die therapeutische Beziehung in Parallele setzen würde mit dem zögernden Engagement für die eheliche Beziehung, eine Parallele, die gerade den Behandlungsfokus bilden kann.

Indikations- bzw. Kontraindikationskriterien sollen in erster Linie als Schwierigkeiten bei der Durchführung einer Therapie aufgefaßt und mit den Patienten besprochen werden. Die therapeutische Bearbeitung dieser Kriterien trägt wesentliches dazu bei, den Patienten die Grenzen und Möglichkeiten einer Paartherapie klarzumachen und die Anforderungen an ihre Motivation transparenter zu gestalten. Der Therapeut sollte Scheinmotivationen erkennen können und mit den Patienten in geeigneter Form besprechen, um damit womöglich bessere Voraussetzungen für die Therapie zu schaffen. Die Klärung der Motivation scheint mir wichtig, um zu erreichen, daß der Therapeut und seine Methode nicht mißbraucht werden, sondern in Einklang mit dem vom Patienten und Therapeuten deklarierten Therapieziel stehen.

Die Erwartungen an die Therapie können bei den Partnern sehr gegensätzlich sein: Die Frau sagt, sie wolle, daß der Mann seine Geliebte aufgebe und wieder ganz bei ihr sei, der Mann sagt, er beteilige sich nur an der Therapie, wenn seine Geliebte aus dem Spiel bleibe. Der Mann sagt, er möchte, daß in der Ehe alles beim gleichen bleibe, die Frau sagt, sie möchte sich emanzipieren und berufstätig werden. Ich glaube, der Therapeut könnte zum Paar etwa folgendes sagen: «Sie haben unter ihrer Krise schon allerhand versucht, um zu einer Lösung zu kommen, und sind allein noch zu keinem befriedigenden Resultat gekommen. Ich glaube, es ist positiv zu werten, daß Sie jetzt versuchen möchten, unter Anwesenheit einer Drittperson, in der Bearbeitung Ihrer Schwierigkeiten weiterzukommen. Diese Arbeit wird für Sie beide belastend sein und setzt sicher voraus, daß Ihnen die Bearbeitung der Beziehung all diese Mühe wert ist. Unsere Arbeit sollte klären, worin Ihre Verständigungsschwierigkeiten liegen und ob sich eine andere, für beide befriedigendere Beziehung finden lassen wird, oder ob es für die Entwicklung von Ihnen beiden, aber auch für Ihre Bezugspersonen besser sein wird, die Beziehung aufzulösen.»

Einige Scheinmotivationen, die zu klären sind, aber eine Paartherapie nicht zum vornherein ausschließen, sollen kurz besprochen werden:

– «*Wer die Initiative zur Paartherapie ergreift, ist auch zur Therapie motiviert.*» Es ist die Frage zu stellen: Wozu möchte der Initiant den Therapeuten und die Therapie benutzen? Hofft er vor allem, daß der Therapeut kraft seiner Autorität den Partner unter Druck setzen wird, sich auf die ursprüngliche Definition der Ehe zurückzubewegen, außereheliche Beziehungen aufzugeben und einfühlsamer und zuvorkommender zu sein? Oder hofft er, vom Therapeuten recht zu bekommen und eine Rückenstärkung zu erfahren? Oder möchte er vor allem den Partner mittels Therapie verändern? Glaubt er das über die Paartherapie zu erreichen, nachdem sich dieser zu einer Einzeltherapie nicht motivieren ließ? Die Frage: «Was könnten Sie zur besseren Gestaltung der Beziehung beitragen?» wird vom Initianten oft weniger akzeptiert als vom Partner.

– *«Ein hoher Leidensdruck ergibt eine hohe Therapiemotivation.»* In der Regel geht die Therapiemotivation mit Leidensdruck einher, Leidensdruck aber führt keineswegs immer zu Therapiemotivation. Manche Paare beeindrucken einen durch die Dramatik ihres Konfliktes und die Schwere ihres Leidens. Unter der Ehekrise ist es zu schweren Depressionen, Suizidversuchen, psychosomatischen Krankheiten wie Magenulcus, essentieller Hypertonie (Hochdruck), Gallenkoliken usw. gekommen. Die Partner leben scheinbar in einer Hölle, die Frau wird geschlagen und gedemütigt, der Mann ist ins Trinken geraten, hat seine Stelle verloren usw. Es müßte also erwartet werden, daß die Partner alles nur mögliche daransetzen, um aus diesem Zustand herauszukommen. Dabei wird leicht übersehen, daß ein Krankheitssymptom nicht nur ein belastendes Phänomen ist, sondern in der Paarbeziehung auch einen stark verbindenden Effekt hat (s. Kapitel «Widerstand»).

Zu Beginn der Therapie stellt sich die schwer zu beantwortende Frage: Kann und will sich das Paar eine Veränderung seiner Beziehung leisten? Hat das Paar mit der Symptombildung nicht einen Kompromiß gefunden, der von allen schlechten Lösungen die beste ist? Ist die Konfliktneutralisierung durch das Krankheitssymptom so wirksam, daß deren Aufgabe übergroße Ängste auslösen müßte, denen sich auszusetzen die Partner nicht bereit sind? Sind die konfliktfreien Bereiche in der Beziehung und die stabilisierenden Ressourcen so gering, daß die Kollusion von den Partnern zu Recht als das eigentlich Verbindende erlebt wird und deshalb nicht aufgegeben werden kann? Es ist zu prüfen, inwiefern das Paar eine veränderte Beziehung wirklich anstrebt. Ist das Leiden und Klagen als fester Bestandteil in die Beziehung integriert? Hat sich das

Paar mit seinen Konflikten eingerichtet? Auch hier stellt sich die Frage: Wozu will das Paar den Therapeuten und die Therapie benutzen? Soll er lediglich zu einem weiteren Schachzug im Spiel des Sich-gegenseitig-Quälens dienen? Es gibt Paare, für die das Erfinden immer neuer Coups einander zu unterdrücken und zu erniedrigen, etwas Aufregendes und Faszinierendes hat und somit durch die Therapie kaum zu verändern ist.

– *«Hohe Erwartungen an den Therapeuten und an die Wirksamkeit seiner Methode sind Ausdruck besonderen Vertrauens.»* Der Therapeut wird mit Vorschußlorbeeren bedacht und mit Riesenerwartungen an seine magische Allmacht stimuliert, die Ehe gesundzuzaubern, ohne daß die Partner mitzuarbeiten hätten. Die Partner liefern sich kindlich dem Therapeuten aus, indem sie von ihm Verhaltensanweisungen und Ratschläge abfordern. Je kritikloser diese entgegengenommen werden, desto größer ist die Gefahr, daß die Patienten derartige Ratschläge in einer Art und Weise buchstäblich befolgen, die den damit verbundenen Intentionen des Therapeuten zuwiderlaufen.

4.3. Methodenspezifische Indikationskriterien

Bei der Wahl der Therapiemethode ist zu unterscheiden
a) die Art der therapeutischen Rahmenbedingungen, zum Beispiel: Paartherapie oder Einzeltherapie;
b) die Art der Methode der Paartherapie nach unterschiedlichen theoretischen Konzepten: zum Beispiel konfliktverarbeitende Methoden oder verhaltensmodifizierende Methoden.

Ehetherapie ist weder in der Form noch in der Methode etwas Einheitliches. Der Form nach werden Partnerkonflikte in Einzeltherapie, Gruppentherapie, Paartherapie, Paargruppentherapie usw. behandelt. Darüber hinaus gibt es noch viele Unterformen (s. besonders GREENE 1970 und GRUNEBAUM und CHRIST 1969/1976):

- die *collaborative therapy*, wo die Partner von verschiedenen Therapeuten behandelt werden, die ihre Therapieerfahrungen untereinander austauschen, eventuell in gemeinsamer Supervision,
- die *concurrent therapy*: beide Partner stehen gleichzeitig in Einzeltherapie bei demselben Therapeuten.

Ferner Kombinationen: zum Beispiel treffen sich die vier Partner der *collaborative therapy* zu gemeinsamen Gesprächen zu viert, oder der Therapeut wechselt in der *concurrent therapy* Einzelsitzungen mit Paarsitzungen. Die Kombination oder der Methodenwechsel verschiedener Settings wird von den einen Therapeuten als besonders erfolgversprechend angesehen (BERMAN und LIEF 1976, SKYNNER S. 226, 1976), während andere Autoren der Ansicht sind, der Therapeut sollte sich nach sorgfältiger Abklärung für eine Methode entscheiden und bei dieser bleiben (z. B. HOLLENDER 1971). Welches dieser Settings gewählt wird, hängt wesentlich von der Ausbildung und Vorliebe des Therapeuten ab. Die Differenzierung der therapeutischen Möglichkeiten unterschiedlicher Settings ist aber wichtig. Auch hier wird es weniger darum gehen, spezifische Indikationen für ein bestimmtes Setting oder eine therapeutische Methode herauszuarbeiten als vielmehr zu betrachten, welche Dynamik unter Anwendung der einen oder anderen Methode besonders begünstigt wird.

a) Paartherapie oder Einzeltherapie?
Paarsitzungen haben den Vorteil, daß keiner von beiden Partnern ganz oder teilweise aus der Therapie ausgeschlossen ist. Beide beteiligen sich in ungefähr gleichem Maße an der Therapie. Wird dagegen beiden Partnern lediglich eine Einzeltherapie angeboten, so macht meist nur einer von beiden von diesem Angebot Gebrauch. Durch die Paartherapie erweist sich oft jemand als therapiefähig, der es sonst nicht wäre (RICHTER 1973). Für den Therapeuten ist es am leichtesten, den Partnern die Interdependenz ihrer Verhaltensweisen in Paarsitzungen aufzuweisen. Die Paarinteraktion spielt sich direkt vor seinen Augen ab, was

unobjektiven Beschuldigungen Grenzen setzt und dem Therapeuten seine Tendenz zum Mitagieren bewußter macht. Der Therapeut kann am überzeugendsten und zwanglosesten zeigen, daß er sich nicht einseitig identifizieren will, sondern sich bemüht, jedes Phänomen von beiden Seiten kennenzulernen und nach den gemeinsamen Wurzeln zu suchen. Die Versuchung des Therapeuten, sich mit dem einen Partner gegen den anderen zu verbünden oder mit dem Progressiven in destruktiver Weise zu rivalisieren, läßt sich in diesem Setting am besten unter Kontrolle halten (s. ‹Die Zweierbeziehung›, S. 248 ff). Der Therapeut erfährt von keiner Seite Geheimnisse, die er für sich behalten müßte, so daß er frei mit all den Informationen, die er in der Therapie bekommt, umgehen kann. Es gelingt ihm am leichtesten, den Fokus der Behandlung auf der Paarbeziehung zu halten (GREENE 1970). Therapeutisch erreichte Veränderungen unterliegen einer stärkeren Prüfung auf ihre Bewährung in der Realität als in der Einzeltherapie, was dieser ja oft den Vorwurf einträgt, sie vollziehe sich nur in der weltfremden Realität des Behandlungszimmers. Das subtile Wechselspiel der Kollusion läßt sich in der Einzeltherapie aus der subjektiven Sicht des einen Partners oft kaum heraushören. Es wiederholt sich auch keineswegs immer in der Übertragungs-Gegenübertragungs-Beziehung zum Therapeuten, da das Verhalten des Therapeuten sehr verschieden von demjenigen des Ehepartners sein kann. So besteht die Gefahr, daß in der Einzeltherapie der nichtbehandelte Partner zum Spielverderber wird. MICHAEL BALINT, S. 41 (1970), dazu: «Es wird gewöhnlich angenommen, daß in der psychoanalytischen Behandlungssituation beobachtete Erscheinungen als repräsentativ für die gesamte menschliche Entwicklung gelten können . . .» Der Verfasser hält diese Annahme jedoch für unzutreffend: «. . . erstens wird nicht alles, was der Analysand in seiner Entwicklung erlebt hat, in der psychoanalytischen Situation wiederholt, zweitens wird das, was wiederholt wird, durch die besonderen Bedingungen der Psychoanalyse hochgradig entstellt.»

Einzelsitzungen haben aber gegenüber der Paartherapie auch

Vorteile. Sie bieten einen besseren Kränkungsschutz. Besonders Partner mit schlechtem Selbstwertgefühl sind von einer Paartherapie überfordert, wenn sie dort aufgefordert werden, ihre empfindsamen, bisher sorgsam gehüteten Persönlichkeitsseiten zu zeigen, und der andere die Gelegenheit benutzt, ihnen die befürchteten Verletzungen zuzufügen. Eine Einzeltherapie kann auch auf die Paartherapie vorbereiten, da, wo einer oder beide Partner große Mühe haben, eigene Gefühle wahrzunehmen oder diese dem Partner zu zeigen. Es kann auch sein, daß auf Grund der überstarken Rivalität, des ausgeprägten Neides und der Eifersucht eine Paartherapie nur zu destruktivem Agieren um die Gunst des Therapeuten führt. In der Einzeltherapie kann der Therapeut die Beziehung zum Patienten ruhiger gestalten, kann dem Patienten mehr Empathie zeigen und ihn in seinem Selbstwertgefühl stützen. Gelegentlich kann es auch sein, daß eine Einzeltherapie den Patienten mehr herausfordert, da er in der Paartherapie allzusehr auf seinen Partner bezogen bleibt und sich selbst zu wenig spürt. Die Einzeltherapie verweist ihn stärker auf sich selbst.

Vor allem aber mag die Einzeltherapie sich mehr in die individuellen Hintergründe bestimmter Störungen und Schwierigkeiten zu vertiefen. Sie empfiehlt sich deshalb auch besonders für die Behandlung von Störungen, die bereits vor der Ehe bestanden hatten oder in der Ehe als von der konkreten Partnerbeziehung relativ unabhängig erfahren werden.

Ein besonders wichtiger Unterschied liegt darin, daß die Einzeltherapie eine viel stärkere therapeutische Regression zuläßt, indem sie sich ganz auf das subjektive Erleben des Patienten konzentriert, die Beachtung der objektiven Realitäten in der Therapie aber relativ unberücksichtigt lassen kann. Als «Tummelplatz in der Übertragung» gewährt sie dem Patienten die Möglichkeit zum Probehandeln, zum Äußern von freien Assoziationen, wobei er Dinge sagt, die einer strengen Scham-, Schuld- oder Angstschranke unterliegen würden, wenn sie zum Realitätswert genommen würden. Die Paartherapie läßt eine derartige Regression nur in engen Grenzen zu, da sie sich in der sozialen Realität einer Paarbeziehung abspielt, wo jede Äußerung des einen zu realen, unwiderruflichen und über die Therapiesitzung hinausreichenden Wirkungen führen kann.

Beispiel 1:
Eine Frau meldete sich zur Paarbehandlung, in der sie den letzten Rettungsversuch für ihre Ehe sehen wollte. Sie erklärte sich zur Scheidung entschlossen, wenn der Mann sich ihr gegenüber nicht grundlegend verändere, da sie nicht mehr weiterhin bereit sei, seine Unterdrückung zu akzeptieren. Er war in den Fünfzigern, über zehn Jahre älter als sie. Er imponierte als gesetzter, patriarchalischer Geschäftsmann, fest und unbeweglich wie ein Fels, an dem die heftigen Anklagen seiner Frau abprallten, ohne ein Wimpernzucken auszulösen. Die Frau sah attraktiv und jugendlich aus, schien sich aber in etwas forcierter Weise mit den Anliegen der Frauenemanzipation zu identifizieren. Sie schob die bisher vernachlässigte persönliche Entfaltung einzig und allein seinem autoritären Gehaben zu. Ursprünglich hatte sie bei diesem Mann Schutz und Sicherheit gefunden. Jetzt aber wollte sie sich auf eigene Füße stellen. Unter der Scheidungsdrohung der Frau erklärte sich der Mann zu allem, auch zu einer Therapie bereit, wobei er aber keine eigene Motivation zeigte, sondern genauso wie die Frau mich mit Vorschußlorbeeren, aber auch mit Riesenerwartungen bedachte. Er sagte: «Ich wäre ja nicht hierhergekommen, wenn ich nicht glauben würde, daß Sie uns helfen können. Ich bin ja jetzt da, was soll ich denn jetzt noch mehr tun?» Meine Bemühungen, von ihm zu erfahren, wozu er die Therapiesitzungen benutzen möchte, was er von sich her zur Therapie beitragen könnte, was er seiner Frau mitteilen möchte usw., stießen auf keinerlei Resonanz. Einzig deutete er einmal an, daß er die Anwesenheit des Therapeuten insofern als sinnvoll erachte, als man sich dann mehr zusammennehme und sich weniger verletze. Es gelang mir dann, den Zugang zum Mann zu finden, als ich ihn auf die damit angetönte Verletzbarkeit ansprach. Plötzlich bekam sein Gesicht etwas Leben, als er berichtete, er sei sehr empfindsam und sei überzeugt, daß, wenn er hier

Gefühle zeigen würde, diese gegen ihn benutzt werden könnten. Als Mann fühle er sich unter einem Zwang, die Anwürfe der Frau ohne sichtbare Erschütterung zu ertragen. Die Frau honorierte dieses unter Überwindung großer Angst geäußerte Eingeständnis nicht, sondern entwertete es gleich wieder in aggressiver Weise. Ich bekam den Eindruck, daß eine Paartherapie eine Überforderung wäre. Dieser Mann hatte noch nie in seinem Leben jemandem seine Gefühle anvertraut und hatte über fünfzig Jahre in der Vorstellung gelebt, er müsse mit allem selbst fertig werden können. Wenn schon, so schien mir nur eine Einzeltherapie geeignet, um diesem Mann den nötigen Schutzraum zu bieten, mehr von sich zeigen zu können, ohne Verletzung und Ausbeutung befürchten zu müssen. Auf der anderen Seite schien mir auch bei der Frau eine Einzeltherapie angezeigter. Die Paartherapie trägt in solchen Fällen die Gefahr in sich, daß die Schuld an der verpaßten persönlichen Entfaltung dauernd dem Partner – hier Mann – zugeschoben werden kann. Dieser verhält sich tatsächlich autoritär und repressiv, zum Teil allerdings auch reaktiv auf die Provokationen der Frau, um seine eigene Unsicherheit und Empfindsamkeit zu schützen. In der Einzeltherapie wird der Patient mehr auf sich verwiesen. Er kann zwar über seinen Partner klagen. Die Einzeltherapie fordert aber von ihm, sich mit der eigenen Problematik zu befassen. Ich riet in diesem Fall beiden Partnern zu getrennten Einzeltherapien bei verschiedenen Therapeuten, ein Rat, der von beiden befolgt wurde.

Beispiel 2:
Ein beruflich sehr erfolgreicher Manager ist seit über 30 Jahren verheiratet. Die Frau bittet um eine Paartherapie. Der Mann kommt widerstrebend zum ersten Gespräch. Der Anlaß des Kommens liegt im Streit um eine außereheliche Beziehung des Mannes. Dieser gibt offen zu, er habe Mühe, alt zu werden, und halte sich mit Sportwagen und Kontakt zu jüngeren Frauen jung. Er erwarte diesbezüglich von seiner Frau Verständnis, um so mehr, weil er den Eindruck habe, im beruflichen Überengagement das Leben verpaßt zu haben. Er fühle sich überfordert, wenn er nun

gewaltsam seine Freundschaft abbrechen müßte, was ihn nachträglich mit Groll seiner Frau gegenüber erfüllen würde. Mit seiner Frau hat er schon über fünf Jahre keinen körperlichen Kontakt mehr gehabt. Seiner Ansicht nach sollten sie sich gegenseitig freigeben und nebeneinander herleben. Für ihn sei es unerträglich, wenn sie nur depressiv-verbittert zu Hause herumsitze und warte, bis er heimkehre. Bis jetzt sei sie doch immer eine so mütterliche und vernünftige Frau gewesen. Er könne nicht verstehen, weshalb sie jetzt solche Szenen mache. Die Frau gab an, sie habe es satt, immer stark sein zu müssen, und möchte nun auch mal eigene Ansprüche stellen können, nachdem sie ihr Leben lang immer zurückgesteckt habe. Der Mann zeigte sich bereit, weiterhin zu Gesprächen hierherzukommen. Er zeigte aber keinerlei Motivation, sich um ein vertieftes Verständnis für die Situation der Frau zu bemühen. Vielmehr erwartete er von der Therapie, daß die Frau gestützt werde und lerne, sich ihm gegenüber nicht mehr so depressiv und vorwurfsvoll zu verhalten, sondern ihm eine Freundin zuzugestehen. Er ertrug die Vorwurfshaltung der Frau schlecht. Als seine Freundin Heiratserwartungen anmeldete und er eine Scheidung erwog, reagierte er mit einem akuten Ulcus duodeni (Zwölffingerdarmgeschwür). Im Laufe des Gespräches bekam ich den Eindruck, daß dieser Mann noch tief an seiner Frau hängt und eine Scheidung sicher nicht die angezeigte Lösung wäre. Im Zusammenhang mit seiner Alterungsproblematik zeigte er sich aber im jetzigen Zeitpunkt in keiner Weise motiviert, an der Beziehung zu arbeiten, um sie für beide Teile befriedigender zu gestalten. Er wollte vielmehr seinen Nachholbedarf decken und erwartete von einer Therapie, daß ihm die Frau dazu den Segen gebe. Auch hier empfahl ich eher eine Einzeltherapie – für den Mann, um sich mit seiner Alterungsproblematik zu befassen – für die Frau, um sich womöglich andere Lebensquellen zu erschließen und ihr Lebensglück nicht ausschließlich vom Mann abhängig zu machen.

Welche Therapieform gewählt wird, hängt auch von der Art der Zuweisung ab. Kommt nur einer der Gatten *wegen einer schwe-*

reren Symptombildung in psychiatrische Behandlung, so wird diese zunächst als Einzeltherapie beginnen, bis sich dann im Verlaufe der Therapie eventuell ein Paarkonflikt als bedeutsam erweist und die Durchführung von Paargesprächen nahelegt. In der Regel beziehe ich in solchen Fällen den Partner dann in die Therapie ein, wenn er sich direkt oder über den Primärpatienten bei mir bemerkbar macht, sei es, daß er beunruhigt ist über den Therapieverlauf, sei es, daß er sich ausgeschlossen fühlt und vom Therapeuten über die Therapie informiert werden möchte. Es entstehen beim Übergang von der Einzeltherapie zur Paartherapie gewisse Schwierigkeiten für alle Beteiligten, die aber nicht unüberwindbar sind, wenn der Therapeut das Problem zur Diskussion stellt. Der Primärpatient, der bis dahin in Einzeltherapie stand, muß nun den Therapeuten mit dem Partner teilen, was von ihm als Verlust seiner privilegierten Stellung erlebt werden kann. Der dazustoßende Partner kann den Eindruck haben, der Therapeut sei bereits voreingenommen durch die einseitige Information und habe sich mit dem Erstbehandelten verbündet. Meist wird er auch größere Mühe haben, die Patientenrolle für sich zu akzeptieren. Der Therapeut mag es auch bedauern, daß er die Intimität des Zweiergespräches aufgeben muß und den Partner in die Therapie einzubeziehen hat, um so mehr, wenn dieser dazu neigt, mit dem Therapeuten in der Hilfeleistung dem Primärpatienten gegenüber zu rivalisieren. Eventuell läuft der Therapeut auch Gefahr, in überkompensierender Weise den Partner zu schonen und zu unterstützen, um ihm keinen Anlaß zu geben, sich in der Therapie nicht voll akzeptiert zu fühlen.

Eine andere Form von Zuweisung besteht darin, daß bereits bei der Anmeldung ein *Paarkonflikt als Grund für die Behandlungsbedürftigkeit* genannt wird. In diesen Fällen pflege ich die Behandlung ausschließlich als Paarbehandlung zu führen. Wird es trotzdem notwendig, Einzelsitzungen einzuschalten, so erkläre ich mich erst dann dazu bereit, wenn beide Partner zu mir eine sichere Vertrauensbeziehung gebildet haben und keiner befürchtet, der andere könnte die Einzelgespräche gegen ihn verwenden. Ich weigere mich dann, über den nichtanwesenden Partner zu sprechen, und halte den Fokus der Einzelgespräche auf dem individuellen Anteil an den Schwierigkeiten in der Paarbeziehung. Gelegentlich bekomme ich aber nach den ersten Gesprächen den Eindruck, daß eine Einzeltherapie den Partnern überhaupt besser helfen könnte als eine Paartherapie. Die Paartherapie sollte dann erst für einen späteren Zeitpunkt ins Auge gefaßt und zunächst eine Einzeltherapie empfohlen werden.

Im Gegensatz zu Bedenken anderer Autoren läßt sich nach meiner Erfahrung eine Paartherapie durchaus mit einer Einzeltherapie bei einem anderen Therapeuten kombinieren, sofern der Patient darauf verzichtet, die beiden Therapeuten und Therapien gegeneinander auszuspielen. Über das Setting als Paar-, Einzeltherapie oder deren Kombination herrschen auch in der Literatur keine einheitlichen Ansichten. Ich glaube, daß in jeder dieser Formen – auch in der Einzeltherapie nur des einen Partners – sich Paarkonflikte bearbeiten lassen. Das wichtigste ist, daß der Therapeut sieht, was er tut und welche Dynamik sich im Dreieck Mann–Frau–Therapeut unter seiner Therapie entwickelt.

b) Paartherapie nach unterschiedlichen therapeutischen Konzepten

Paartherapie gibt es heute bereits in vielen verschiedenen Methoden nach unterschiedlichen Konzepten. Die Paartherapiemethoden lassen sich vor allem in zwei Grundformen einteilen:
– die konfliktverarbeitenden, analytisch orientierten Verfahren
– und die verhaltensmodifizierenden, system- und kommunikationstheoretischen Verfahren.

Bei den konfliktverarbeitenden, einsichtsvermittelnden Verfahren möchte die Therapie den Partnern helfen, das eigene Verhalten und das Verhalten des Partners besser zu verstehen und in seiner Genese und seinen Zusammenhängen klarer zu erkennen. Es besteht die Erwartung, daß das Bewußtwerden bisher unterdrückter Strebungen eine tiefgehende Veränderung von Erleben und Verhalten bewirke und daß die Erweiterung der Kommunikation über Gefühle und Phantasien der Partner die

Akzeptation von sich selbst sowie des Partners fördere und das Wachstum der Persönlichkeit in der Beziehung begünstige. Die Haltung des Therapeuten ist hier weniger direktiv, sondern eher teilnehmend und gewährend. Voraussetzung für dieses Vorgehen ist die Fähigkeit der Patienten, das Therapieangebot zu nutzen, um sich selbst und den Partner besser kennenzulernen und die Basis des gegenseitigen Verständnisses zu erweitern. Partner, die von ihrer Sozialisation her nicht gewohnt sind, eigene Phantasien, Vorstellungen und Gefühle wahrzunehmen und auszusprechen, denen es eher liegt, im sozialen Feld zu agieren oder sich nach den Richtlinien der Umgebung zu verhalten, haben mehr Mühe, mit diesem therapeutischen Angebot etwas anzufangen. Es besteht die Gefahr, daß sie die in den Therapiesitzungen erreichte größere Offenheit benutzen, um in destruktiver Weise übereinander herzufallen oder einander zur Preisgabe gewisser Geheimnisse zu erpressen. Wenig geeignet für diese Methode sind auch Paare, die stark zum Rationalisieren neigen und sich Einsicht und Verständnis in rein intellektueller Weise aneignen, ohne eine Beziehung zu ihrem Erleben und Verhalten herzustellen.

Die *verhaltensmodifizierenden Verfahren* befassen sich weniger mit innerseelischen Konflikten und deren Hintergründen, sondern setzen gemäß einem konkreten Konfliktlösungsmodell direkt modifizierend an Verhalten und Kommunikation an. Sie gehen stark vom Lernen am Erfolg aus, das heißt von der Annahme, daß positives Verhalten und konstruktive Kommunikation positiv auf das tiefere Erleben wirken. Die Umstrukturierung der Beziehung und die Verhaltensmodifikation wird durch eine aktive therapeutische Haltung angestrebt. Die Sitzungen sind oft stark strukturiert und bestehen zu einem wesentlichen Teil in Übungen, durch die die Partner neue Verhaltensweisen erproben und erlernen können. Das Verhalten des Therapeuten ist dabei offen manipulierend, suggestiv strukturierend und pädagogisch. Diese Haltung bewährt sich vor allem da, wo destruktives eheliches Verhalten ritualisiert ist, zum Beispiel bei ehelichem Machtkampf oder bei psychosomatischen Kollusionen

(WILLI 1976), wo das Paar so stark im Agieren befangen ist, daß keine freie Valenzen mehr für ein auf Reflexion angelegtes Therapieverfahren vorhanden sind. Die verhaltensmodifizierenden Methoden sind auch da empfehlenswert, wo die Partner durch endloses Zerreden ihrer Probleme nicht weiterkommen, sondern etwas für deren Lösung tun sollten (z. B. Sextherapie nach MASTERS und JOHNSON bzw. HELENE KAPLAN). Da wo es aber den Partnern ein Bedürfnis ist, ihre Konflikte in einer differenzierteren Weise wahrzunehmen und sich darüber zu verständigen, werden diese übenden Verhalten als zu pragmatisch erlebt.

4.4. Therapeutenspezifische Indikationskriterien

Die Art der Therapiemethode hängt aber nicht nur von der Eignung der Patienten ab, sondern auch von den Vorlieben und Eignungen des Therapeuten. Persönlich bin ich mit einer analytischen Arbeitsweise am vertrautesten, obwohl ich in manchen Fällen auch von strukturierenden Methoden Gebrauch mache. Die strukturierend-übenden Verfahren haben den Vorteil, aber vielleicht auch die Gefahr, daß sie wegen ihrer klaren Konzeption leichter zu erlernen sind. Bei der hohen Komplexität der Psychodynamik von Paarkonflikten kann die Durchführung von Übungen den erlösenden Ausweg anbieten, um sich auf sicherem Boden zu fühlen und konkrete Veränderungen anzustreben. Es gibt auch je nach beruflicher Ausbildung verschiedene methodische Vorlieben. Sozialarbeiter und Eheberater fühlen sich oft eher von verhaltensmodifizierenden Methoden angesprochen, bei denen konkrete Lösungen definiert und aktiv eingeübt werden. Psychiater und Psychologen mit analytischer Ausbildung dagegen neigen eher zu konfliktverarbeitenden Methoden.

4.5. Formulierung eines Kollusionsfokus

Um nicht nur von der vordergründigen Dramatik der Partner in Beschlag genommen zu werden, empfiehlt es sich, die Formulierung eines therapeutischen Fokus womöglich bereits im Erstinterview, sicher aber im Laufe der ersten Therapiesitzungen anzustreben. Der Fokus gibt die Richtung und die innere Linie der psychotherapeutischen Arbeit an. Nach BECK (1974) führt der fehlende Überblick bei der Kurztherapie meist zu einem vorzeitigen Behandlungsabbruch. Fehlendes Verständnis für die psychodynamischen Vorgänge ruft beim Therapeuten und beim Patienten Enttäuschungen, Resignation und Motivationsmangel für eine weitere Zusammenarbeit hervor. Eine analytisch orientierte Kurztherapie ist ohne Konzept über die Störung des Patienten nicht möglich. Der Fokus soll die unbewußte Bedeutung der Symptome verständlich machen. Der unbewußte Grundkonflikt, mit dem das Hauptsymptom und die Beschwerden des Patienten zusammenhängen, soll in der Therapie aufgelöst werden. So bildet der Fokus den geistigen Orientierungspunkt für die Behandlung.

In der Paartherapie halte ich es für notwendig, daß der Therapeut, um sich nicht im Dschungel der Klagen und Gegenklagen der Patienten zu verlieren, in der Lage ist, das angebotene Material auf seinen gemeinsamen Nenner, auf die unbewußte Grundformel, zurückzuführen. Als Symptom oder Krankheit steht in der Paartherapie das beidseitige Fehlverhalten der Partner. Dieses ist ihnen oft selbst unverständlich. Sie erleben es als einen ihnen fremden Zwang, dem sie nicht entrinnen können. Die Formulierung einer das Fehlverhalten beider Partner einschließenden inneren Formel ist eine Integrationsleistung, die vom Therapeuten erwartet wird, um sich nicht in der uferlosen Schilderung von Kleindetails der Patienten zu verlieren. Diese innere Formel ist zunächst eine Privathypothese des Therapeuten, die er sich vom Fehlverhalten des Paares macht. Wieweit diese Formel in der Therapie schrittweise oder vollumfänglich als Deutung ausgesprochen werden kann, muß der Prozeß ergeben. Die

Formel der Paartherapie sollte so früh wie möglich gebildet und im Laufe des therapeutischen Prozesses ergänzt, präzisiert und erweitert werden. Nach BALINT et al. (1973) ermöglicht der Fokus dem Therapeuten, mit «selektiver Aufmerksamkeit» bzw. «selektiver Nichtbeachtung» zu arbeiten (S. 204).

Für die Paartherapie schlage ich folgende Richtlinien für die Formulierung des Fokus vor:

1. Der Fokus soll eine Formel sein, die in der Ich-Form auf beide Partner oder in Wir-Form auf das Paar zutrifft, so daß sie die Gleichartigkeit der Beziehungsstörungen beider Partner aufweist.

2. Sie soll aus einem Eingangssatz bestehen, der sich auf ein den Partnern gemeinsames Grundbedürfnis bezieht, das in der früheren Lebensgeschichte schon immer frustriert, dessen Befriedigung aber von der Paarbeziehung erhofft worden war und jetzt scheinbar weiterhin frustriert bleiben muß.

3. Der Nachsatz soll das *aktuelle Abwehrverhalten* der Partner gegenüber der Frustration dieses Grundbedürfnisses beinhalten, so wie es für beide Partner zutrifft.

Die Formulierung des Fokus soll so spezifisch sein, daß sie auf das manifeste Verhalten der Partner Bezug nimmt, soll aber andererseits so offen bleiben, daß sie ein breites Spektrum unbewußter Erlebnisweisen der Partner zu integrieren vermag und im Laufe der Therapie vertieft und erweitert werden kann.

Einige Beispiele:

«Wir müssen uns vor unserer Sehnsucht nach Einswerden schützen, indem wir uns laufend durch Kränkungen auf Distanz halten.»

Diese Formulierung entspricht einer narzißtischen Kollusion und nimmt Bezug auf das ausführlich dargestellte Beispiel im Kapitel 13, S. 229.

«Wie notwendig es ist, meine intimsten Gefühle für mich zu behalten, beweist, wie sehr mich der Partner zu verletzen sucht.»

Der Mann hatte in diesem Falle große Mühe, Gefühle zu zeigen. Wenn er in der Therapie vorsichtige Versuche zu Gefühlsäußerungen machte, fiel die Frau gleich gekränkt über ihn her, um ihm daraufhin erneut Gefühllosigkeit und Egoismus vorzuwerfen. Die penetrante Art, wie die Frau in ihn einzudringen versuchte, verdeckte lange Zeit ihre hochgradige Scheu, selbst Gefühle zu zeigen.

«Wir sind vor der Gefahr, ineinander aufzugehen, bewahrt, solange Beziehungen zu anderen Partnern ein Gegengewicht bilden.»

In diesem Beispiel hatten beide Partner außereheliche Beziehungen, die sie jedoch nicht glücklich machten, sondern eher dem Schutz vor Nähe und Abhängigkeit dienten.

«Die Gefahr, vom anderen verlassen zu werden, ist gebannt, solange wir durch Krankheit aufeinander angewiesen sind.»

Es handelt sich um eine orale Kollusion, bei der die Frau Angst hatte, ihre Depression aufzugeben, weil der Mann sich dann nicht mehr um sie kümmern müßte. Der Mann seinerseits hatte ähnliche Ängste der Frau gegenüber.

«Die gegenseitige Abhängigkeit ist gesichert, solange der eine sich ohne den anderen nicht mehr lebensfähig fühlt.»

In dieser anal-sadistischen Kollusion wagte die Frau nicht, sich zu emanzipieren, weil sie die hochgradige Verunsicherung, die sie dem Mann damit zufügen würde, spürte und es bedauert hätte, nicht mehr so intensiv aufeinander angewiesen zu sein.

«Wie sehr dem Mann die Akzeptation durch die Frau wichtiger ist als seine Triebbefriedigung, zeigt seine Bereitschaft, ihr die Verfügung über seine Potenz in die Hände zu legen.»

Die kindliche Art, wie der Mann von seiner Frau als Ersatzmutter akzeptiert werden wollte, provozierte bei ihr Hohn über seine fehlende Männlichkeit, obwohl sie andererseits Angst vor einem ihr überlegen erscheinenden Partner hatte.

«Der Partner wird meine Abhängigkeitswünsche nicht ausbeuten können, solange ich mir ihm gegenüber einen Machtvorteil bewahre.»

Diese symmetrische Beziehungsform führte zum ehelichen Machtkampf.

«Unsere Beziehung wird sich nicht wegen Langeweile auflösen, solange sie durch Streit und Eifersucht aufregend gestaltet wird.»

Diese Haltung entspricht dem Exhibitionsbedürfnis in der hysterischen Ehe, mit dem das beeinträchtigte Selbstwertgefühl kompensiert werden soll.

Die Formulierung des Fokus soll für beide Partner gültig sein, entsprechend dem Beitrag beider Partner zur Bildung der Kollusion. Der Fokus schützt damit vor einer der Hauptgefahren der Paartherapie, nämlich vor dem Übergang in eine Einzeltherapie nur des einen Partners unter cotherapeutischer Assistenz des anderen. Mit der Formulierung eines Fokus im Hinterkopf ist es dem Therapeuten aber auch leichter möglich, sich über einige Stunden vorwiegend mit der Problematik des einen Partners zu befassen, ohne das Gleichgewicht immer sogleich wiederherstellen zu müssen. Die Formulierung des Fokus schützt am ehesten vor der Gefahr, die Paartherapie auf individuelle Probleme der Partner, die wenig mit ihrer Beziehung zu tun haben, auszuweiten. Wenn die Kollusion sich im Laufe der Therapie auflöst, so sind damit noch nicht alle Probleme bewältigt. Es wird sich dann aber klarer herausstellen, ob zur Erreichung weiterer Fortschritte eine Einzeltherapie mit größerer Tiefenwirkung empfohlen werden müßte.

Eine nachfolgende Einzeltherapie wird sich auf die Paardynamik weniger destruktiv auswirken, wenn der Partner über die tieferen Hintergründe, die eine derartige Therapie notwendig erscheinen lassen, bereits umfänglich informiert ist.

Mit RICHTER (1973) bin ich der Meinung, daß es in der analytischen Paartherapie nicht möglich ist, von den individuellen Symptomen den Anteil gründlich zu bearbeiten, der nicht unmittelbar mit dem Partnerkonflikt verknüpft ist. Der Therapeut muß sich dabei selbst gegen die Versuchung schützen, sich allzusehr wie in der Einzeltherapie in das Geflecht der intraindividuellen Konflikthintergründe zu vertiefen, anstatt sich gezielt auf den Problemanteil zu konzentrieren, der in den Dialog mit dem Partner einfließt und damit von beiden Seiten her gesehen und bearbeitet werden kann. Die Paartherapie ist eher eine Ergänzung als eine Alternative zur Einzeltherapie. Eine Paartherapie kann sich sinnvollerweise an eine Einzeltherapie anschließen. Sie kann auch zur Vorbereitung einer solchen dienen, wenn es darum geht, einem Patienten für eine geduldige Bearbeitung seiner inneren Probleme vorerst Entlastung vom Außendruck eines massiven Partnerkonfliktes zu verschaffen. Dennoch kann die Paartherapie auch als «indirekte Einzeltherapie» funktionieren, indem sie individuellen Symptome zu beeinflussen vermag, die überwiegend eine «dialogische Funktion» haben, das heißt aus der Dynamik eines Interaktionskonfliktes gespeist werden.

4.6. Zusammenfassende Richtlinien für die Einschätzung der Therapievoraussetzungen

1. Diagnostische Einschätzung des Paarkonfliktes

- Worin sehe ich den grundlegenden Konflikt zwischen den Partnern und dessen persönlichen und sozialen Hintergrund? Wo lassen sich interdependente Polarisierungen und fixierte Interaktionszirkel feststellen? Womöglich Formulierung eines Kollusionsfokus.
- In welcher Form hat das Paar versucht, diesen Konflikt zu lösen oder zu neutralisieren (z. B. durch Krankheit oder durch Einbezug von Drittpersonen, insbesondere Kinder)? Vermitteln Scheinlösungen neben Nachteilen auch erhebliche Vorteile für beide Partner? Sind bereits andere Therapieversuche vorausgegangen, und was war deren Ergebnis?
- Wie groß ist die innere Bereitschaft und Flexibilität der Partner, die jetzige Kompromißlösung aufzugeben, das eheliche Leitbild in Frage zu stellen und ihre Beziehung umzustrukturieren? Was ist zu erwarten, wenn der progressive Partner anfängt, seine bisher verborgenen Empfindsamkeiten und Ängste zu zeigen? Wird der regressive Partner derartige Eingeständnisse benutzen, um ihn zu verletzen und ihm damit erneut zu bestätigen, daß er seine Gefühle für sich zu behalten

habe und selbst mit den Problemen fertig werden müsse? Was ist zu erwarten, wenn der regressive Partner anfängt, eigene Verantwortung zu übernehmen und sich nicht mehr vom Schutz und der Hilfe des progressiven abhängig zu machen? Wird sich der Progressive durch diese Verselbständigung bedroht fühlen und jeden Versuch im Keime ersticken oder mit Liebesentzug drohen?

- Welche äußeren Realitäten schränken den therapeutischen Spielraum ein (z. B. mangelnde Berufsausbildung der Frau, finanzielle Abhängigkeit der Frau vom Mann, äußere Verpflichtungen gegenüber den Eltern oder Kindern, gemeinsamer Besitz, erhebliche Unterschiede der Partner bezüglich Alter, Bildung, Differenzierungsgrad, sozio-kulturellen Normen und Werten)? Welche persönlichen und familiären Konsequenzen wären bei einer Auflösung der Ehe zu erwarten? Sind Fortschritte in der Paartherapie verbunden mit unzumutbaren Nachteilen für andere Bezugspersonen?

- Welche konfliktfreien und befriedigenden Beziehungsbereiche und welche Ressourcen aus der gemeinsamen Geschichte und dem gemeinsamen Lebenswerk liegen als Stabilisatoren vor? Welche gemeinsamen Aufgaben und Ziele verleihen trotz aller Schwierigkeiten eine starke Motivation, die Beziehung fortzusetzen?

- Welche entlastenden Befriedigungen sind außerhalb der Paarbeziehung erreichbar?

- Was erwarten die Partner von der Therapie? Wozu möchten sie die Therapie und den Therapeuten benutzen?

2. Zielsetzung

- *Welches wäre das Idealziel der Paartherapie?* Bessere Fähigkeit, die Ansprüche der Selbstentfaltung, der Partnerschaft und der Umwelt zu integrieren. Auflösung der Kollusion, Lockerung der starren, eingeengten Interaktionspersönlichkeiten. Öffnung bzw. klare Definition der Beziehung gegen außen.

– *Welches wäre das Realziel?* Als Fokaltherapie ist die Paartherapie eine Kurzbehandlung, die in der Regel nur eine Bewegung in Richtung Idealziel erreichen läßt. Ein praktisch wichtiges Ziel für eine fortbestehende Paarbeziehung liegt im mög-
lichsten Verzicht auf Scheinlösungen (Konfliktneutralisierung durch Krankheit oder Einbezug von Drittpersonen), in
der Akzeptation der begrenzten Beziehungsmöglichkeiten
von sich selbst und vom Partner und der Entlastung der
überforderten Paarbeziehung zugunsten anderer Befriedigungen. Wenn nach erfolgter Klärung eine befriedigende Beziehung nicht erreichbar erscheint, wäre ein praktisch wichtiges
Ziel der Mut zur Trennung, sofern dabei eine Chance für
einen Neubeginn besteht, eine langdauernde gemeinsame Geschichte nicht bereits identisch mit der eigenen Lebensgeschichte geworden ist und andere Personen, insbesondere die
Kinder, nicht in unzumutbarer Weise darunter zu leiden
hätten.

3. Zur Verfügung stehende Therapiemethoden

– Welche Therapiemethoden stehen grundsätzlich zur Verfügung? Empfiehlt sich als Therapie eher eine Paarbehandlung
und/oder Einzelbehandlung? Erwarten die Partner in erster
Linie die Bearbeitung persönlicher Probleme oder ihrer gegenseitigen Beziehung?
– Können die Partner mit dem angebotenen Therapieverfahren
konstruktiv arbeiten?
– Welches sind die zeitlichen und finanziellen therapeutischen
Rahmenbedingungen?

4. Motivation des Therapeuten

Welche Bereitschaften löst das Paar im Therapeuten aus? Ist es
dem Therapeuten in den Abklärungsgesprächen gelungen, mit
beiden Partnern in eine gefühlsmäßige Beziehung einzutreten?
Wie fühlt er sich als Mann bzw. als Frau vom Paar angespro-

chen? Wie steht er persönlich zum Problem des Paares? Steht er in einer ähnlichen oder verschiedenen Lebensphase und Lebenssituation? Welche Therapieerwartungen hegt der Therapeut?

5. Der Widerstand in der Paartherapie

Die zwei Grundsäulen psychoanalytischer Behandlung bilden die Bearbeitung von Übertragung und Widerstand. Wie äußert sich der Widerstand in der Paartherapie?

Nach FREUD setzt der Patient der Aufhebung und Veränderung seiner Verdrängungen einen Widerstand entgegen. Das Ich sucht die Unlust zu vermeiden, die eine Befreiung des Verdrängten bewirken würde. Es will sich den sekundären Krankheitsgewinn erhalten. Der Widerstand ist also mit Verdrängung korreliert und findet sich somit bei jeder aufdeckenden, konfliktverarbeitenden Therapie von Neurosen.

In der Literatur der Gruppentherapie wurden die psychoanalytischen Konzepte auf die Gruppe übertragen. Es wird von der Gruppe als einem Organismus gesprochen, der sich durch seine einzelnen Mitglieder artikuliert. Die therapeutische Methode dieser Konzeption ist die Gesamtgruppendeutung, deren Sinn es ist, Hindernisse, die dem Fortschritt der ganzen Gruppe im Wege stehen, anzusprechen und so den Widerstand der Gruppe zu bearbeiten. Diese Form von Widerstandsanalyse hilft der Gruppe, sich nach Beseitigung der Hindernisse ihrer analytischen Hauptaufgabe zu widmen.

Die Sicht des Gruppenwiderstandes erweist sich für die Paartherapie als fruchtbar. In der Regel erscheinen nicht beide Partner im gleichen Maße für die Therapie motiviert, ja, man kann sogar sagen, je mehr der eine für die Therapie motiviert wirkt, desto widerständiger benimmt sich der Partner. Wenn sich dieser überhaupt weigert, zur Therapie zu kommen, so wird der Therapeut in der Regel nur mit dem Behandlungswilligen arbeiten, wobei es sich bald zeigt, daß jeder therapeutische Fortschritt immer durch den nicht anwesenden Partner blockiert wird. Wenn dieser Partner nicht wäre, so meinen Therapeut und Patient, hätten wesentliche therapeutische Fortschritte erzielt werden können, wäre der Patient autonomer, emanzipierter, würde eigene Initiative entwickeln und zu reifen Kontakten befähigt sein. Therapeut und Behandlungswilliger schließen sich immer mehr zusammen gegen den bösen Partner. Der Therapeut wird schon bald die Scheidung anvisieren, zu der der Behandlungswillige durchaus motivierbar erscheint, wenn nicht äußere Zwänge dagegenstehen würden: die Kinder, das gemeinsame Heim, der Ruf der Familie, die alten Eltern, die diesen Schock nicht überleben würden usw. So nehmen diese Sitzungen leicht den Charakter gemeinsamer Klagestunden an, die eventuell den Patienten etwas erleichtern, sicher aber die Situation nicht verbessern, sondern eher verschlechtern.

Gehen wir nun aber vom Kollusionskonzept aus und betrachten das Paar bezüglich seiner neurotischen Verklammerung als Dyade, als Zweiereinheit, so müßten wir viel banaler sagen: Der Behandlungswiderstand dieses Paares äußert sich einseitig, nur in der Person des einen Partners. Damit wäre klargelegt, daß das Paar, das heißt beide Partner, einer Veränderung ihrer Beziehung und insbesondere der Bewußtwerdung der Kollusion einen Widerstand entgegensetzen und sich den «sekundären Krankheitsgewinn», den ihnen die Kollusion auf Verhaltensebene ermöglicht, nicht nehmen lassen wollen.

Ich möchte nun die Widerstände des Nichtbehandlungswilligen, des Behandlungswilligen und des Therapeuten gesondert darstellen, um die destruktiven Widerstandsspiele in diesem Dreieck besser zu veranschaulichen.

5.1. Der Widerstand des nichtbehandlungswilligen Partners

Bei den von mir behandelten Paaren hat in rund 60 Prozent die Frau die Initiative zur Behandlung ergriffen. Andere Behandlungsstellen melden 80 Prozent. Die nichtbehandlungswilligen

Partner sind denn auch häufiger Männer als Frauen. Das hat einen direkten Zusammenhang mit den Gründen, die für den Widerstand des nichtbehandlungswilligen Partners verantwortlich sind. Gerade heute, wo die Männer unter der Frauenemanzipationsbewegung in Bedrängnis geraten sind und sich aus Schuldgefühlen und Ängsten defensiv einstellen, scheint es mir besonders wichtig, als Therapeut die Haltung einzunehmen: «Der Nichtbehandlungswillige hat *aus seiner Sicht* heraus ‹gute› Gründe, um nicht zu kommen.» Wir müssen also versuchen, ihn zu verstehen, anstatt vorwurfsvoll über ihn herzufallen, ja, wir müssen ähnlich wie bei einem psychosomatischen Patienten seine Abwehr zunächst als eine sinnvolle Maßnahme stützen, was begreiflicherweise manchem Therapeuten vielleicht noch schwerfällt.

a) Die Angst vor dem Verlust der progressiven Position

Bei jenen Paaren, bei denen eine progressiv-regressive Rollenpolarisierung feststellbar ist, wird die progressive Position in meinem Krankengut in rund Dreiviertel der Fälle vom Mann eingenommen. Der progressive Partner klammert sich nach meiner Erfahrung nun nicht einfach nur an seine Scheinüberlegenheit, weil er die damit verbundenen Privilegien und Selbstbestätigungen ängstlich verteidigen will, sondern auch weil er den Eindruck hat, angesichts des regressiven und destruktiven Agierens des Partners müßte er um jeden Preis klaren Kopf und festen Stand bewahren, weil sie sonst gemeinsam in einem chaotischen Strudel untergehen würden. Oft hört man: «Beide können ja schließlich nicht Patient sein, einer muß ja noch gesund bleiben.» «Progressive» fürchten, eine zusätzliche Belastung durch eine Therapie nicht auch noch verkraften zu können, um so mehr, wenn sie sich als Männer für den Broterwerb und die Existenzsicherung der Familie verantwortlich fühlen. Die mögliche Auseinandersetzung mit eigenen Schwächen könnte ihr Selbstgefühl so stark tangieren, daß sie auch in beruflicher Hinsicht zum Versager würden. Der Partner in regressiver Position zeigt oft zu wenig, daß er durchaus zur Übernahme von mehr Verantwortung befähigt wäre, weil er sich aus Trotz, Wut und Rache immer mehr in destruktivem Sich-schwach-Machen fixiert und all sein Streben darauf ausrichtet, den Progressiven als impotenten Machthaber bloßzustellen. Der Progressive ist oft durchaus fähig, sich eigenen Schwächen und Ängsten zu öffnen, wenn er sich im therapeutischen Rahmen ausreichend vor der Verletzung durch den Partner gesichert fühlt. Der Progressive muß sowohl vom Regressiven wie vom Therapeuten ausreichend zu spüren bekommen, daß er sich das Eingeständnis von Schwächen nicht nur leisten kann, sondern daß dadurch der Kontakt freier und menschlicher wird. Ob das gelingen kann, hängt ganz wesentlich vom Verhalten des regressiven Partners ab.

Die progressiven Partner machen es dem Therapeuten aber oft schwer, wenn sie sich vom Regressiven distanzieren, indem sie diesem eine Krankheitsdiagnose anhängen. «Meine Frau hat eine Depression», sagt der Mann, wenn er seine ihm lästige Frau dem Arzt oder Therapeuten übergeben will. Statt von einer Krankheit Depression spricht man in einer Paartherapie besser davon «Ihre Frau wirkt bedrückt über . . .» oder «Ihre Frau verzweifelt an . . .», um den kommunikativen Aspekt des Verhaltens der Frau mehr zu betonen. MINUCHIN (zit. HALEY 1975) spricht zum Beispiel nicht von einem Kind mit Anorexia nervosa, sondern von einem Kind, das nicht essen will, worin auch klarer enthalten ist, was die therapeutische Zielsetzung ist: das Kind wieder zum Essen zu bringen.

In der Paartherapie können die nichtbehandlungswilligen Partner ärztliche Verlegenheitsdiagnosen mißbrauchen, weil sie sich dadurch von der Frage nach der Ursache der Störung dispensiert fühlen, denn dies erscheint jetzt als eine medizinische Angelegenheit, für die sie nicht zuständig sind. Die verzweifelten Verhaltensweisen und Vorwürfe des regressiven Partners müssen nun nicht mehr zum Nennwert genommen werden. Dadurch gewinnt man an «therapeutischer» Überlegenheit: Man ist dem regressiven Partner gegenüber duldsamer und hilfebereiter eingestellt, muß ihn aber als Kranken nicht als vollwertig betrachten. Der psychotherapeutischen Bearbeitung dieser Distanzierung wird nun ein starker Widerstand entgegengesetzt, weil befürchtet wird, durch Aufhebung des diagnostischen Schutzes werde der regressive Partner wie früher in ungehemmt destruktiver Weise über einen herfallen und einen mit seinen Ansprüchen bis zur Erschöpfung überfordern. Es ist deshalb ungünstig, wenn sich der Therapeut zu Bemerkungen provozieren läßt: «Wollen Sie eigentlich Ihren Partner noch ganz zugrunde richten?», oder: «Wissen Sie eigentlich, daß Ihr Partner nur wegen Ihnen krank ist?» Die Hypothese, daß ein Ehekonflikt zu rund 50 Prozent von jedem Partner verursacht wird, hilft auch hier, nicht nur zu sehen, wie der progressive Partner den regressiven krank macht, sondern wie der Regressive den Progressiven in seiner Haltung fixiert und ausbeutet.

Manchmal wird der Therapeut Mühe haben zu sehen, wo die Behandlungsbedürftigkeit des progressiven Partners liegen könnte, weil dieser so überlegen und abgeklärt wirkt. Den Einstieg wird er am ehesten finden, wenn er sich fragt, weshalb der scheinbar so überlegene Partner sich ausgerechnet mit einem derart regressiven, infantilen, stützungsbedürftigen und hilfesuchenden Partner zusammengetan hat.

Man kann den progressiven Partner zum Beispiel fragen: «Wie ist es denn für Sie, wenn Ihr Partner sich so schlecht fühlt?» Der Progressive wird sich zunächst rechtfertigen wollen. Man dopple nach: «Aber es muß doch auch für Sie nicht leicht sein, mit einem Partner zusammen zu leben, der so viel klagt?» Kommt auch daraufhin nichts in Gang, kann man die therapeutische Haltung gegenüber der narzißtischen Kränkbarkeit des progressiven Partners deutlicher machen: «Ich spüre bei Ihnen das starke Bemühen, all das, was Ihnen durch das schlechte Befinden Ihres Partners auferlegt wird, tapfer und ohne Klagen zu ertragen. Es ist überhaupt mein Eindruck, daß Sie sich für Ihre Ehe als Hauptverantwortlicher fühlen und alles ertragen zu müssen glauben. Ich finde dieses Bemühen anerkennenswert, aber ich frage mich, ob Sie sich da manchmal nicht zuviel zumuten. Vielleicht mußten Sie sich unter der dauernden Inanspruchnahme eine harte Schale zulegen, um sich vor den Ansprüchen und Erwartungen Ihres Partners zu schützen und die Verpflichtungen gegenüber der Familie zu gewährleisten.» Besonders bei Männern von depressiven Frauen oder von Frauen mit Symptomneurosen oder psychosomatischen Krankheiten habe ich es häufig erlebt, daß sie daraufhin wie verwandelt waren. Jetzt, wo sie spürten, daß der Therapeut ohne Kränkungsabsicht, Beschuldigung oder Wertung mit ihnen ins Gespräch zu kommen suchte, konnten sie sich mehr aufschließen. Sie waren darauf gefaßt gewesen, daß der Therapeut in ähnlicher Weise wie der Partner mit Vorwürfen gegen sie anrennen werde oder ihnen noch größere Belastungen im Umgang mit dem Partner zumuten wollte. Durch die verständnisvolle Haltung des Therapeuten fühlten sie sich jetzt akzeptiert und waren entlastet von der Vorstellung, selbst für alles in der Partnerbeziehung verantwortlich sein zu müssen.

b) Die Angst vor moralischer Wertung und Verpflichtung

Die Nichtbehandlungswilligen fühlen sich durch den Partner vor den Therapeuten als Richter zitiert, zum Beispiel wegen einer außerehelichen Beziehung oder anderweitigen «ehewidrigen Verhaltens». Sie glauben, wenn sie dem Aufgebot zur Therapie Folge leisten würden, hätten sie damit bereits ihre Schuld eingestanden. Der Behandlungswillige kündigt ihnen die Therapie auch als eine Art Gerichtssitzung an, in der sich erweisen werde, wo die Schuld am Ehezerwürfnis liegt. Häufig besteht die Angst, durch die Therapie manipuliert zu werden. Solche Partner haben es in der Ehe, aber auch in ihrer Kindheit häufig erlebt, daß sogenannte «Aussprachen» (oder das überzufällige Herumliegenlassen eines Buches wie ‹Die Zweierbeziehung›) nur dazu dienen, unter dem Scheine der Offenheit und des Verständnisses Fallen zu stellen, um einen in eine bestimmte Richtung zu dirigieren. Häufig handelt es sich um narzißtisch gestörte Persönlichkeiten, die auf jede Form von Verpflichtung sensibel reagieren, denen schon das Ja-Wort bei der Heirat Mühe bereitet hat und die in der Therapie zuerst das Vertrauen finden müssen, daß sie als eigenständige Personen respektiert werden. Im günstigen Fall können sie in der Therapie einen Schutz erfahren, um sich in ihrer Art zu entfalten und sich gemäß ihren Möglichkeiten in eine Beziehung einzulassen. Der Therapeut darf solche Partner ebensowenig auf die Ehetherapie verpflichten, wie er es auch nicht zulassen soll, daß der Behandlungswillige die Therapie zur Konsolidierung der Eheverpflichtung benutzt. Dieses Problem wird im ausführlich dargestellten Beispiel eingehend beleuchtet werden.

Gelingt es nun aber *tatsächlich nicht*, den Partner für die Therapie zu gewinnen, so ist dem Behandlungswilligen die Frage zu stellen: «Was erwarten Sie jetzt von der Therapie? Wollen Sie damit den Partner verändern oder sich selbst?» Eine sinnvolle therapeutische Arbeit mit nur einem Partner ergibt sich nur da, wo der Behandlungswillige wirklich für sich selbst eine Therapie sucht und sich davon nicht Schützenhilfe, Rechtfertigung und Anleitung zu wirksamerem Agieren gegen den Partner erhofft.

Beispiel 3:
Eine Frau meldete sich verzweifelt für eine Therapie, da das Zusammenleben mit ihrem Mann unerträglich geworden war. In seinem Beruf unbefriedigt, ließ er seiner schlechten Laune zu Hause freien Lauf, stellte unermeßliche Ansprüche an Zuwendung, um gleichzeitig alles, was sie für ihn tat, zu entwerten. Gleichzeitig warf er ihr vor, sie sei zu abhängig und unterwürfig, er bräuchte eine emanzipierte Partnerin, um für sie Achtung zu empfinden. Er unterhielt eine außereheliche Beziehung mit einer Berufskollegin, mit der er alles, was ihn bewegte, besprechen konnte. Diese Frau wirkte ernsthaft für eine Therapie motiviert. Sie sah auch, daß sie es von ihrer Mutter erlernt hatte, eine Frau habe sich dem Mann zu fügen und sich nach ihm zu richten. Gleichzeitig spürte sie aber, wohl zu Recht, daß ihr Mann es gar nicht ertragen würde, wenn sie eigene Ansprüche stellen und eine eigenständige Persönlichkeit entfalten würde. Der Mann

weigerte sich strikte, zu einem gemeinsamen Gespräch vorbei-
zukommen, weil er nur sie als behandlungsbedürftig betrachtete.

Für die Einzeltherapie dieser Frau hätte es nun nahegelegen,
sie zu erhöhter Autonomie und Emanzipation dem Mann gegenüber zu ermuntern und ihr in der Konfrontation mit ihm den
Rücken zu stärken. Wären diese Bemühungen erfolgreich gewesen, so hätte das in kurzer Zeit zur Scheidung geführt oder, was
noch wahrscheinlicher wäre, zu einem nicht enden wollenden
ehelichen Machtkampf.

Der andere therapeutische Weg, den ich einzuschlagen versuchte, lag zunächst darin, die Motivation dieser Frau zur Emanzipation zu klären. Entscheidend schien mir, ob sie sich einfach
gegen den Mann emanzipieren wollte und damit innerlich auf ihn
bezogen blieb und die Kollusion fortsetzte, oder ob sie unter
subtiler Beachtung der äußeren Realitäten, insbesondere der
persönlichen Möglichkeiten ihres Mannes, sich unabhängig von
ihm um ihre eigene Entfaltung bemühen wollte. Sie sollte versuchen, sich zunächst in den Bereichen zu emanzipieren, die nicht
unmittelbar den Konflikt mit dem Mann verstärkten. Sie kümmer-
te sich um ihre abgebrochene berufliche Ausbildung und suchte
die Selbstentfaltung zunächst außerhalb des engeren Eheberei-
ches. Erst als sie in diesem Sinne Fortschritte erzielt hatte, die ihr
Selbstbestätigung verliehen, begann sie sich intensiver mit der
Beziehung zum Partner zu befassen. Die vorangegangene Therapie hatte ihr nun aber bereits genügend Einsicht in ihre eigenen
Tendenzen, sich passiv und gefügig zu verhalten, gegeben, so
daß sie mit der nötigen Selbstkritik, aber auch mit ruhiger Ent-
schlossenheit dem Mann gegenübertreten konnte. Sie war nun in
viel freierer Weise befähigt, sich zu überlegen, ob sie die schwierige Beziehung zum Mann weiter auf sich nehmen wollte oder
nicht. Diese festere Haltung ermöglichte ihr konstruktive Gespräche mit dem Mann, in denen er über seine beruflichen Enttäuschungen sprechen konnte, ohne sie dafür haftbar machen oder
sie als verständnislos entwerten zu müssen. Die fünfzehnjährige
Ehe, das Auferziehen von drei Kindern, der Aufbau des gemeinsamen Heimes bedeuteten ihr viel, so daß sie sich entschloß, das

Leben mit dem Mann fortzusetzen. In der Therapie war es wichtig gewesen, ihr eine unechte Emanzipation durch auftrumpfendes Agieren gegen den Mann zu verweigern und sie darauf zu verweisen, daß der zunächst einzige therapeutische Weg in der Entfaltung ihrer eigenen Werte liege.

5.2. Widerstände des «behandlungswilligen» Partners

a) Auflösung des delegierten Widerstandes

In Gruppentherapien von Teilnehmern, die sich zuvor nicht gekannt haben, bildet sich immer wieder folgendes Phänomen: Dasjenige Mitglied, das der Behandlung die starrste Abwehr entgegensetzt, droht zum Sündenbock zu werden, auf den sich die übrige Gruppe stürzt und den sie für die Unmöglichkeit, im therapeutischen Prozeß voranzuschreiten, verantwortlich macht. In der Gruppe bildet sich der Konsensus, solange es nicht gelinge, den Widerstand dieses Mitglieds aufzulösen, jedes andere therapeutische Thema zurückgestellt werden müsse. So wird der Widerständige zum Träger des Gruppenwiderstandes und ermöglicht es den übrigen Teilnehmern, sich von der Auseinandersetzung mit eigener Angst, Schwäche und Abwehr zu dispensieren. Im Dreieck Mann–Frau–Therapeut besteht die Gefahr eines ähnlichen gruppendynamischen Prozesses. Ich gehe von der Hypothese aus, daß sich der Widerstand gegen therapiebedingte Beziehungsveränderungen in etwa gleichem Ausmaß auf beide Partner verteile, und weigere mich, mit dem Behandlungswilligen Strategien auszuhecken, wie man seinen Partner doch noch in eine Therapie hereinlocken könnte. Vielmehr befasse ich mich mit der Frage, wodurch der Behandlungswillige und ich es gemeinsam dem Partner erschweren, sich einer Therapie anzuschließen. Verschiedentlich habe ich es erlebt, daß mir der Ehepartner als wahres Ungeheuer geschildert wurde, und wenn er dann auf meine Einladung hin zu einem Gespräch erschien, erwies er sich erstaunlich bereit, sich am therapeutischen Prozeß zu beteiligen. Leicht kommt es nämlich zu folgendem Übertragungsphänomen: In einer Art von Geschwisterrivalität möchte der Behandlungswillige den Therapeuten ganz für sich haben und möchte das liebe Kind sein, das bei den Eltern über das böse Geschwister klagt und von diesen bestätigt und getröstet wird. Wenn der Therapeut nun aber selbst eine Vorliebe für die Einzeltherapie hat, spürt der Nichtbehandlungswillige zu Recht, daß er im Grunde genommen für die therapeutische Arbeit gar nicht erwünscht ist, sondern lediglich als Sündenbock dazustehen hat. Wenn zu vermuten ist, daß der Nichtbehandlungswillige in so provokanter Weise zur Therapie zitiert wird, daß er ohnehin fernbleiben wird, kann ihn der Therapeut selbst zu einem Gespräch einladen, etwa indem er ihm am Telefon sagt: «Das Problem bzw. die Krankheit Ihres Partners scheint einen engen Zusammenhang mit Ihrer Beziehung zueinander zu haben, und da schiene es mir wichtig, bei einem Abklärungsgespräch auch Ihre Meinung zu hören.» Ich würde aber nicht, wie es gelegentlich empfohlen wird, den Partner damit in die Therapie zu locken suchen, daß ich ihm eine Cotherapeutenposition anbiete, wie: «Ich bin bei der Behandlung Ihrer Frau (bzw. Ihres Mannes) auf Ihre Mithilfe angewiesen.»

Der Initiant für die Paartherapie gilt vordergründig als derjenige, der für die Behandlung motiviert ist und ihr somit weniger Widerstand entgegensetzt. Diese Annahme ist falsch. Wenn es dem Therapeuten gelingt, den Nichtbehandlungswilligen für die Therapie zu gewinnen, so wird der zunächst Behandlungswillige nicht selten verunsichert, fühlt sich vom Therapeuten weniger gestützt, ja sogar in Bedrängnis gesetzt, da ihm die Vorteile, die die Behandlungsinitiative mit sich brachte, verlorengegangen sind. Nicht selten bemüht er sich dann, durch provokantes Verhalten den Behandlungswiderstand des Nichtbehandlungswilligen erneut anzuheizen, indem er ihm unterschiebt, seine Behandlungswilligkeit sei bloße Heuchelei, bloßes Lippenbekenntnis gegenüber dem Therapeuten, dessen Unechtheit an vielen Beispielen, die außerhalb der Therapiesituation aufträten, belegt werden könne. In solchen Situationen sage ich etwa: «Für mich als Therapeuten ist es nicht möglich, mir ein Bild über das zu machen, was außerhalb der Sitzungen passiert. Für mich ist vor allem wichtig, was sich hier in unseren Sitzungen abspielt. Es scheint mir deshalb am besten, wenn wir uns auf das konzentrieren, was wir hier erfahren können. Für den Moment stelle ich fest, daß Sie (der Nichtbehandlungswillige) bereit sind, sich am Gespräch zu beteiligen, was für die Durchführung einer Paartherapie natürlich eine wesentliche Voraussetzung ist.» Ist die Frau Initiantin der Paartherapie und der Therapeut ein Mann, so ist der Verlust der Sonderallianz zwischen Ehefrau und Therapeut gegen den Ehemann nicht immer leicht zu bewältigen, weil dadurch die ohnehin bestehende Angst der Frau, die beiden Männer könnten sich gegen sie zusammenschließen, verstärkt wird. Es gilt also für den Therapeuten, beiden Partnern eine nichtparteiische Anteilnahme zu zeigen und wenn immer möglich den Behandlungswiderstand als etwas hinzustellen, das beide in etwa gleichem Maße betreffe.

b) Widerstand gegen Verlust der Fehlhaltung und gegen die Auflösung der Symptombildung

Wie in ‹Die Zweierbeziehung› eingehend dargestellt, ist das beidseitige eheliche Fehlverhalten nicht nur eine trennende und quälende Belastung, sondern geht mit einer intensiven Verklammerung der Partner einher, die die Beziehung zu einem fast unauflösbaren Gebilde zusammenschweißt. Solange die Partner die Kollusion aufrechterhalten, ist jedes Verhalten des einen so intensiv auf das Verhalten des anderen bezogen, daß es in der Beziehung bald keine Kommunikation mehr gibt, die nicht reaktiv auf das Verhalten des Partners ausgerichtet ist. Wenn das Spiel der Kollusion durchschaut wird und deshalb schwieriger aufrechtzuerhalten ist, entsteht nun besonders beim «Behandlungswilligen» die Angst, der Partner könnte den gewonnenen Freiheitsgrad benutzen, um sich von ihm abzusetzen. Das trifft keineswegs nur für den Progressiven zu, der den Verlust seiner privilegierten Machtstellung befürchtet, sondern ebenso für den

Regressiven, der sich um die Vorteile der Position des Anklägers und Herausforderers, des Unterdrückten und Benachteiligten gebracht sieht. Das Zusammenleben wird als wesentlich beschwerlicher erlebt, wenn man sich nicht mehr so gehenlassen und die vertrauten Provokationen spielen kann, sondern nun Verantwortung für das eigene Verhalten übernehmen sollte und sich mit seinem Anteil an der Beziehungsstörung befassen müßte, anstatt nur immer den anderen beschuldigen zu können. An diesem Punkt kommen auch manche Paartherapien zum Stillstand, weil Paare das Fehlverhalten nicht aufgeben wollen oder können. Insbesondere im ehelichen Machtkampf sind Streit und Anklage nicht nur unbefriedigende Scheinlösungen, sondern haben auch einen stabilisierenden und stimulierenden Effekt.

Noch deutlicher trifft dieser Widerstand gegen eine Beziehungsänderung auf die Bildung eines psychosomatischen Symptoms oder einer Symptomneurose zu. Wiederholt habe ich gesehen, daß das Aufgeben eines Krankheitssymptoms in der Paartherapie mit der hohen Angst einherging, die Beziehung werde jetzt, wo kein zwingender Grund für das Zusammenbleiben mehr bestehe, auseinanderfallen, und der Partner werde einen entweder nicht mehr brauchen oder sich nicht mehr für einen interessieren. Das Symptom wird oftmals wie ein gemeinsam gezeugtes Kind gehegt und gepflegt. Es bildet das unerschöpfliche Thema, das einen verbindet. Es steht aber auch zwischen den Partnern und hindert sie daran, einander zu nahezukommen und sich mit bestehenden Partnerkonflikten auseinanderzusetzen. Der Verlust des Symptoms kann depressive Reaktionen auslösen und erfordert Trauerarbeit, wie wenn dieses Kind gestorben wäre.

5.3. Widerstand des Paares

a) Der Widerstand gegen die Auflösung eines idealisierten Eheleitbildes

Dieser Widerstand ist besonders schwierig zu bewältigen. Es handelt sich meist um Ehen, aus denen jegliche Meinungsverschiedenheit und jeder Streit verbannt geblieben sind und die wie Inseln paradiesischen Friedens in einer Welt von Zank und Hader stehen. Diese idealisierten Ehen kommen meist wider Willen ins Gesichtsfeld des Arztes oder des Psychotherapeuten, zum Beispiel wegen einer schweren psychosomatischen Krankheit oder wegen sexueller Beziehungsstörungen. Es besteht eine oft fast panische Angst, die Beziehung werde auseinanderbrechen, wenn durch die Therapie das Eheleitbild, auf das sich die Partner ursprünglich verpflichtet hatten, in Frage gestellt werden könnte. Hier ist es wichtig, den Partnern das Wesen der Therapie zu erklären. Die Krankheit sei ein Hinweis, daß in ihrer Beziehung gewisse unausgesprochene Störungen vorliegen. Als Therapeut sei ich der Ansicht, daß diese Spannungen im Gespräch bearbeitet werden müßten, ansonsten die Gefahr bestünde, daß die Krankheit sich verstärke. Das Aussprechen der untergründigen Spannungen sei offenbar etwas Ungewohntes und werde zunächst recht belastend sein. Auch sei damit zu rechnen, daß manches in der Beziehung sich verändern werde, was zunächst Angst errege. Solche Paare können oft von einer Paargruppe mehr profitieren, wenn sie sehen, wie andere Paare sich streiten, ohne deswegen davonzulaufen. Andere werden aber gerade in der Gruppentherapie besonders geängstigt, weil sie sich bisher gegen außen hermetisch abgeschlossen hatten und niemandem Einblick in ihre Privatangelegenheiten gewähren wollten. Wiederholt habe ich es erlebt, daß derartig idealisierte Beziehungen zur Scheidung kamen, nachdem beide Partner offener über ihre Gefühle und Einstellungen sprechen konnten. Das Auseinanderbrechen der Beziehung unter der Therapie kann bei einem oder bei beiden Partnern bittere Enttäuschung zurücklassen über den Therapeuten, der ihrer Meinung nach ihre Ehe zerstört habe. Die Bewahrung des idealisierten Glückes wäre ihnen zu gönnen gewesen, das Vorliegen von psychisch bedingten Krankheitssymptomen war aber ein Hinweis, daß irgend etwas an der Beziehung nicht stimmen konnte.

b) Der gemeinsame Widerstand im ehelichen Machtkampf

Beim ehelichen Machtkampf (‹Die Zweierbeziehung›, S. 123 ff) liegt für den Therapeuten eine verwirrende Situation vor. Beide Partner scheinen schwer unter den dauernden Streitigkeiten zu leiden und dringend an die Hilfe des Therapeuten zu appellieren. In der Therapie passiert aber so lange überhaupt nichts, wie der Therapeut sich auf analytisches Deuten beschränkt oder sich um therapeutische Empathie bemüht. Die Sitzungen verlaufen fruchtlos, indem die Partner sich pausenlos irgendwelche Bagatellen der letzten Tage vorhalten, dabei rechthaberisch und prinzipiell werden und zur Belegung ihres Standpunktes irgendwelche längst vergangene Begebenheiten aus dem ehelichen Mottenschrank hervorholen. Der gemeinsame Widerstand zeigt sich darin, daß die Partner dem Therapeuten überhaupt keine Interventionsmöglichkeit gewähren. Oft bewährt sich dabei das Eingehen einer therapeutischen Kollusion (s. S. 118), das heißt, der Therapeut läßt sich, wenn er von einem Gefühl der Ohnmacht befallen wird, in einen offenen Streit und Machtkampf mit dem einen oder anderen der Partner ein und versucht damit, die Spannung innerhalb des Paares auf sich zu lenken und den Konflikt modellstehend auszutragen und zu bearbeiten.

c) Der nichtneurotische Widerstand der Patienten

Als analytischer Therapeut ist man geneigt, alles, was Patienten dem Fortschreiten des Therapieprozesses entgegensetzen, als neurotische Abwehr zu interpretieren, ohne sich zu fragen, ob die Patienten eventuell gesunder sind als wir Therapeuten und deshalb sich einer Therapiekonzeption entgegensetzen, die auf einer «neurotischen» Theorie des Therapeuten begründet ist. Die Literatur der Psychotherapie ist über alle Zeit hinweg von oft absurd anmutenden Theorien belastet, die weit mehr über die Psychologie der Therapeuten aussagen als über die Psychologie der Patienten. Jeder Therapeut arbeitet nach einer bestimmten Vorstellung, was er unter Therapie versteht und worin er die Mittel sieht, um seinen Patienten zu helfen. Jeder Therapeut sollte aber auch die Relativität seiner Konzeption angesichts der komplexen menschlichen Realität anerkennen und sich bei Hindernissen in der Therapie fragen, ob es sich wirklich nur um einen Widerstand des Patienten handelt, der zu analysieren und zu deuten sei, oder ob der Widerstand vielleicht mehr bei ihm selbst liegen könnte und hier zu analysieren wäre.

Für die Paartherapie trifft das in besonderem Maße zu, weil die therapeutische Konzeption stark von der sozio-kulturellen Umbruchsituation bestimmt ist. Der Respekt vor dem, was Patienten unter Therapie verstehen, was sie an Erfahrungen in ihrer Beziehung gemacht haben, was sie gemeinsam aufgebaut und erlitten haben, dürfte eine der wichtigsten Grundhaltungen eines guten Therapeuten sein.

5.4. Die Widerstände des Therapeuten in der Paartherapie

In ‹Die Zweierbeziehung› (S. 224 ff) habe ich mich eingehend mit den fachlichen und persönlichen Widerständen von Therapeuten bei der Behandlung von Paarkonflikten befaßt. Psychoanalytiker sind häufig schon von der theoretischen Konzeption her, die auf FREUD gründet, nicht bereit, mit den Angehörigen ihrer Patienten therapeutisch zusammenzuarbeiten. Aber auch die Eheberater haben in der Regel bis vor kurzem meist nur mit einem Ehepartner gearbeitet. Sie schlossen den anderen zwar nicht aus ihrer Tätigkeit aus, fanden sich aber vorschnell damit ab, daß dieser nicht so leicht zu einer Behandlung zu motivieren ist. Nach meiner Erfahrung gelingt es fast immer, den Partner früher oder später für die Therapie zu gewinnen, wenn man das

Problem seines Behandlungswiderstandes zum Widerstandsproblem aller drei Beteiligten (Mann–Frau–Therapeut) macht. Oftmals ist es schwer verständlich, wie ungeschickt und gefühllos gerade gut ausgebildete Therapeuten mit den Angehörigen ihrer Patienten umgehen, ja, oft entsteht der Eindruck, je empathischer sie ihre Patienten behandeln, desto abweisender seien sie zu deren Angehörigen. Unser therapeutischer Helferwille wird am leichtesten da angeregt, wo sich jemand schwach, regressiv, ängstlich und depressiv an uns wendet (s. BECKMANN 1974). Wir reagieren aber rasch gekränkt und desinteressiert, wenn jemand sich bemüht, selbst mit seinen Schwierigkeiten fertig zu werden und ohne unsere Hilfe zurechtzukommen. Nach meinem Eindruck sind die Therapiechancen bei den regressiven Patienten keineswegs besser als bei den progressiven. Wohl sind die Regressiven gegenüber ihren Gefühlen offener und eher bereit, sich vertrauensvoll in eine Therapie einzulassen; sie erschweren aber die Arbeit gerade durch ihre Neigung, in passiver Weise alle Hilfe vom Therapeuten zu erwarten. Die Progressiven haben mehr Mühe, Vertrauen zu einem therapeutischen Dialog zu fassen, doch wenn sie einmal den Einstieg in eine Therapie gefunden haben, sind sie oft eher bereit, eigene Initiative zur Bearbeitung ihrer Schwierigkeiten zu entfalten.

Wie schwierig es für den Therapeuten ist, sich nicht einseitig mit dem hilfesuchenden Patienten zu identifizieren, zeigt folgendes *Beispiel*:

Beispiel 4:
Ein Ehemann veranlaßt die Hospitalisation seiner schwer depressiven und suizidalen Frau in eine psychiatrische Klinik. Dort sagt er der behandelnden Ärztin, er werde seine Frau erst nach Hause nehmen, wenn sie wieder ganz gesund sei. Vorher wolle er nichts mehr mit ihr zu tun haben. Die Ärztin reagiert aufgebracht: «Sie wollen sich wohl einfach um die Auseinandersetzung mit der Krise der Frau drücken, ohne sich zu fragen, ob nicht Sie die Schuld an der Depression der Frau tragen. Offensichtlich haben Sie an Ihrer Frau nur Interesse, solange sie Ihnen ihr Sonntagsge-

sicht zeigt.» Der Mann weigerte sich in der Folge, an der von der Klinikärztin empfohlenen Paartherapie mitzumachen. Die Frau wurde in leicht gebessertem Zustand entlassen und einem anderen Psychotherapeuten (männlich) zugewiesen, der die Behandlung jedoch nur akzeptierte, wenn der Mann bereit wäre, zumindest zur ersten Besprechung mitzukommen. Der zweite Therapeut äußerte sich nun dem Mann gegenüber etwa in folgender Weise: «Aus Ihren Bemerkungen, die Sie in der Klinik geäußert haben, glaube ich herauszuhören, daß Sie sich durch die depressive Stimmung Ihrer Frau so belastet fühlen, daß Sie selbst nicht mehr weiterkommen. Sie haben vielleicht gehofft, die Klinik werde Ihnen die Sorgen um die Frau abnehmen und sie Ihnen in ausgeglichener Stimmung zurückgeben. Ich glaube aber, daß in der gegenwärtigen Situation weder Sie noch ich allein der Frau helfen können, sondern daß wir es alle drei zusammen versuchen sollten.» Der Mann berichtete daraufhin sehr ausführlich, was er alles mit seiner depressiven Frau schon durchgemacht habe und wie sehr er sich bemühen mußte, nicht selbst von der Depression der Frau angesteckt zu werden. Er war offensichtlich erleichtert, hier nun nicht die erwarteten Anschuldigungen zu hören, sondern die Gelegenheit zu haben, über seine Sorgen und seine Lebensgeschichte berichten zu können. Er erzählte, wie sehr er durch den passiven Widerstand der Frau gekränkt sei, zum Beispiel wenn sie sich weigere, den Haushalt zu besorgen, alles herumliegen lasse oder sich ihm sexuell entziehe. Die depressive Reaktion der Frau habe ihn sehr belastet, habe er doch neben der Berufsarbeit noch weitgehend den Haushalt und die Kinder besorgen müssen. So fühlte er sich völlig allein gelassen. Zum großen Erstaunen der Frau äußerte er dann eigene Ängste und Empfindsamkeiten, über die er ihr nie zuvor berichtet hatte.

6. Die Übertragung in der Paartherapie

FREUD beschrieb als Übertragung die Beobachtung, daß der Analysand den Analytiker nicht so sieht, wie dieser wirklich ist, sondern in einer verzerrten Weise. Der Patient neigt dazu, auf den Analytiker das Bild einer früheren, für ihn wichtigen Bezugsperson, das Bild von Vater oder Mutter zu projizieren und die Beziehung so zu konstellieren, daß sie der Wiederholung dieser früheren pathogenen Beziehung entspricht. In der Psychoanalyse regrediert ein Teil des Ichs, und damit regrediert auch ein Teil der Beziehung zum Analytiker und nimmt in besonderem Maße die Züge einer frühkindlichen Beziehung an. In der Übertragungsbeziehung zum Analytiker wiederholt sich das Wesentliche des frühkindlichen Konfliktes und kann in dieser direkt und konkret bearbeitet werden.

Später wurde klarer, daß nicht nur die Beziehung zum Analytiker, sondern alle intensiven menschlichen Beziehungen stark von frühkindlichen Erfahrungen, Einschränkungen und Fixierungen geprägt sind und somit Übertragungsaspekte haben. In kaum einer anderen Beziehung unter Erwachsenen finden sich Übertragungsphänomene, insbesondere Aspekte der frühen Eltern-Kind-Beziehung, so ausgeprägt wie in der Ehebeziehung (s. ‹Die Zweierbeziehung›, S. 20, 48, 162–165). Die Ehebeziehung weckt Phantasien und Erinnerungen an frühere Erfahrungen und läßt Erwartungen, Ängste, Vorstellungen und Phantasien bezüglich früherer Bezugspersonen auf den Partner übertragen und die Beziehung in ihm gemäß diesen Erfahrungen und Phantasien gestalten.

6.1. Übertragungsmöglichkeiten im therapeutischen Dreieck

Die Situation der Paartherapie ist besonders komplex, indem *gleichzeitig jene zwei Bezugspersonen anwesend sind, auf die die intensivsten Übertragungen gebildet werden: der Ehepartner und der Therapeut.* In dieser Situation können sich sehr unterschiedliche Übertragungsphänomene bilden.

a) Die gleichsinnige Übertragung auf Ehepartner und Therapeut

Eine Ehefrau wird zum Beispiel sowohl ihrem Mann wie dem Therapeuten eine ähnliche Beziehung antragen, wie sie zum Vater erfahren wurde. Sie wird ihrem Vater sowohl im Mann wie im (männlichen) Therapeuten wiederbegegnen.

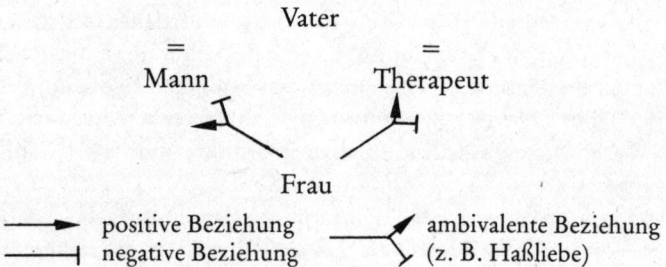

Daraus kann die Frau versucht sein, mit dem Therapeuten eine ähnlich gestörte Beziehung aufzubauen wie mit dem Ehemann. Sie wird ihn zum Beispiel als gefühlskalt, despotisch, desinteressiert usw. wahrnehmen und sich ähnlich frustriert und fordernd verhalten wie dem Ehemann gegenüber. Für den Therapeuten besteht nun die Gefahr, daß in ihm ähnliche Reaktionen hervorgerufen werden wie im Ehemann und er sich mit diesem identifiziert. Eventuell agiert er auf die Übertragung der Frau nicht direkt, sondern findet im Ehemann das Sprachrohr für seine Reaktionen. Er kann sich aber auch zum Delegierten des Ehemannes machen, wenn dieser Mühe hat, sich der Frau gegenüber zu behaupten.

Beispiel 5:
Eine Frau mit sogenannt hysterischem Charakter versteht es, eine Paargruppe über lange Strecken in Atem zu halten, indem sie von der Gruppe – ähnlich wie vom Ehemann – unerschöpfliche Hilfeleistungen fordert, diese dann aber immer als unzureichend entwertet, so daß die Gruppe von einem Gefühl ohnmächtigen Versagens befallen wird. Bezug nehmend auf die sexuellen Schwierigkeiten dieses Paares sage ich zu dieser Frau: «Sie machen uns alle impotent.» Die Frau ist über diese Bemerkung schwer gekränkt und inszeniert über Monate heftige Kämpfe mit mir, in denen sie mich haßerfüllt beschimpft, dabei aber ihre depressive Hilflosigkeit verliert, wobei auch der Mann seine Potenz wiederfindet.

b) Die aufgespaltene Übertragung auf Ehepartner und Therapeut

Die Frau kann ihre Erfahrungen mit einer maßgeblichen frühkindlichen Bezugsperson in unterschiedlicher Weise auf Therapeut und Ehemann aufspalten, indem sie z. B. auf den Mann die negativen Aspekte ihres Vaters überträgt, ihre Wut, Enttäuschung und ihren Haß, während sie dem Therapeuten die idealisierten Aspekte der Vaterbeziehung anbietet.

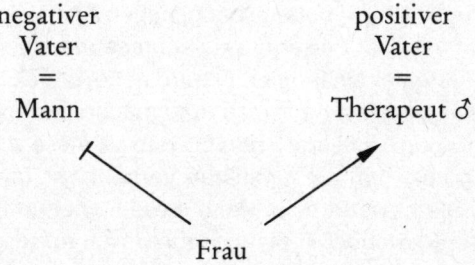

Der Therapeut kann in eine recht schwierige Situation geraten. Er kann sich mit den «Projektionen» der Frau identifizieren und mit ihr in der Meinung übereinstimmen, daß er sich vom Ehemann positiv abhebe. Vielleicht spürt er zu wenig, daß die Frau ihm die gleichen Idealisierungen entgegenbringt, die sie früher, im Stadium der Verliebtheit, dem Ehepartner angetragen hatte. Dem Ehemann gegenüber kann der Therapeut in eine verleugnete Rivalität geraten. Oder es kann sein, daß eine Frau im Ehemann in erster Linie den Nicht-Vater geheiratet hat. Dieses Phänomen finden wir vor allem in sogenannt hysterischen Ehen (WILLI 1970, 1972). Unter der Angst, der Ehemann könnte sich als ähnlich tyrannisch, angsterregend und brutal erweisen wie der Vater, wird ein Mann geheiratet, der sich durch besondere Sanftmut auszeichnet. Da solche Frauen aber oft recht temperamentvoll sind, finden sie im Mann keine ihren Bedürfnissen entsprechende Resonanz. In der Paartherapie wird nun gehofft, im Therapeuten den idealisierten Aspekt des Vaters zu finden. Die Schwierigkeiten, die sich aus einer derartigen Situation ergeben können, zeigen sich in folgendem Beispiel.

Beispiel 6:

Ein Kollege bittet mich um eine Konsultativ-Sitzung mit der Frage, ob er mit Paartherapie fortfahren oder diese zugunsten einer Einzeltherapie der Frau aufgeben soll.

Pantientin war zunächst die Frau, die wegen Migräne und Cafergot-Sucht in eine psychiatrische Klinik zu einer Entziehungskur eingetreten war. Es wurde dort mit einer Psychotherapie begonnen, die ambulant vom gleichen Arzt fortgeführt worden war. In der Therapie ergab sich unter anderem, daß die Frau seit acht Jahren einen intimen Freund hatte, ohne daß der Mann davon etwas gemerkt hatte. Die Frau machte sich deshalb über den Mann lustig. Unter der Therapie gab sie diese außereheliche Beziehung auf, «um die familiären Verhältnisse in Ordnung zu bringen». Sie gestand dem Mann diese Beziehung, worauf die Migräne verschwand. Der Mann reagierte darauf stark depressiv, so daß die Therapie als Paarbehandlung fortgesetzt wurde. Nach einer Phase, in der es besser zu gehen schien, kam es bei der Frau zum Rückfall in Cafergot-Sucht wegen erneuter Migräne. Der Therapeut sah sich deswegen gezwungen, der Frau entspannende Medikamente zu verschreiben. Der Mann hatte bisher an der Therapie mehr in einer Cotherapeutenposition partizipiert, ohne sich selbst mit persönlichen Anliegen einzubringen.

Im Konsultativ-Gespräch machte die Frau auf mich einen wuchtigen und temperamentvollen Eindruck, während der Mann im Gegensatz dazu fahl, schmächtig und freudlos wirkte. Die Frau gab an, die Beziehung zum Mann gestalte sich als Mutter-Kind-Beziehung, was ihr nicht passe. Sie würde im Grunde genommen im Mann eher einen Vater suchen. Sie habe diesbezüglich einen starken Nachholbedarf, sei ihr Vater doch ein haltloser, brutaler Trinker gewesen, vor dem sie sich immer gefürchtet habe. Bei ihrer Partnerwahl habe wesentlich mitgespielt, daß sie sicher sein wollte, in ihrem Mann nicht einen ähnlichen Charakter wie ihren Vater zu heiraten.

Sowohl aus den Schilderungen des Kollegen wie auch aus meinem Eindruck ergab sich, daß die Frau im Therapeuten einen idealisierten Vater suchte und diesen lieber in den Sitzungen ganz für sich beansprucht hätte, ohne ihn mit dem Ehemann teilen zu müssen. Da der Mann seinerseits an der Therapie nur randständig partizipierte, dachte aber auch der Therapeut daran, die idealisierte Vaterübertragung der Patientin in einer fortgesetzten Einzeltherapie zu bearbeiten. Diese Veränderung der therapeutischen Rahmenbedingungen hätte ich als problematisch empfunden, weil dadurch äußerlich die neurotische Tendenz der Frau durch die Therapie fixiert worden wäre: Sie sucht Beziehung zu zwei Männern, von denen sie den einen verachten kann, während sie den anderen, zu dem sie in einer unverpflichteteren Beziehung steht (zuerst der Geliebte, jetzt der Therapeut), idealisiert. Natürlich hätte man in der Einzeltherapie die idealisierte Vaterübertragung zum Thema machen können. Derartig idealisierte Beziehungen lassen sich zwar wohl besprechen, verändern sich aber in ihrem realen Charakter häufig nicht, weil die Gratifikation, mit dem idealisierten Vaterersatz die persönlichsten Probleme besprechen zu können, oft stärker ist als der Druck, diese Beziehung wirklich durchzuarbeiten, um sich daraus zu lösen.

c) Die homoerotisch-rivalisierende Übertragung zum Therapeuten

Während die gleichsinnige Übertragung und die aufgespaltene Übertragung sich vor allem bei dem Ehepartner findet, der zum Therapeuten gegengeschlechtlich steht, findet sich diese Form vor allem beim gleichgeschlechtlichen Partner. In der spärlichen Literatur über das Beziehungsdreieck in der Paartherapie wird vorschnell davon gesprochen, daß es sich um eine ödipale Situation handle. Wie soll aber diese ödipale Situation verstanden werden? Ödipus tötete seinen Vater und heiratete seine Mutter. In der Psychoanalyse meint man mit Ödipuskomplex, daß der Sohn mit dem Vater um die Liebe der Mutter rivalisiert. Für derartige Phantasien bietet sich die Paartherapie aber kaum an, wird der Therapeut doch am ehesten als Vater oder Mutter, eventuell als Rivale oder Geliebter erlebt. Der Ehemann ist im therapeutischen Dreieck nicht in der Situation des Ödipus, der dem Therapeuten als phantasierte Vaterfigur die Mutter rauben möchte.

Die Situation in der Paartherapie entspricht viel eher einem postödipalen Konflikt. FREUD und die Psychoanalyse sehen die Entwicklung des Knaben zur Überwindung des Ödipuskomplexes folgendermaßen: Wenn der Knabe von den Eltern klar darauf verwiesen wird, daß er die Mutter nicht heiraten und den Vater nicht von seinem Platz verdrängen kann, so wird diese Frustration seine Entwicklung dahin bestärken, sich selbst einen eigenen, altersentsprechenden Partner zu suchen. Ich glaube, daß damit aber der Ödipuskomplex noch nicht aufgelöst ist, vielmehr besteht er nun in veränderter Form weiter. Der junge Mann, der eine Frau geheiratet hat, fühlt sich häufig in einer Bewährungs- oder Prüfungssituation seinem Vater und seinem Schwiegervater gegenüber. Er möchte diesen beweisen, daß er ein fähiger Mann sei, ja womöglich dem Vater an Männlichkeit überlegen. Vater und Schwiegervater verhalten sich nicht selten dem Sohn bzw. Schwiegersohn gegenüber kritisch-rivalisierend und sprechen selbst auf die Tochter bzw. Schwiegertochter erotisch an. Es kann zur Eifersucht zwischen Sohn und Vater bzw. Schwiegervater kommen. Der Sohn kann befürchten, daß der Vater ihm die Frau ausspannen will, wenn er sich selbst als Mann unfähig erweisen sollte.

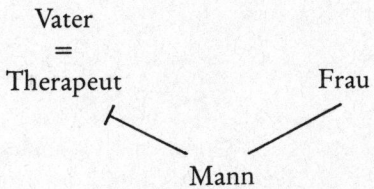

Diese Konstellation hat ihre Bedeutung für die Paartherapie. Nicht selten sehen wir Männer, die sich offensichtlich vor dem Therapeuten ihres männlichen Versagens schämen und denen es peinlich ist, sich von ihren Frauen als herrschsüchtig, egoistisch, schwach und impotent dargestellt zu sehen. Sie geraten in ein Rivalisieren mit dem Therapeuten. Sie sind stark auf die Bestätigung angewiesen: «Mach ich es gut als Mann?» – «Wärst du der bessere Mann als ich?» Sie möchten herausfinden, daß der Therapeut als Ehemann auch ein Versager ist, um sich ihm gegenüber nicht so klein zu fühlen. So merkte zum Beispiel ein Mann in einer am Abend stattfindenden Paargruppe: «Für den Willi ist es natürlich leicht, eine friedliche Ehe zu führen. Da kann es keinen Streit geben, wenn er gar nie zu Hause ist.»

d) Die gemeinsame Übertragung der Partner auf den Therapeuten

Auf diese Übertragungsform wird wohl allgemein zu wenig geachtet, weil wir gewohnt sind, Übertragung als ein individuelles Phänomen wahrzunehmen. Häufig ist die Auseinandersetzung der Partner miteinander so intensiv, daß der Therapeut die gemeinsame Übertragung der Partner auf ihn übersieht.

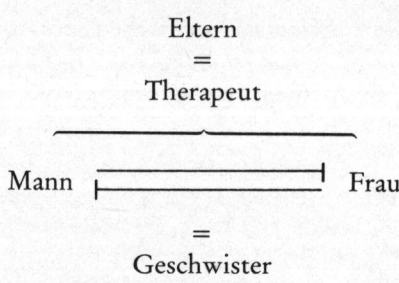

Eltern
=
Therapeut

Mann ├────────────────┤ Frau

=
Geschwister

Die Art der Übertragung zeigt sich denn auch eher im Atmosphärischen und in den Gefühlsreaktionen des Therapeuten, also in seiner Gegenübertragung. Wenn zum Beispiel im ehelichen Machtkampf zwei Partner einander dauernd schlechtzumachen versuchen und den Therapeuten als Richter anrufen, so wird bald deutlich spürbar, daß sich die Partner wie zwei Kinder vor den Eltern streiten und es für sie von großer Bedeutung ist, wem der Vater nun recht gibt. Machtkämpfe hen entsprechen vor allem dem anal-sadistischen Kollusionsmodell. In der Regel ist zumindest einer der Partner noch real und intensiv an seine Eltern gebunden, während der andere sich ausgeschlossen und hintangesetzt fühlt. Die starke Abhängigkeit von den Eltern wird meist auf den Therapeuten übertragen. Vor ihm spielt sich der Streit und die Rivalität zweier Geschwister ab. Dabei wird so stark agiert, daß eine auf Einsicht beruhende therapeutische Arbeit zunächst gar nicht möglich ist, weil jedes von der Angst erfüllt ist, das andere könnte recht bekommen und den Vater auf seine Seite ziehen. Die überhöhte Autorität, die das Paar dem Therapeuten anträgt, muß er in der Regel akzeptieren, um die Situation aktiv und unparteiisch zu strukturieren, so wie ein Vater es am Tisch machen muß, wenn zwei Kinder in einen lauten Streit fixiert sind, weil jedes glaubt, bei ungenügender Schreistärke dem anderen gegenüber benachteiligt zu werden und jedes mit allen Mitteln verhindern will, daß die Eltern sich dem anderen zuwenden können.

Die Geschwisterrivalität zeigt sich aber nicht nur im analen

Machtkampf, wo meist eine reale Elternabhängigkeit auf den Therapeuten übertragen wird, sondern auch in scheinbar besonders idealisierten Beziehungen beider Partner zum Therapeuten.

Beispiel 7:
Ein seit über 20 Jahren verheiratetes Paar kommt in Behandlung nach mehrmaliger psychiatrischer Hospitalisation der Frau wegen Trunksucht. Zum großen Erstaunen der Therapeutin, die zu dieser Zeit in Ausbildung stand, führte die Therapie schon nach den ersten Sitzungen zu einer schlagartigen Symptomheilung der Frau, die das Trinken scheinbar mühelos einstellen konnte. Beide Partner hatten sich ohne Widerstände für die Paartherapie gewinnen lassen. Aus den Tonbandaufnahmen war aber deutlich herauszuspüren, daß beide Partner wie zwei Kinder den engen Kontakt zur Therapeutin als Mutter suchen und daß zwischen ihnen eine Geschwisterrivalität besteht. Die Therapeutin fühlte sich selbst aufgewertet durch das große Vertrauen, das ihr entgegengebracht wurde, und hatte verständlicherweise Freude an der Therapie. Es schien mir aber wichtig, daß sie die deutliche Abhängigkeit des Paares von ihr zum Thema machte, um so mehr, weil beide Partner noch in einer intensiven realen Abhängigkeit von ihren Eltern standen. Der Mann hatte eine Mußehe provoziert, um die Frau gewaltsam aus dem Einflußbereich ihrer Eltern herauszulösen. Die Frau hatte sich daraufhin an ihre Schwiegermutter gehängt und zu dieser eine sehr enge Beziehung gefunden, genauso wie ihr Mann. Es ging also in der Therapie darum, die idealisierte, von hintergründiger Rivalität belastete Beziehung zur Idealmutter zu bearbeiten.

Eine andere Form von gemeinsamer Übertragungsbeziehung ist das Äußern von Enttäuschung über den ausbleibenden therapeutischen Effekt. Beide Partner geben ihrer Überzeugung Ausdruck, der Therapeut hätte durch geeignete Ratschläge mehr aus der Therapie herausholen können. Der Therapeut hätte eine ideale Ehe stiften sollen. Das Paar ist voll Wut, Trotz und Rachsucht, weil der Therapeut nicht nur ihre Erwartungen nicht erfüllt hat, sondern ihnen sogar die Kollusion, die Fortsetzung des neurotischen Zusammenspiels, verunmöglicht hat, das ihnen doch eine verleugnete Form von Befriedigung zu vermitteln vermochte. Nicht selten sitzen die Partner da wie zwei gierig ihre Schnäbel aufsperrende Jungvögel, die vom Therapeuten gefüttert werden wollen. Es besteht die Gefahr, daß der Therapeut sich von diesen Erwartungen erfassen läßt und zerknirscht darüber ist, daß er die Ansprüche nicht zu erfüllen vermag. Das kann zu einer beklommenen Atmosphäre führen, wo der Therapeut kaum wagt, die Therapie abzuschließen, ohne daß alle Erwartungen des Paares erfüllt werden konnten. Wenn der Therapeut es nicht wagt, sich mit dieser Situation zu konfrontieren und die überhöhten Erwartungen des Paares zum therapeutischen Problem zu machen, kann sich eine unerfreuliche Situation entwickeln. Der Therapeut meint dann, er müsse immer noch bessere, noch intelligentere, noch zutreffendere Deutungen finden oder sich zeitlich noch mehr engagieren. Oder er reagiert kontraphobisch und neigt dazu, das Paar unerwartet schroff abzuweisen und gekränkt fortzuschicken. Am günstigsten ist es, wenn der Therapeut mit seiner Haltung dem Paar klare Grenzen zu setzen vermag und deutlich zum Ausdruck bringt, daß die therapeutische Arbeit keinesfalls von ihm allein geleistet werden kann. Vielleicht bietet sich ihm auch die Gelegenheit, dem Paar zu deuten, wie sie sich die therapeutische Beziehung – ähnlich wie ursprünglich die Ehebeziehung – als eine Form von omnipotenter Wunscherfüllung vorgestellt haben.

6.2. Übertragung in Einzeltherapie und Paartherapie

In der Literatur der Paar- und Familientherapie findet sich das Thema Übertragung und Gegenübertragung noch wenig bearbeitet. Nach BERMAN und LIEF (1976) eignet sich das Setting der Paartherapie weniger zur Bearbeitung der Übertragungsneurose, so daß Übertragungselemente eher unbesehen bleiben. Die meisten Familientherapeuten halten den Übertragungsbegriff für die Familientherapie nicht für zentral, weil hier der Therapeut wesentlich mit den in der Familie wirksamen Beziehungskräften arbeite. Übertragungen auf den Therapeuten treten demnach an Bedeutung zurück. STIERLIN (1977) hat den transfamiliären und intrafamiliären Übertragungsprozessen eine spezielle Studie gewidmet.

In der Paartherapie sind jene zwei Bezugspersonen, zu denen in der Regel die intensivsten Übertragungsbeziehungen bestehen, gleichzeitig anwesend: der Ehepartner und der Therapeut. Die Beziehung zum Ehepartner enthält bereits alle Züge einer etablierten Übertragungsbeziehung, während die Übertragung auf den Therapeuten sich erst bilden muß, was in der Analyse ja oft ein zeitraubender Prozeß ist. Verschiedene Autoren sehen den besonderen Vorteil der Paartherapie gerade darin, daß sich die Übertragungsneigung viel direkter an der Beziehung zum Ehepartner bearbeiten läßt als an der Beziehung zum Therapeuten (SAGER 1967).

Der Ehepartner ist Übertragungsfigur Nr. 1, und der Therapeut bietet sich eher als Nebenübertragungsfigur an. Das mag ein Nachteil sein für jene Psychotherapeuten, die in der Bearbeitung der Übertragung eine besondere Befriedigung in ihrer Berufsarbeit finden. Die Persönlichkeit des Therapeuten und die Beziehung zum Therapeuten steht in der Paar- und Familientherapie weniger im Zentrum des Gespräches als in der Einzeltherapie. Der Therapeut ist oft mehr ein beteiligter Regisseur, der den Prozeß in Gang zu halten versucht, ohne dabei auf der Bühne des Geschehens die wichtigste Rolle zu spielen. Solange ich mich in meiner Arbeit vor allem auf die Paardynamik konzentriert hatte, glaubte ich, in der Paartherapie bilde sich gar keine faßbare Übertragungsbeziehung zu mir. Später aber merkte ich, daß zwischen Mißerfolg mancher Therapien und ungelöster Beziehungsproblematik zu mir eine deutliche Relation bestand, so daß ich mich zunehmend auf dieses Problem auszurichten begann. In vielen Fällen war es mir aber nicht möglich, Übertragung und Gegenübertragung auseinanderzuhalten, weil Übertragungsprobleme vor allem dort zentral wurden, wo sich zwischen Ehepartner und mir eine Kollusion gebildet hatte, bei der der Beitrag des Patienten und derjenige von mir nicht mehr auseinanderzuhalten waren. Aus didaktischen Gründen halte ich an der traditionellen Unterscheidung von Übertragung und Gegenübertragung fest.

Ich sehe vor allem zwei Gründe, weshalb die Übertragung in der Paartherapie oft weniger faßbar wird:

a) Begrenzte Regressionsmöglichkeiten in der Paartherapie

Die Partner, die eine Paartherapie beginnen, befinden sich meist bereits in einer regredierten Beziehung zueinander. Ihre Reaktionen aufeinander sind irrational, affektiv und projektiv, oft unvernünftig und ohne Kontrolle. Der Therapeut muß in der Therapie in der Regel nicht die Regression fördern, sondern vielmehr die gesunden Ich-Anteile der Partner stützen, um überhaupt ein therapeutisches Arbeitsbündnis herstellen zu können. Damit bremst er aber auch die Bildung einer meist mit Regression einhergehenden Übertragungsbeziehung. Viele Therapeuten, vor allem verhaltenstherapeutischer Richtung, strukturieren aktiv, indem sie mit dem Paar einen therapeutischen Kontrakt eingehen, den einzuhalten sich beide Partner verpflichten müssen. Oder sie geben den Partnern gewisse «Hausaufgaben» auf, deren Erfüllung in der Regel eine konstruktive und kontrollierte Aktivität in partnerbezogenen Situationen erfordert. Ein weiteres Absacken der Paardynamik in Richtung primärprozeßhafter, maligner Regression (BALINT 1970) verunmöglicht oft eine therapeutische Arbeit. Es gibt Paare, bei denen die Partner miteinander in ihren Regressionstendenzen rivalisieren und jeder sich dem Therapeuten als noch hilfloser und zuwendungsbedürftiger anbieten will. Bei anderen muß, wenn der eine in der Therapie regredieren will, der andere kompensatorisch überfunktionieren. Ich versuche dann oft, die Regression des ersteren zu unterbinden und ihn zur Mitverantwortung an der therapeutischen Arbeit herauszufordern, weil sonst die Paartherapie zur Einzeltherapie des Regredierten wird unter cotherapeutischer Assistenz des progressiven Partners.

Die Regressionsmöglichkeiten in der Paartherapie sind aber auch dadurch limitiert, daß im Gegensatz zur Einzeltherapie die Partner sich in den Therapiesitzungen nicht völlig anders verhalten können als außerhalb der Therapiesitzungen. Auch in der Therapie bleibt die Partnerbeziehung eine Realbeziehung. Das, was in den Therapiesitzungen ausgesprochen wird, sind nicht einfach freie Assoziationen, sondern schafft Realitäten, die außerhalb der Therapiesitzung nicht auszulöschen sind.

b) Begrenzte Offenheit in der Paartherapie

In der Paartherapie bleibt nicht nur die therapeutische Regression in engerem Rahmen, sondern es wird auch die «Entfaltung einer Privatwelt» zwischen Patient und Therapeut durch die Realpräsenz des Partners behindert (LESLIE 1964). Insbesondere ist es für alle Beteiligten nicht leicht, wenn Liebesgefühle zum Therapeuten in Anwesenheit des Partners ausgesprochen werden. Es kann die Gefahr bestehen, eine positive Übertragung in negative Form zu kleiden, statt Liebesgefühle, Haß und Wut auf den Therapeuten zu äußern. Es gibt Autoren wie GIOVACCHINI, die zur Bearbeitung von Eheproblemen weiterhin der klassischen Einzeltherapie den Vorzug geben, weil in der Paartherapie die Übertragungsneurose nicht gelöst werden könne. Ich kann dieser Ansicht nicht zustimmen. Ich glaube, daß die Übertragungsproblematik in der Paartherapie in anderer Weise gelöst werden muß als in der Einzeltherapie.

6.3. Die spezielle Bearbeitung der Übertragung in der Paartherapie

Da zwischen der Übertragung auf den Ehepartner und der Übertragung auf den Therapeuten meist ein enger Zusammenhang besteht, sollte die Übertragung auf den Therapeuten womöglich nicht als isoliertes Phänomen bearbeitet werden, aus dem der Ehepartner ausgeschlossen ist.

Die eine Form der Übertragungsbearbeitung liegt darin, daß die Übertragung zum Therapeuten auf die Übertragung zum Ehepartner zurückgeführt wird und in der Dynamik der Paarbeziehung bearbeitet wird. Das trifft vor allem auf jene Fälle zu, wo dem Therapeuten eine idealisierte Übertragung angeboten wird, dem Ehepartner aber eine negative Übertragung. In den meisten Fällen entspricht dann die Übertragung auf den Therapeuten der idealisierten Übertragung, die zur Zeit der Partnerwahl dem Ehepartner zukam. Durch die Herstellung eines Zusammenhangs zwischen der Beziehung zum Vater, zum Ehemann und zum Therapeuten wird die therapeutisch ungünstige Polarisierung zwischen Therapeut und Ehemann vermieden und die Übertragungsneigung der Frau für die Bearbeitung der Partnerbeziehung fruchtbar gemacht. Da, wo es möglich ist, soll also die Übertragung auf den Therapeuten als Nebenübertragung der Beziehung zum Ehepartner behandelt werden, um den Fokus der Therapie auf der Paarbeziehung zu lassen.

Eine andere Form von Übertragungsarbeit ergibt sich in jenen Fällen, wo die Übertragung auf den Therapeuten so intensiv ist, daß sie nicht nur auf die Übertragung zum Ehepartner zurückgeführt werden kann. Wird die Übertragung dann nicht direkt behandelt, so droht die Therapie in Brüche zu gehen. Bei manchen Paartherapien, bei denen es mir nicht gelungen ist, eine konstruktive Arbeitsbeziehung herzustellen, erfolgte der Abbruch der Therapie auf Betreiben jenes Partners, dessen gespannte Beziehung zu mir zuwenig bearbeitet worden war. Oft handelte es sich um Frauen, die in besonderem Maße auf meine Anerkennung angewiesen waren, was ich als Erpressung abgewertet hatte, oder um Männer, die mit mir rivalisierten und sich in ihrer Männlichkeit von mir zuwenig bestätigt gefühlt hatten.

Mit zunehmender therapeutischer Erfahrung merkte ich, daß der Therapeut sich in diesen Fällen nicht aus der Beziehung heraushalten darf, sondern sich in die konkrete Auseinandersetzung mit dem Übertragenden einlassen muß. Meine Befürchtung, der andere Ehepartner könnte sich dabei ausgeschlossen fühlen, erwies sich nicht als stichhaltig. Oft scheint der Ehepartner sogar erleichtert zu sein, wenn der Therapeut einen Teil der Übertragungsneigung von ihm abzieht und auf sich lenkt.

Der Therapeut muß sich dann mit der Übertragung modellstehend für den Ehepartner auseinandersetzen. Das kann aber für den Ehepartner eine besonders wichtige Erfahrung sein und den therapeutischen Prozeß wesentlich intensivieren. Dieses Phänomen soll im Kapitel «Gegenübertragung und therapeutische Kollusion» eingehender dargestellt werden.

7. Gegenübertragung und therapeutische Kollusion

7.1. Das Bemühen um eine therapeutische Haltung von «Allparteilichkeit» (Stierlin)

Das Konzept der Kollusion, wie ich es in ‹Die Zweierbeziehung› (1975) dargestellt habe, verfolgte den Zweck, dem Therapeuten eine theoretische Grundlage zu vermitteln, um Paarkonflikte als Ganzes wahrzunehmen und zu behandeln. Viele Therapeuten schrecken vor der Durchführung von Paarbehandlungen zurück, weil sie spüren, daß sie nicht in der Lage sind, sich mit ebenbürtigem Mitgefühl zwei Patienten zuzuwenden, sondern immer wieder der Gefahr verfallen, sich mit dem einen gegen den anderen zu verbünden. Das Kollusionskonzept sollte den Therapeuten befähigen, ein Gleichgewicht an Zuwendung und Empathie für beide Partner aufrechtzuerhalten.

Probleme der Parteilichkeit wurden in der Familientherapie vor allem von BOSZORMENYI-NAGY und von STIERLIN bearbeitet. BOSZORMENYI-NAGY (1972) spricht von einer «multidirectional-partiality» des Familientherapeuten – eine Parteilichkeit, die den einzelnen Mitgliedern zugewandt ist, jedoch in alle Richtungen geht (s. STIERLIN 1975, S. 223).

STIERLIN spricht von Allparteilichkeit. Der Therapeut sollte versuchen, das Vertrauen aller Familienmitglieder zu gewinnen. Er sollte auf jedes einzelne eingehen und es empathisch verstehen und dabei doch allen gerecht werden. Dies bedeute aber nicht, daß er nun zwangshaft abwägen müsse, ob er auch allen gleich viel Aufmerksamkeit widme, sondern daß er letztlich allen Familienmitgliedern das Gefühl gebe, sie würden verstanden und geschätzt.

Diese Allparteilichkeit aufrechtzuerhalten ist in der Paarthe-rapie noch schwieriger als in der Familientherapie, vielleicht weil Psychotherapeuten in der Regel selbst in ungelösten Konflikten in ihrer Zweierbeziehung stehen.

7.2. Das Scheitern der «Allparteilichkeit» an der Gegenübertragung

Trotz des Kollusionskonzeptes, mit dem ich mich gegen eine einseitige Parteinahme in der Paartherapie zu schützen glaubte, mußte ich an Hand von Video-Bändern feststellen, daß es mir in manchen Therapien nicht gelingt, mich neutral und unparteiisch zu verhalten. Oft wird aus meinem Verhalten nur allzu deutlich, daß der eine Partner mir wesentlich sympathischer ist als der andere und ich für den einen mehr Empathie und Verständnis aufbringe als für den anderen. Diese Erkenntnis war zunächst betrüblich und ließ mich an meiner Befähigung zur Paartherapie zweifeln. Ich versuchte dann herauszuarbeiten, welche Verhal-tensweisen mir persönlich offenbar besonders Mühe bereiten. Ich gerate zum Beispiel in Schwierigkeiten mit Frauen, von denen ich mich zur einseitigen Parteinahme erpreßt fühle und die in mir den Eindruck entstehen lassen, sie seien in ihrem Bedürf-nis nach Akzeptation, Unterstützung und Trost ein Faß ohne Boden. Mit der Zeit merkte ich, daß ich leicht in die gleiche Haltung hineingerate wie die betreffenden Ehemänner. Je un-nahbarer ich wurde, desto mehr gerieten die Frauen in destrukti-ves und unkontrolliertes Weinen und Anklagen. Dieselben Frauen konnten sich aber beruhigen und konstruktiv an der Therapie mitarbeiten, wenn es mir gelungen war, sie warme Anteilnahme und echtes Verständnis spüren zu lassen. Aber was sollte ich tun, wenn ich keine echte Anteilnahme aufzubringen vermochte, ja, mir diese Frauen so auf die Nerven schlugen, daß ich kaum noch fähig war, ihr Verhalten therapeutisch zu hinter-fragen?

FREUD hat über den Einsatz der Gegenübertragung als therapeutisches Hilfsmittel noch wenig geäußert. Er sah sie im Zusammenhang mit den «blinden Flecken» des Analytikers, die ein Hindernis für das freie Verstehen und damit ein Hindernis für die Behandlung darstellen. Zu ihrer Überwindung empfahl er die Lehranalyse. PAULA HEIMANN (1950) war eine der ersten, die in der Gegenübertragung eine bedeutsame Verständnishilfe für den verborgenen Sinn der Mitteilungen des Patienten sah. Der entscheidend neue Gedanke war, daß der Analytiker in seinen eigenen auf den Patienten bezogenen Gefühlen und Phantasien ein sensibles Instrument besitze für die sich im Patienten abspielenden Vorgänge. Wenn der Analytiker seine eigenen Assoziationen beobachtet, während er dem Patienten zuhört, entdeckt er darin, daß sich zwischen dem Unbewußten des Patienten und seinem eigenen ein verborgenes Verständnis einspielt. Das Unbewußte des Analytikers versteht nach PAULA HEIMANN das des Patienten. Diese Beziehung in der Tiefenschicht kommt in Form von Gefühlen an die Oberfläche, die der Analytiker als Reaktion auf seinen Patienten, als seine Gegenübertragung bemerkt.

Erst in den letzten Jahren wurde nun aber Gegenübertragung nicht nur als intrapsychischer diagnostischer Prozeß des Analytikers beschrieben, sondern die Gegenübertragungsreaktion auch als *Verhalten* des Analytikers untersucht. Nach SANDLER et al. (1973) gibt die Person, auf die sich solche Übertragungsmanipulationen und Provokationen richten, entweder zu verstehen, daß sie diese Rolle nicht akzeptiert, oder bei eigener unbewußter Neigung in derselben Richtung, daß sie diese tatsächlich annimmt und sich dementsprechend zu verhalten bereit ist. Auf das Kollusionskonzept übertragen: Der Bezugsperson steht es frei, das Eingehen einer Kollusion zu verweigern oder zu akzeptieren, das heißt in einer Kollusion mitzuagieren. Neben der frei schwebenden Aufmerksamkeit des Analytikers gibt es nach SANDLER et al. die frei schwebende Ansprechbarkeit (*free floating responsiveness*). Obwohl in der Literatur vom Analytiker oft das Bild einer Maschine entworfen werde, die mit vollständiger Selbstbeherrschung auf der einen Seite Wahrnehmungen aufnehme und auf der anderen Seite Deutungen auswerfe, sei das tatsächliche Verhalten des Analytikers anders: «Der Analytiker spricht, grüßt den Patienten, trifft Vereinbarungen über praktische Angelegenheiten, scherzt vielleicht und läßt es zu, daß seine Reaktionen bis zu einem gewissen Grad von der klassischen psychoanalytischen Norm abweichen» (SANDLER 1976, S. 301). Sowohl in seinem offenen Verhalten wie in seinen Gedanken und Gefühlen zeige der Analytiker eine mehr oder weniger große Bereitschaft zur Rollenübernahme. Ich glaube, daß selbst dann, wenn der Analytiker meint, sich klassisch analytisch zu verhalten, er dem Patienten seine eigenen Gefühlsreaktionen spürbar macht. Gemäß WATZLAWICK et al. (1969) können wir uns definitionsgemäß in einer menschlichen Beziehung gar nicht «nicht verhalten». Wenn die Patientin dem Analytiker ein Liebesgeständnis macht, so kann der Analytiker dieses wortlos hinnehmen. Vom Beziehungsaspekt aus gibt er damit der Patientin kund, daß er es ihr überläßt, ob sie ihm weitere Liebesanträge machen will, daß er aber nicht darauf einzugehen gedenke. Die Patientin mag sich dann in ihren Gefühlen entwertet fühlen und derartige Regungen eher für sich behalten. Der Analytiker kann die Patientin ermuntern, ihre Gefühle noch klarer mitzuteilen. Die Patientin mag daraus vermuten, daß er an ihren Gefühlen interessiert sei. Der Analytiker kann ihre Liebesgeständnisse als Übertragung der Liebesgefühle zum Vater deuten. Auf Beziehungsebene wird die Patientin daraus schließen, daß der Analytiker ihr Liebesangebot auf andere Bezugspersonen abschiebe und sich damit aus der Sache halte. Besonders verhängnisvoll dürfte es sein, wenn der Analytiker der Patientin eine Diskrepanz zwischen Beziehungsaspekt und Inhaltsaspekt anbietet: Er interpretiert die Liebesangebote zwar als Übertragung, läßt die Patientin aber durch seinen Stimmfall und durch sein Interesse an ihren Ausführungen spüren, daß er an ihren Liebesangeboten Gefallen findet. Die Quittung findet er dann etwa in Äußerungen der Patientin zu seinen Deutungen, wie: «Ach, Herr Doktor, ich kann gar nicht so recht hinhören, was Sie da sagen, ich bin einfach glücklich, wenn ich Ihre Stimme höre.» Was immer der Analytiker tut oder nicht tut, er verhält sich auf das Angebot der Patientin, und sein Verhalten löst wiederum Reaktionen beim Analysanden aus. In der klassischen Psychoanalyse kann allerdings der Analytiker seine eigenen Gefühlsreaktionen so weit verbergen, daß zumindest bei Analysebeginn der Patient unsicher ist, was im Analytiker vorgeht. In der Paartherapie, wo der Therapeut sich wesentlich aktiver verhält und sich mit dem Blick der Patienten konfrontiert, wird das Bemühen des Therapeuten, seine Einstellungen, Gefühle und Reaktionen zu verbergen, zur Illusion.

FREUD (1911, S. 108) stellte an den Arzt die Forderung, er müsse seine Gegenübertragung in sich erkennen und bewältigen. Jeder Psychoanalytiker komme nur so weit, als seine eigenen Komplexe und inneren Widerstände es gestatten. Er müsse sich deshalb einer Selbstanalyse unterziehen, und wenn er dabei nicht weiterkomme, fehle ihm die Fähigkeit, Kranke analytisch zu behandeln. Nach ROGERS (1973) ist die Haltung des Psychotherapeuten die wichtigste Voraussetzung für die Wirksamkeit einer Therapie. ROGERS fordert vom Therapeuten einerseits Echtheit, andererseits bedingungslose positive Zuwendung, ein entgegenkommendes Gefühl ohne Vorbehalte. Über seine eigenen wichtigen Lernerfahrungen schreibt er: «In meinen Beziehungen zu Menschen habe ich herausgefunden, daß es auf lange Sicht nicht hilft, so zu tun, als wäre ich jemand, der ich nicht bin. Es hilft nicht, ruhig und freundlich zu tun, wenn ich eigentlich ärgerlich bin und Bedenken habe ... Es hilft nicht, den liebevollen Menschen zu spielen, wenn ich im Augenblick eigentlich feindlich gestimmt bin. Es hilft mir nicht, so zu tun, als wäre ich voller Sicherheit, wenn ich eigentlich beängstigt und unsicher bin ... Es scheint mir tatsächlich, daß die Erklärung für die meisten Fehler, die ich in persönlichen Beziehungen begehe, für die meisten Fälle, in denen es mir nicht gelungen ist, anderen Individuen zu helfen, in folgendem liegt: Ich habe mich aus irgendeiner Abwehrhaltung heraus an der Oberfläche auf die eine Weise verhalten, während meine Gefühle in Wirklichkeit in entgegengesetzte Richtung liefen» (S. 32).

Was soll der Therapeut aber tun, wenn der Anspruch auf

Echtheit mit dem Anspruch auf vorbehaltloses positives Akzeptieren des Patienten in Gegensatz tritt? Was soll der analytische Psychotherapeut tun, wenn er trotz Lehranalyse und anderen therapeutischen Selbsterfahrungen feststellen muß, daß er das Ziel einer frei schwebenden Ansprechbarkeit und Allparteilichkeit nicht zu erreichen vermag, sondern das Opfer eigener Gefühlsreaktionen seinen Patienten gegenüber zu werden droht?

7.3. Die therapeutische Kollusion als Versuch, die Gegenübertragung zum therapeutischen Instrument zu machen

Allmählich begann ich zu lernen, aus der Not eine Tugend zu machen, meine Unfähigkeit zur Allparteilichkeit und zum vorbehaltlosen Akzeptieren beider Partner als Instrument in der Therapie einzusetzen.

Die Fähigkeit des Psychotherapeuten mißt sich nicht darin, wie gut es ihm gelingt, jegliches Mitagieren mit dem Patienten zu vermeiden, sondern wie gut er seine persönliche Eigenart, seine Reaktionsbereitschaften, ja seine Restneurose als therapeutisch reflektiertes Instrument einzusetzen vermag.

Wichtiger als eine unerreichbare Unparteilichkeit ist, daß der Therapeut sich selbst und den Patienten nichts vormacht. Was der Patient an Gefühlen in ihm auslöst, sind keineswegs nur Reaktionen auf die Übertragung des Patienten, sondern zu einem erheblichen Anteil auch neurotische Übertragungen des Therapeuten auf den Patienten, das heißt eigene infantile Einstellungen des Analytikers auf den Patienten (s. BECKMANN 1974, MOELLER 1977).

Diese Übertragungen des Therapeuten liegen aber meist nur als Reaktionsbereitschaften vor, die erst dann wirksam werden, wenn sie vom Patienten mobilisiert werden, worauf es zwischen Patient und Therapeut zur Bildung einer echten Kollusion kommt. Der Therapeut verwickelt sich mit dem Patienten durch eine gleichartige Grundphantasie in einen Konflikt, in dem sein Verhalten stark vom Verhalten des Konfliktpartners bestimmt wird und wiederum verstärkend auf dieses zurückwirkt. Dem mitagierenden Therapeuten wird nun seine persönliche Begrenztheit bezüglich Allparteilichkeit besonders spürbar werden. Er wird aber versuchen, den Patienten von seinem ehrlichen Bestreben zu überzeugen, sich um eine faire Lösung des Konfliktes, der sich zwischen ihnen gebildet hat, zu bemühen. Er wird seine Antipathien und Spannungen nicht verleugnen, sondern im Gegenteil sich dem Konflikt stellen, und zwar als er selbst mit all seinen persönlichen Einschränkungen. Die Bemühung um die Lösung des Konfliktes zwischen Patient und Therapeut soll so zum Modell für die Paartherapie werden, an dem die Partner lernen können, mit ihrem Beziehungskonflikt besser umzugehen. Der Therapeut setzt sich also einem Partnerkonflikt mit einem der Patienten aus, läßt sich in eine Kollusion ein, diese aber wird zur therapeutischen Kollusion, wenn der Therapeut die Fähigkeit hat, die gemeinsame Konfliktbereitschaft therapeutisch zu bearbeiten.

Therapeutische Kollusion meint folgenden Ablauf: Der Therapeut verwickelt sich aufgrund eigener ihm zunächst nicht bewußter Beziehungsbereitschaften in eine Kollusion mit dem einen Patienten. Sein Verhalten gerät in eine immer stärkere, meist polarisierte Interdependenz mit dem Verhalten dieses Patienten. Nachdem dieser Prozeß über eine Zeit eskaliert, kommt ein Punkt, wo sich der Therapeut seiner Befangenheit bewußt wird und den Überblick wieder zu gewinnen vermag. Er bearbeitet nun die Kollusion therapeutisch, indem er sie als einen partnerschaftlichen Prozeß deutet. Die Bearbeitung der Kollusion zwischen Therapeut und dem einen der Partner steht dann modellhaft für die Bearbeitung der ehelichen Kollusion.

Der Therapeut soll seine Gefühlsreaktionen (das heißt seine Gegenübertragung und auch seine «neurotischen» Übertragungen) nicht nur als diagnostisches Instrument benutzen unter gleichzeitigem Bemühen, sich nichts von seinen Regungen anmerken zu lassen, sondern er soll sich selbst in seinen Gefühlen akzeptieren, und wenn er in einen echten Konflikt mit dem Patienten hineingerät, so soll er das geschehen lassen im Vertrauen darauf, daß er früher oder später einen Weg zur Lösung finden wird. Dazu ist allerdings notwendig, daß er nicht völlig oder dauernd dem Konflikt verfällt, was aber am ehesten gewährleistet sein dürfte, wenn er den Konflikt nicht zu verdrängen versucht. Ein Teil von ihm sollte die Übersicht über das Geschehen bewahren oder zumindest wiederzugewinnen vermögen.

Dadurch, daß der Therapeut sich in eine Kollusion verwickeln läßt und diese für eine Zeit zum Fokus der Behandlung wird, kommt ein Prozeß in Gang, der für alle drei Beteiligten von zentraler Bedeutung ist:

- Dem Konfliktpartner kann gezeigt werden, daß der Therapeut sich aus einer ursprünglich neutralen Position mit ihm in einen Konflikt verwickelt hat, der demjenigen zum Ehepartner recht ähnlich ist. Es stellt sich ihm also die Frage, inwiefern er mit Beziehungspersonen in immer wieder ähnliche Konflikte hineingerät.
- Für den Therapeuten ist es von großer psychohygienischer Bedeutung, wenn er seine eigenen Gefühle nicht zurückstauen muß, sondern sich voll in einen Prozeß eingeben kann im Vertrauen darauf, daß sich eine für beide Teile akzeptable Konfliktlösung finden läßt. Der Therapeut erfährt sich damit selbst in seiner Arbeit und lernt für sich selbst.
- Auch für den zunächst nicht betroffenen Ehepartner ist dieser Prozeß von großer Bedeutung. Man könnte zunächst befürchten, er werde sich schadenfreudig die Hände reiben, wenn er sieht, daß sein Partner mit dem Therapeuten in die gleichen Schwierigkeiten hineingerät wie mit ihm selbst und der Therapeut sich offensichtlich an denselben Eigenschaften

und Verhaltensweisen stößt wie er. Sekundär stellt sich aber eine gegenläufige Tendenz ein: Der Ehepartner reagiert eventuell mit Schuldgefühlen, weil er den Konfliktpartner so allein läßt. Er fühlt sich ausgeschlossen aus der intensiven Auseinandersetzung zwischen Therapeut und Konfliktpartner. Wenn diese Auseinandersetzung zur Auflösung der Kollusion führt, so hat die Konfliktlösung einen Modellcharakter für die eheliche Kollusion. Von seiten des Therapeuten erfahren beide ein offenes und faires Bemühen, sich und den Konfliktpartner zu verstehen und jeden in seinen begrenzten Möglichkeiten zu akzeptieren. Daraus entsteht die Aufforderung an den Ehepartner, sich mit der offenbar grundsätzlich lösbaren Kollusion auseinanderzusetzen. Beide Partner gewinnen durch das Miterleben der therapeutischen Kollusion eine gewisse Distanz zur ehelichen Kollusion, der sie sich jetzt mit größerer Effizienz zuwenden können. Bisher habe ich es nie erlebt, daß der Ehepartner langfristig aus dem Streit zwischen Therapeut und Konfliktpartner Kapital zu eigenen Gunsten zu schlagen versuchte. Das spürbare Bemühen des Therapeuten, den Konflikt fair zu lösen, überträgt sich auch auf ihn. Vor allem erlebt das Paar, daß Konflikte auszutragen sich lohnt, daß man sich dadurch näherkommt und man miteinander Lösungen finden kann. Die therapeutische Kollusion ist also eine korrigierende emotionale Erfahrung für alle drei Beteiligten (F. ALEXANDER).

Grenzen und Gefahren der therapeutischen Kollusion

Meine Grundhaltung bleibt analytisch, das heißt, ich lasse im wesentlichen die Patienten die Richtung der therapeutischen Beziehung bestimmen und bearbeite Übertragung und Gegenübertragung erst dann, wenn sie im therapeutischen Prozeß zum Problem werden. Ich glaube, es wäre verhängnisvoll, wenn der Therapeut das Eingehen therapeutischer Kollusionen selbst anstreben würde in der Meinung, das Hinlenken auf seine Kollusionsbereitschaft könnte den therapeutischen Prozeß intensivieren. Das trifft sicher nicht generell zu. Insbesondere narzißtisch gestörte Paare, aber auch Paare, die mit großer Angst in die Therapie kommen, suchen im Therapeuten in erster Linie eine stabile, unparteiische und unerschütterliche Person. Würde der Therapeut allzu früh bekennen, daß er sich von einem der Partner persönlich betroffen fühle und seine Beziehung zu ihm klären möchte, so würde das Angst und Verwirrung anstiften. Die Paare kommen ja in die Therapie, um *ihre* Ehebeziehung zu bearbeiten. Das gelingt ihnen besser in Anwesenheit eines *neutralen* Drittpartners. Sie würden es häufig als störend empfinden, wenn sich dieser mit seinen eigenen Problemen in ihre Auseinandersetzung einmischen würde, ja sie empfänden es als Zumutung, wenn sie nun auch noch auf die Person des Therapeuten Rücksicht zu nehmen hätten. Patienten können mit Wut reagieren, wenn sie den Therapeuten nicht als unbegrenzt belastbar idealisieren können. Viele Paartherapien laufen in einer unproblematischen, ruhigen und wohlwollenden Atmosphäre mit dem Therapeuten. Die Beziehung zum Therapeuten wird vom Paar als ein sicherer, nicht anzutastender Boden erhalten, was ihnen den Mut gibt, sich in den therapeutischen Prozeß einzulassen und sich miteinander zu konfrontieren. Manche Patienten, die ich nach Therapieabschluß befragte, gaben mir an, es sei ihnen wichtig gewesen, daß ich meine Festigkeit und Neutralität durchzuhalten verstand, selbst als sie gemerkt hätten, daß mir das Mühe bereite. Ich glaube, die therapeutische Kollusion sollte erst dann zum Thema gemacht werden, wenn sie wirklich für alle Betroffenen zum Problem geworden ist. Dann aber sollte der Therapeut dem Konflikt nicht weiter ausweichen und sollte ihn auch nicht nur einseitig als Problem des Patienten deuten, sondern er sollte sich als Mitbetroffener engagieren, etwa indem er sagt: «Ich spüre eine Spannung zwischen uns. Ich merke, daß mir die Beziehung zu Ihnen Mühe bereitet und könnte mir vorstellen, daß es Ihnen mir gegenüber ähnlich geht. Ich wäre froh, wenn uns klarerwerden könnte, was sich jetzt zwischen uns abspielt ... Ich fühle, daß ich jetzt ärgerlich bin auf Sie wegen ... Es liegt mir aber viel daran, Ihre und meine Reaktionen besser zu verstehen» . . . (s. im ausführlichen Therapiebeispiel Kapitel 13, S. 243) Es ist dabei sorgfältig auf die Formulierung zu achten. Dem Konfliktpartner muß klar mitgeteilt werden, daß man sich selbst als vom Konflikt betroffen erlebt und es einem ein echtes Anliegen ist, diesen Konflikt zu klären und zu lösen, was die Bereitschaft enthält, sich selbst in Frage zu stellen und auf Kritik einzugehen. Ganz ungünstig wäre es, wenn das Konzept der therapeutischen Kollusion dahingehend mißverstanden würde, daß der Therapeut «spontan», das heißt unbedacht seine Gefühle äußern solle, was leicht zu Formulierungen führen würde wie: «Wenn ich mit jemandem wie Sie verheiratet sein müßte, wäre ich längst davongelaufen. So wie Sie sich verhalten, ist es ja wirklich nicht zum Aushalten.» In dieser Formulierung drückt sich eine abwertende, verurteilende Haltung aus, die meist dazu führt, daß der Konfliktpartner aus der Therapie aussteigt. Mit meiner Formulierung versuche ich aber, den Konfliktpartner in eine Auseinandersetzung zu verwickeln, der er sich nicht so leicht entziehen kann, weil er sich als gleichwertiger Partner in einer «Kollusion» angesprochen fühlt.

Ich meine mit therapeutischer Kollusion auch nicht das, was ZUK (1975) als triadische Familientherapie empfiehlt, wo der Therapeut aus einer bewußt angestrebten Machtposition heraus aktive Parteinahme als therapeutische Technik verwendet, um das Gleichgewicht des Systems zu stören und damit neue Beziehungen zu ermöglichen. «Als Parteinehmender wirft er das Gewicht seiner Autorität zugunsten von Familienmitgliedern oder Familienstreitfragen in die Waagschale, damit Beziehungen so ausgerichtet werden, wie er sie für günstig hält» (S. 26). Der Therapeut bringt sich als Vermittler (*go-between*) in das Familiensystem ein und strebt eine Konfliktentfaltung durch Parteinahme an. Er kann «Kunstgriffe oder therapeutische Schachzüge anwenden, wie etwa Konfrontation, Reflexion, Ratschläge, Ablehnung, Ausweichen usw., um den therapeutischen Einfluß zu wahren oder zu verstärken» (S. 67). Während ZUK und manche amerikanische Systemtherapeuten Macht anstreben, resultiert meine Konzeption der therapeutischen Kollusion eher aus der

Anerkennung meiner therapeutischen Ohnmacht.

Eine weitere Frage ist, ob der Patient als Konfliktpartner dem Therapeuten gegenüber nicht in einer so benachteiligten Position ist, daß er von dieser Auseinandersetzung überfordert sein wird. Gerade dann, wenn sich die therapeutische Kollusion aus dem Prozeß heraus ergibt, halte ich diese Gefahr nicht für groß. In der Regel ist zu diesem Zeitpunkt auch bereits eine gewisse Stabilität der therapeutischen Beziehung erreicht worden. Der Konfliktpartner muß spüren, daß der Therapeut sich echt um eine Konfliktlösung bemüht und nicht seine therapeutische Position mißbraucht, um ihn eventuell mit einseitigen Deutungen kleinzukriegen.

Als männlicher Therapeut halte ich das Aussprechen meiner emotionalen Betroffenheit oft auch für wichtig, weil meine therapeutische Abstinenz von einer agierenden Frau leicht ähnlich erlebt werden kann wie die gefühlsmäßige Abstinenz des Ehemannes. Das offene Aussprechen des Konfliktes, der sich zwischen uns bildet, mutet dem Patienten zwar Belastbarkeit zu, kann aber auch ein Erfolgserlebnis sein, indem er sieht, daß er zwar den Therapeuten aus seinem Gleichmut zu bringen vermag, daß dieser aber den Konflikt nicht verleugnet, sondern sich so lange konfrontiert, bis sich die Spannung abbauen läßt.

In der Regel führt das Bearbeiten der therapeutischen Kollusion zu einer wesentlich verbesserten Beziehung zum Konfliktpartner. Was sind nun aber die *Auswirkungen auf den nicht in den Konflikt einbezogenen Partner?* Der Therapeut sollte sich jetzt diesem speziell zuwenden. Es ist möglich, daß er sich ausgeschlossen fühlt und insbesondere befürchtet, der Therapeut habe nun für seinen früheren Konfliktpartner eine spezielle Sympathie gewonnen, die ihn ins Hintertreffen versetzt habe. Auch kann er denken, für den Therapeuten sei es leicht, ein Exempel für die eheliche Konfliktlösung zu statuieren, er brauche ja nicht außerhalb der Sitzungen mit dem Partner zusammen zu leben. *Für die Paartherapie ergibt sich somit die Notwendigkeit, an Stelle der Unparteilichkeit oder Neutralität das Prinzip der ausgleichenden Parteilichkeit zu setzen.*

Soll der Therapeut persönliche Probleme mit seinen Patienten besprechen?

Nach meiner Ansicht soll sich der Therapeut zwar echt verhalten, er soll aber nicht die Hilfe der Patienten zur Behandlung eigener Probleme beanspruchen. Immer wieder höre ich von Patienten, sie hätten erfahren, wie Therapeuten ihnen ihre persönlichen Probleme offenbart hätten. Die Reaktion der Patienten war durchaus negativ im Sinne von Enttäuschung, Spott und Verachtung: «Der hat ja noch mehr Probleme als ich. Am Anfang haben wir über meine Probleme gesprochen, später aber fast nur noch über die seinigen. Obwohl ich ihn mehr therapiert habe als er mich, war ich derjenige, der bezahlen mußte.» Der Therapeut soll dem Patienten zwar nicht vormachen, er stehe jenseits aller Probleme, er soll aber klar bei seinem beruflichen Auftrag bleiben: Behandlung eines Hilfesuchenden, der ihm für diese Arbeit ein Honorar entrichtet. Die Patienten brauchen im Therapeuten jemanden, der unter Hintanstellung seiner persönlichen Bedürfnisse auf sie eingeht und sich als belastbar und stabil erweist. Die therapeutische Kollusion sollte sich also streng innerhalb des therapeutischen Arbeitsbündnisses halten. Der Therapeut soll zwar offen zu seinen momentanen Gefühlen stehen, aber nicht seine persönlichen Probleme und Bedürfnisse in größerem Umfang zum Thema machen. In der therapeutischen Kollusion geht es um ein reflektiertes Mitagieren des Therapeuten, bei dem er seine Gegenübertragung nicht nur wahrnimmt, sondern sich auch kongruent zu seiner momentanen Gefühlssituation verhält.

8. Die Geschlechtsgebundenheit des Paartherapeuten

In der Literatur sämtlicher psychotherapeutischer Schulen, selbst in der Literatur über Familien- und Paartherapie, wird kaum erwähnt, daß der Therapeut kein Neutrum ist, sondern ein Mann oder eine Frau. Die Beziehung zwischen Patient und Therapeut wird zumindest in der analytischen Literatur fast ausschließlich als Übertragung und Gegenübertragung abgehandelt, das heißt als durch infantile Fixierungen verzerrte Beziehung. Im psychotherapeutischen Jargon wurde dann der Begriff «Übertragung» oft einfach an die Stelle von «Beziehung», insbesondere «Liebesbeziehung» des Patienten zum Analytiker gesetzt, was von der Sache her nicht gerechtfertigt ist, denn selbstverständlich besteht die Beziehung des Analysanden zum Analytiker nicht nur aus verzerrten, von einem Elternteil auf ihn übertragenen Gefühlen, Phantasien und Wahrnehmungen, sondern ist auch eine echte und realitätsgerechte Liebe zu einem Menschen, der bereit ist, vorurteilslos zuzuhören und auf einen einzugehen. Die Ausweitung des Übertragungsbegriffes deutet somit auch auf die emotionale Beziehung des Psychotherapeuten zum Patienten, der damit seine Gefühle auf die idealisierenden und erotischen Ansprüche des Patienten zu rationalisieren sucht.

Die hohe Bedeutung des eigenen Geschlechtes für die Gestaltung des therapeutischen Prozesses ist mir erst in der Paartherapie bewußt geworden, so insbesondere in Ehepaargruppen, die ich in Cotherapie mit MARGRIT ROTACH-FUCHS leitete, aber auch in der Besprechung von Video-Bändern in Kursen, wo mir immer wieder aufgefallen ist, wie weibliche Teilnehmer anders auf das zur Diskussion gestellte Paar reagieren als ich. Cotherapie ist deshalb für die Ausbildung dringend zu empfehlen, um die eigenen, geschlechtsgebundenen Gefühlsreaktionen besser kennenzulernen. Außerhalb der Ausbildung halte ich die Cotherapie jedoch nicht für ökonomisch und möchte deshalb auch in diesem Buch hauptsächlich von Paartherapie mit einem Einzeltherapeuten sprechen.

In einer Paartherapie entsteht ein Dreieck mit zwei gleichgeschlechtlichen und einem gegengeschlechtlichen Partner.

Es kommt dabei zu all den Verwicklungen, wie sie in heterosexuellen Dreiecken üblich sind. Dreiecksbeziehungen sind ihrem Wesen nach spannungsgeladener als Paarbeziehungen oder größere Gruppenbeziehungen. Sie legen es insbesondere nahe, daß zwei Partner sich gegen den dritten zusammenschließen. Sie finden ihre Stabilität in diesem 2:1-Verhältnis (s. M. BOWEN). Das therapeutische Dreieck unterliegt auch insofern den Tendenzen einer partnerschaftlichen Dreiecksbeziehung, weil der Therapeut häufig altersmäßig als realer Drittpartner in Frage käme. Es wird auch kaum einen Therapeuten geben, der nicht persönlich in geschlechtsgebundene Konflikte verwickelt ist und nicht selbst an ungelösten Problemen der Geschlechtsrolle leidet. So wird sich der Therapeut auch nur schwer dem Paarkonflikt der Patienten aussetzen können, ohne erheblich davon tangiert zu werden.

Um es an einem Beispiel abzuhandeln: Wenn eine Frau in sogenannt hysterischer Weise dem Mann zusetzt, so liegt es mir nahe, mich mit dem Mann zu identifizieren. Erst allmählich konnte ich lernen, das Agieren der Frau nicht nur als ein theatralisches Sich-Aufspielen zu sehen, sondern auch als Reaktion auf die unberührbare Haltung des Mannes und von mir, als echten und verzweifelten Versuch, uns emotional zu erreichen. Es fiel mir schwer, den Gefühlsausbruch der Frau nicht nur abzuwehren, sondern ihn vielmehr zu verstehen als ein von der Situation her sinnvolles Verhalten. Das agierende Verhalten der Frau ist häufig ein Protest gegen diese selbstgerechte männliche Scheinüberlegenheit. Das Verständnis für dieses Verhalten der Frauen wurde mir aber auch verdeckt, weil diese sich selbst als «hysterisch», krank, labil usw. bezeichneten und als «Patienten» alle Aufmerksamkeit für sich beanspruchten.

Ich tendiere aber keineswegs dazu, mich immer mit dem Mann gegen die Frau zusammenzuschließen. Vielmehr gibt es fast ebenso häufig Situationen, in denen ich zu einer Allianz mit der Frau neige. Das trifft am ehesten auf Situationen zu, wo der Mann auf mich so unansprechbar, langweilig und ermüdend wirkt, daß mir die Frau leid tut. Häufig habe ich mich dann gefragt, wie hält diese Frau das Zusammenleben überhaupt aus. Erst mit der Zeit lernte ich mich fragen, weshalb die Frau diesen Mann denn überhaupt zum Partner gewählt hat und ob ihr seine bescheidene, sanfte und vertrauenswürdige Weise besonders wichtig war und weiterhin noch ist. Aber auch diese Männer sind nicht zufälligerweise auf die wesentlich lebhafteren Frauen gekommen. Vielmehr hofften sie, in der Partnerschaft vom Temperament der Frau angesteckt zu werden. In der Therapie werden sie nicht selten lebendiger, wenn sie Vertrauen zu ihren Gefühlen und insbesondere auch zum Ausdruck ihrer Gefühle bekommen. Die Sympathie des Therapeuten kann im Laufe der Therapie durchaus wechseln. Nicht selten fällt es mir zunächst leichter, den gegengeschlechtlichen Partner zu verstehen, später den gleichgeschlechtlichen. Nach CARTWRIGHT und LEUNER (1963) haben Berater zu Beginn der Therapie mehr Mühe mit gleichgeschlechtlichen Klienten, während sich diese Tendenz im Laufe der Therapie verändere und die Sympathie für den gleichgeschlechtlichen Partner signifikant zunehme.

8.1. Die kokettierende Patientin und der männliche Therapeut

Nach CHRIST (1976) wird der Therapeut zum Identifikationsobjekt für den gleichgeschlechtlichen Partner und zum Objekt sexueller Anziehung für den gegengeschlechtlichen Partner (S. 389). Was passiert nun aber mit dem Therapeuten, wenn die Frau mit ihm kokettiert und sie ihm auch sympathisch ist, wenn sie seinen Blick einzufangen sucht und danach trachtet, ein unausgesprochenes Einvernehmen herzustellen, daß ihr Mann doch wirklich unmöglich sei? Es kann sein, daß der Therapeut zunächst auf dieses nuancierte Augenspiel eingeht und die uneingestandene Vorstellung nährt, daß er im Grunde genommen für diese Frau einen besseren Mann abgeben würde. Wenn ihm diese Phantasie bewußt wird, droht es zum abrupten Umschlag seiner Haltung zu kommen. Sein therapeutisches Gewissen drängt ihn, sowohl der Frau wie dem Mann klarzustellen, daß er sich nicht etwa in erotische Spielereien mit ihnen einlassen werde. Immer wieder habe ich es an mir und an anderen (männlichen) Therapeuten erfahren, daß wir Wut und Aggressionen von seiten der Patienten wesentlich besser ertragen als Liebesangebote. Wir fühlen uns von diesen weit mehr verunsichert oder gefährdet und versuchen sie eventuell auszumerzen durch betont schroffes und brüskierendes Verhalten. Während ich, wie wahrscheinlich die meisten männlichen Therapeuten, leichter äußern kann, was mich in einer Beziehung stört und in Spannung bringt, fällt es mir schwerer zu sagen, was mich dabei freut. Weibliche Therapeuten dagegen verhalten sich oft gerade umgekehrt.

In der Paartherapie hat das Kokettieren häufig eine tiefere Bedeutung. Es ist verständlich, daß zu Beginn der Therapie jeder Partner versucht, den Therapeuten auf seine Seite zu ziehen und mit ihm eine Allianz gegen den anderen einzugehen. In der Regel merkt die Frau bald, daß der Mann «die gleiche Sprache spricht» wie der Therapeut, daß sich die beiden Männer leichter verständigen können. Wenn nun die Frau auf Grund ihrer früheren Erfahrungen Männer ohnehin als mächtig und Frauen als minderwertig empfindet, so muß die Situation in der Paartherapie für sie besonders bedrohlich sein, läuft sie doch Gefahr, ganz allein einer männlichen Übermacht gegenüberzustehen. Das Kokettieren mit dem Therapeuten beruht häufig gar nicht so sehr darauf, daß sie diesen erotisch als besonders attraktiv erlebt, sondern daß sie voller Angst ist, vom Therapeuten nicht akzeptiert und verstanden zu werden. Sie sucht eine Sonderallianz mit ihm aus der Befürchtung, wehrlos zertreten zu werden. Sie möchte die Situation in den Griff kriegen unter Einsatz derjenigen Mittel, die sich ihr bisher bewährt haben. Fühlt sie sich nun vom Therapeuten in ihrem Bemühen nach Schutz zurückgewiesen, indem er ihre Manöver entlarvt und ihr die Waffe aus der Hand schlägt, so gerät sie leicht in Panik. Eine Frau äußerte in einer solchen Situation direkt die Annahme einer homosexuellen Verschwörung der beiden Männer gegen sie. Der Therapeut sollte versuchen, das Kokettieren der Frau in diesem Sinne zu akzeptieren und danach zu trachten, in einer nichtverletzenden und nichtbeschämenden Weise die dahinterstehende Angst anzusprechen.

Das Hinnehmen des Kokettierens der Frau läßt den Therapeuten aber auch befürchten, den Mann eifersüchtig zu machen und von diesem des Vertragsbruches der Unparteilichkeit bezichtigt zu werden. Diese Befürchtung erweist sich oft als unbegründet, indem der Mann nicht selten stolz ist, wenn er den Eindruck hat, der Therapeut finde an seiner Frau Gefallen. Es bildet sich dann eine Art homoerotischer Kumpanei zwischen Mann und Therapeut im Einvernehmen, daß diese Frau doch recht attraktiv sei. Das günstigste ist, wenn der Therapeut eine feste, klare und akzeptierende Haltung beibehalten kann und dem Paar zu verstehen gibt, daß er die Sympathiebezeigungen der Frau als wesentlichen Baustein für eine gute Arbeitsbeziehung in der Therapie fruchtbar machen will.

8.2. Der rivalisierende Patient und der männliche Therapeut

Für den Therapeuten ist es wohl am leichtesten zu ertragen, wenn der Ehemann zu ihm eine in mildem Maße idealisierende Identifikationsbeziehung sucht. Das ermöglicht ihm am ehesten, der Ehefrau gegenüber eine Beziehung einzugehen, die einen gewissen Modellcharakter für den Mann haben kann. Besonders mit phallisch strukturierten Männern kommt es aber nicht selten zu einer starken Rivalitätsbeziehung. Es ist ihnen peinlich, vor ihren Frauen als Patienten dastehen zu müssen, während der Therapeut durch seine Berufsrolle unantastbar über ihnen zu schweben scheint. Aus dieser Kränkung heraus kann versucht werden, den Therapeuten von seinem Thron herunterzuholen und ihm eigene Schwächen nachzuweisen. Andere versuchen jede Interpretation und Deutung zu entwerten oder dem Therapeuten mit ihren Berufsleistungen zu imponieren. Wiederholt hat sich die Situation entspannt, wenn ich direkt meine Empfindungen äußerte: «Ich habe den Eindruck, es hat sich zwischen uns eine recht gespannte Atmosphäre entwickelt, eine Art Rivalität, so als ob Sie mir unterlegen sein müßten, weil Sie in Therapie stehen oder ich überlegen, weil ich hier die Funktion des Therapeuten habe. Sie sind hierhergekommen, um Hilfe in Ihren Problemen zu finden. Für mich ist die Therapie eine Berufsaufgabe, die ich so gut wie möglich zu bewältigen versuche, genauso wie Sie in Ihrem Beruf Ihr Bestes geben. Zu Hause habe ich Frau und Kinder, und da haben wir auch unsere Probleme und Schwierigkeiten wie in jeder anderen Ehe und Familie auch.» Natürlich könnte man im analytischen Sinne diese Rivalitätsproblematik auch mit der Vaterbeziehung in Zusammenhang bringen. In der Regel verspreche ich mir aber mehr davon, wenn der Mann durch meine Weigerung, mich von ihm zum Rivalisieren provozieren zu lassen, unmittelbar eine neue und für ihn eventuell unerwartete emotionale Erfahrung machen kann.

Dieselben Probleme bestehen analog für Therapeutinnen in der Beziehung zu weiblichen bzw. männlichen Patienten. Wie sehr die Wahrnehmung von Therapeuten durch die eigene emotionale Einstellung bestimmt sein kann, zeigte sich in folgendem Beispiel:

Beispiel 8:
Eine Therapeutin hatte eine Frau schon längere Zeit in Behandlung und zog dann den Ehemann mit in die Arbeit ein. Sie überwies mir das Paar zu einer gemeinsamen Behandlung. Sie beschrieb mir den Mann als brutalen, gefährlichen Despoten, der rasch dreinschlage und zu keiner Einfühlung in andere Men-

130

schen befähigt sei. Seine brutalen Verhaltensweisen und ein-
schießenden Verstimmungen seien Ausdruck eines hirnlokalen
Psychosyndroms bei Epilepsie als Folge eines Schädelunfalles.
Vergeblich habe sie ihm zur Einnahme von Psychopharmaka
geraten. Zufälligerweise verfügten wir über eine Krankenge-
schichte der Ehefrau, in welcher derselbe Mann einige Jahre
früher von einem männlichen Therapeuten ganz anders beschrieben wurde, nämlich als weich, infantil und stark mutterge-
bunden. Mein Eindruck war, daß dieser Mann sich zu Tätlichkeiten hatte provozieren lassen, weil er sich von der Frau, die sich
mit den Kindern gegen ihn verbündet hatte, aus der Familie
ausgeschlossen fühlte und mit diesen Kraftakten seine väterliche
Position in der Familie zu halten suchte. Seine autoritären Bruta-
litäten, die sich unter der Einzeltherapie der Frau noch verstärkt
hatten, führten aber jeweils nur dazu, daß er sich noch mehr von
der Familie isolierte. Während der sich über ein halbes Jahr
hinziehenden Paartherapie kam es nie mehr zu derartigen Wut-
anfällen oder Tätlichkeiten. Auch in den therapeutischen Gesprächen zeigte der Mann keinerlei klinische Anhaltspunkte für
hirnorganische Störungen. Die offene Besprechung mit der
selbstkritischen Therapeutin ergab, daß sie in der eigenen Ehe
unter ähnlichen Problemen litt, wie sie an diesem Patientenpaar
wahrnahm.

9. Ausübung von Paartherapie durch ein Therapeutenpaar (Cotherapie)

Die Frage liegt nahe, was quälen wir uns da mit der komplizierten Problematik des Geschlechtes des Therapeuten ab, wenn doch die Lösung so nahe liegt, nämlich daß ein männlicher und ein weiblicher Therapeut gemeinsam Paartherapie machen.

MASTERS und JOHNSON (1973) weisen darauf hin, daß ein männlicher Therapeut die sexuellen Funktionen oder Dysfunktionen einer Frau nie ganz verstehen kann, denn er erlebt einen Orgasmus nie so wie eine Frau. Wenn er nur im geringsten objektiv sein wolle, könne er seinen Vorstellungen nie ganz vertrauen. Entsprechendes gelte für eine Therapeutin gegenüber den sexuellen Funktionen des Mannes. Wenn ein Paar mit sexuellen Schwierigkeiten zum Beispiel an einen männlichen Therapeuten gelangt, wer soll für die Frau Sachverhalte deuten oder erklären, die eindeutig auf die weibliche Sexualität bezogen sind, auch wenn der Therapeut lernt, sich in der eigenen Geschlechtsrolle zu definieren und die geschlechtsspezifische Dynamik der therapeutischen Dreiecksbeziehungen zu handhaben?

Ob Cotherapie angezeigt ist, muß auch unter ökonomischen Gesichtspunkten betrachtet werden. Es besteht ein derart immenser Bedarf nach Paarberatung und Paartherapie, daß wir es uns nicht leisten sollten, für die Paartherapie zwei Therapeuten einzusetzen, so lange nicht eindeutig erwiesen ist, daß diese Form zu wesentlich effizienteren Therapieverläufen führt. Cotherapie – hier immer als weiblich-männliches Therapeutenteam verstanden – halte ich jedoch zu Ausbildungszwecken für wichtig.

9.1. Unterschiedliche Dynamik im therapeutischen Dreieck und im therapeutischen Viereck

Das therapeutische Viereck, bestehend aus einem Patientenpaar und einem Therapeutenpaar, weist gegenüber dem therapeutischen Dreieck in mancher Hinsicht eine andere Dynamik auf:

– Die Geschlechter sind gleich repräsentiert: Anwesend sind zwei Männer und zwei Frauen. Die Angst vor der Übermacht des einen Geschlechtes, wie sie im therapeutischen Dreieck für alle Beteiligten bestehen kann, ist geringer.

– Es sind ebenso viele Therapeuten anwesend wie Patienten. Jeder Patient kann potentiell «seinen» Therapeuten haben. Die Rivalität um den einen Therapeuten und die Angst, daß sich dieser auf die Seite des Partners stellen könnte, ist geringer. Aber auch der Therapeut fühlt sich freier in seiner Zuwendung zu den Patienten und fühlt sich weniger gedrängt, diese immer wieder auszubalancieren. Der Beziehungsaspekt, den die Patienten aus jeder Intervention des Therapeuten für sich und ihren Partner herausdestillieren, verliert an Bedeutung, wenn er durch den Cotherapeuten ausgeglichen werden kann. Ein geübtes Cotherapeutenpaar vermag aus verteilten Rollen effektiv zu handeln und kann die Möglichkeit, jedes Phänomen in der Paartherapie von verschiedenen Positionen aus anzusprechen, fruchtbar machen. Das Einnehmen unterschiedlicher Standpunkte setzt aber eine gute Kooperationsfähigkeit des Therapeutenpaars voraus. Diese ist nicht gewährleistet, wenn schwere, unausgesprochene Konflikte zwischen den Therapeuten über ähnlich gelagerte Spannungen des Klientenpaars ausagiert werden. Das Patientenpaar erlebt die Beziehung zu den zwei Therapeuten deutlich anders als zu einem einzelnen. Es sieht die Therapeuten meist als Paar. Kokettieren und erotisches Werben einer Patientin um den männlichen Therapeuten wird erschwert durch die Anwesenheit einer Therapeutin. Dafür wird die Patientin sich eventuell durch die Anwesenheit einer anderen Frau von den beiden Männern weniger bedroht fühlen und deshalb auch leichter auf erotisches Agieren verzichten können. Phantasien um die Beziehung der Therapeuten zueinander beschäftigen das Patientenpaar weit mehr als die Absicht, mit dem einen oder anderen der Therapeuten eine Sonderbeziehung aufzubauen. Das therapeutische Viereck ist in diesem Sinne weniger spannungsgeladen als das Dreieck. Es wird von den Patienten als stabiler, ruhiger und auch klarer getrennt in Therapeutenpaar und Patientenpaar erlebt. Das kann sich bei chaotischen Ehekrisen mit starker Tendenz zum Agieren beruhigend auswirken. Dagegen wird die Situation durch Spannungen und Konflikte in der Beziehung der Cotherapeuten zueinander oft belastet.

9.2. Das Cotherapeutenpaar

Den wesentlichsten Vorteil der Cotherapie sehe ich in der Möglichkeit, die Geschlechtsabhängigkeit der eigenen therapeutischen Wahrnehmung und Intervention zu erfahren. Jeder kann erleben, in wie hohem Maße er in der eigenen Geschlechtlichkeit befangen bleibt und sich nur annäherungsweise in das Erleben des anderen Geschlechtes einzufühlen vermag. Mir selbst ist das nie so deutlich geworden wie bei der Ausübung von Cotherapie in einer Paargruppe, wo dasselbe Angebot der Patienten oft in diametral entgegengesetzter Weise von meiner Kollegin, MARGRIT ROTACH-FUCHS, interpretiert worden war.

Das Cotherapeutenpaar gliedert sich in drei miteinander verquickte Dimensionen:

– Die Cotherapeuten können verheiratet bzw. befreundet sein oder außerhalb der Berufstätigkeit nicht in einer persönlichen Beziehung zueinander stehen.

– Die Cotherapeuten können den gleichen oder einen unterschiedlichen Ausbildungsstand und beruflichen Status haben.

– Die Cotherapeuten können beabsichtigt oder unbeabsichtigt in der Therapie verschiedene Rollen einnehmen.

a) Das Cotherapeutenpaar ist ein Ehepaar

Alle Cotherapeutenehepaare, die ich kenne, betonten, daß die Ausübung dieser Tätigkeit für ihre eigene Ehe eine ganz wesentliche Bereicherung sei, sie allerdings auch erheblich aufwühle und belaste. Manche Paare sind zur Cotherapie sogar motiviert in der Hoffnung, durch das gemeinsame Bearbeiten der Probleme anderer mit den eigenen Beziehungsschwierigkeiten weiterzukommen. Nicht selten haben sie den Eindruck, daß diese Tätigkeit für sie den Effekt einer Selbsterfahrungsgruppe habe, was dann ungünstig ist, wenn die Cotherapie das Therapeutenpaar so aufwühlt, daß es kaum noch seinen primären therapeutischen Auftrag wahrzunehmen vermag. Insbesondere in solchen Fällen ist eine Supervision dringend zu empfehlen. Cotherapie sollte nicht ausgeübt werden, wenn die Therapeuten in einer akuten Krise zueinander stehen oder Gefahr besteht, daß eine langdauernde hintergründig schwelende Krise über die Cotherapie erstmals angesprochen wird.

Manche gut aufeinander eingespielte Therapeutenehepaare geben an, daß sie in der Therapie leichter mit Meinungsverschiedenheiten umgehen können, als andere Therapeutenteams. Sie können unterschiedliche Meinungen vor den Patienten angstfreier vertreten, da die Beziehung tragfähiger ist. Andere wiederum geben an, Cotherapie falle ihnen leichter mit einem anderen Berufskollegen als mit dem Ehepartner, weil sie zu diesem eine klarer definierte Arbeitsbeziehung hätten und Meinungsverschiedenheiten nicht gleich persönlichen und prinzipiellen Charakter annehmen würden. Patientenpaare finden oft zu einem Therapeutenehepaar, insbesondere wenn dieses noch eigene Kinder hat, rascher eine vertraute Beziehung. Sie nehmen an, daß das Therapeutenehepaar selbst auch ungelöste Konflikte hat und interessieren sich dafür, wie sie mit diesen umgehen. Das Therapeutenpaar kann so zum Modellpaar werden, mit dem sich die Klienten identifizieren. Dabei kann die Gefahr bestehen, daß das Therapeutenpaar unter einen ehelichen Vollkommenheitsdruck gerät.

Therapeutenehepaare können zur gemeinsamen Arbeit motiviert sein, um auf diese Weise mehr gemeinsame Zeit zu haben, was nicht unproblematisch ist. Ein ausreichender Anteil des Ehelebens sollte von der Therapeutenaktivität unberührt bleiben und ein wesentlicher Anteil der Berufstätigkeit eines jeden sollte unabhängig von derjenigen des anderen sein.

b) Das nichtverheiratete Cotherapeutenpaar

Das nichtverheiratete Cotherapeutenpaar wird oft schon rein äußerlich weniger als Paar wirken: Die Therapeuten stehen eventuell in verschiedenem Alter und scheinen auch sonst persönlich weniger aufeinander abgestimmt. Die therapeutische Partnerwahl sollte womöglich schon vor Beginn der gemeinsamen Arbeit in einer Supervision besprochen werden. In der Regel werden aus äußeren Gegebenheiten keine großen Auswahlmöglichkeiten bestehen. Aber auch bei geringen Wahlmöglichkeiten werden positive Erwartungen an die gemeinsame Arbeit neben negativen Erwartungen stehen. Genauso wie bei einem Ehepaar sind die positiven Erwartungen zu hinterfragen. So kann sich etwa ein Therapeut mit einer Therapeutin zusammentun in der Meinung, er werde dort ohne Konkurrenz die Führung übernehmen können, und die Therapeutin denkt vielleicht, sie könnte sich an den Therapeuten anlehnen, ohne die volle Verantwortung für die Therapie übernehmen zu müssen.

Für das Gelingen von Cotherapie wird die Beziehung der Therapeuten als das wichtigste angesehen (Peters, Belleville). Vereinfacht gesagt: Man sollte sich mögen. Die Cotherapeuten sollten sich in der Lage fühlen, miteinander auftretende Rivalitäten und andere Schwierigkeiten in der Zusammenarbeit offen zu besprechen. Die therapeutische Konzeption muß nicht identisch, aber die therapeutische Haltung der Partner sollte kompatibel sein.

Auch bei nichtverheirateten Cotherapeuten wird die gemeinsame Ausübung der Therapie viele persönliche Beziehungsprobleme aktualisieren. Diese betreffen oft den innersten Intimbereich. Die Cotherapeuten werden sich bei der Besprechung der Therapiesitzung manches mitteilen, was sie eventuell zuvor mit niemandem, auch mit dem eigenen Ehepartner nicht so offen besprechen konnten. Leicht wird der Cotherapeut zum Vertrauten in eigenen ungelösten Eheproblemen. Das kann sich wiederum problematisch auf die Ehe auswirken. Für den nicht in die Therapie einbezogenen Ehepartner wäre es wichtig, den Cotherapeuten zu kennen und zu spüren, daß die Beziehung der beiden Therapeuten zueinander in arbeitsbezogenen Grenzen gehalten wird.

c) Cotherapeuten mit unterschiedlichem Ausbildungsstand

In der Gruppentherapie, aber auch in Paar- und Familientherapie, wird Cotherapie zu Ausbildungszwecken als Lehrer-Schüler-Paar empfohlen. In der Paartherapie ist diese Zusammensetzung nicht unproblematisch, weil das Therapeutenpaar von den Klienten oft als Modellpaar gesehen wird. Ist nun der Experte ein Mann und die Ausbildungskandidatin eine Frau, so wird den Klienten von seiten der Therapeuten der Mann als der Kompetentere und die Frau als gelehrige Schülerin vorgestellt. Ist andererseits der Status der Therapeuten verschieden, die Frau zum Beispiel Psychiaterin und der Mann Sozialarbeiter, so ist das trotz ebenbürtiger beruflicher Kompetenz für den männlichen Therapeuten nicht leicht zu ertragen. Das Therapeutenpaar spürt, daß es von den Klienten nicht nur als Arbeitspaar, sondern auch als zweigeschlechtliches Paar gesehen wird. Als solches sollte es den Klienten nicht eine Verhaftung in traditionellen Rollenstrukturen vorleben, es sollte sich aber ebensowenig in zu extremer Rollenumkehrung überfordern. Gesamthaft gesehen scheint mir für das Cotherapeutenpaar genauso wie für jede Zweierbeziehung die Gleichwertigkeitsregel zu beachten: Das Selbstwertgefühl der beiden Therapeuten sollte in der Therapiesituation möglichst gleich sein. Läßt sich das nicht erreichen, so sollte der unterschiedliche Status den Patienten gegenüber klar definiert werden. So können beide Therapeuten sich frei bewegen.

Unterschiedlich kann auch die Beziehung der beiden Therapeuten zum Paar sein. Nicht selten folgt eine Paartherapie als Viereck einer vorangegangenen Einzeltherapie des einen Therapeuten mit einem der Patienten. Dadurch ist die Beziehung zum einen Therapeuten bereits etabliert, und der andere kann sich ausgeschlossen fühlen. Melden sich Patienten aber direkt wegen Eheschwierigkeiten an und haben die Therapeuten eine Cotherapie vorgesehen, so ist es am günstigsten, wenn bereits das Erstinterview in der Viereckssituation durchgeführt wird oder wenn zumindest jeder der beiden Therapeuten das Paar zu einem Erstinterview sieht.

d) Die Rollendifferenzierung im Therapeutenpaar

Wie jede Zweierbeziehung so hat auch das therapeutische Paar die Tendenz, sich in unterschiedliche, zueinander polarisierte Positionen zu differenzieren, zum Beispiel in einen «Bösen» und einen «Guten», in einen «Aktiven» und einen «Passiven», in einen «Konfrontierenden» und einen «Stützenden». An sich wäre diese Rollendifferenzierung vom therapeutischen Prozeß aus begrüßenswert, weil sie ein reicheres Übertragungsangebot schafft. Cotherapeuten können polarisierte Rollen bewußt intendieren. Der eine übernimmt die Rolle eines bösen, furchterregenden Vaters und die andere die Rolle der lieben, geborgenheitspendenden Mutter. Die Frage ist, ob sich das Therapeutenpaar mit diesen Intentionen nicht überfordert und die Rivalitäten verleugnet. Der weiblichen Therapeutin wird zugebilligt, ihre Ängstlichkeit damit zu sozialisieren, daß sie sich beliebt machen soll und alle unangenehmen Dinge dem männlichen Therapeuten zuschiebt. Dieser gefällt sich vielleicht aus eigener Unsicherheit gerade in der Fähigkeit, stark zu erscheinen und alles auszuhalten. Beide Haltungen können in ihrem Abwehrcharakter fragwürdig sein.

Andererseits entstehen häufig Schwierigkeiten, wenn die Therapeuten ihre Unterschiedlichkeit verleugnen wollen. Eine unterschiedliche therapeutische Kompetenz, selbst bei gleichem Ausbildungsstand, ist häufig eine Realität und wird auch in diesem Sinne von den Patienten wahrgenommen. Aus Angst vor Ausprägung dieser Unterschiede versuchen nicht selten Cotherapeuten sich einander anzugleichen, womit sie eine beklommene Atmosphäre kreieren: Der Kompetentere nimmt sich forciert zurück, um den Partner nicht zu überfahren, der Inkompetentere steht unter Leistungszwang. Wenn er etwas äußert, so muß es etwas besonders Zutreffendes sein, wobei er in seinen Interpretationen weniger auf die Patienten, sondern viel mehr auf den Cotherapeuten bezogen ist. Womöglich sollte keiner sich in seinen therapeutischen Möglichkeiten zu stark Zwang antun müssen. Die meisten Cotherapeuten neigen dazu, allzu stark aufeinander bezogen zu sein im Bemühen, sich aufeinander abzustimmen.

Beispiel 9:
In der Cotherapie eines Therapeutenehepaares waren erhebliche Schwierigkeiten aufgetreten. Die Therapeutin hatte den Eindruck, ihr Mann dominiere die therapeutische Szene, weshalb sie immer passiver werde und sich zurückziehe. Der Therapeut andererseits meinte, seine Frau entwerte all seine Deutungen, wodurch er sich provoziert fühle, immer kompliziertere und intellektuellere Interventionen zu äußern. Beiden Therapeuten fiel es zunehmend schwer, auf das Patientenehepaar gerichtet zu arbeiten. Ihr therapeutisches Handeln war immer mehr auf die eigene Beziehung zueinander ausgerichtet, ja es kam zu einer Situation, wo die Therapeuten eifersüchtig um die Gunst der Patienten rivalisierten.

Interessant war, wie das Therapeutenpaar die Patienten unterschiedlich wahrnahm. Der Therapeut sah den männlichen Patienten als einen etwas zwanghaften Menschen, der aber in der Therapie wesentliche Fortschritte in der Äußerung seiner Gefühle gemacht hatte. Die Therapeutin dagegen wertete diese Fortschritte als unecht und intellektuell ab. Die Patientin lehnte alle

Deutungen des Therapeuten ab und korrigierte seine Interventionen, während sie sich mit der Therapeutin offensichtlich gut verstand. Es war eine Situation entstanden, wo die Patientin stellvertretend für die Therapeutin sich mit dem Therapeuten auseinandersetzte und mit ihm rivalisierte. Der Konflikt des Patientenpaares erwies sich immer mehr mit dem Konflikt des Therapeutenpaares kongruent.

In der Supervision wollten die beiden Therapeuten lernen, sich in der Therapie stärker voneinander abzugrenzen, das heißt in ihrer Zusammenarbeit zwar aufeinander bezogen, nicht aber voneinander bestimmt zu handeln. Es war für die Therapeuten offensichtlich, daß sie dem Patientenpaar nur so weit helfen könnten, wie sie selbst in der Lösung ihrer parallel laufenden Schwierigkeiten Fortschritte erzielten.

10. Zusätzliche methodische Gesichtspunkte

Es ist mir nicht möglich, in einem Buch alle erwähnenswerten Gesichtspunkte der Paartherapie zu beleuchten. Vielmehr versuche ich eine Auswahl zu treffen für jene Aspekte, die mir besonders wichtig erscheinen. In diesem Kapitel möchte ich mich zu einigen theoretischen und praktischen Aspekten der «Kollusionstherapie» äußern. Es wird sich dabei um ein Durcharbeiten und Wiederholen von gewissen Gedanken handeln, die bereits in den vorangegangenen Kapiteln erwähnt wurden, hier aber nochmals unter anderen Gesichtspunkten betrachtet werden.

10.1. Zur methodischen Konzeption:
System- und verhaltensmodifizierende Therapie oder konfliktverarbeitende Therapie?

Während ich dem Kollusionskonzept, wie es in der ‹Zweierbeziehung› dargestellt wurde, allgemeine Bedeutung für das Verständnis von Paarproblemen zuschreibe – ohne Anspruch, damit alle Facetten von Paarkonflikten abzudecken –, ist meine therapeutische Praxis stark von meiner persönlichen Art, mit Patienten zu arbeiten, bestimmt. Ich glaube, es gibt keine richtige Methode an sich, sondern es gibt Psychotherapeuten, die je nach ihrer Neigung und Eignung sich mehr von dieser oder jener Methode angesprochen fühlen, und ferner gibt es Patienten, die mehr von dieser oder von jener Therapiemethode profitieren können. Auch wenn es bei der persönlichen Wahl der Therapiemethode nicht um richtig oder falsch geht, scheint es mir wichtig, die eigene Arbeitsmethode zu reflektieren und mit anderen

Methoden zu vergleichen.

Wie bereits erwähnt, können wir im Bereich der Paar- und Familientherapie unterscheiden zwischen den system- und verhaltensmodifizierenden Methoden und den konfliktverarbeitenden Methoden. Beiden Modellen gemeinsam ist, daß sie im Zentrum Systemkräfte sehen, die der angehende Familientherapeut zu erkennen und zu beeinflussen lernen muß. Jedoch bestehen hinsichtlich der Art der als notwendig angesehenen Interventionen unterschiedliche Auffassungen. Gemäß dem «strukturalistischen Modell» geht es darum, festgefahrene Verhaltensmuster durch massive Interventionen von seiten des Familientherapeuten zu durchbrechen. Der Therapeut manipuliert etwa die Sitzordnung, den Redestil, die Redezeit der Familienmitglieder, verteilt Aufgaben, bricht bestehende Allianzen auf, interveniert im Gefüge der Familienrollen und greift in das Gleichgewicht von Nähe und Distanz der Familienmitglieder ein (Duss, Stierlin, Welter 1976).

In der Kommunikationstherapie verhält sich der Therapeut fast wie ein Dompteur, Regisseur oder Schachspieler. Er hält das Geschehen fest in den Händen und dirigiert die Partner in der ihm heilsam erscheinenden Richtung. Als Vertreter dieser Richtung sind bei uns vor allem bekannt: Watzlawick, Haley, Selvini, Minuchin, Zuk, u. a. m.

In der Verhaltenstherapie wirkt der Therapeut eher als Pädagoge (Stuart 1973). Es wird eine Verhaltensformung durch «operante Konditionierung» angestrebt, durch bewußtes Verstärken von erwünschten und Löschen von unerwünschten Verhaltensweisen. Nach Stuart sei es zur Verbesserung gestörter ehelicher Interaktionen notwendig, die beiden Partner so zu fördern, daß sie den anderen häufiger und intensiver verstärken lernen. Es sei eine Tatsache, daß sich Individuen stärker zueinander hingezogen fühlen, wenn es ihnen gelingt, sich gegenseitig dahin zu bringen, daß jeder jeweils auf die Wünsche des andern eingeht. Da Konflikte nicht als solche bearbeitet werden, geht die Verhaltenstherapie davon aus, daß sich beide Partner klar zu ihrer Partnerschaft bekennen müssen, ansonsten sie all die auferlegten Übungen und Hausaufgaben nicht auf sich nehmen würden. Bei uns bekannte Therapeuten, die diese Methode anwenden, sind: K. H. und A. Mandel, R. Welter, dann aber auch die Sextherapeuten Masters und Johnson, H. Kaplan u. a. m.

Mir selber liegt eher an einer Behandlungsform, wo die Partner ihre Konflikte in ihrer ganzen Komplexität und Zwiespältigkeit erfahren, wo sie zum Beispiel nicht recht wissen, ob sie beieinanderbleiben wollen oder nicht, wo sie nicht recht verstehen können, weshalb sie einander lieben und gleichzeitig hassen, weshalb sie die Intimität suchen und gleichzeitig nicht ertragen, wo es ihnen also zunächst gerade nicht möglich ist, klar zu äußern, was sie eigentlich wünschen und was sie befürchten. Wenn ein Mann zu seiner Frau sagt: «Emanzipier dich und mach dich nicht so von mir abhängig», so liegt das Wesen seines Anteils zum Paarkonflikt vielleicht gerade darin, daß er diesen Wunsch nicht eindeutig äußern kann, weil er ihn auch zwiespältig erlebt, und die Frau spürt, daß sie sich nicht emanzipieren darf, weil der Mann das schlecht ertragen würde. In der Therapie würde ich zu erklären versuchen, was im Mann vorgeht, wenn er diese Äußerung so doppelbödig formuliert, und würde nicht einfach von ihm verlangen, sich eindeutiger zu deklarieren. Dasselbe trifft für eine Frau zu, die dem Mann sagt: «Sei aktiver» und gleichzeitig jeden Versuch des Mannes, Aktivität zu entfalten, lächerlich macht.

Stuart sagt: Der Therapeut definiert seine Rolle als die eines Erziehers in Zusammenarbeit mit der Familie. Er wird keines der Familienmitglieder als krank bezeichnen mit der damit verbundenen moralischen Schuld, wie es bei den psychoanalytischen Konzepten der Fall sei. Es sei nicht nötig, daß Familienmitglieder öffentlich ihre «Schwäche» oder ihre Irrationalität bekennen, da die Einsicht per se nicht für lebenswichtig gehalten wird. Meiner Überzeugung nach kann und soll man in der Psychotherapie dem Patienten die Auseinandersetzung mit Schuld, Schwäche, Irrationalität und Krankheit nicht ersparen, weil ich die Beziehungskrise immer gleichzeitig als Reifungschance sehe, als Anlaß, sich mit den tiefen Aspekten der menschlichen Existenz auseinanderzusetzen. Fragen nach dem Sinn und Ziel des Zusammenlebens werden in einer konfliktverarbeitenden Therapie ein zentrales Anliegen bilden. Es wird nicht nur darum gehen, eine Krise wegzutherapieren, sondern an dieser Krise zu wachsen.

Die konfliktverarbeitenden und einsichtvermittelnden Methoden legen mehr Wert auf Reflexion der gegenwärtigen Krise im Lichte der unbewußten Kräfte, die wirksam sind. Sie sehen wesentliche Systemkräfte in unsichtbaren Loyalitäten (BOSZORMENYI-NAGY), in Angst, Scham und Schuldverstrickungen (STIERLIN, WILLI), blockierten Trauerprozessen (N. und B. PAUL), in Delegations- und Substitutionsvorgängen (RICHTER, STIERLIN, WILLI), in der Mehrgenerationenperspektive (BOSZORMENYI-NAGY, STIERLIN, SPERLING), in den Rollenstereotypen der Geschlechter (RICHTER), usw.

Der Therapeut wird in der konfliktverarbeitenden Position nicht die Stellung von Macht anstreben, aber auch nicht diejenige eines Pädagogen; dafür wird er sich stärker mit den Patienten in Beziehungen verwickeln, wie das in den vorangegangenen Kapiteln dargestellt wurde. Da die Therapie wesentlich von den Patienten mitgestaltet wird, verläuft sie weniger programmatisch, weniger zielgerichtet und bezüglich Kosten-Nutzen-Analyse vielleicht mit weniger meßbarer Effizienz. Sie aktiviert die Patienten aber stärker zur Selbstverantwortung und Selbstreflexion, sie stellt die Krise in größere Zusammenhänge und lokalisiert sie nicht nur auf einen zu behebenden Defekt. Die konfliktverarbeitenden Methoden stellen aber wahrscheinlich an die Patienten auch höhere Anforderungen bezüglich Motivation und Introspektionsvermögen.

Die Kollusionstherapie hat mit den «strukturalistischen» Konzepten gemeinsam, daß sie den Fokus der Behandlung auf die partnerschaftliche Verflechtung, das heißt auf die Dynamik des dyadischen Systems, legt. Sie hat aber mit den konfliktverarbeitenden Konzepten gemeinsam, daß sie das System der Dyade und das Verhalten der Partner nicht direkt zu ändern versucht, sondern daß sie es zunächst reflektiert als Ausdruck von tieferen

Konflikten und Schwierigkeiten. Statt Verhalten direkt ändern,
will sie Verhalten zunächst verstehbar und erlebbar machen.

Nicht nur wird in der Regel kein Alternativverhalten einge-übt, sondern es wird den Partnern sogar nahegelegt, ihr Fehlver-halten zunächst beizubehalten, um es besser zu verstehen. Dies mag ähnlich tönen wie die Symptombeschreibung als Paradoxie in der Kommunikationstherapie. Es handelt sich aber um keinen therapeutischen Trick, sondern um ein für die Patienten transpa-rentes therapeutisches Anliegen.

Beispiel 10:
Eine Frau hat Mühe, ihre eigenen Bedürfnisse dem Mann gegen-über zu äußern. Statt dessen versucht sie, ihn so zu manipulieren, daß er von sich aus Bedürfnisse äußert, die den ihrigen entspre-chen. Wenn sie am Abend ins Kino gehen möchte, äußert sie keinen diesbezüglichen Wunsch, sondern beginnt das Gespräch damit, daß sie ihn fragt: «Bist du müde?» Der Mann fühlt sich sogleich beunruhigt, weil er sich fragt, was die Frau nun schon wieder im Schilde führe. Er reagiert sogleich abwehrend und gereizt. Oder bei einer längeren Autofahrt würde die Frau gerne den Wagen selbst steuern. Ohne ihr Bedürfnis direkt zu äußern, fragt sie ihn an der Tankstelle: «Ist es nicht zu mühsam, wenn du die ganze Strecke selbst fahren mußt?» Wieder reagiert der Mann mit gereizter Ablehnung. In der Kommunikationstherapie würde dieses Problem direkt formal angegangen. Die Frau müßte lernen, ihre Wünsche offen und klar zu äußern. Als Analytiker wird man sich aber die Frage stellen, weshalb äußert diese an sich intelligente und gebildete Frau ihre Wünsche nicht direkt? Man wird dieses Fehlverhalten hinterfragen. In diesem Fall ergab sich eine narzißtische Beziehungsschwierigkeit der Frau. Sie ist allein mit ihrer Mutter aufgewachsen und stand bis zur Heirat mit ihr in einer scheinbar völlig konfliktfreien symbiotischen Bezie-hung. «Ich wurde recht frei erzogen, ich durfte fast alles, aber ich durfte nur, was ich durfte.» Bei jeder Disharmonie in der Bezie-hung zur Mutter, verursacht durch eigenes Denken, Fühlen und Wollen der Patientin, drohte die Mutter mit Liebesentzug, was für

die Patientin einer existentiellen Vernichtung gleichgekommen wäre. Sie konnte sich ihrer Mutter gegenüber nur behaupten, wenn sie diese ganz unmerklich in eine Richtung zu manipulieren vermochte, die die Mutter selbst zu bestimmen glaubte. Die Frau übertrug dieses Verhalten auf die Ehe. Auch hier ist es für sie einfacher, sich aufzugeben und ganz von den Bedürfnissen des Mannes her zu leben, als eigene Bedürfnisse erkennen zu lassen und damit zu riskieren, abgewiesen zu werden. Diese Abweisung würde sie als eine tiefe persönliche Kränkung erleben, als eine brüskierende Zurückweisung, die sie sich nicht leisten kann.

Der Mann andererseits hat ebenfalls ganz ähnliche Schwierigkeiten, seine Bedürfnisse der Frau mitzuteilen aus Angst, nicht akzeptiert zu werden. Dazu folgende Begebenheit: Das Telefon klingelt, die Frau nimmt den Hörer ab, es meldet sich eine gemeinsame Bekannte, die beide zum Nachtessen einladen möchte. Die Frau sagt sogleich zu, die Freundin bemerkt: «Frage doch noch deinen Mann.» Die Frau geht zu ihm und sagt: «Hättest du Lust, heute abend zu Rosmarie zu kommen?» Der Mann sagt schroff: «Nein.» Die Frau ist frustriert und meldet der Freundin: «Er kommt nicht, ich komme allein.» Daraufhin herrscht schwere Mißstimmung zwischen den Ehepartnern, die zuvor ganz friedlich beisammengesessen hatten. Die therapeutische Klärung ergab, daß der Mann gerne den Sonntagabend mit ihr allein verbracht hätte und nun einfach über sich verfügt fühlte. Daß die Frau lieber mit der Freundin zusammen sein wollte, faßte er als eine persönliche Absage an die Zweisamkeit mit ihm auf. Er brachte es aber nicht über sich, ihr das mitzuteilen. Es hinderte ihn die Übertragung der Mutterabhängigkeit auf die Frau, die ihr zu zeigen er sich schämte. So fühlte er sich von ihr im Stich gelassen.

Die Bearbeitung dieses Problems mit Kommunikationsübungen hätte wenig zu einer vertiefteren Verständigung beigetragen, sondern den eigentlichen Konflikt lediglich zugedeckt. Als Gefahr der verhaltensmodifizierenden Methoden sehe ich, daß die erreichte manifeste Verhaltensänderung nicht kongruent ist mit einer tieferen Erlebnisänderung.

Mit diesen skeptischen Gedanken gegenüber den system- und verhaltensmodifizierenden Methoden sei deren Wert nicht bestritten. Die konfliktverarbeitenden Methoden können andererseits Gefahr laufen, in einer intellektuellen Selbstbespiegelung die konkrete Auseinandersetzung mit praktischen Veränderungen zu umgehen.

10.2. Analytisch orientierte Paartherapie als Systemtherapie

Wichtiger als die Abgrenzung der system- und verhaltensmodifizierenden Konzeptionen von den konfliktverarbeitenden Konzeptionen scheint mir deren Integration zu sein. Auch wenn man als analytisch orientierter Therapeut oder als Gesprächstherapeut das bewußte Anstreben einer Machtposition im Familienoder Paarsystem ablehnt und keinen Anspruch erhebt, die Klienten zu manipulieren oder zu erziehen, so ist es doch unausweichlich, daß jede Verhaltensweise des Therapeuten einen gestaltenden Effekt auf das Kommunikationssystem des therapeutischen Dreiecks hat. Der Therapeut kann sich ja «nicht nicht-verhalten» (WATZLAWICK 1969). Somit sollte auch der analytische Therapeut seine Einflußnahme auf das therapeutische System nicht verleugnen, sondern reflektieren. *Die Beobachtung des Therapeutenverhaltens in der Paartherapie zeigt deutlich, daß der Therapeut sich nicht in gleicher Häufigkeit den beiden Partnern zuwendet, sondern dazu neigt, sich mit einem von beiden Partnern weit mehr zu befassen als mit dem anderen.* Dabei ist insbesondere auf die progressiv-regressive Rollenpolarisierung zu achten. Der regressive Partner ist häufiger der Symptomträger, er leidet manifest, er klagt den Partner offen an, er agiert, weint, schimpft, droht davonzulaufen, die Therapie abzubrechen, die Scheidung einzureichen usw. All das erregt die Aufmerksamkeit des Therapeuten und verleitet ihn dazu, sich mit diesem Partner weit mehr zu befassen als mit dem so vernünftig wirkenden progressiven. Der Progressive meldet in der Regel auch gar keine Hilfebedürftigkeit an und tendiert aus eigenem Antrieb dazu, auf den Regressiven als den Behandlungsbedürftigen einzugehen. Der Paartherapeut darf sich in dieser Situation nicht passiv dem Angebot der Klienten aussetzen, sondern muß sich gegen die spontane Tendenz, sich dem regressiven Partner mehr zuzuwenden, wehren. Das wird ihm oft nicht leichtfallen, weil das hilfeabweisende Verhalten des Progressiven schwerer mit der therapeutischen Rolle kompatibel ist. Das Äußern von Leidensdruck gilt als Voraussetzung für rollenkonformes Verhalten des Therapeuten. Das Angebot der Hilfebedürftigkeit wird vom Patienten erwartet, um eine therapeutische Beziehung aufzubauen. All das spielt mit dem progressiven Partner nicht so leicht. Vielmehr muß der Therapeut aktiv das Vertrauen des progressiven Partners gewinnen, indem er ihm zeigt, daß er ihn nicht kränken will und daß er die hohe Verletzbarkeit des progressiven Partners respektiert.

Die therapeutische Zuwendung zum progressiven Partner wird zusätzlich erschwert durch Reaktionen des regressiven. Der Regressive, gewohnt, alle helfende Zuwendung von Beziehungspersonen auf sich zu lenken, reagiert leicht mit Eifersucht und Verlassenheitsgefühl, wenn der Therapeut sich dem Partner zuwendet.

Die analytische Paartherapie muß also wesentliche Aspekte der systemmodifizierenden Therapie integrieren.

10.3. Umdeuten des progressiven und regressiven Verhaltens

Jedes Verhalten, das in der Paartherapie angeboten wird, kann je nach Einstellung des Therapeuten unterschiedlich interpretiert werden. Gemäß der Konzeption, daß in der Therapie die progressiv-regressive Polarisierung abgebaut werden sollte, kann der Therapeut versuchen, progressives Verhalten in seinem regressiven Aspekt, regressives Verhalten dagegen in seinem progressiven Aspekt zu interpretieren. Wenn zum Beispiel der regressive Partner in der Therapiesituation plötzlich mit Scheidungsdrohungen kommt, kann der Therapeut etwa sagen: «Ich spüre in dieser Absicht den Wunsch, sich klarer vom Partner abzugrenzen und auf eigenen Füßen zu stehen.» Oder wenn der regressive Partner droht, aus der Therapiesitzung davonzulaufen, kann der Therapeut sagen: «Ich denke, daß Sie Ihrem Partner damit Gelegenheit geben möchten, allein von der Therapie mehr zu profitieren.» Oder wenn der regressive Partner unter der ehelichen Misere erkrankt oder depressiv wird, kann der Therapeut dazu äußern: «Ich sehe, daß Sie weit offener sind, das, was in der Beziehung nicht stimmt, zu spüren und darunter zu leiden.»

Mit diesen Interpretationen versuche ich, den regressiven Partner in seinen progressiven Möglichkeiten anzusprechen. Sein Agieren wird nicht als Ausdruck von Schwäche interpretiert, sondern als kompromißloses und verantwortungsbewußtes Verhalten angesichts einer verfehlten Entwicklung in der Partnerschaft.

Progressives Verhalten kann andererseits in seinem regressiven Aspekt angesprochen werden. Wenn zum Beispiel der progressive Partner sich den depressiven Vorwürfen des anderen gegenüber kontrolliert und unberührbar verhält, kann der Therapeut sagen: «Ich könnte mir vorstellen, daß Sie Ihre Kontrolle und Aktivität benötigen, um sich vor eigenen Gefahren, in ein depressives Loch zu stürzen, zu schützen.» Oder wenn der progressive Partner im Gegensatz zum regressiven sich klaglos verhält und keine therapeutische Hilfe erwartet, kann der Therapeut vermerken: «Es wurde Ihnen in Ihrem Leben offenbar gar nie zugestanden, über etwas zu klagen oder eigene Bedürfnisse anzumelden. So ist es Ihnen zur Gewohnheit geworden, mit allem, was sie bewegt, selbst fertig zu werden.»

WATZLAWICK (1974) leitet sein Buchkapitel über ‹Die sanfte Kunst des Umdeutens› mit der Scherzfrage ein: «Was ist der Unterschied zwischen einem Optimisten und einem Pessimisten? Antwort: Der Optimist sagt von einem Glas, daß es halb voll ist, der Pessimist sagt vom selben Glas, daß es halb leer ist.»

Eine Umdeutung definiert er damit, den begrifflichen und gefühlsmäßigen Rahmen, in dem eine Sachlage erlebt und beurteilt wird, durch einen anderen zu ersetzen, der den «Tatsachen» der Situation ebensogut oder sogar besser gerecht wird und dadurch ihre Gesamtbedeutung ändert. «Wirklichkeit» bezieht sich auf «Meinungen», auf den Sinn und den Wert, der den jeweiligen Phänomenen zugeschrieben wird. Die Definitionen von Wirklichkeit sind aber Legion. Wirklich *ist*, was eine genügend große Zahl von Menschen wirklich *zu nennen* übereingekommen ist. Diese auf Übereinkunft gründende Definition wird dann so verdinglicht, daß sie als objektive Wirklichkeit erlebt wird. Das Festhalten an dieser Sicht der Wirklichkeit ist dann nicht nur ein Kennzeichen von Normalität, sondern gilt auch als «aufrichtig, ehrlich, authentisch» usw. WATZLAWICK mokiert sich damit über jene Therapeuten, «die das Spiel, kein Spiel zu spielen, spielen». Obwohl mich die systemorientierten Psychotherapeuten in der Gerissenheit ihrer Tricks faszinieren und ich die geistreichen und eleganten Schachzüge aufregend und humorvoll finde, so sind sie mir oft doch zu stark auf Manipulation und Überwältigung des «Gegners» ausgerichtet, zu stark von der «politischen Durchsetzung des eigenen Machtwillens» bestimmt. Meiner therapeutischen Überzeugung entspricht es, in einer Therapie nichts zu sagen, was ich nicht auch so meine und empfinde. Das ist vielleicht etwas langweilig und läßt Glanz und Pointen vermissen. Sicher hat WATZLAWICK recht, wenn er auf die Relativität der Begriffe von Wirklichkeit, Objektivität und therapeutischer Moralität hinweist. Selbst wenn wir diese Begriffe nur in ihrer subjektiven Gültigkeit stehenlassen, scheint es mir wichtig, daß der Therapeut in seiner persönlichen Begrenztheit für die Patienten echt, glaubwürdig und transparent ist, womit er den Patienten die Möglichkeit verschafft, sich in der Beziehung zu ihm zu orientieren. Demgegenüber vergleicht WATZLAWICK die Art seiner Problemlösungen mit der Technik des Judo, wo der Stoß des Gegners nicht mit einem Gegenstoß beantwortet wird, sondern durch Nachgeben und Verstärken des Angriffs. Durch dieses Mitgehen wird der Gegner überrumpelt, weil es nicht den Regeln des von ihm inszenierten Spiels entspricht. Diese Form von Therapie will keine Einsicht vermitteln, sondern ein anderes Spiel lernen bzw. die Fortsetzung des bisherigen Spiels verunmöglichen. Nach WATZLAWICK ist das Brechen dieses Rückkopplungskreises das offensichtliche Behandlungsziel «– und nicht die Verwirklichung einer philosophischen Abstraktion des Menschenwesens» (S. 139). Für mein Empfinden wird den subjektiven Erfahrungen des Klienten dabei wenig Gültigkeit zugesprochen und dem Wachstum aus persönlicher Einsicht und Verantwortung wenig Chancen gegeben. Für manche Paarkonflikte mag das einer Realität entsprechen, für viele aber sicher nicht.

Auch das Umdeuten muß von der Dynamik der therapeutischen Dreiecksbeziehung her betrachtet werden. Wird das Verhalten von Partner A umgedeutet, so gibt der Therapeut diesem Verhalten einen anderen Sinn. Er zeigt damit nicht die von A erwartete und in der Regel von B eingenommene Reaktionsweise, sondern eventuell gerade die konträre Antwort. Im regressiven Verhalten wird der progressive Aspekt herausgehoben, im progressiven Verhalten der regressive, in Äußerungen von Haß wird die darin verborgene Liebe herausgehoben, in verletzendem Verhalten das Schützen der eigenen Verletzbarkeit usw. Das Umdeuten erschwert dem Partner A die Fortsetzung des gewohnten Verhaltens und schafft oft Raum für eine neue, andersartige Verhaltensweise. Unter dem Schutz des Therapeuten kann der Partner A mehr von seinen bisher sorgsam gehüteten Empfindsamkeiten und Gefühlen zeigen oder verantwortungsvoller und engagierter an der Entfaltung der Gemeinschaft arbeiten. Partner B kann dadurch desorientiert werden, weil er sich jetzt auch anders verhalten muß. Häufig wird nun aber B in der nächsten Stunde vortragen, A zeige das veränderte Verhalten lediglich vor dem Therapeuten, während er sich in der Zwischenzeit zu Hause völlig unverändert verhalten habe. Damit sei wohl belegt, daß das Verhalten von A nicht echt sei. Wenn sich A in der Therapiesituation anders verhält als zu Hause, so braucht das keineswegs unecht zu sein, sondern ist vielmehr darauf zurückzuführen, daß sich Partner A vorläufig nur unter dem Schutze der Therapiesituation anders verhalten kann. Ein wichtiges Anliegen des Therapeuten liegt ja gerade darin, die zwei Kampfhähne auseinanderzuhalten, sich als Vermittler zwischen sie zu stellen und beiden Raum für andere Verhaltensweisen und Ausdruck bisher verborgener Gefühle zu verschaffen. In diesem Sinne ist es nicht ratsam, daß die Partner die Themen, die sie in der Therapiesitzung diskutieren, nachher weiterbesprechen, weil sie in der Regel außerhalb der Therapiesituation allein nicht weiterkommen, sondern eher die aufkeimenden Fortschritte wieder zerstören.

11. Wertprobleme in der Paartherapie

11.1. Das Bemühen um eine nichtwertende Haltung in der Psychotherapie

Die nichtwertende Haltung des Therapeuten gehört zu den kaum in Frage gestellten Grundannahmen fast aller Psychotherapieschulen. Es wird unterstellt, daß der durch die Therapie befreite Mensch selbst seine ihm entsprechenden Werte finden könne. Es gilt fast als Kunstfehler, wenn ein Therapeut darauf verfällt, seine Patienten über Werte und Normen belehren zu wollen. Der Therapeut bemüht sich, seinen Patienten voll und ganz zu akzeptieren, was immer auch dessen Werte und Normen sind, ob diese mit seinen eigenen übereinstimmen oder von ihnen abweichen. Der Patient selbst gilt als Maßstab für die Gültigkeit seiner Werte. Allgemeinverbindliche, gesellschaftliche Werte werden in der Therapie nur als innere oder äußere Realitäten beachtet, mit denen umzugehen der Patient zu lernen habe. Nach REDLICH (1959) ist die Analyse «unvereinbar mit dem Versuch, dem Patienten andere Werte zu suggerieren als die, die ihm bewußt oder unbewußt zu eigen sind oder die er zu erwerben oder abzulegen sich entscheidet». Wertsysteme, die Ich-Stärke, Selbstverwirklichung, Identitätsfindung und Autonomie des Patienten beeinträchtigen, werden in der Therapie in Frage gestellt. Viele Therapeuten glauben heute noch, ihre Haltung sei wertfrei. Die vertiefte Reflexion über den Einfluß von Werthaltungen des Therapeuten wird vernachlässigt. Werthaltungen nehmen aber bereits im äußeren Setting einer Therapie eine sehr konkrete Form an. Wenn wir einem Individuum 300 bis 400 Stunden Psychoanalyse anbieten, aus der der Ehepartner und seine Familie ausgeschlossen ist, so ist dies bereits ein klares Bekenntnis, daß die Entfaltung des Individuums der oberste Wert der Therapie ist. In der Ehe- und Familientherapie wird der bestehenden Gemeinschaft ein höhrerer Stellenwert zuerkannt, und das Individuum wird konkreter in seiner Bezogenheit auf diese Gruppe behandelt. BOSZORMENYI-NAGY (1973) hat in der Familientherapie der ethischen Dimension neue Gültigkeit verschafft. Er zeigt, wie fragwürdig es ist, die Ablösungskrise der Jugendlichen von ihren Eltern nur unter dem Gesichtspunkt infantiler Abhängigkeit zu untersuchen. Oft von viel zentralerer Bedeutung ist ein Loyalitätskonflikt des Jugendlichen zwischen seinen Emanzipationsbestrebungen und dem Anspruch seines Gerechtigkeitsempfindens gegenüber den Verdiensten, die seine Eltern für ihn haben und denen zufolge er sie nicht einfach allein zurückzulassen vermag. Nach BOSZORMENYI-NAGY und nach STIERLIN geht es in diesem Ablösungsprozeß wesentlich darum, die widersprüchlichen Strebungen miteinander zu versöhnen und einen für alle Beteiligten, insbesondere auch für die Eltern, tragbaren Kompromiß zu finden.

Aber auch in der Paar- und Familientherapie kann die Gefahr bestehen, die in Behandlung stehende Einheit allzustark gegen außen, gegen das Umfeld und die Gesellschaft abgegrenzt zu behandeln. Es ist auch eine definierte Werthaltung, wenn der Therapeut einen außerehelichen Drittpartner nicht in die Therapie direkt einbeziehen will, womit er zum Ausdruck bringt, daß er diesem in der Therapie keine Möglichkeit anbietet, den therapeutischen Prozeß direkt mitzubestimmen.

Aus der Psychotherapieforschung ist bekannt, daß eine der ausgeprägtesten Wirkungen der Therapie die veränderten Einstellungen und Haltungen der Patienten sind. Andere Untersuchungen zeigen, daß die Werthaltungen der Patienten sich im Laufe der Therapie den Werthaltungen des Therapeuten angleichen (ROSENTHAL 1955). Nach H. BOLGAR (zit. CH. BUEHLER, S. 20) ist vieles von dem, was der Therapeut am Patienten als Einsicht und als Wachsen interpretiert, das Ergebnis der Annahme seiner Werte und vieles von dem, was als Widerstand gegen die Therapie gesehen wird, eine Abweisung der Werte des Analytikers. Sie fordert vom Therapeuten, sich die Fragwürdigkeit seiner Genugtuung einzugestehen, wenn sich der Patient in Richtung seiner eigenen Werte hinbewegt.

SPIEGEL weist auf das Wertsystem des Therapeuten hin als das Bezugssystem, innerhalb dessen er arbeitet, ohne daß er aber unbedingt für sich die Frage geklärt habe, wie die Werte sein Vorgehen und seine Wirkung auf den Patienten beeinflussen. Wissentlich oder unwissentlich vermittelt der Therapeut dem Patienten immer etwas von seinen Einstellungen zu Werten und Normen. M. PATTERSON (1959) warnt vor dem Irrtum, der Berater und Therapeut sei wertneutral, während er doch seinen Meinungen direkt oder indirekt Ausdruck verleihe. Der Therapeut sollte seine Werte und Meinungen klar als die seinigen erkennen lassen und dem Patienten das Gefühl geben, daß er in seiner Wahl frei sei.

Jede menschliche Kommunikation ist unter anderem Austausch von Werthaltungen. Psychotherapie ist davon nicht ausgenommen. Wenn Psychotherapeuten die Wahrnehmung eigener Werthaltungen verleugnen, kann Psychotherapie zu einer gefährlichen, weil unbewußt wirkenden Indoktrinationsmethode werden.

11.2. Zielsetzungen der Paartherapie als Werthaltungen

Im gesamten Bereich der Eheberatung und Ehetherapie ergeben sich viele Mißverständnisse, weil nicht klar definiert ist, nach welchen Wertmaßstäben eine Ehe diskutiert und therapiert wird. Die Definition von Therapiezielen ist eng verbunden mit der Vorstellung des Therapeuten, nach welchen Kriterien der Zustand einer Ehe beurteilt werden soll.

Drei Wertsysteme bezüglich Ehe werden häufig miteinander vermischt:

1. Das moralische Wertsystem:
Die gute Ehe versus die schlechte Ehe

Die Träger der traditionellen Eheberatung waren im Westen früher fast ausschließlich und heute noch zu einem wesentlichen Teil die christlichen Kirchen. Obwohl auch die Kirchen sich bezüglich ihrer Werthaltungen in einem Umbruch befinden, werden Ehekrisen von Eheberatern wie auch von hilfesuchenden Paaren häufig nach moralischen Maßstäben dargestellt. Aber auch das Gesetz mißt eheliches Verhalten an recht detailliert formulierten Normen. Im moralischen Wertsystem wird von guter und von schlechter Ehe gesprochen: die Unauflösbarkeit der Ehe gilt in der Regel als positiver, die Scheidung als negativer Wert. Eheliche Treue ist ein absoluter Wert, Untreue ist ehewidrig und sündhaft. Als gute Eigenschaften von Eheleuten werden ihre Selbstlosigkeit, Duldsamkeit, Versöhnlichkeit, Opferbereitschaft und Pflichtbewußtsein gewertet, während schlechte Eigenschaften Streitsucht, Selbstsucht, Eigenwilligkeit oder Ansprüchlichkeit sind. Viele Paare suchen einen Berater oder Therapeuten auf in der Vorstellung, daß dieser wie ein Richter oder Pfarrer die Ehekrise nach moralischen Maßstäben beurteile, dem einen recht gebe, dem anderen unrecht und daß er Mittel und Wege finde, die Ehe zu retten.

Manche Paare sind enttäuscht oder überfordert, wenn der Therapeut ihre moralischen Erwartungen an die Therapie nicht erfüllt. Sie suchen im Therapeuten eine väterliche Autorität, die ihre gestörte Beziehung wieder auf das gute Gleis der traditionellen Normen bringt.

2. Das medizinische Wertsystem:
Die gesunde versus die kranke Ehe

Dieses Wertsystem kreist um die Vorstellung von Gesundheit als positivem Wert und Krankheit als negativem Wert. Gesund ist eine Ehe, die sowohl im körperlichen wie im seelischen Bereich funktionstüchtig, belastbar und entspannt ist. Krank ist eine

Ehe, die unter Stress und Spannungen steht, zu körperlichen oder psychischen Krankheitssymptomen führt und die Arbeitsfähigkeit beeinträchtigt.

Viele gestörte Ehen kommen in der Form einer psychischen oder körperlichen Krankheit zum Arzt. Die Patienten erwarten oft lediglich das Wegbehandeln ihrer Symptome ohne Bedürfnis oder Bereitschaft zu einer vertieften Bearbeitung ihrer Beziehungskrise. Ziel einer Behandlung ist, die Ehe wieder funktionsfähig zu machen. Das typische Beispiel ist die Sextherapie, die als Kurztherapie in der Regel den Fokus direkt auf sexuelle Funktionsstörungen legt und diese bei geeigneten Fällen auch in kurzer Zeit zu beheben vermag. Im psychiatrischen Bereich wird die Ehestörung an der Psychopathologie der Partner diagnostiziert. Das Idealziel der Therapie wäre eine Ehe, in der die gegenseitige Beziehung nicht von neurotischen Fixierungen und Abwehrhaltungen bestimmt ist.

3. Das emanzipatorische Wertsystem: Die wachstumsorientierte versus die stagnierende Ehe

Dieses Leitbild ist ein sozio-kulturelles Produkt der westlichen Industriegesellschaft der letzten 20 bis 30 Jahre. Es ist noch wenig erprobt und entspricht wohl am ehesten den Leitbildern gehobener Bildungsschichten. Die meisten Psychotherapeuten sind heute jedoch mit diesem Leitbild identifiziert, ja, häufig sind sie so weit überidentifiziert, daß sie sich nicht enthalten können, in der Therapie das Paar auf die Zielsetzungen dieses Modells auszurichten. Als positiv wird hier eine Partnerbeziehung gewertet, die die Selbstverwirklichung der Partner nicht einschränkt, sondern im Gegenteil fördert. Eine solche Beziehung ist wachstumsorientiert, kreativ, sie erlaubt beiden Partnern eine autonome, von Zwängen und Verpflichtungen freie Haltung. An die Partnerbeziehung werden hohe Ansprüche an Erfüllung, Freude, Lebendigkeit, Kommunikationsfähigkeit, Bedürfnisbefriedigung und wechselseitige Bestätigung gestellt. Als negativ wird eine Ehe gesehen, die stagniert, in der Routine erstarrt, in der keine Bewegung mehr spürbar ist und in der die Partner keine Bereitschaft zu Veränderung und stetigem Lernen zeigen, sondern nur beieinander bleiben aus Gewohnheit, Angst, Zwang und Unfreiheit. Mit diesem Modell wird heute viel experimentiert. Das Problembewußtsein für Partnerbeziehungen ist heute stark gesteigert, nicht selten übersteigert. Psychopathologische Beschreibungen und ehedynamische Diagnostik werden abgelehnt als eine Etikettierung, die für die Dynamik der Beziehung keine Bedeutung hat. Schwere Krisen und Symptombildungen werden in ihrer Bedeutung relativiert, gelegentlich sogar akzeptiert und begrüßt als Krisen in einem stetigen Lernprozeß. Kriterien für eine erfolgreiche Therapie sind wachstumsorientiert: «Wir sind in der Behandlung weitergekommen», «Das Paar hat von der Therapie profitiert», «Sie haben intensiv an ihrer Beziehung gearbeitet». Abweichungen von der gesellschaftlichen Norm werden ermutigt als Möglichkeiten, neue Erfahrungen zu machen und weiterzulernen. Den Partnern wird kein Recht zugestanden, einander mit ihren Erwartungen zu verpflichten. Scheidung wird als eine kreative Möglichkeit einbezogen. Dieses Wertsystem ist in seinem Eheverständnis dem traditionell-moralischen Wertsystem oft diametral entgegengesetzt, so in der Beurteilung von außerehelichen Beziehungen, Scheidung, ehelichem Streit und Konflikt usw. Typischer Vertreter ist C. ROGERS in ‹Partnerschule› (1975).

In der Paartherapie kann es zu schwierigen, für mich therapeutisch manchmal fast unlösbaren Konflikten zwischen diesen verschiedenen Wertsystemen kommen:
– Ein Paar ist seit über 25 Jahren verheiratet, der Mann hat Karriere gemacht, die Frau hat drei Kinder großgezogen, die sich jetzt selbständig gemacht und das Haus verlassen haben. Der Mann, angesichts nahenden Alters, stellt plötzlich fest, er habe unter dem großen Arbeitsengagement das Leben verpaßt. Er nimmt außereheliche Beziehungen mit wesentlich jüngeren Partnerinnen auf. Nachdem er im Elternhaus und im Zusammenleben mit seiner Frau einer streng moralischen

Eheethik verpflichtet war, identifiziert er sich nun mit dem emanzipatorischen Beziehungsmodell und plädiert für eine freie und offene Ehe, die ihm auch außereheliche Beziehungen zugestehe. Vom Mann her ist die Situation einfühlbar: Er ist bis ins nahende Alter auf seine strengen Eltern bezogen geblieben und möchte jetzt mehr zu sich selbst finden und seine eigene Persönlichkeit entfalten. Von der Frau her ist ihre Abwehr seiner Außenbeziehungen ebenso verständlich: Sie hat ihr Leben in den Dienst der Ehe und der Familie gestellt und fühlt sich nun betrogen, wenn der Mann die gemeinsame Basis, auf der sie ihr Leben aufgebaut haben, zerstören will. Sein Vorwurf, sie habe sich allezeit allzusehr auf ihn ausgerichtet, und auch sie müßte sich nun selbst entfalten, entbehrt in ihren Augen jeglicher realen Chance, da sie für sich weder die Möglichkeit außerehelicher Beziehungen noch die einer beruflichen Karriere mehr sieht. Hier steht also das moralische Wertsystem gegen das emanzipatorische. Es erfordert vom Therapeuten, der selbst eher mit dem emanzipatorischen Modell identifiziert ist, viel Taktgefühl, dieser Frau in der Therapie gerecht zu werden.

– Ein ähnliches Problem stellt sich häufig bei Ehen mit Ausländern. Wiederholt sah ich Konflikte, wenn der Mann ein Italiener oder Ungar war und aus einer Kultur stammte, in der die Familie der oberste Wert ist. Es gehört dabei zu den höchsten und unangetasteten Pflichten, seiner Mutter lebenslänglich Ehrerbietung und Dankbarkeit zu erweisen. Für diese Männer war es selbstverständlich, der Erwartung der Mutter zu entsprechen, für die Ferien zu ihr nach Hause zu ziehen oder die Mutter alljährlich für ca. drei Monate in die eigene Familie in der Schweiz aufzunehmen. Die Frau als Schweizerin fand diesen Anspruch nicht akzeptierbar. Für den Therapeuten als Schweizer liegt es nahe, die Beziehung des Mannes als infantile Mutterabhängigkeit oder als ödipalen Konflikt bearbeiten zu wollen und damit zu wenig zu beachten, daß im Wertsystem dieses Mannes die fortbestehende enge Beziehung zur Mutter ein Zeichen von gesunder Loyalität und Reife ist. Auch hier steht das moralische Wertsystem gegen das emanzipatorische.

- Ein bildender Künstler wird von einer schweren Depression befallen, weil sein Aktmodell, das über viele Jahre seine Lebensgefährtin war, sich von ihm lösen will, um sich unabhängiger zu entfalten. Sie hat den Eindruck, er verlange von ihr, daß sie sich ganz für ihn und seine Arbeit aufgebe. Er aber findet es als höchsten Ausdruck einer Liebesgemeinschaft, wenn man sich gemeinsam in den Dienst des künstlerischen Werkes stellt und ein jeder sich in seiner Art diesem Werk unterordnet. Ohne die enge Mitwirkung seiner Lebensgefährtin fühlt er sich aller Kraft beraubt und ist nicht mehr arbeitsfähig.

- In der Psychotherapie von angstneurotischen Paaren konnte ich immer wieder beobachten, daß derjenige Partner, der an schweren phobischen Symptomen (Platzangst, Herzphobie usw.) leidet, in dem Maße, wie er gesunder wurde, in zunehmende Spannungen zu seinem Partner geriet. Beide hatten über viele Jahre ihre Beziehung als eine exklusive und enge Einheit definiert, aus der alles ausgeschlossen bleiben soll, was sie voneinander trennen könnte. Wenn nun der Patient anfängt, sich selber besser wahrzunehmen und seine Meinungen dem Partner gegenüber zu vertreten, kommt es in der Regel zu einem intensiven Machtkampf und oft zur Scheidung oder zur Erkrankung des Partners. Auch wenn versucht wird, den Partner von Anfang an in die Therapie einzubeziehen, läßt sich dieser Ausgang der Therapie nicht immer vermeiden. Für den Therapeuten steht hier oft Gesundheit versus Scheidung, also medizinisches Wertsystem versus traditionell-ethisches System.

In jeder Paartherapie wird das Leitbild der Ehe in Frage gestellt und in der Regel auch modifiziert. Oft ist der eine von beiden Partnern aber nicht bereit, eine Modifikation seines Leitbildes mitzuvollziehen, was in der Therapie zu besonderen Schwierigkeiten führt, wenn er sich damit in Gegensatz zum Leitbild des Therapeuten stellt. Ein Großteil der nicht gelösten Schwierigkeiten in der Paartherapie liegt in derartigen Wertkonflikten. Den meisten Therapeuten wird es schwerfallen, jenen Partner ebenso zu akzeptieren, der auf einem traditionell-moralischen Eheleitbild besteht, wie jenen, der das emanzipatorische Leitbild verwirklichen will. Es wäre wichtig, daß der Therapeut sich der Relativität, der Zeitgebundenheit und Kulturabhängigkeit seiner eigenen Werthaltungen bewußt bleibt und bereit ist anzuerkennen, daß andere Menschen andere und ebenso gültige Erfahrungen machen können wie er. Wenn die Patienten den echten Respekt des Therapeuten vor ihrer eigenen Werthaltung spüren, werden sie sich auch am ehesten für eine flexiblere und kompromißbereitere Haltung gewinnen lassen.

11.3. Die Schwierigkeit, in der Paartherapie nicht zu werten

In der Paartherapie entstehen für den Therapeuten auch besondere Schwierigkeiten, sich wertender Interventionen zu enthalten, weil er von der heutigen gesellschaftlichen Umbruchsituation im Eheverständnis selbst persönlich tangiert ist und in der Regel bezüglich eigener Wertvorstellungen in ungelösten persönlichen und partnerschaftlichen Konflikten steht. In der Paartherapie werden Wertvorstellungen oft in polarisierter Form von den Partnern vorgetragen. Um dem Leser eine Prüfung seiner eigenen Einstellung zu ermöglichen, habe ich nachfolgend einige in der Paartherapie oft gemachte Aussagen aufgeführt und möchte Sie bitten zu prüfen, welche von diesen in Ihnen besonders starke Reaktionen provozieren.

1 a
Ich will nun wissen, woran ich bin, lange genug hast du mich hingehalten, jetzt sollst du dich für eine Ehe entschließen, oder wir gehen auseinander. Dein dauerndes Ausweichen

1 b
Die Institution Ehe zerstört die Liebe. Zur wahren Liebe gehört, daß ich frei zur Liebe sein kann. Ich weiß nur, was jetzt ist, und kann doch nicht versprechen, dich in zehn Jah-

zeigt mir, daß du nicht wirklich zu mir stehen willst oder kannst und dich jeder verbindlichen Verpflichtung und Verantwortung entziehst.

2 a

Du willst einfach nicht verstehen, daß ich nicht gesund werden kann, solange du mich so vernachlässigst. Wenn du am Wochenende nicht bei mir bist, bekomme ich Angst und kann es in der leeren Wohnung allein nicht aushalten.

3 a

Seit du mir untreu geworden bist, kann ich nur noch Ekel empfinden, wenn du dich mir nähern willst. Es ist dabei etwas in mir kaputtgegangen. Früher habe ich dich ja so geliebt.

4 a

Für mich ist die Liebe etwas Absolutes. Die offene Ehe ist doch eine Illusion. Intensive Liebe ist ihrem Wesen nach auf Exklusivität ausgerichtet. Ich kann und will meinen Partner nicht mit anderen teilen.

ren immer noch zu lieben. Liebe ist für mich etwas ganz Persönliches, in das sich einzumischen die Gesellschaft kein Anrecht hat. Dein dauerndes Mißtrauen stellt für mich die Echtheit deiner Liebe in Frage.

2 b

Du jammerst nun mal aus Prinzip. Dabei hast du doch wirklich keinen Anlaß zu Klagen. Ich rackere mich die ganze Woche ab und habe wohl auch ein Anrecht auf meine freie Zeit. Ich kann tun, was ich will, immer bist du unzufrieden.

3 b

Seit Jahren frustrierst du mich sexuell total. Wenn du mir nicht mehr entgegenkommen kannst, mußt du dich aber auch nicht beklagen, wenn ich mit anderen Partnern gehe.

4 b

Deine Eifersucht zeigt deine falsche Einstellung zur Partnerschaft. Du glaubst immer noch, man könne einen Partner besitzen und auf sich verpflichten. Für mich sind Beziehungen zu anderen Partnern eine wichtige persönliche

Erfahrung, die letztlich unserer Beziehung zugute kommen kann. Wenn du auf derartige Erfahrungen verzichten willst, ist das deine Sache. Ich lasse mir aber diesbezüglich keine Vorschriften machen.

5 a

Allzu lange ließ ich mich von dir erpressen. Jetzt aber weiß ich: Man muß den Mut zur Scheidung finden und darf sich in seiner persönlichen Entfaltung durch die Ehe nicht einschränken lassen.

5 b

Die heutige Konsumwelt sieht keinen Sinn im Leiden und Opfer mehr. Wer eine Familie gründet, muß Abstriche an der eigenen Entfaltung in Kauf nehmen können. Seine Entfaltung steht dann im Dienst der Gemeinschaft, zu der jeder in seiner Weise beizutragen hat, der Mann als Mann und die Frau als Frau.

6 a

Hör doch auf mit diesem Geschwätz von Mütterlichkeit. Heute weiß man, daß Mütterlichkeit eine Tugend ist, die den Frauen nur zugeschrieben wird, um sie abhängig und schuldbewußt zu halten. Heute braucht eine Frau kein Kind mehr zu gebären, um sich in ihrer Fraulichkeit zu bestätigen.

6 b

Ich finde den heutigen Geburtenrückgang und die Abtreibungskampagne ein bedenkliches Zeichen dafür, daß sich die Frau immer mehr von ihrer naturgegebenen Bestimmung entfernt. Ohne Familiengründung fehlt der Ehe die wesentliche Dimension. Wenn es für dich schon vor der Heirat klar war, daß wir kein Kind haben sollen, hättest du ja nicht heiraten müssen.

Nun möchte ich Sie bitten, sich für jede dieser Aussagen ein Paar vorzustellen, das sich mit diesen Worten streitet. Bezeichnen Sie jetzt, welche dieser Haltungen Sie als behandlungsbedürftiger und damit als neurotischer empfinden als die entgegengesetzte Position.

Aus der abgeklärten Distanz des Lesers werden Sie vielleicht sagen können: Ich würde jede der zwei Haltungen in Frage stellen. Wenn man aber in einen Therapieprozeß verwickelt ist, gelingt das nur den wenigsten Therapeuten. Ich habe in vielen Ausbildungsveranstaltungen diesen Bogen vorgelegt und die Teilnehmer gebeten, in einer Tabelle jene zwei Statements einzutragen, über die sie sich am ehesten ärgerten. Regelmäßig ergaben sich deutliche Unterschiede zwischen den weiblichen und männlichen Teilnehmern, aber auch zwischen der Gruppe der unter 35 Jahre alten und über 35 Jahre alten. Von Mal zu Mal waren die Ergebnisse anders. Bei den einen Veranstaltungen war es deutlich, daß sich die weiblichen Teilnehmer eher mit der progressiven Seite und die männlichen mit der konservativen Seite identifizierten. Andere Male aber war es gerade umgekehrt. Gelegentlich war die Gruppe der älteren Therapeuten sichtlich bemüht, sich als besonders progressiv zu zeigen.

Manche Therapeuten werden immer noch sagen, sie könnten sich nicht entsinnen, daß sie je wertende Bemerkungen in der Therapie von sich geben. Ihre Aufgabe sei es, die Werthaltung der Patienten zu klären. Im Gegensatz zur Einzeltherapie wird sich in der Paartherapie die Werthaltung des Therapeuten aber darin offenbaren, welche von den entgegengesetzten Statements der Patienten er in besonderem Maße zu hinterfragen versucht. Nehmen wir das erste Statement: Der Vorwurf von A, daß sich der Partner auf keine verbindliche Beziehung festlegen will, kann Ausdruck eines neurotischen Vertrauensmangels oder einer neurotischen Verlassenheitsangst sein. Die Ablehnung der Institution Ehe durch B dagegen kann Ausdruck einer neurotischen Bindungsangst sein. Beide Haltungen müssen aber keineswegs neurotisch begründet sein. Es ist nun weitgehend der persönlichen Sicht des Therapeuten überlassen, ob er die Haltung von A oder die Haltung von B einer intensiveren Klärung zu unterziehen sucht.

Beispiel 11 aus der Paargruppentherapie:
Von einem angstneurotischen Ehepaar, in dem die Partner eine erstickend enge Gemeinschaft bildeten, äußerte der Mann in der Ferienabwesenheit der Frau in der Gruppe, er sei vor wenigen Tagen eine außereheliche Beziehung eingegangen. Er möchte seine Frau darüber nicht informieren, da sie das schlecht ertragen würde. Er beabsichtige ohnehin, diese Beziehung wieder abzubrechen, sobald die Frau aus den Ferien zurück sei. Ich interpretierte es als positives Zeichen einer sich anbahnenden Autonomie, daß er beginne, eigene Erlebensbereiche für sich zu beanspruchen, die er nicht mit seiner Frau teile. Die Therapeutin, mit der ich zusammenarbeitete, dagegen stellte in Frage, weshalb er Dinge tue, zu denen er nicht stehen könne bzw. diese nicht unterlasse, wenn er schon wisse, daß seine Frau dadurch verletzt werde. Beide Therapeuten intervenierten in einer klar wertgebundenen Weise.

Beispiel 12:
Während einer bereits laufenden Paartherapie besuchte die Frau ein gruppendynamisches Training, ohne mich zuvor darüber zu informieren. Sie kam mit wehenden Fahnen, strahlend und wie neu geboren in die nächste Therapiesitzung und äußerte, es seien ihr in dieser Woche völlig neue Lebensdimensionen aufgegangen. In einer Ehe müsse man zu seinen Bedürfnissen stehen, der Partner müsse fähig sein, in völliger Offenheit zu kommunizieren, es sei sinnlos, Bedürfnisse nach Beziehungen mit anderen Partnern zu unterdrücken und sie nur in heuchlerischer Weise im Versteckten auszuleben. Voller Initiative ließ sie sich in die Beziehung mit einem Bekannten ein unter vollumfänglicher Information von dessen Frau und von ihrem Mann. Ich fühlte mich von ihrer ekstatischen Begeisterung provoziert. Ich war gekränkt, daß sie diese Erkenntnisse nicht in meiner Therapie erarbeitet hatte, sondern aus diesem Training bezog und empfand ihr

Verhalten als kritiklos und naiv. Ich spürte in mir den Drang, diese Frau wieder auf den Boden der Realität zu stellen und ihr autoritär mitzuteilen, diese Form von freier Ehe sei zwar ein schöner Traum, der sich aber kaum verwirklichen lasse, ohne daß nicht der Partner darunter zu leiden hätte. Die Frau ärgerte mich noch zusätzlich durch ihr provokant-trotzig-selbstsicheres Lächeln. Der Höhenflug der Frau dauerte nur wenige Wochen, dann kam es zu einer heftigen Reaktion der Ehefrau des Freundes, die sich überfordert fühlte. Der Ehemann, der in der Therapie bisher einen durch nichts zu erschütternden Gleichmut gezeigt hatte, war durch die außerehelichen Eskapaden ebenfalls aufgebracht und in Bewegung gekommen. Die Frau stürzte von ihrem Höhenflug jäh zu Boden und verfiel in eine depressive Stimmung. Zunächst spürte ich in mir einen gewissen Triumph, hatte ich doch das Debakel vorausgesehen. Dann aber fragte ich mich, ob es sich nicht um eine *self-fulfilling-prophecy* handle, bei der Patienten in der Therapie sich so verhalten müssen, daß sie die persönlichen Erfahrungen und Erwartungen des Therapeuten bestätigen (s. ‹Die Zweierbeziehung›, S. 206). Nachdem ich mich etwas gefaßt hatte, ging mir auf, wie ich Gefahr gelaufen war, einen wichtigen Prozeß zu verkennen. Die Frau war bis dahin noch stark an ihre Eltern gebunden gewesen und hatte sich im Ehemann und jetzt in mir eine schützende und führende Elternfigur gesucht. Ihr Ausbruch aus der Therapie in das gruppendynamische Training und in der Folge ihr Ausbruch aus den festen Normen ihrer Ehe war ein erster, noch etwas forcierter Versuch, sich aus ihrer Unmündigkeit zu lösen und aus eigener Verantwortung zu handeln. Der dabei erfahrene Mißerfolg drohte ihr zu bestätigen, daß sie zu einer autonomen Lebensgestaltung nie fähig sein werde und weiterhin der straffen Führung von Autoritäten bedürfe, um im Leben zurechtzukommen. Die Aktion der Frau war für die Paartherapie aber auch insofern ein Erfolg, als dadurch erstmals der Mann in Bewegung geraten war und zur Äußerung eigener Gefühlsregungen befähigt war. Als Therapeuten laufen wir immer Gefahr zu glauben, Patienten könnten sich nur in den von uns gesetzten Normen positiv entfalten. Häufig liegt die Entwicklungschance aber gerade darin, sich unseren Deutungen, Hinweisen und Interpretationen zu widersetzen.

11.4. Soll der Therapeut seine eigenen Einstellungen zu Werten und Normen offenbaren?

Wenn die Patienten ohnehin indirekt von den Werthaltungen des Therapeuten beeinflußt werden, wäre es da nicht ehrlicher und positiver, der Therapeut würde zu Beginn der Therapie seine Werthaltung offen deklarieren? Ich möchte mich CHARLOTTE BUEHLER anschließen, die erklärt hat, daß sie für «die informativen sowie für die Wertfeststellungen in gewissen spezifischen Momenten ist. Wir leben ja in einer Zeit ungeheurer Schwankungen der Werte mit einem enormen, immer größer werdenden Einfluß des rapiden wissenschaftlichen Fortschritts auf die Interpretationen von Bedeutung und Zweck des Lebens.» Sie meint, daß der Analytiker dem Patienten gelegentlich einen kurzen Überblick über die Trends unserer Zeit geben könne, um damit die Veränderung der Wertorientierungen und der Weltanschauungen aufzuzeigen und in bezug auf verschiedene Lösungsmöglichkeiten und deren Konsequenzen zu beraten, um eine Auswahl zu erleichtern. «Der Gedanke, daß jeder für sich selbst entscheiden solle, woran er glauben möchte ... erinnert mich ein wenig an Jean-Jacques Rousseaus Forderung, daß jedes Kind alle Entdeckungen, die die Wissenschaft bis zum 18. Jahrhundert gemacht hatte, für sich selbst nachentdecken sollte. Ich möchte meinen, daß die Begrenzungen dieses mutigen ‹Do-it-yourself›-Slogans so klar sind wie seine Vorteile» (S. 32). Soweit wie möglich sollte der Therapeut derartige Informationen so vorbringen, daß sich die Patienten in der Wahl der Werte nicht durch den Standpunkt des Therapeuten bestimmt fühlen. Aber auch wenn der Therapeut meint, bloß in sachlicher Weise zu informieren, sollte er seine Motivation dazu überprüfen. SIMKIN (zit. BUEHLER, S. 29) hält es generell für ungünstig, wenn der Analytiker einen wertenden Standpunkt einnimmt. Der persönliche Standpunkt des Therapeuten sei ein Abwehrmanöver, wenn er sich an diesem Punkt vom Patienten bedroht fühle. Das Bedürfnis, eine eigene Meinung zu äußern, sei eher eine Schwäche.

Gesamthaft gesehen würde ich SIMKIN zustimmen. Ich habe mich in den Therapien vor allem dann zu diesbezüglichen Äußerungen veranlaßt gesehen, wenn ich den Eindruck hatte, die Partner seien über konkrete gesellschaftliche Fakten fehlinformiert. Im nachhinein mußte ich aber feststellen, daß diese Äußerungen fast immer therapeutisch überflüssig gewesen sind und eher davon herrührten, daß ich mich persönlich durch die Meinungen (Fehlmeinungen?) der Patienten gefährdet gefühlt hatte. Wichtiger als Bekenntnisse des Therapeuten für oder gegen die Ehe, für oder gegen Abtreibung, Scheidung, außereheliche Beziehungen, Kinderlosigkeit usw. scheint mir die Notwendigkeit für den Therapeuten, sich selbst dauernd zu prüfen, inwiefern er in seinen therapeutischen Interventionen durch eigene Werthaltungen bestimmt und eingeschränkt ist.

12. Scheidung und Wiederverheiratung

12.1. Scheidung – Befreiung oder Katastrophe?

Die Scheidungsziffern sind in allen industrialisierten Ländern in den letzten Jahren derart in die Höhe geschnellt, daß man sich fragen muß, ob in naher Zukunft Scheidung die Regel, lebenslange Partnerschaft die Ausnahme bilden wird. Sich scheiden zu lassen erfordert von der Frau, solange sie ökonomisch vom Mann abhängig ist, Mut und bringt in der Form des Alimentenbezugs viele Demütigungen mit sich. Zudem wird die geschiedene Frau gesellschaftlich mehr diskriminiert als der geschiedene Mann. Der Mut zur Scheidung wird denn auch von der Frauenbefreiungsbewegung oft dem Mut zur Emanzipation gleichgesetzt. RUTH HOEH und ANNEGRET KULMS (1976) haben in der Bundesrepublik eine repräsentative Befragung von 639 Frauen aller Altersstufen durchgeführt. Sie fanden, daß dreiviertel aller geschiedenen Ehen auf Entschluß der Frau hin geschieden worden sind. 11 Prozent bezeichnen rückblickend die Scheidung als die Katastrophe ihres Lebens, während 44 Prozent die Scheidung als eine Befreiung erlebt haben, die ihrem Leben eine neue Richtung gegeben hat. Als Katastrophe wurde die Scheidung vor allem von jenen Frauen bezeichnet, die im traditionellen Eheverständnis geheiratet und in der Ehe gelebt hatten: Es handelt sich um Frauen, die im Zeitpunkt der Befragung im Durchschnitt 47 Jahre alt sind, das heißt fünf Jahre älter als das Mittel der Gesamtstichprobe. Zu über 80 Prozent haben sie Kinder, sind lange Jahre verheiratet gewesen und hatten sich auf die traditionelle Rolle der Frau als Hausfrau, Mutter und Gattin eingestellt. Die Frauen, die die Scheidung als Befreiung erfuhren, sind häufiger kürzer verheiratet gewesen, häufiger kinderlos, häufiger in der Ehe berufstätig. Sie zeigten eine geringere Identifikation mit der Hausfrauen- und Mutterrolle. Die Frauen, die die Scheidung als Katastrophe erlebt hatten, halten auch nach der Scheidung an der früheren Ehe fest und glauben, die Scheidung wäre vermeidbar gewesen. Die eheliche Untreue des Mannes war bei ihnen häufiger Anlaß zur Scheidung. Sie halten die Scheidung eher für einen dauerhaften Schock für die Kinder. Sie hatten sich sehr auf Haushalt, Mann und Kinder konzentriert, hatten durch Nachgiebigkeit versucht, ein harmonisches, konfliktfreies Heim zu gestalten und waren dabei opferbereit gewesen. Sie fühlen sich jetzt als die Betrogenen, da sie sich auf den Erfolg der traditionellen Frauenrolle verlassen hatten. Ihre materielle Situation hat sich durch die Scheidung meist verschlechtert. Sie fühlen sich persönlich isolierter als in der Ehe. Ganz anders die Frauen, für welche die Scheidung eine Befreiung bedeutete: Sie glauben, persönlich durch die Scheidung gewonnen zu haben, haben jetzt eher gute Freunde und fühlten sich in der Ehe isolierter. Durch Berufstätigkeit und kritische Distanz zur Frauenrolle wird es ihnen leichter, die Scheidung als eine Chance zu erleben, um ein Leben in größerer Unabhängigkeit und Selbständigkeit zu gestalten, als dies in einer zerrütteten Ehe möglich gewesen wäre.

Diese Befunde stimmen mit meinen therapeutischen Erfahrungen überein. Ich vermisse allerdings ähnliche Untersuchungen über die Auswirkung der Scheidung auf die Männer. Es scheint mir auch problematisch zu folgern, je emanzipierter die Frau sei, um so eher werde sie die Scheidung als eine Befreiung erleben. Längere Ehedauer und Familiengründung dürften für die «Scheidung als Katastrophe» von viel größerer Bedeutung sein. Wenn die entscheidende Aufbauphase des Lebens mit einem Ehepartner verbracht wurde, lassen sich die Spuren der gemeinsamen Jahre später nicht mehr auslöschen. Zu stark bleibt man verhaftet in Lebensbezügen, die einen dauernd an die früheren Jahre erinnern: die Kinder, die herangewachsen sind und eventuell eigene Kinder haben, das gemeinsame Heim, der gemeinsame Freundeskreis, der gemeinsame Wohnort und eventuell Arbeitsort und in der Regel auch viele gemeinsame Interessen und Gewohnheiten. Auch lassen sich die güterrechtlichen Fragen bei Auflösung einer langdauernden Ehe nur selten so regeln, daß sich nicht einer von beiden als der Betrogene vorkommt. Bei langdauernder Ehe und Erreichen der zweiten Lebenshälfte scheint es für viele Eheleute erträglicher, sich mit unbefriedigenden Kompromissen abzufinden als Radikallösungen durchzusetzen, mit deren Folgen sie nichts Rechtes anzufangen wissen. BERMAN und LIEF (1976) schreiben: «Ungeachtet dessen, wie schlimm eine Ehe für beide Partner sein mag, finden die meisten alleinlebenden Geschiedenen das Alleinsein fast unerträglich. Viele durchlaufen eine depressive Phase, die einige Monate bis Jahre dauern kann . . . Für manche lang verheiratete Paare gibt es einfach keine Lösung ohne Schmerzen. Die Ehe fortzusetzen mag schwer sein, allein zu leben jedoch noch schwerer, und andere Alternativen stehen dem Paar möglicherweise nicht offen» (S. 262).

Eine Scheidung ist nicht Auslöschung einer Beziehung. Sie ähnelt viel eher dem Tod einer Beziehung. Äußerlich ist offiziell die Beziehung nicht mehr existent, innerlich aber lebt sie häufig noch intensiv weiter. Nach L. REITER vergißt man eine Ehebeziehung nie, auch nach der Scheidung nicht. Eine schlechte Scheidung bleibe oft wie ein ungelöster Fluch an einem hängen. Spätere Partnerbeziehungen können maßgeblich davon geprägt sein. In diesem Sinne lohne sich eine Ehetherapie immer, Scheidung hin oder her, denn die Krise muß so oder so verarbeitet werden, und wenn sie das nicht wird, wird sich das noch auswirken. Der Trauerprozeß nach der Scheidung sollte nach NORMAN PAUL zu einem tieferen Verständnis und zu einer Akzeptation der eigenen Rolle und des eigenen Beitrages zum Tod dieser Ehe führen. Wenn das nicht geschieht, bleibt Bitterkeit und Qual zurück. Die Scheidung bedeutet den Tod der Träume einer glücklichen Ehe mit einer glücklichen Familie, die für alle Zeiten glücklich lebt. Die Vorstellung, nun ganz neu anfangen zu können, suggeriere, daß die vorangegangenen Jahre ausgelöscht werden könnten. Im forcierten Bemühen, alle Gefühle und Erinnerungen an die frühere Ehe zu zerstören, unterdrücken manche alle ihre Gefühle, schneiden sie ab, und wenn sie dann nicht die Möglichkeit haben, eine Unterstützung in ihrem Familienkreise zu finden, werden sie starr, distanziert und unansprechbar. Aufgabe des Scheidungsberaters sei es, solche *cut-offs* zwischen den Gatten und ihren Kindern aufzuheben.

12.2. Scheidung in der Paartherapie

Da die Träger von Eheberatungsstellen früher vor allem die Kirchen waren, haftet der Ehetherapie heute noch ein moralisierendes Odium an, mit dem sich viele Psychotherapeuten und Psychiater nicht belasten wollen. Es ist aber ein Irrtum zu glauben, Paartherapie sei ein Schutz gegen drohende Scheidung. Rund ein Viertel der von mir behandelten Paare kam in der Therapie und wahrscheinlich auch durch die Therapie zur Einleitung des Scheidungsverfahrens. Die Therapie will die Beziehung klären, das heißt, sie möchte aufweisen, in welchem Ausmaß die Partner unter dem Druck von irrationalen Ängsten, Zwängen und real nicht ausreichend begründeten Schuldgefühlen beieinander geblieben sind und was an echter und freier Zuneigung noch übrigbleibt oder überhaupt erst aufkeimt, wenn dieser Druck reduziert wird. Soweit mir meine therapeutische Haltung bewußt ist, nehme ich auf den Entscheid einer Scheidung keinen persönlichen Einfluß. Direkte Ratschläge des Therapeuten für oder gegen Scheidung bewirken oft das Gegenteil. Es gibt Psychotherapeuten, die diese paradoxe Wirkung direkt ausnutzen (TOOMIN 1972), indem sie den Paaren in der Therapie eine äußere Trennung auferlegen und dabei die Erfahrung machen, daß manche Paare gerade durch diese Maßnahme wieder zum Zusammenleben motiviert werden. Persönlich habe ich öfters Schwierigkeiten, zur Scheidung als Ergebnis einer Paartherapie eine positive Gefühlsbeziehung zu finden. In der Einzeltherapie wird der Therapeut eine Scheidung viel leichter als Therapieerfolg interpretieren, da er selbst sie als Befreiung für die Erreichung seiner Therapieziele sieht und sich in der Regel wenig von den Auswirkungen der Scheidung auf den nichtanwesenden Partner beunruhigen läßt.

In der Paartherapie äußert einer der Partner häufig gerade dann, wenn der therapeutische Prozeß in Gang zu kommen scheint, er habe diese dauernden Auseinandersetzungen satt und habe sich entschlossen, die Scheidung einzureichen. Die Gefahr für den Therapeuten besteht darin, dies gleich als bare Münze zu nehmen und zu glauben, er müsse alles daransetzen, den Scheidungswilligen zur Umkehr zu stimmen und sich zum Anwalt der Ehe zu machen. Der Scheidungswillige meint aber häufig gar nicht so sehr die äußere, sondern vielmehr die innere Scheidung. Oft werden konkrete Scheidungsabsichten aufgegeben, wenn das Paar die innere Scheidung oder Trennung vollziehen kann. Praktisch kann der Therapeut auf den im Verzweiflungsausbruch geäußerten Scheidungswunsch etwa antworten: «Ich spüre, daß es Ihnen ernsthaft darum geht, sich von Ihrem Partner getrennt und unterschieden zu fühlen. Im gegenwärtigen Zeitpunkt fällt es Ihnen schwer, im Zusammenleben nicht ganz auf ihn bezogen zu bleiben. Wenn Sie äußerlich von ihm getrennt wären, denken Sie, wäre es leichter, sich selbst zu finden und auf eigenen Füßen zu stehen. Die klarere Abgrenzung wäre für Sie eine Befreiung.»

Unerfreulich sind Scheidungen in der Therapie, die nicht das Ergebnis einer Reifung und Klärung sind, sondern einer destruktiven Flucht entsprechen. Oft agiert der Initiant damit seine Wut und seinen Haß auf den Therapeuten, weil dieser mit der Therapie die Ehebeziehung nicht so zu verändern vermag, wie er es erwartet hat. Das Modell von Ehe, auf das sich dieser Partner eingestellt hat, erweist sich in der Therapie als nicht realisierbar, ein andersartiges Ehemodell scheint ihm aber nicht akzeptabel zu sein. Diese Art von Scheidung zerstört nicht nur die Ehe, sondern auch die Therapie und bedeutet für den Therapeuten eine Enttäuschung in seinen Bemühungen. Die in mir dadurch hervorgerufene Ärgerlichkeit bestärkt den Eindruck, daß der Scheidungsinitiant mit dem Einreichen der Klage nicht nur seinen Partner, sondern auch mich treffen will. Neben Ärger verspüre ich dabei ein Gefühl von Ohnmacht und therapeutischem Versagen.

Auf der anderen Seite gibt es Paare, bei denen sich die Alternative stellt: entweder krank und weiterhin verheiratet oder gesund und fortan geschieden. Wenn eine Ehe vor allem unter der Rettungsideologie oder Sicherheitsideologie geschlossen wurde, ist Krankheit und soziales Versagen des einen eng verknüpft mit Helferaufgabe und Führungsfunktionen des anderen. Besonders für den regressiven Symptomträger wird es schwierig, in der Therapie weiterzukommen, wenn sich sein Partner bedroht fühlt, sobald er nicht weiterhin klein, krank und hilfebedürftig bleibt. Oft hat aber auch der Symptomträger in Anwesenheit seines Partners Mühe, der Versuchung zu widerstehen, sich regressiv verwöhnen, führen und pflegen zu lassen. Solche Rettungs- und Sicherheitsehen lösen sich vor allem dann durch die Therapie auf, wenn darüber hinaus wenig gesunde Ressourcen für eine fruchtbare Partnerschaft bestehen, so zum Beispiel bei starken sozialen und bildungsmäßigen Unterschieden zwischen den Partnern, oder bei großen Altersdifferenzen, etwa wenn ein Mann eine wesentlich jüngere und noch sehr unerfahrene Frau heiratet und diese neben sich nicht erwachsen werden lassen kann, oder wenn jemand einen Menschen in sozialer Notlage, zum Beispiel einen Flüchtling oder einen Invaliden, heiratet, dessen fortwährende Dankbarkeitspflicht ihm ein Pfand für lebenslange Anhänglichkeit bedeutet. Jede Verbindung, die maßgeblich auf einem einseitigen Verdienst-Schuld-Konto beruht und somit dem Gleichwertigkeitserfordernis der Partner widerspricht, ist von einer auf Emanzipation ausgerichteten therapeutischen Entwicklung gefährdet.

Solche neurotischen Partnerbeziehungen gibt es nicht selten. Häufig aber entsteht in der Paartherapie ein verfälschter Eindruck, weil das Paar dem Therapeuten nur seine neurotischen Aspekte präsentiert. Erst auf spezielles Befragen erfährt der Therapeut, daß die Partner daneben auch durchaus positive und erfreuliche Erlebnisse miteinander haben, gemeinsame Hobbies,

174

gemeinsame Interessen und Freizeitbeschäftigungen. Es ist für den Therapeuten oft schwierig einzuschätzen, wie unglücklich und krank die Partner in ihrer Beziehung wirklich sind, weil er das Paar nur im Rahmen der therapeutischen Dreieckssituation kennenlernt, zu deren Existenz ja die konflikthafte Seite der Beziehung definitionsgemäß gehört.

12.3. Zweitehen

Scheidung ist nicht Ende von Ehe, sondern ist in einem hohen Prozentsatz Wechsel in eine andere Ehe. Der Prozentsatz von Verheirateten in der Bevölkerung war in der westlichen Welt noch nie so hoch wie heute, was angesichts der hohen Scheidungsziffern nur mit Wiederverheiratungen zu erklären ist. 80 Prozent der Männer und 70 Prozent der Frauen heiraten heute nach einer Scheidung wieder. Von den Geschiedenen wird in der Regel nicht die Institution Ehe als solche abgelehnt. Vielmehr wird angenommen, die erste Ehe sei wegen spezifischer Inkompatibilitäten gescheitert. Es wird gehofft, die zweite Ehe werde nicht dem gleichen Schicksal unterliegen. Der Zustand von Ungebundenheit, Freiheit und Unverpflichtetsein wird meist nicht lange aufrechterhalten. Statistisch gesehen sind Zweitehen etwas weniger dauerhaft als Erstehen, der Unterschied ist aber nicht so bedeutend, um die Skepsis, die Zweitehen gegenüber oft geäußert wird, zu rechtfertigen. Auf der Zweitehe lastet häufig ein Druck, der zum Erfolgszwang führen kann, der die Beziehung vielleicht stabilisiert, aber auch erschwert.

In einer Zweitehe können verschiedene zusätzliche Schwierigkeiten entstehen. Es kann sein, daß der Geschiedene sich fluchtartig in die zweite Ehe hineinbegibt in der Hoffnung, damit die erste Ehe vergessen zu können. Nicht selten sieht man folgende Reihe: Eine nicht gelöste Abhängigkeit von den Eltern sollte bewältigt werden durch Flucht in die erste Ehe. Eine nicht bewältigte Abhängigkeit in der ersten Ehe soll wiederum durch die Zweitehe überwunden werden. Die Erwartung, nochmals ganz von vorne beginnen zu können und aus den Fehlern der ersten Ehe etwas gelernt zu haben, kann die zweite Ehe mit Hoffnungen und Erwartungen erfüllen, aber auch belasten. Heute wissen zwar viele Menschen, daß die Gefahr besteht, in der zweiten Ehe in die gleichen Fehler hineinzugeraten wie in der ersten. Nicht selten kann aber gerade das krampfhafte Bemühen, diese Fehler zu vermeiden, in dieselben Fehlhaltungen hineintreiben. *Plus ça change, plus c'est la même chose.*

Aber auch für den Partner ist das Eingehen einer Ehe mit einem Geschiedenen oft nicht leicht. Es bestehen Zweifel und Mißtrauen, inwiefern der Geschiedene einem nicht das gleiche Eheschicksal bereiten wird wie dem Partner der ersten Ehe. Nicht selten wird der Partner der ersten Ehe allerdings zum Projektionsschirm aller Schlechtigkeit. Die Bemühung, sich von ihm abzusetzen und sich gegen ihn zu polarisieren, kann einer Zweitehe einen (fragwürdigen) Zusammenhalt geben. Das trifft vor allem da zu, wo die Bekanntschaft mit dem Zweitpartner die Scheidung der Erstehe wesentlich mitverursacht hat. Der Zweitpartner begibt sich damit in einen schwierigen Leistungsdruck, muß er doch allzeit beweisen, daß er tatsächlich der bessere Ehepartner ist und sich die Scheidung der ersten Ehe seinetwegen gelohnt hat. Dabei geht es ja nicht nur um die Beziehung der beiden Ehepartner zueinander, sondern auch um die Beziehung zum Freundeskreis und zu den Kindern aus erster Ehe. Diese stehen der Zweitehe nicht selten ablehnend gegenüber und zeigen die Tendenz, sich von dem wiederverheirateten Paar zurückzuziehen. Die Zweitehe muß sich also bewähren und bestätigen, um von der Umgebung akzeptiert zu werden.

Statistisch zeigt sich, daß in den letzten Jahren vor allem der Anteil von Scheidungen mit Kindern sich wesentlich erhöht hat (Zweiter Familienbericht 1975). Wir müssen uns also darauf einrichten, daß komplexe Familiensysteme, bestehend aus Eltern und Stiefeltern, zu einer alltäglichen Begebenheit werden. Die Untersuchung von HAFFTER zeigt, daß insbesondere Mädchen nach dem zwölften Altersjahr nur schwer bereit sind, einen gleichgeschlechtlichen Stiefelternteil zu akzeptieren. Das mag mit einer ödipalen Konstellation zusammenhängen. Das Mädchen hat sich bereits als «Ersatzgattin» des geschiedenen (oder verwitweten) Vaters erlebt und läßt sich von dieser Position nicht leicht verdrängen. Es kann aber auch sein, daß das Mädchen Schuldgefühle empfindet wegen des Scheiterns der ersten Ehe, so als ob es der Mutter den Vater weggenommen hätte. Oder es kann dem Vater keine andere Geliebte als die Mutter zugestehen, wenn es selbst schon auf den Vater als Geliebten verzichten mußte. Analoges gilt für die Söhne, wenn auch die Problematik weniger zugespitzt ist.

Häufig versuchen heranwachsende Kinder zwischen zerstrittenen Eltern zu vermitteln, ja es kann so weit kommen, daß sie sich als erzieherisch schwierig oder als Sorgenkinder anbieten, um damit die Eltern durch die gemeinsamen Erziehungsbemühungen zusammenzuschweißen und eine Scheidung zu verhindern. In einer solchen Situation kann es das Kind als ein persönliches Versagen empfinden, wenn die Eltern trotz seiner Bemühungen scheiden. War bei der Scheidung bereits der Partner der Zweitehe beteiligt, so entlädt sich der ganze Haß des Kindes auf diesen. Die Angst eines Stiefvaters oder insbesondere einer Stiefmutter, von heranwachsenden Kindern nicht akzeptiert zu werden, kann spezielle erzieherische Probleme hervorrufen, indem diese allzusehr darauf bedacht sind, die Akzeptation der Kinder durch übertriebene Zuwendung und Verwöhnung zu erreichen. Andererseits ist es für den von den Kindern getrennten Vater bzw. die Mutter schmerzlich, wenn sie hören, daß ihre Kinder den neuen Partner «Papi» bzw. «Mami» nennen. So entsteht um die Kinder oft ein Agierfeld, in dem all der unbewältigte Haß und die verleugneten Bindungen ausgetragen und die Kinder von beiden Seiten als Doppelagenten eingesetzt werden.

Wenn Zweitehen scheitern, so ist das nicht nur auf die Wiederholung von neurotischen Beziehungsmustern zurückzuführen, sondern hat oft reale Gründe in dieser komplexen Beziehungssituation. Scheitert eine Zweitehe, so besteht die Gefahr, daß man sich nicht für ehefähig erachtet und sich fortan aus allen intensiveren Bindungen herauszuhalten versucht.

Besonders wenn das Eingehen einer Zweitehe dazu dienen soll, einen Schlußstrich unter die Erstehe zu ziehen, sehen wir, daß für beide Partner eine komplizierte Situation entstehen kann. Die Präsenz der Kinder erschwert die endgültige Auflösung der Erstehe.

Beispiel 13:

Ein Paar meldete sich auf die Initiative der Frau, weil ihr Partner unglücklich und verzweifelt sei. Es komme laufend zu destruktiven Eskalationen, in denen beide irrational reagierten. Die Partner lebten seit zwei Jahren in einer nicht legalisierten Beziehung. Die Frau, Lisa, war seit einigen Jahren geschieden. Ihre zwei schulpflichtigen Kinder lebten mit ihrem früheren, jetzt wieder verheirateten Ehemann Robert. Der jetzige Konflikt zwischen Beat (ihrem Partner) und ihr lag vordergründig darin, daß dieser heiraten wollte, wovor Lisa nach ihrer gescheiterten Ehe zurückschreckte, um so mehr, weil in der jetzigen Beziehung bereits wieder starke Spannungen aufgetreten waren. Beat sah in diesen Ausweichtendenzen den Beweis, daß Lisa nicht wirklich zu ihm stehen wolle, Lisa dagegen warf ihm vor, einer Liebe nur zu trauen, wenn diese durch eine Heirat legalisiert sei. Als Beat Lisa kennengelernt hatte, war sie über ihre Scheidung noch nicht hinweggekommen. Ihr Mann war eine Beziehung zu einer anderen Frau eingegangen, was Lisa tief verletzt und gedemütigt hatte. Beat wollte ihr mit seiner absoluten und bedingungslosen Liebe beweisen, daß ihr Mißtrauen gegenüber neuen Beziehungen ungerechtfertigt sei. Er stimmte deshalb Lisas Wunsch zu, sich nicht durch Heirat aufeinander zu verpflichten. Nun aber fühlte er sich betrogen, weil er den Eindruck hatte, Lisa nütze sein Zugeständnis aus, profitiere finanziell und persönlich von seinem Entgegenkommen, ohne dieses durch ein klares Liebesbekenntnis zu rechtfertigen. Die zwei hatten sich in eine narzißtische Kollusion verwickelt. Beat hatte Lisa zuerst stark idealisiert und wollte sie ganz mit seiner Liebe ausfüllen. Er hatte seine beruflichen Entwicklungsmöglichkeiten zugunsten dieser Liebe hintangestellt. Er überforderte sich selbst in seinem Anspruch auf eine totale, anspruchslose Liebe. Nach der Demütigung und Verunsicherung durch die Scheidung fühlte sich Lisa durch die intensive Zuwendung von Beat aufgewertet. Im längeren Zusammenleben bedeuteten die Idealisierungen von seiten Beats für sie aber eine Einengung und Verpflichtung, so daß sie sich bemühte, zu Beat Distanz herzustellen und ihn auf seinen Platz zu verweisen. Die Disposition zum Eingehen einer narzißtischen Kollusion gründete bei beiden Partnern in frühen Beziehungserfahrungen in der Herkunftsfamilie. Als mindestens ebenso wichtig erwies sich aber die aktuelle Situation: Robert hatte nach seinem Wegzug mit den Kindern das Haus, das ihm gehörte, mitsamt dem Hausrat und allen Einrichtungen Lisa zur Benutzung überlassen. Beat fühlte sich in diesem ihm fremden Haus immer nur als Gast, mußte er doch aus «fremdem» Geschirr essen und durfte im Haus nichts verändern. Zwar wurde ihm nach längeren Auseinandersetzungen ein Zimmer zur eigenen Einrichtung freigestellt. Er lebte darin wie in Untermiete. Über das Wochenende kamen die Kinder meist zu Lisa auf Besuch. Lisa gab sich mit ihnen intensiv ab, wobei sich Beat ausgeschlossen und überflüssig fühlte. Es kränkte ihn, wenn sie zu viert etwas unternahmen und Lisa ihn Bekannten gegenüber wie einen zufälligen Begleiter, nicht aber wie einen Lebensgefährten behandelte. Er hatte den Eindruck, Lisa schäme sich seiner vor den Kindern und stehe nicht zu ihm. Da der ältere Sohn Rolf Angst hatte, allein in einem Zimmer zu schlafen, nahm Lisa ihn zu sich ins Ehebett, während Beat im Nebenzimmer schlief. Der ältere Sohn erfaßte die Situation rasch und sah in Beat einen Rivalen, den er mit höhnischer Ablehnung zu provozieren wußte.

In den eingehenden Therapiegesprächen ergab sich, daß Lisa die Scheidung von Robert nicht verarbeitet hatte, sondern weiterhin stark auf ihn bezogen blieb, ja, daß sie die heimliche Phantasie nährte, den Platz für eine allfällige Rückkehr von Robert offenzuhalten, solange sie vor den Kindern nicht allzu klar zu Beat stehe. Die Kinder wurden zwischen Robert und Lisa als Kommunikationsmedium, als Zuträger von Botschaften, eingesetzt. Beat spürte das und sah in den Kindern Beobachter im

Auftrage von Robert. Es wäre ihm deshalb ein besonderes Anliegen gewesen, ihnen zu zeigen, daß er bei Lisa jetzt den ersten Platz einnehme und Lisa mit ihm in einer glücklichen Beziehung stehe.

Aber auch in Roberts zweiter Ehe gab es Schwierigkeiten. Rolf lehnte seine Stiefmutter Erika ab und machte ihr zu Hause große Szenen. Er machte sich über ihre Mutterfunktionen vor Lisa lächerlich. Erika telefonierte erbost mit Lisa und warf ihr vor, sie sei eine Rabenmutter, die Rolf im Übermaß verwöhne, sich aber im übrigen aus der Sache halte und alle unangenehmen Erziehungsaufgaben Robert und ihr zuweise. Lisa rief daraufhin Robert an, um mit ihm über Erika zu sprechen. Er klagte ihr über seine Schwierigkeiten in der zweiten Ehe. Durch die Spannungen mit den Kindern wurde so die Allianz zwischen den ursprünglichen Ehepartnern immer wieder gestärkt.

Robert hatte Lisa wegen Erika verlassen, nachdem er sich von Lisa vernachlässigt und zuwenig bestätigt gefühlt hatte. Er hielt ihr vor, auch die Kinder hätten zu ihr keine Beziehung. Nach der Scheidung setzte Lisa alles daran, zu den Kindern eine intensive Beziehung zu finden und ihnen viel zu bedeuten. Beat hatte wohl zu Recht den Eindruck, daß die Kinder bei Lisa ihm gegenüber den Vorrang hätten. Er sah in den Kindern den verlängerten Arm von Robert. Es bereitete ihm Mühe zuzusehen, wie die Kinder erzieherisch geschädigt wurden, weil Robert und Lisa sie für die heimliche Fortsetzung ihrer Beziehung benutzten. Die häufige Anwesenheit der Kinder, von denen er sich abgelehnt fühlte, war für Beat aber auch deshalb schwer zu ertragen, weil er sich eigene Kinder gewünscht hätte. Lisa wollte aber mit ihm keine Kinder haben.

Die mangelnde Verarbeitung der Scheidung zeigte sich auch darin, daß Lisa zum Teil an Beat Rache übte für das, was Robert ihr angetan hatte. War sie von ihm gedemütigt und ausgeschlossen worden, so war sie nun in der Lage, Beat auszuschließen und zu demütigen.

Die Klärung der komplexen Verflechtungen führte in dieser Paartherapie bei Lisa zu einer eindeutigeren Haltung ihren Kindern und ihrem früheren Mann gegenüber, bei Beat aber zu einem besseren Verständnis für die Unmöglichkeit, das über zehn Jahre dauernde Eheleben Lisas ungeschehen zu machen.

Wenn Partner lange verheiratet waren und miteinander eine Familie gegründet haben, kann die Geschichte dieser Ehe nicht mehr gelöscht werden. Für den Partner der Zweitehe erfordert es ein hohes Maß an Reife, diese Realität zu akzeptieren. Für den wiederverheirateten Geschiedenen andererseits wird es wichtig sein, für die psychologische Situation seines neuen Partners Verständnis zu haben und die Situation so zu gestalten, daß für den Zweitpartner der Eigenwert der neuen Beziehung spürbar wird.

13. Helga und Stani – ein Paar in Therapie
Videoprotokolle und Kommentare

Im folgenden sollen Passagen aus Video-Aufzeichnungen einer Paartherapie besprochen werden. In der Regel präsentieren Therapiebücher, besonders wenn sie mit Beispielen die Effizienz ihrer Theorie belegen wollen, ihre Paradepferde. Meine Wahl fiel auf Helga und Stani, weil sich ihre Therapie als Beispiel für viele Aspekte, die in diesem Buch behandelt werden, eignet und ich selbst von dieser Therapie viel gelernt habe. Da mir die Beachtung der Tendenz des Therapeuten, sich mit Patienten in Kollusionen zu verwickeln, ein zentrales Anliegen ist, wähle ich ein Beispiel, wo diese Schwierigkeiten für mich besonders spürbar waren. Eine derartige Darstellung birgt Risiken in sich, weil ich mich ziemlich wehrlos der Kritik anbiete, was gegen mich benutzt werden kann. Ich möchte insbesondere zeigen, wie schwierig es für mich als männlicher Therapeut war, beiden Partnern, insbesondere der Frau, gerecht zu werden. Ich hätte natürlich auch ein Beispiel auswählen können, wo diese Schwierigkeiten weniger faßbar waren. Ich glaube aber, daß der Leser aus Schwierigkeiten, die ich nur mangelhaft zu bewältigen vermochte, mehr lernen kann als aus wohlgeratenen oder frisierten Passagen. Vielleicht kann ich auch zeigen, daß trotz begangener Fehler die Therapie einen konstruktiven Prozeß in Gang zu setzen vermochte. Das Endergebnis ist vielleicht ernüchternd. Ich hätte Beispiele mit handgreiflicheren therapeutischen Effekten auswählen können. Ich möchte aber gerade auf die Komplexität eines Behandlungserfolges hinweisen und auf die Schwierigkeit, ein Behandlungsergebnis mit harten Fakten zu belegen.

Die Therapie hat sich in 31 Sitzungen über dreizehn Monate hingezogen. Die Veröffentlichung der einzelnen Therapieausschnitte erfolgt mit Zustimmung von «Helga» und «Stani». Ich habe die einzelnen Passagen mit ihnen besprochen, weil es schwierig zu verarbeiten ist, sich in einem Buch beschrieben zu finden, selbst wenn alles, was darin erwähnt wird, einem an sich bekannt ist. Helga und Stani waren denn auch vom Lesen dieser Protokolle und Kommentare erschüttert. Sie hatten aber auch den Eindruck, aus einem gewissen Abstand die Therapie nochmals durchgelebt und damit vertieft zu haben. Helga hat einzelne Passagen bei der Manuskriptbesprechung schriftlich kommentiert.

Das Lesen der Protokolle wird teilweise etwas mühsam sein. Es finden sich viele Wiederholungen und unablässige Variationen des gleichen Themas. Das ist die therapeutische Realität. Ich glaube, der Leser sollte versuchen, das Atmosphärische dieser Längen in sich aufzunehmen, denn eine Therapie wirkt mehr durch die Atmosphäre als durch irgendwelche besonders kluge therapeutische Interventionen. Ich glaube, daß die Probleme, die Helga und Stani miteinander haben, heute besonders viele Paare betreffen, und hoffe, der Leser werde sich auch persönlich in diesem Paar miterfahren können.

Erste Sitzung vom 13. Mai: Das Erstinterview

Überblick
In der Einleitungsphase *stellen sich Helga und Stani vor. Helga beherrscht die Szene in ihrer lebhaften und expansiven Art, die sich auch in ihren weitausfahrenden Körperbewegungen und in den langen Redezeiten ausdrückt. Stani dagegen verhält sich farblos und zurückhaltend. Er fühlt sich offensichtlich nicht wohl und scheint mehr auf Helgas Drängen hierhergekommen zu sein. Als Problem gibt Helga die Verunsicherung darüber an, daß Stani sie in ihrer Art nicht akzeptiert. Sie reagiert darauf mit verstärkter aggressiver Aufdringlichkeit, was wiederum Stanis Tendenz verstärkt, ihr auszuweichen und sich jeglicher Stellungnahme zu entziehen.*

In der Mittelphase *wird der Zusammenhang zwischen jetzigem Konflikt und Partnerwahl dargestellt. Stani fühlte sich ursprünglich gerade durch jene Eigenschaften Helgas angezogen,* die ihn heute besonders stören, nämlich durch ihre spontane und direkte Art, ihre Gefühle auszudrücken. In seinen Gefühlshemmungen hoffte er, von Helgas Emotionalität angesteckt zu werden. Später trat aber das Gegenteil ein: Er fühlte sich ihrem Gefühlsansturm nicht gewachsen und zog sich noch mehr zurück. Helga andererseits hatte Stani zunächst stark idealisiert. Sie machte sich von ihm das Bild eines gütigen und verständnisvollen Vaters, bei dem sie Geborgenheit und Ruhe finden könnte. Sie fühlte sich enttäuscht, weil sein stilles und widerspruchloses Verhalten ihr nicht mehr als Akzeptation erschien, sondern als feiges Ausweichen. Stani fühlte sich zunächst durch Helgas Idealbild aufgewertet, später aber in diesem Bild gefangen. Die Rolle des toleranten Vaters entsprach nicht seinem eigenen Erleben. Da Helga aber auf jede Enttäuschung ihrer Erwartungen heftig reagierte, wagte er nicht, sich ihr direkt zu stellen, sondern begann sich ihren Ansprüchen heimlich zu entziehen, unter anderem indem er außereheliche Beziehungen einging. Je mehr er ihr auswich, desto mehr bedrängte sie ihn, und je mehr sie ihn bedrängte, desto mehr wich er ihr aus.

In der Schlußphase versuche ich einige meiner Eindrücke als Deutungen und Interpretationen zusammenzufassen, wobei das Paar auf meinen Versuch, einen Zusammenhang zwischen den Verhaltensweisen beider Partner darzustellen, positiv anspricht. Stani hat aber Mühe, sich bereits jetzt auf eine Therapie festzulegen, weshalb wir ein weiteres Gespräch vereinbaren.

Detaillierte Darstellung

Helga hatte mit mir telefoniert und um die Möglichkeit einer Ehetherapie gebeten. Ich hatte sie gefragt, ob ihr Mann bereit wäre, von Anfang an bei den Gesprächen dabei zu sein. Es schiene mir die günstigste Voraussetzung, wenn sie mir jetzt am Telefon noch gar nichts berichte und mir damit die Möglichkeit einräume, mich ohne Vorurteil beiden Partnern in gleicher Weise zuzuwenden. Helga war damit einverstanden, und wir verabredeten ein erstes Paargespräch.

In den ersten Minuten nahm ich die Personalien auf, erklärte dem Paar das Funktionieren der Video-Aufnahme und holte ihr Einverständnis ein, diese Bänder für didaktische Zwecke zu verwenden. Die Verwendung für dieses Buch geschieht unter dem ausdrücklichen Einverständnis des Paares. An den Bandprotokollen wurden die Namen und wenige äußere Daten verändert, um zu verhindern, daß das Paar identifiziert werden kann.

Stani ist ein 32jähriger Ingenieur, Helga eine 33jährige Kindergärtnerin. Sie arbeitet jetzt stundenweise in einem Kinderladen. Das Paar heiratete vor sieben Jahren. Sie haben einen sechsjährigen und einen zweijährigen Sohn.

Helga ist kräftig gebaut, wirkt vital, energisch, lebenslustig und kontaktfähig. Ihre Stimme ist etwas rauh und laut. Stani wirkt im Vergleich zu ihr eher blaß und unscheinbar. Beide sind etwas lässig gekleidet. Sie machen den Eindruck eines jungen, modernen Paares.

Th   Wie kamen Sie dazu, mir zu telefonieren?   Das Paar
F   Ja –   stellt sich
M   (Kommt ihr zuvor) Im Prinzip war es so – wir vor.*
wissen eigentlich gar nicht so recht, was wir wollen.
Da haben wir uns gesagt, es wäre gut, wenn wir uns
und damit auch unsere Beziehung einmal etwas besser kennenlernen würden. Da sind wir durch Bekannte auf Ihren Namen gestoßen.
Th   Aber was war der Anlaß, daß Sie sich gerade
jetzt entschlossen haben, einmal etwas zu unternehmen?
F   Ich wollte eigentlich schon vor drei bis vier
Jahren einmal zum Psychiater, um einfach einmal
rauszukriegen, was überhaupt los ist. Ich war so
unsicher, fühlte mich einfach nicht wohl, hatte so
einen Hausfrauenkoller. Aber wie es so geht, man
war einfach zu träge, um sich aufzuraffen. Ich möch-

---

* Die Randbemerkungen neben dem gesprochenen Text erleichtern dem Leser die Übersicht über den Inhalt der laufenden Passage.

te aber mal wissen, was los ist. Allein kommen wir nicht mehr weiter. Ich möchte mal wissen (zum Mann gewandt), weshalb du mich so ablehnst und weshalb ich so von dir abhängig bin, warum ich mich nicht ablösen kann und weshalb ich so heftig auf alles reagiere, was du sagst. Wenn jemand anders so was sagt, so grinse ich darüber. Ich möchte einfach mal wissen, worin meine Abhängigkeit besteht und wo unsere Grenzen sind. Ich möchte mal diese Ablehnung abbauen, aber auch meine Aggressionen, so daß wir zusammenbleiben können.

Th   Können Sie ein Beispiel sagen, wo Sie sich so abgelehnt fühlten, aber auch so abhängig?

F   In letzter Zeit war es eigentlich weniger – die große Krise war eigentlich im letzten Sommer, das heißt, sie dauerte schon zwei Jahre. Aber man hat so kleine Kinder, und der Mann hat gerade die Dissertation gemacht, so verdrängt man das alles, man will die Kinder schonen und sie nicht überfordern, man denkt, wenn sie dann vielleicht mal etwas größer sind und der ganze Druck weg ist. Weshalb ich mich abgelehnt fühle?

Th   Ja –

F   Er empfindet mich als zu groß, zu dick, zu stark, zu aktiv, zu laut, und ich saufe zuviel und (alle drei lachen).

Th→M   Ist es so?

M   Ja, in großen Zügen.

Th   Können Sie es mal beschreiben?

M   Genau kann ich es nicht beschreiben, es ist mehr gefühlsmäßig, aber wenn die Situation auftritt, stört es mich, wenn du laut bist, daß du zu dick bist, zuviel trinkst.

Th   Geht es dann zu Hause sehr laut zu?

M   Wenn wir diskutieren, dann oft ja, sonst weniger. Ihre Emotionen spielen eine zu große Rolle.

Th Was machen Sie, wenn sie zu laut wird?
M Ich möchte dann aufhören. Man ist dann nicht mehr sachlich, man wirft sich zuviel persönliche Sachen an den Kopf. Es hat dann einfach keinen Sinn mehr. Sie ist dann so aufgeregt, daß sie innerlich nicht mehr kann.

Die ersten Gesprächsminuten sind oft wie das Präsentieren einer Visitenkarte. Wie stellt sich das Paar dem Therapeuten dar? Das Paar bietet sich dem Therapeuten an in einer Sprache und Denkensweise, die derjenigen des Therapeuten ähnlich und somit vertraut ist. Die Art und Weise, wie sie dem Therapeuten ihre Motivation zur Therapie anbieten, läßt darauf schließen, daß sie schon einiges an psychologischen Kenntnissen haben, daß sie offenbar nicht völlig irreale Erwartungen an die Therapie stellen, sondern in erster Linie ihre Beziehung und ihr Fehlverhalten zueinander klären möchten. Ich habe den Eindruck, daß ihnen viel, vielleicht zunächst etwas zu viel daran liegt, mir einen positiven Eindruck zu machen. Es fällt jedenfalls auf, wie wenig konkret sie über ihre Schwierigkeiten sprechen und wie distanziert sie ihre Konflikte beschreiben. Derjenige, der zu mir spricht, wird jeweils vom anderen sehr aufmerksam, ja fast etwas ängstlich und mißtrauisch beobachtet, so als ob es darum ginge, daß keiner etwas äußert, was den anderen beim Therapeuten in ein ungünstiges Licht stellen könnte. Gesamthaft gestaltet sich eine angenehme Gesprächsatmosphäre. Das Paar ist mir sympathisch. Ich habe den Eindruck, es entwickle sich eine positive Beziehung.

F Ja, das ist nur, wenn es um persönliche Sachen geht.
M Es geht aber ja meist um persönliche Sachen.
F Ich werde dann sehr aggressiv. Deine Reaktion ist, daß du dich einfach zurückziehst. Das ist schon immer so gewesen. Ich habe das immer idealisiert.
Th Daß er sich so ruhig verhält?

F   Ja. Stani hat mich abgelehnt in meiner Art, dann war ich ganz unsicher, oder er hat sich zurückgezogen oder nichts dazu gesagt. Wenn ich so laut spreche, das stört ihn sehr. Dann hat er es aber nicht gesagt. Ich hab einfach gemeint, er ist wohl der gütige Vater, so ruhig und wohlwollend. Ich reagiere sehr heftig, wenn ich etwas habe, und sag es dann auch. Ich habe immer gedacht, ja, er toleriert das, er steht so weit über mir. Ich hatte das immer sehr bewundert und idealisiert, aber im Grunde genommen hat er es gar nicht toleriert, sondern nur nichts gesagt. So sind wir immer mehr auseinandergegangen.

Th   Idealisiert – so daß Sie sich beruhigen konnten, wenn er ruhig blieb?

F   Ja, eigentlich schon.

Th→M   Und jetzt ziehen Sie sich einfach zurück?

M   Jetzt weniger. Einen Streit gibt es eigentlich selten, außer wenn wir diskutieren, dann kommt es oft dazu. Meist wird sie dann aggressiv, dann brechen wir die Diskussion ab. Meistens endet es mit Tränen oder mit Tassen-auf-den-Boden-Schlagen.

Th   Auch von Ihnen oder nur von ihrer Seite?

M   Nein, nur von ihrer Seite. Es kam wohl auch vor, daß ich hie und da mal geschrien habe.

Th→F   Wie ist das dann für Sie?

F   Dann freue ich mich! Das ist eigentlich erst seit dem Sommer, es ist mir dann viel wohler dabei, ich hab dann etwas, das ich fassen kann. Früher war das nie.

Th   Früher war er dann so unnahbar?

F   Ja, ich dachte oft, ich kenne Stani eigentlich überhaupt nicht. Das Problem entstand dadurch, daß Stani sich immer zurückgezogen hat, und dann bin ich aus Unsicherheit immer aggressiver geworden. Er hat es nie gesagt, und dann hab ich es oftmals

Helga entwarf auf Stani das Bild eines idealen Vaters. Stani entzog sich ihren Erwartungen, indem er sich unfaßbar machte.

auf die Spitze getrieben, nur um eine Reaktion von ihm zu haben, weil ich dann nicht mehr wußte, wo meine Grenzen sind, was ihn kränkt und ihn dann immer noch mehr abstößt.

Th   Das hat Sie verunsichert?

F   Ja, und dann wurde es immer schlimmer, das hat mich sehr verunsichert. Dann hab ich wahrscheinlich vollkommen falsch reagiert und bin aggressiv geworden. Wenn ich unsicher bin, werde ich aggressiv und laut, und das hat ihn immer mehr abgestoßen.

Helga reagierte auf die dadurch entstandene Verunsicherung mit Aggressivität.

Th   Wie ist es Ihnen zumute, wenn Sie so aggressiv werden?

F   Ich glaube, das ist verschieden, das hängt von der Situation ab – aber ich glaube, es wäre mir wohler, wenn ich einen Widerstand spüren würde.

Th   Sie gehen leer aus, sind dann nicht gefaßt, spüren keine Grenzen?

F   Ja, genau! Ich bin sehr emotionell. Ich schieße dann über die Grenzen hinaus. Vielleicht sollte man das selbst spüren. Ich weiß nicht.

Th   Sie würden erwarten, daß er Ihnen Grenzen setzt, und dann macht er das nicht. Gibt Ihnen das dieses Abhängigkeitsgefühl?

F   Ich weiß nicht, weshalb ich so abhängig reagiere, wenn er etwas sagt. Wahrscheinlich weil ich nicht weiß, ob er mich akzeptiert, deshalb trifft mich das so stark.

In der Redeweise und äußeren Haltung sind die Partner sehr verschieden. Stani sitzt jetzt wie in sich eingerollt auf dem Sessel, die Arme verschränkt. Wenn er sich von Helga angegriffen fühlt, legt er die Hand schützend auf die ihr zugewandte Wange. Er blickt sie auch oftmals mißtrauisch von der Seite her an. Helga dagegen ist in ihrer äußeren Haltung das Gegenstück: Sie ist weit geöffnet, die Beine sind oft breit auseinander, sie gestikuliert mit weit ausfahrenden Armen und zeigt eine lebhafte Mimik und eine sich immer wieder verändernde Sitzposition. Diese äußerlich verschiedenen Verhaltensweisen spielen offenbar im Konflikt des Paares eine wichtige Rolle. Stani sind die Gefühlsausbrüche von Helga unangenehm. Er entzieht sich ihr, was Helga verunsichert. Sie fühlt sich dann zurückgewiesen und in ihren Gefühlen nicht aufgenommen. Helga glaubte sich zu Beginn der Beziehung von Stani wie von einem idealen, gütigen Vater akzeptiert. Es bedeutete für sie eine tiefe Kränkung, als sie spürte, daß Stani dem Bild, das sie sich von ihm machte, nicht entsprach.

Für das Paar ergab sich folgende Funktionsteilung: Helga ist das Gefühl, sie möchte Stani mit Gefühl ausfüllen, er sollte quasi das Gefäß bilden, in das sie sich ergießen, durch das sie sich begrenzt und gehalten fühlen kann.

Ich habe nun einiges über den Konflikt des Paares erfahren und leite zur zweiten Interviewphase über, zur Frage der *Beziehung von Partnerwahl und Paarkonflikt*.

Th → Paar Können Sie einmal erzählen, wie Sie sich kennengelernt haben?

M Du kannst das besser erzählen, du hast das viel besser in Erinnerung.

Partnerwahl F Ja, klar, ich möchte mich nicht davor drücken, aber ich möchte nun nicht schon wieder den Eindruck erwecken, daß du die ganze Zeit still im Sessel sitzest und ich die ganze Zeit «schnorre».

M Du wurdest ja gefragt.

F Nein, wir wurden beide gefragt.

M Na gut. – Es war beim Skifahren, an die Einzelheiten erinnere ich mich nicht, ich weiß nicht mehr, am ersten Sonntag, als ich sie gesehen habe, ob ich da allein dabei war oder nicht.

F Du warst nicht allein, Claudia war mit dir.

M (lacht) Na gut, du weißt es besser. – Ich habe ja gesagt, es wäre besser, du würdest es erzählen, ich weiß es nicht mehr so genau. – Wir waren eingeladen, viele konnten kommen. Helga hat schon etwas mit mir geflirtet. Ich hab das Gefühl gehabt, sie hatte Interesse. Es war eine Clique ad hoc. Wir haben da getanzt. Schon am gleichen Abend wollte ich mit ihr allein sein. Das war der Anfang. Ich kam dann wieder. Ich war schnell und aktiv, um die Bekanntschaft zu vertiefen. Stimmt's? (Mann lächelt kokettierend der Frau zu.)

F   (lächelt zurück) Ja.

Th   Sie haben erzählt, Sie waren mit einer Freun- **Stani fühlte** din. Und da haben Sie Helga zum erstenmal gese- **sich von je-** hen. Was war Ihr erster Eindruck von ihr, was hat **nen Eigen-** Sie wohl zu ihr gezogen? **schaften**

M   Komischerweise ist es das, was mich jetzt **Helgas ange-** stört, ihre Art, alles zu beherrschen, den Mittel- **zogen, die** punkt zu bilden, Stimmung zu machen, jeder be- **ihn heute am** wundert sie, das war wahrscheinlich das, was mich **meisten** angezogen hat. – So aus der Erinnerung heraus, **stören.** genau weiß ich es nicht mehr.

Th   Stand das im Gegensatz zu dieser Freundin, die Sie damals hatten?

M   Diese Freundin war mehr so eine Notbindung, keine tiefe Bindung.

Th→F Wissen Sie, was Ihr erster Eindruck von Stani war?

F   Ich muß sagen, du hast mir schon gefallen so, es war ein lustiger Abend, wie es oft so bei sponta- nen Gesellschaften ist, wo alles neu ist. Du hast mir schon gefallen, aber nicht so speziell. Ich fand es einfach lustig und fröhlich, und du warst ruhig, und wir haben getanzt. Was es war, weiß ich eigentlich nicht. Und das war mir lange Zeit unklar geblieben. Ich hatte damals schon einen Freund in Deutsch- land, eine ziemlich starke Bindung, wir waren zwei Jahre zusammen, und ich bin dann in die Schweiz gegangen und habe mich dann schon leicht gelöst.

Und dann hab ich dich kennengelernt und hatte aber immer noch . . . Ich habe dem Stani gesagt, ich hab einen festen Freund, und der wird auch in die Schweiz kommen. Ich hatte ein schlechtes Gewissen diesem Freund gegenüber, weil ich trotzdem mit Stani geflirtet habe, aber ich kann nicht genau sagen, was es eigentlich war, weshalb ich mit ihm angefangen habe. Er hat mir einfach gefallen, aber was speziell war, weiß ich nicht.

M   Ich glaube, daß du mir gefallen hast.

F   Ja, das spielt bei mir sicher eine ganz große Rolle.

Th   Sie spürten sich von ihm akzeptiert?

F   Ja.

M   Bewundert und begehrt.

F   Das spielt bei mir wohl die – eine starke Rolle, das mit dem Akzeptieren, ich glaube, daß das bei mir die Voraussetzung, wahrscheinlich sogar das Ausschlaggebende ist.

Helga hoffte, in Stani die Akzeptation zu finden, die sie in ihrem bisherigen Leben vermißt hatte, die ihr aber Stani in der Ehe aus eigenen Schwierigkeiten auch nicht geben konnte.

Meine Frage, wie sich die Partner kennengelernt haben, löst einen Stupor aus. Jeder schiebt dem anderen die Beantwortung zu. Möglicherweise möchten beide, daß der andere als erster die Karten aufdeckt und sich damit zur ursprünglichen Idealisierung bekennen muß. Bezeichnenderweise fühlte sich Stani gerade durch jene Eigenschaften von Helga angezogen, die ihn jetzt am meisten stören, nämlich ihre Art, den Mittelpunkt zu bilden und alles auszufüllen. Helga kann sich nur akzeptiert fühlen, wenn sie beim Partner das Zentrum bildet. Voraussetzung für eine Beziehung ist, daß sie sich bewundert fühlt. Diese Bedingung schien zunächst durch Stani vollumfänglich erfüllt, jetzt aber hat sie den Eindruck, Stani lasse sie mit seiner Reaktionslosigkeit ins Leere stoßen, was sie als Ablehnung interpretiert.

Wir sehen hier den typischen Wechsel, daß ausgerechnet jene Eigenschaften, die zur Partnerwahl motivierten, später die zentrale Rolle im Paarkonflikt spielen: beim Mann, daß die Frau so

extravertiert in ihren Gefühlen überschwenglich und kontakt-
freudig ist, bei der Frau, daß ihr der Mann mit außergewöhnli-
chem Maß an Toleranz und Akzeptationsvermögen entgegen-
kommt. Jedes findet sich vom Partner in einem Bereich ergänzt,
den es in sich wenig entfalten konnte: Offenbar leidet Stani unter
seiner mangelnden Fähigkeit, starke Gefühle zu erleben und zu
zeigen, Helga unter dem Mangel an Selbstwertgefühl.

Th   Wie lange sind Sie miteinander gegangen, bis
Sie geheiratet haben?
F   Fünfzehn Monate.
Th   Wie ging diese Zeit?
M   Wir waren nur drei Monate zusammen, bis wir
uns verlobt haben. Das war auch, um die anderen zu
schockieren, so von einem Tag auf den anderen.
F   Das wundert mich, daß *du* das so sagst – ich
glaubte, daß nur ich es so empfand, ich hatte natürlich Spaß daran.
M   Ich hab da mitgemacht, es war mein Wunsch,
die anderen zu schockieren, weil ich das auch lustig
fand.
F   Mein Freund war mal da aus Deutschland. Er
sagte, es habe alles keinen Zweck; wenn ich noch in
Zürich bleibe, gehe die Beziehung in die Brüche. Da
hab ich gedacht, er sagt, ich solle zurückkommen,
ich wollte aber nicht mehr zurück. Und da hab ich
Stani angerufen und gefragt, was ich jetzt machen
soll. Da ist Stani zu mir gekommen und sagte: «Bleib
bei mir.» – (Frau blickt Stani an) Ja, das hast du
gesagt!
M   (lächelt)
F   Und dann haben wir uns verlobt. Dann war
sein Geburtstag.
Th   Wen wollten Sie schockieren?
F   Schockieren? Schockieren wollten wir eigentlich nicht.

M   Doch, schon ein bißchen, den Rolf; einen überraschenden Effekt auslösen.

F   Der einzige, der sauer war, war der Rolf, der am Abend vorher mit mir ausgegangen ist. Das war einer aus der Clique. Aber sonst war nichts mit ihm. Er war sauer, weil ich ihm am Abend vorher nichts gesagt habe. Aber mit dem hab ich überhaupt nicht geflirtet. Ich wollte den aber nicht schockieren, weil der Rolf ja so . . .

Th   Also nach drei Monaten waren Sie verlobt, und dann war noch fast ein Jahr lang bis zur Heirat?

M   Ja.

F   Und dann kam der Knalleffekt, der uns die ganze Zeit belastet hat! Wann war das? Im Mai bin ich schwanger geworden und habe abgetrieben, und was mich so aggressiv gemacht hat, war, daß ich ihm ausgerechnet an diesem Abend gesagt habe, «Stani, paß auf, jetzt ist's gefährlich», und er hat nicht aufgepaßt, das hab ich ihm sehr übelgenommen, hab ich ihm sehr, sehr übelgenommen, und da habe ich richtige Haßgefühle entwickelt, weil ich diese Schweinerei hatte, auf deutsch gesagt, und dann kam dazu, daß die Abtreibung nicht gerade unter günstigen Umständen stattfand, das war in Stanis Zimmer . . .

Th   Eine illegale?

F   Ja, eine illegale, zwar durch einen Chirurgen, aber wir mußten warten, bis die Gäste weg waren, und ich mußte noch alles mit der Arbeit umorganisieren für den folgenden Tag.

Th   Das muß sehr belastend für Sie gewesen sein.

F   Ja, sehr belastend, und dann war es noch ohne Narkose, das hat sehr weh getan, und dann mußte ich doch noch am anderen Tag arbeiten – da war ich sehr aggressiv – ich hatte schon früher mal abgetrieben mit einem anderen Mann, das hat mich nicht so belastet, ich weiß nicht, weshalb es diesmal anders war. Stani hat gesagt: «Komm, dann heiraten wir doch», aber ich sagte: «Nein, du bist noch im Studium, da haben wir kein Geld, da hock ich da mit einem Kind, das ist unmöglich, später können wir einmal zehn Kinder haben, aber nicht unter solchen Umständen.» Ich hätte das Kind noch in die Krippe geben müssen. Beim anderen Mann hat mich das nicht so stark belastet, aber unsere Beziehung hat das sehr belastet, und dann verdrängt man das und vergißt es scheinbar wieder, aber es hat mich doch sehr aggressiv gemacht.

Th Und das blieb längere Zeit so?

F Ich weiß nicht.

M Unterschwellig sicher.

F Wahrscheinlich hab ich da irgendwie das Vertrauen zu ihm verloren, ich war eine Zeit aggressiv und dann nicht mehr so, aber das hat unsere Beziehung schon sehr belastet. –

Th Und dann haben Sie doch geheiratet, im gleichen Jahr?

F Nein, im nächsten Jahr.

Die Beziehung begann spielerisch. Stani war offenbar durch die vitale Art von Helga angeregt und zu allerhand schockierenden Späßen stimuliert. Dann begann das, was als die historische Dimension einer langdauernden Paarbeziehung bezeichnet werden kann: Schicksalhaft treten Ereignisse ein, die in die Lebensgeschichte jedes Partners tiefe Wunden schlagen und die Partner mit einer gemeinsamen Geschichte verbinden. Diese Ereignisse lassen sich nicht mehr ungeschehen machen, sondern hinterlassen Spuren und Narben. Helgas Vertrauen in Stani, von dem sie das Bild eines idealen Vaters hatte, wurde durch die Abtreibung erschüttert. Dieses Ereignis forderte den Partnern eine ungleiche Investition in die Beziehung ab. Durch Helgas größeren Beitrag wurde Stani zwangsläufig in die Schuldnerposition versetzt. Das gemeinsame Leben erzeugt ungleiche Verdienst- und Schuldkonten (von BOSZORMENYI-NAGY für die Loyalitätsbindungen von Blutsverwandten beschrieben), deren fehlender Ausgleich die gegenseitige Bindung verstärkt, aber auch belastet.

Th   Und wie kam es dazu, daß Sie dann doch geheiratet haben?

F   Ja, das fragen wir uns heute auch. (Alle drei lachen.)

F→M   Ja, weshalb hast du mich geheiratet?

M   Ich weiß nicht, was ich dir gesagt habe. Es war mehr oder weniger so, daß, wenn man schon verlobt ist, soll man auch heiraten. Man macht weiter. Man geht nicht zurück. Ich weiß nur, daß ich damals sehr unsicher war und Angst hatte davor, und ich habe das dann aber auf das Aufgeben des Junggesellenlebens abgeschoben. Aber ich dachte, es wird sich geben. Ich sagte, schlechter kann es ja nicht werden.

F   Das hat mich dann natürlich sehr wütend gemacht, als das alles rauskam. Vielleicht sind die zwei Kinder und die ganzen sieben Jahre nur aus Feigheit entstanden.

Th   Was glaubten Sie, weshalb haben Sie geheiratet?

F   Ich habe mir eingebildet, er heirate mich, weil er mich liebt. Das hat er mir auch gesagt und geschrieben, und er hat mich die ganze Zeit im Glauben gelassen, daß er mich liebt. Und ich habe wirklich gesagt: «Stani ist der ideale Partner für mich. Das ist Intuition.» Ich habe mir damals ein ganz falsches Bild von Stani gemacht. Wie ich vorher schon antönte, war er so zurückgezogen, daß ich gar nicht an ihn rangekommen bin. Ich habe gerade gedacht, er akzeptiert mich so sehr, weil er nie was gesagt hat. Jeder andere sagt mal was, er aber nie. Da hab ich gedacht: «Ja, der ist toll, der ist so reif, der akzeptiert mich», ich fand das so gut. Als ich mal schlecht gelaunt war, hat er gesagt: «Ja, das ist, weil du nur noch mich hast und die anderen Freunde nicht mehr.» Ich bin dann aber nicht mit anderen ausgegangen, obwohl er mir die Möglichkeit dazu gegeben hat. Da sagte ich mir: «Der ist so ruhig, der versteht mich, der akzeptiert mich, der hat mich in meiner Art gerne.» Ich habe ja nie etwas anderes von ihm gehört.

Th→M Würden Sie das auch so sehen?

M Nicht so ganz. Ich hatte sie anfänglich wohl gern, ihre Art beeindruckte mich. Als der Wechsel kam – der kam nicht von einem Tag zum anderen –, hat mich das eben dann doch gestört. Dann kam aber gleichzeitig . . .

F Ja, wann war das etwa?

M Ja, das hat schon vor der Hochzeit angefangen.

F Schon vor der Hochzeit? (Wirkt deutlich verletzt, bohrende, gekränkte Stimme.)

M Ich hatte einfach Angst.

F Ja, Angst hat jeder vor der Heirat.

M Wenn ich mal auf irgendeine Art etwas gesagt hatte, was ihr nicht gepaßt hat, gleichgültig ob eine Kritik oder sonst was, da wurde sie so aggressiv, daß ich lieber gar nichts mehr gesagt habe. Ich hätte da vielleicht angefangen, etwas zu sagen, was mich stört. Aber ich mußte mich zurückhalten, weil sie so heftig reagierte. Da hat sich das so eingespielt, daß ich gar nicht daran gedacht hatte, etwas zu sagen. Ich habe alles verschwiegen und in mich hineingegraben.

Th Weshalb kam es wohl, daß ausgerechnet die Eigenschaften, die Sie zunächst angezogen haben, Sie nachher gestört haben?

M Das weiß ich nicht, ob diese Eigenschaften mich wirklich von Anfang an angezogen haben. Was sicher eine Rolle gespielt hatte, ist, daß sie von allen

Stani wollte die idealisierenden Erwartungen von Helga nicht zerstören, weil er ihre Enttäuschung fürchtete, aber auch weil er sich durch das Bild, das sie von ihm machte, aufgewertet fühlte.

so bewundert war, und ich sie habe bekommen können. Das hat eine große Rolle gespielt.

Th   Sie fühlten sich aufgewertet?

M   Ja, wahrscheinlich. Ich hab das so toll gefunden.

Th   Sie haben wohl gespürt, daß Helga Sie so idealisiert und in Ihnen ihren idealen Vater sieht? Wie
war das für Sie?

M   Schmeichelhaft im großen und ganzen. Wenn
ich dachte, sie sieht es nicht richtig, hab ich es nicht
gesagt, um mein Bild nicht zu zerstören.

Th   Das war ein Bild, das auch Ihrem Ideal ent-
sprochen hätte.

M   Das kann ich schwer sagen.

Th   Wäre das etwas gewesen, was Sie im Grunde
gerne sein möchten? Ein ausgeglichener, ruhiger
Mann?

M   Ja, ich glaube, das möchte jeder.

Helgas Frage, weshalb Stani sie geheiratet habe, ist von einer
ausweichenden Reaktion gefolgt: Er habe sie nur geheiratet, weil
er Angst gehabt hätte, die Verlobung zurückzuziehen. Mit dieser
Bemerkung trifft er Helga an ihrer empfindlichsten Stelle. Es
wird damit ein Wechselspiel deutlich: Bedrängende Fragen lösen
bei Stani eine verletzende und ausweichende Antwort aus. Helga
bleibt zwar weiterhin gefaßt, ihr Blick wird jedoch stechend, sie
stößt mit dem übergeschlagenen Bein in die Luft, als ob sie Stani
einen Fußtritt versetzen wollte. Stani hatte sich durch das Idealbild eines gütigen, weisen und großen Vaters, das Helga auf ihn
projizierte, aufgewertet gefühlt und hatte zunächst versucht,
sich diesem Bild entsprechend zu verhalten, um Helga nicht zu
enttäuschen. Er ließ sich aber auch aus eigener Identitätsunsi-
cherheit auf dieses «falsche Selbst» (LAING) verpflichten. Helga
sucht im Partner ein Gefäß, in das sie sich eingeben kann, in dem
sie sich aufgenommen fühlt. Helga benötigt Stani als Substitut
für einen Ideal-Vater oder als Aspekt des eigenen Ideal-Selbst

(RICHTER), als einen Teil (Repräsentanz), den sie nicht in sich hat, sondern im Partner sich aneignen möchte. Da sie offenbar Mühe hat, sich selbst in ihrer Emotionalität zu akzeptieren, möchte sie im Partner aufgewertet werden.

Th   Dann hat es also schon vor der Ehe umge-schlagen?

M   Ja, da hat es angefangen.

Th→F Und Sie merkten gar nichts davon?

F   Ich weiß es nicht mehr so genau. Ich hatte auch Angst vor der Ehe, wer hat schon keine Angst vor der Ehe? Jeder denkt da, jetzt ist der Ofen aus. Liebe hin oder her, man hat doch immer Angst davor. Heute ist mir das viel bewußter. Aber ich habe ge-spürt, daß eine Ehe wohl eine Überforderung für zwei Menschen ist. Daß eine einzige Person alle Bedürfnisse erfüllen soll. Ich hatte auch Angst, so auf eine Person fixiert zu sein. Da hat jeder Angst. Aber andererseits habe ich es auch schön gefunden.

Th   Was waren da die Befürchtungen?

F   Das weiß ich gar nicht. Das ist mir damals gar nicht so bewußt gewesen. Ich habe immer sehr un-bewußt gelebt, immer fröhlich drauflos. Ich hatte wenig Probleme gehabt. Ich habe mich deshalb nie stark damit auseinandergesetzt. Meine Ängste sind mir nie recht bewußt geworden. Ich habe gedacht, ja, ja, ach – das wird schon gutgehen.

Th   Wenn wir vom jetzigen Zustand ausgehen, ist es so herausgekommen, wie Sie befürchtet haben?

F   Ja, ich glaube schon. Ich habe damals schon gemerkt, daß eine Diskrepanz besteht zwischen dem Bild, das ich von Stani mache, und dem, wie er wirklich ist. Vielleicht wollte ich ihn gar nicht anders sehen, vielleicht hab ich es gesehen, aber irgendwie habe ich schon gespürt, daß es nicht ganz stimmt, ich weiß es nicht. Man hätte sich vielleicht alles auf-

Helga wollte die offen-sichtliche Diskrepanz zwischen dem Bild, das sie sich von Stani machte, und der Wirk-lichkeit nicht wahrhaben.

schreiben sollen. Ich habe einen Brief gefunden, den ich dir vor der Ehe geschrieben habe. Er ist zwar ein bißchen wirr und unreif, aber genau das kommt zum Ausdruck, daß ich Angst hatte, daß unsere Ehe so lau werde, ohne Gefühlsschwankung, und so hab ich dir geschrieben, laß mich lieber aggressiv sein und so laut wie ich bin. Ich hatte furchtbare Angst, daß Stani mich doch nicht so mochte wie ich bin und nur versuchte, mich umzumodeln.

M   Das mag in einer Zeit gewesen sein, wo bei mir der Umschwung kam, daß ich das zwar vielleicht nicht geäußert habe, aber dann eben von deiner Seite doch so heftige Reaktionen kamen.

F   Ich werde meistens aggressiv, wenn ich unsicher bin. Das äußert sich bei mir so. Ich ziehe mich dann nicht zurück, ich versuche dann, das zu überspielen.

Th   Sie hatten Angst, daß er Ihnen eine Art aufdrängt, die Ihnen nicht entspricht?

F   Ja, genau. Das ist auch das, was er im Grunde jetzt möchte.

Th   Hatten Sie auch Angst, dabei abzusterben?

F   Ja, genau! Das ist genau das, was ich immer sagte: Wir haben zwar überlebt, aber nicht gelebt. Davor hatte ich die eigentliche Angst. Natürlich muß man sich anpassen und Kompromisse schließen. Aber daß ich mich in meiner ganzen Art so ändern muß, davor hatte ich Angst, davor hatte ich Angst!

Th   Haben Sie aus dieser Angst heraus manchmal emotionaler reagiert, als es Ihnen im Grunde entsprechen würde?

F   Ja, bestimmt!

Beide Partner zeigen ein hohes Problembewußtsein. Ihre Einsichten sind aber noch sehr rational und wenig persönlich integriert. Ich gehe auf den Punkt zurück, wo bei Helga eine emotionale Reaktion spürbar war, nämlich auf die Frage, ob sie nicht bemerkt habe, daß bei Stani schon vor der Ehe ein Umschlag aufgetreten sei. Wie sich zeigt, hatte nicht nur Stani Angst, das Idealbild, das sie ihm anhängte, zu zerstören, sondern auch Helga spürte schon damals; daß ihm dieses Bild gar nicht entsprach. Sie wollte sich aber diese Selbsttäuschung erhalten. Helga war also einerseits von der Angst erfüllt, Stani könnte nicht so sein, wie sie ihn gern haben möchte, andererseits Stani könnte von ihr verlangen, anders zu sein, als sie sich selbst fühlte. Aus ihrer Angst, sich in der Ehe aufgeben zu müssen und abzusterben, reagierte sie in der Beziehung zu Stani emotionaler und aggressiver, als es ihr im Grunde entsprach.

F   Zum Beispiel habe ich einen Freund, Stani hat das von Anfang an gewußt; ich aber erfuhr erst später, daß er auch eine andere Beziehung hat. Ich meine das nicht als Vorwurf, aber wenn wir schon hier sind, wollen wir doch auch darüber sprechen. Ich kam mir damals so wahnsinnig hintergangen vor. Meine erste Reaktion war ganz anders, als du erwartet hattest. Ich habe gar nicht so losgeschossen.
M   Ja, zuerst war es schon so, wie ich erwartet habe.
F   Ja, schon – da hab ich gesagt – was hab ich gesagt? – Ja, also, ich habe jetzt einen Freund, mit dem ich mich sehr gut verstehe (gedehnter, provokanter Stimmfall), und mit dem bin ich lange nicht so aggressiv, sondern viel ruhiger. Auch mit dem vielen Reden und so laut sein . . . Zum Beispiel hab ich eine Freundin, die ist Kinderpsychologin, die sagt, komm doch vorbei, dann trinken wir eins. Dann kam noch der Mann von ihr dazu, da hatten wir's auch richtig lustig. Da kamst du gerade aus Amerika zurück – ich will es jetzt mal vom Gruppendynamischen her beschreiben –, und da ging es

am Anfang noch. (Der Mann lehnt sich gelangweilt im Sessel zurück und blickt sie durch halbgeschlossene Lider an. Die Frau gerät immer mehr ins Gestikulieren, sie lehnt sich nach vorne, bewegt ihre Arme, als ob sie dirigieren müßte.) Anstatt daß du erzählt hast, wie es in Amerika war, hast du dich sogleich zurückgezogen. Und dann hab ich geredet und geredet und habe gemerkt, daß gar keine Kommunikation mehr da ist. Statt daß ich mich da zurückgezogen hätte, wie man es eigentlich hätte machen sollen, statt dessen habe ich, um das auszugleichen, noch mehr geredet.

Es geschieht nun im Interview das, wovon Helga spricht: Je aktiver und expansiver sie wird, desto gelähmter und passiver wird Stani. Und je passiver Stani, um so eher fühlt sich Helga allein gelassen und reagiert mit noch größerem Redeschwall. Die Verhaltensweisen beider Partner determinieren sich gegenseitig.

Wir sind jetzt in die dritte Gesprächsphase eingetreten, wo ich versuche, die Eindrücke und erhaltenen Informationen zu ordnen und einige Probedeutungen oder Interpretationen zu äußern, meist in Frageform, um die Partner zu eigenen Stellungnahmen zu ermuntern.

Th→M Werden Sie fast gelähmt, wenn die Frau so aktiv wird?

M Nein, an dieses Beispiel erinnere ich mich gar nicht. Ich bin nicht gelähmt, aber ich finde es schade, daß sie so aufdreht. Ich hätte es lieber, wenn sie stoppen würde.

F Ja, aber es ist tatsächlich so, daß du dich immer mehr zurückziehst und mir vorwirfst, daß ich dich komplett unterdrücke.

Th→M Am Anfang haben Sie an der Frau so bewundert, daß sie so vital ist und so aus sich herausgehen kann. Wurden Sie durch diese Vitalität auch belebt, angesteckt?

M→F Das glaube ich nicht. Was meinst du? Glaubst du, daß ich mehr aus mir herausging?

F Das weiß ich nicht. Ich hab das Gefühl, daß du damals, weil du doch eher zurückhaltend bist, daß du das Gefühl hattest, daß ich dich herausreißen und mitreißen könnte, und dann gemerkt hast, daß es doch nicht geht, und deshalb begonnen hast, mich zurückzustoßen. Vielleicht sehe ich das falsch, aber ich hab ein bißchen das Gefühl.

Th→M Was denken Sie dazu?

M Früher, wenn ich mit Leuten zusammen war, war ich nicht unbedingt still, aber auch nicht derjenige, der die erste Geige gespielt hat, ich war einfach durchschnittlich, mal unterhaltend, mal hab ich zugehört. Ich glaube nicht, daß ich durch ihre Art aufgeputscht worden bin. Auf die Dauer ist ja eher das Gegenteil eingetreten.

Th Ja, eben, eher das Gegenteil?

M Im Moment, am Anfang weiß ich nicht mehr so. Auf die Dauer hat eher das Gegenteil gespielt.

Th Wie war das für Sie, daß eher das Gegenteil eingetreten ist? Haben Sie das gar nicht geschätzt, daß Sie ruhig geworden sind?

M Ja, das glaub ich!

Das emotionale Verhalten Helgas wirkte auf Stani zunächst stimulierend, später eher lähmend.

Ursprünglich hatte Stani die Hoffnung, durch Helgas Vitalität mitgerissen zu werden und über die eigene Hemmung, aus sich herauszutreten, hinwegzukommen. Auf die Dauer trat jedoch das Gegenteil des Erhofften ein: statt stimuliert, wurde Stani durch Helga noch gelähmter und zurückgezogener.

M Vieles, was wir jetzt von der damaligen Zeit sagen, war uns damals nicht bewußt. Man versucht die Erinnerungen immer zu interpretieren und zu analysieren.

Th Können Sie etwas darüber sagen: Wie war das

für Sie, als das Idealbild, das Helga sich von Ihnen gemacht hat und mit dem Sie selbst identifiziert waren, zusammenbrach? Jetzt sagt ja Helga, Sie seien feige, Sie seien nicht offen gewesen, Sie ziehen sich zurück, also nicht mehr so ideale Eigenschaften.

M   Feige meint, daß ich vor ihren Reaktionen Angst hatte. (Zur Frau): So meinst du vor allem feige?

F   Ja, das stimmt. Daß du mich schon jahrelang abgelehnt hattest. Das war auch mein Fehler, da ich so heftig reagiert habe, aber es wäre vielleicht lange nicht so weit gekommen, wenn du das schon vorher . . .

M   Ja, daß das Bild zusammenbrach, ich weiß nicht, wie die Gefühle damals waren, aber jetzt ist das Bild zusammengebrochen, innerlich fühle ich mich jetzt sicherer.

Th   Dadurch fühlen Sie sich sicherer?

M   Ja. Daß ich nicht mehr nach einem Bild leben sollte.

Th   Daß Sie sich mehr sich selbst fühlen?

M   Ja.

Th   Und können Sie das auch akzeptieren, oder glauben Sie, Sie müßten diesem Idealbild doch entsprechen?

M   Nein, da bemühe ich mich nicht mehr. In letzter Zeit haben wir bewußt versucht, mehr oder weniger so zu sein, wie wir sind, und nicht so, wie wir sein möchten.

(Helga zeigt einen zweifelnden Gesichtsausdruck und muß sich zurückhalten, um nicht zu widersprechen.)

M   Aber dadurch kam es natürlich vermehrt zu Spannungen. Aber trotzdem, man ist ja nicht ganz so . . . Ich sollte sagen, was mich stört, vielleicht sag ich's ihr auch nicht.

Wieder versteht es Stani, gewisse scheinbar objektive Feststellungen so zu pointieren, daß Helga davon verletzt wird. Er tut, als ob er sich schon eindeutig aus Helgas Idealbild hätte herauslösen können. Helga fühlt sich durch diese Äußerung herausgefordert, versucht sich aber nach Möglichkeit zurückzuhalten.

M   Und auch mit der Ehrlichkeit ist es nicht so gewesen, wie es hätte sein sollen. Ich habe nicht unbedingt gelogen, aber verschwiegen.

F   Tuhhh – das ist, was mich so wütend macht, daß du sagst, wenn ich dich nicht frage, hast du mit der geschlafen – vielleicht sollte ich das nicht fragen, aber es interessiert mich trotzdem –, dann sagst du es nicht, und hinterher sagst du, ich habe nicht gelogen. Wir haben uns doch damals gesagt, gut, wir sagen uns die Wahrheit. Wenn ich jemals Vertrauen zu dir – wenn wir überhaupt eine Basis finden können, wenn wir überhaupt weiterkommen sollen, wenn ich überhaupt je Vertrauen zu dir haben kann, so ist es nur, wenn man sich die Wahrheit sagen kann, und du hast mir dann ganz schön die Wahrheit gesagt, aber heftig. Gut, man soll das, was man in Krisenmomenten sagt, nicht so ernst nehmen, aber man macht es dann doch.

M   Ja, zu stark.

F   Ja, du hast sehr stark gesagt, was du alles an mir nicht magst. Und dann haben wir uns gesagt, gut, wir sagen uns jetzt die Wahrheit, und du hast dich absolut nicht daran gehalten. Du hast zum Beispiel gar nichts von deinen Freundinnen erzählt. Hinterher habe ich es erfahren, und da war ich so enttäuscht, und ich sagte dir, sag mir doch endlich die Wahrheit, wie soll ich sonst je wieder Vertrauen zu dir haben. Und dann hast du gesagt, ja, weißt du, ich habe ja nicht gelogen, ich habe es nur nicht gesagt. Das ist für mich auch Lüge. Wenn man wis-

Je stärker Helga Stani zu fassen versuchte, desto mehr wich er ihr aus, was Helgas Bemühung, ihn in den Griff zu kriegen, wiederum verstärkte.

sen will, wo man steht und wie es ist, dann soll man es auch von sich aus sagen. Ich kann ja nicht jedesmal, wenn du ins Rechenzentrum gehst, jeden Schritt von dir überwachen. Aber es interessiert mich natürlich schon.

M   Das Verhalten von mir kommt davon, daß sie mir praktisch keine Eigenzeit gelassen hat und daß sie immer wissen wollte, was ich tue, wohin ich gehe, was ich mache.

F   Nein.

M   Doch, es war immer so ein Druck von dir, da hab ich lieber nichts gesagt, als daß . . .

F   Gut, du hast es als Druck empfunden, ich habe es aber nicht als Druck gesagt. Zum Beispiel mit Peter (ihrem Freund), wir sagen uns alles. Wenn man sich mag, dann interessiert mich einfach, was er tut. Ich habe nicht eine Sekunde daran gedacht, daß du mit einer anderen Frau gingest.

M   Ja, aber –

F   Bitte, laß mich ausreden! – Vielleicht hast du es von meiner Seite so empfunden, aber es war keine Überwachung. Ich habe das immer nur ganz naiv gesagt. Aber ich hätte natürlich nicht gedacht, daß du damals mit einer anderen Frau herumschwanzen würdest.

M   Es geht nicht nur um andere Frauen. Du hast aber wenig von deinen Gefühlen erzählt, hast immer nur mich gefragt, was ich tue, wohin ich gehe usw.

Das Paar hat sich im Offenheitsproblem in einen Verstärkerzirkel eingespielt: Je mehr Helga von Stani Rechenschaft fordert, desto mehr weicht er ihr aus, je mehr er ihr ausweicht, desto mehr fordert sie von ihm Rechenschaft. Helga lebt nur auf Stani bezogen. Sie erträgt es nicht, wenn er in irgendeiner Regung von ihren Erwartungen abweicht. Sie versetzt Stani damit in eine Double-bind-Situation, in eine Beziehungsfalle (STIERLIN), in der er, was immer er tut, gefangen ist: Ist er offen und ehrlich, das heißt, steht er zu außerehelichen Phantasien und Handlungen, so enttäuscht er ihre Erwartungen bezüglich des idealen Selbst, das sie in ihm haben will. Sagt er nichts und tut so, als ob er nur auf sie ausgerichtet wäre, so wird er von ihr verfolgt und kontrolliert, bis sie ihn der Untreue überführen kann. Stani versucht aktiv das Idealbild, mit dem ihn Helga gefangenhält, zu zerstören, aber es gelingt ihm nicht recht. Er wirft ihr auch vor, sie frage nur immer ihn aus, sie spreche aber eigentlich nie von sich selbst, von ihren eigenen Gefühlen und Erlebnissen. Helga spürt offenbar kaum mehr Gefühle, die nicht im Zusammenhang mit Stani stehen.

Th→M Sie fühlten sich kontrolliert und verpflichtet?

M Ja, das ist mir jetzt bewußt. Damals hat es mich einfach gestört.

F Und ich habe dir einfach munter erzählt, was ich gemacht habe, und ich empfand es als selbstverständlich, daß man sich das alles erzählt. Ich empfand das nicht als Kontrolle, es hat mich einfach interessiert.

M Auch jetzt machst du das etwa, zum Beispiel wenn du ins Bett gehst, so fragst du mich nachher immer, was machst du hinterher. Ich mache nichts Besonderes, ich lese die Zeitung, ich zerre mir vielleicht ein Barthaar vor dem Spiegel aus, aber immer dieser Ton, so forschend, so besitzergreifend, ich empfinde dann immer, hat man denn keine Eigenzeit, die dem anderen egal sein soll?

F Du hast ja so viel Eigenzeit.

M Ja, sicher.

F Ja, das stimmt. Es interessiert mich einfach. Nach der Krise im letzten Sommer habe ich es ganz bewußt gemacht. Ich habe es empfunden, daß du es im Verhältnis zu mir viel besser hast mit der Eigenzeit. Im Büro hast du so viel Zeit, du kannst die Woche durch Skifahren gehen, oder wenn's dir am Nachmittag stinkt, machst du einen Bummel, während ich mit den zwei Kindern praktisch keine Möglichkeiten habe, und deshalb habe ich wohl gefunden, du hast ja viel mehr freie Zeit für dich selber, du hast damals auch deine Diss gemacht, und das hat dir sicher auch gestunken, aber du hast die ganze Zeit für dich selbst gehabt. Du konntest deine Arbeit machen. Mit hat der Haushalt gestunken, das ist klar, und da hab ich am Wochenende gesagt, jetzt will ich mal verreisen. Stani hat immer gefunden, daß ich ihn vergewaltige, aber von ihm selbst ist auch nichts gekommen. Vielleicht hätt ich es toll gefunden, wenn er mal die Initiative gehabt hätte, ich fand immer, du hast ja die ganze Woche für dich. Über das Wochenende wollte ich dann mal Zeit für mich haben.

Th→M Sie fühlen sich verpflichtet, Ihren eigenen Bereich preiszugeben?

M   Nein, verpflichtet fühle ich mich nicht (lacht abwehrend), sondern einfach gar nicht gefragt. Früher empfand ich das sogar als ihr selbstverständliches Anrecht. Es wurde nicht gefragt, ob ich es anders wünsche, sie nahm als selbstverständlich an, daß sie recht hat.

Th   Sie möchten sich einen eigenen Bereich bewahren?

M   Diese ständige Fragerei und Kontrolliererei ertrage ich nicht. Jetzt ist es etwas weniger, aber früher hat mich das oft gestört. Wir müssen ja nicht über das letzte Jahr sprechen, wo sie einen Freund und ich eine Freundin hatte. Das war der Knalleffekt am Schluß, das war die Folge von all den Jahren zuvor, die Ursache war nicht, daß du den Peter kennengelernt hattest und ich die Renate, sondern daß wir beide schon jahrelang zuvor eine schlechte

Beziehung hatten und dann außerhalb der Ehe gesucht haben, was wir uns nicht geben konnten.

F   Aber du hast überhaupt nichts gesagt. Wenn ich dich gefragt habe, hast du gesagt, nein, nein. Wenn du von Schuld sprechen willst, kann man sagen, es sei meine eigene, weil ich so aggressiv reagiert habe. Der Stani hat mich dann weggeschickt mit meinem Freund ins Kino, und ich hatte ein schlechtes Gewissen dabei und dachte, der Stani ist so lieb und nett und großzügig. Für mich war das eine Konfliktsituation, und ich hatte Schuldgefühle, und dann stellt sich heraus, daß er das aus eigenem Interesse gemacht hat, um selbst abzuhauen und freie Bahn zu haben.

M   Das war im letzten Jahr so, aber zuvor hattest du genau die gleichen Möglichkeiten, mit anderen auszugehen.

F   Du hast deine Zeit genutzt und mir nichts gesagt.

Helga fühlt sich auch wegen der Rollenverteilung in der Ehe als die Betrogene. Sie ist durch die kleinen Kinder ans Haus gebunden, während sich der Mann der Berufstätigkeit widmen und dabei ein relativ freizügiges Leben führen kann.

Das Interview nähert sich nun dem Ende. Ich versuche, dem Paar einige Deutungen und Interpretationen als persönliche Eindrücke zu formulieren.

Th   Ich spüre auf beiden Seiten das Gefühl, ich werde vom anderen nicht akzeptiert, wie ich eigentlich bin (Helga und Stani stimmen zu), und jedes denkt, der andere drängt mir etwas auf, was mir gar nicht entspricht.

F   Ja, wahrscheinlich schon.

M   Mh (bejahend).

F   Also bei mir ist das ganz stark.

M→F   Auch mit dem Aufdrängen? (Erstaunter Stimmfall)

Der Therapeut versucht, mit einigen Deutungen und Interpretationen die Ausführun-

gen der Part-
ner in einen
inneren Zu-
sammenhang
zu setzen.

F   Natürlich. Neulich bin ich fast geplatzt, als du gesagt hast: «Emanzipation hin oder her, aber die Frau muß sich mal mehr anpassen.»

M   Ich habe gesagt: «Aber du mußt dich mal mehr anpassen.»

F   Da bin ich fast geplatzt, du hast gesagt: «Du als Frau.» Häufig entstand das Bild, der liebe Stani und ich, die böse Helga, ich bin die Böse, die dich unterdrücke und kastriere und frustriere usw. Du bist ein armer Mann und ich eine schreckliche Frau, die dich vergewaltigt, und daß ich alles abbauen muß. So ist das Bild oft gewesen.

Ich versuche, die Gemeinsamkeit der Partner anzusprechen, nämlich daß beide sich vom anderen nicht akzeptiert fühlen. Damit möchte ich dem Paar auch meine Einstellung klarmachen: Ich will mich nicht zur Parteinahme für den einen gegen den anderen verleiten lassen, sondern das Problem des Akzeptiertwerdens als ein gemeinsames sehen. Ich möchte also einen Zusammenhang zwischen den Vorwürfen des einen mit denjenigen des anderen herstellen. Ich spreche etwas an, was dem Paar in dieser Form nicht voll bewußt war. Mit derartigen Probedeutungen prüfe ich, ob das Paar mit meinen Äußerungen etwas anfangen kann. Stani ist erstaunt, daß sich Helga von ihm in ähnlicher Weise in ein falsches Bild gedrängt fühlt wie er von ihr. Helga äußert dem Therapeuten ihre Befürchtung, immer als die Böse zu erscheinen, Stani als der Liebe. Mit den folgenden Äußerungen gebe ich nochmals kund, daß ich die Schwierigkeit von beiden Seiten her zu verstehen suche.

Th→F Sie haben wahrscheinlich den Eindruck, Sie wären gar nicht so, wenn er sich Ihnen nicht so entziehen würde. Je mehr er sich entzieht, desto mehr gehen Sie ihm nach.

Th→M Und Sie denken offenbar, «ich entziehe mich, weil sie mich so bedrängt».

M   Wenn ich sie natürlich akzeptieren und lieben

könnte, so wie sie ist, dann wäre es viel einfacher.
Dann wäre sie auch eher bereit, gewisse Sachen abzulegen.

Th   Aber Sie können sie nicht akzeptieren, weil Sie
sich von ihr nicht akzeptiert fühlen.

M   Ja, das mag mitspielen, aber es ist bei mir sehr
wenig Gefühl für sie da, und das merkt sie natürlich,
ich gebe mir schon Mühe.

Th   Wir sollten jetzt darüber nachdenken, was
weitergehen soll. Was wäre eigentlich Ihre Vorstellung, Ihr Wunsch?

M   Mein Wunsch, das ist ja klar, wäre, es sollte
wieder alles schön sein. Ich sehe insofern Schwierigkeiten, als es zwischen uns nur wieder gutgehen
kann, wenn ich sie so, wie sie ist, wieder liebe. Wenn
man liebt, akzeptiert man auch.

Th   Und da haben Sie Zweifel, ob Ihnen das gelingen würde?

M   Das kann man nicht sagen – das Sexuelle spielt
da eine ziemliche Rolle . . .

Th   Geht das nicht gut?

M   Wir wissen gar nicht, ob es gut oder schlecht
geht, wir haben keine Beziehungen.

F   Es ist bei mir schlecht gegangen. Wenn ich
mich nicht akzeptiert fühle, bekomme ich keinen
Orgasmus, ich fühle mich dann wie eine Prostituier-
te. Wir waren kürzlich in den USA auf einer Reise,
und da ist es eigentlich wieder recht gut gegangen
(Stanis Mimik drückt gewisse Zweifel aus). Ich weiß
nicht, wie du es empfunden hast? Jetzt habe ich
einen Freund, mit dem ich mich sehr gut verstehe, in
jeder Beziehung, im Sexuellen, im *Affektiven*, mit
dem verstehe ich mich gut, und er erfüllt meine
Bedürfnisse, deshalb haben wir jetzt eine ziemliche
Ruhepause zwischen uns (Helga sagt das mit provokanter Betonung, Stani reagiert mit feindseligem

Der Thera-
peut klärt die
Voraussetz-
zungen und
Motivatio-
nen für eine
Paartherapie.

Ausdruck). Ich bin aber komplett überfordert mit zwei Männern, aber meine Bedürfnisse sind erfüllt, ich bin schon bereit, diese Beziehung zu lösen.

Th   Besteht überhaupt der Wunsch nach einer Therapie?

F   Ich würde ja sagen.

M   Ich weiß nicht, würde das bedeuten, eine gleichzeitige Therapie? Im Prinzip sollten Sie uns ja sagen, was das beste wäre.

Th   An sich schiene mir eine Behandlung von beiden in einer Paartherapie das günstigste, weil doch beidseitig der Eindruck besteht, daß gewisse Gefühlsreaktionen durch den anderen provoziert werden und sich offenbar jeder in Anwesenheit des anderen nicht gleich fühlt, wie wenn er allein ist. Da wäre es das beste, wenn man das gleichzeitig behandeln könnte.

F   Ich möchte, daß uns mal sehr genau bewußt wird, warum das alles so ist. Wenn es unbewußt bleibt, kommt es doch immer wieder. Ich möchte mal wissen, warum ich so aggressiv bin und warum du mich so ablehnst oder warum ich dich unterdrücke.

Th   Mir schiene es vor allem wichtig, ob Sie wirklich beide eine Therapie möchten.

Ich dränge Stani nicht in die Therapie, erwarte von ihm aber einen klaren Entscheid für oder gegen die Therapie. Stani weicht dieser Anforderung aus.

Th   Es geht nicht darum, daß man nun die Ehe um jeden Preis zusammenflicken müßte.

F   (Unterstützend) Ja.

Th   Sondern ob Sie sich beide in einer Therapie damit auseinandersetzen möchten, was Ihnen das Zusammenleben so schwermacht.

F   (Unterstützend) Ja.

M   Ich bin etwas unsicher, aber ich bin nicht abgeneigt.

Th   Können Sie sagen, was Ihre Unsicherheit ist?

M   Ja – viel Mühe um nichts! Ihr einziger Wunsch ist, ich sollte sie lieben.

F   Nein, akzeptieren.

M   Das ist ja dasselbe für dich. Und wenn das dann nicht dazu kommt, geht es mit ihr sicher nicht. Ich weiß nicht, ob das dazu kommen wird, und deshalb ist es für mich etwas unsicher, ob da nicht die ganze Mühe umsonst sein wird.

Th   Sie vermuten, daß Sie verpflichtet werden könnten, sie wieder zu lieben?

M   Es kann schon sein, daß ich da gewisse Druckgefühle empfinde.

Th   Wenn ich meine Ansicht sagen darf: Es ist meine Überzeugung, daß man nicht zu Liebe verpflichtet werden kann. Es kann ein legitimes Ziel der Therapie sein, daß es eventuell zur Scheidung kommt. Wichtig würde mir aber scheinen, sich damit auseinanderzusetzen. Nehmen wir an, Sie fühlen sich von Helga her oder eventuell auch von mir her verpflichtet, die Frau wieder zu lieben, dann kommt es sicher schief heraus. Aber das wäre genau der Punkt, den wir bearbeiten müßten, daß Sie Ihre Freiheit haben dürfen, Helga zu lieben oder nicht.

M   Da müßte ich eben aufpassen, daß diese Gefühle nicht in mir selbst aufkommen.

Th   Welche?

M   Eben, dieses Sich-verpflichtet-Fühlen, sie zu lieben. Da muß ich selbst aufpassen, wenn diese Gefühle kommen, daß ich das rechtzeitig bemerke.

Th   Da spüren Sie offenbar, daß Sie selbst Gefahr laufen, in das hineinzugeraten, ohne es zu bemerken.

Stani fürchtet, durch eine Therapie auf eine Liebe zu Helga verpflichtet zu werden und Helga dabei zu enttäuschen.

M   Oder daß ich es zu spät bemerke, das ist eine Gefahr, das spüre ich, vor allem weil ich weiß, daß sie das erwartet.

Hier ist therapeutisch etwas Ermutigendes geschehen: Stani, der scheinbar der Therapie ausweicht, befürchtet nicht nur, von Helga oder von mir zur Liebe verpflichtet zu werden, sondern spürt in sich selbst die Tendenz, sich zur Liebe zu verpflichten. Damit wird deutlich, daß Helga mit ihrem absoluten Liebesideal einen Aspekt agiert, den Stani ihr delegiert hat, den er aber in ihr genauso in sich selbst abwehrt.

F   Ja, Stani, wenn man sich sieben Jahre kennt, erwarte ich sicher nicht mehr, daß du meinetwegen Herzklopfen bekommst. Es geht ums Akzeptiertwerden, daß du mich in meiner Art, so wie ich bin, akzeptierst.

M   Ich verstehe unter Akzeptieren Tolerieren; du verstehst darunter, daß man dich annimmt, daß man deine Art wirklich gern hat.

F   Tolerieren ist nicht Akzeptieren.

M   Ich soll dich lieben, nicht nur akzeptieren, da liegt die Schwierigkeit.

F   (Etwas ratlos) Nein, so viel erwarte ich eigentlich doch nicht. Ich denke dann, er hat eben Angst vor jeder Gefühlsäußerung.

M   Letzthin waren wir in einem Ferienhaus, und da hab ich ein Sträußchen Veilchen gepflückt, und da hatte ich richtig Angst, ihr das mitzubringen; Angst vor ihrer Reaktion; wenn ich das mitbringe, freut sie sich und denkt, er liebt mich wieder, es geht alles wieder gut, und da muß ich sie wieder enttäuschen.

F   Nein, das stimmt doch nicht (richtet sich im Sessel auf), das war doch schon früher so, daß ich nur noch eine Hoffnung auf Sparflamme hatte. Es ging doch eher darum, daß du mir einerseits eine

Freude machen willst und mich gleichzeitig wieder
wegstößest, das ist das, was für mich so schwer ist.
Th   (Die vorgesehene Zeit ist bereits überschrit-
ten.) Ich würde es das beste finden, wenn Sie in etwa
einer Woche nochmals vorbeikommen könnten.
Vielleicht überlegen Sie sich in der Zwischenzeit
noch etwas, was Sie eigentlich möchten –
M   Auf jeden Fall kommen wir gern nochmals.
Th   Könnten Sie heute in einer Woche, am Freitag?
M   (Lachend) Das wäre gerade am Hochzeitstag.
Th   Oha!
F   (Lacht ebenfalls) Aber das macht doch nichts.
M   Ja, doch, das wäre mir unangenehm, es könnte
dann doch eine Reaktion geben, mir wäre ein ande-
rer Tag lieber.
Th   Es ginge mir auch am Dienstag.
M   Ja, das wäre mir lieber.
Th   Gut, dann machen wir das so.

Stanis Hinweis, die nächste Sitzung nicht auf den Hochzeitstag anzusetzen, zeigt, wie sensibel er in seiner Tendenz, sich auf
Liebe verpflichten zu lassen, reagiert. Würde ihm die Beziehung
zu Helga wirklich nur wenig bedeuten, wie darzustellen er sich
bemüht, würde er den Hochzeitstag wohl vergessen.

Zweite Sitzung vom 20. Mai

Übersicht
Die Beziehungsschwierigkeiten hatten ihren individuellen Hin-
tergrund bei Stani in unbewältigten Kindheiterlebnissen. Er war
allein mit kranken Eltern aufgewachsen. Seine Mutter starb, als
er zehnjährig war. Dieses Erlebnis hinterließ bei ihm den Ein-
druck, enge Liebespersonen könnten einen jederzeit im Stich
lassen und einem wegsterben. Helga erscheint bei der Bespre-
chung von Stanis Kindheit als große Mutter, die für ihn den
Schmerz über seine schwere Frustration in der Kindheit austrägt.

Stani genießt es einerseits, sich so umsorgen zu lassen, wehrt andererseits seine Gefühle ab aus Angst vor Selbstmitleid und Regression. Es folgt der Versuch, eine Therapieindikation zu stellen und den Kollusionsfokus zu formulieren.

Die zweite Sitzung beginnt mit einer weiteren Klärung der Therapiemotivation und dem Bericht über den individuellen Hintergrund der Schwierigkeiten beider Partner. Helga erzählt, sie sei in den Kriegswirren in Deutschland aufgewachsen. Ihr Vater war als Marineoffizier während ihrer Kindheit fast dauernd abwesend. Sie entwarf von ihm das Idealbild eines großen, schönen und starken Mannes und war schwer enttäuscht, wie er, als sie elfjährig war, aus der Gefangenschaft zurückkehrte und zu Hause ein militärisches Regiment zu führen suchte. Er hatte nichts gelernt und fühlte sich minderwertig. Helga wurde wütend, daß die Mutter sich von ihm erniedrigen ließ, und wollte an ihrer Stelle sich gegen den Vater zur Wehr setzen. Sie sah in Stani das Gegenteil ihres Vaters und glaubte, ihn zum Teil direkt aus Rache am Vater gewählt zu haben. Sie wollte den Eltern beweisen, daß sie zu einer glücklichen Ehe fähig sei. Seit Helga nicht mehr zu Hause wohne, gehe es in der elterlichen Ehe besser. Heute hat sie den Eindruck, der Vater akzeptiere die Mutter. Allein mit der Mutter aufgewachsen, hat Helga wenig Möglichkeiten gehabt, realistische Erfahrungen mit Männern zu machen, sondern lebte in der Phantasie auf den idealisierten Vater bezogen. Es traf sie schwer, von ihm als freche Göre tituliert und abgelehnt zu werden.

Stani äußert in der Sitzung deutliche Skepsis, was das ändere, wenn einem in der Therapie manches bewußter werde. In Andeutungen gibt er der Befürchtung Ausdruck, seiner redegewandteren und in Psychologie beleseneren Frau zu unterliegen. Auch vermutet er, von Helga oder von mir manipuliert zu werden. Ich wende mich deshalb stärker dem Mann zu und lasse ihn über seine Lebensgeschichte berichten. Er wuchs in belastenden Familienverhältnissen auf, die insbesondere gekennzeichnet waren durch Krankheit und Tod seiner engsten Bezugspersonen. Er ist unehelich geboren. Seine Mutter soll, als er noch ganz klein war, mit ihm einen erweiterten Selbstmordversuch unternommen haben. Sie heiratete, als er dreijährig war. Sein nachgeborener Bruder starb mit acht Monaten, so daß er allein aufwuchs. Einen Großteil seiner Kindheit verbrachte er in einem Hort. Seine Mutter war während zwei Jahren schwer krank und starb, als er zehnjährig war. Sein Vater war halb blind. Wegen all dieser Krankheiten herrschte zu Hause ein Schonklima. Unmut durfte nicht ausgedrückt werden. Stani mußte dauernd auf seine kranken und behinderten Eltern Rücksicht nehmen. Nach dem Tod der Mutter kam er in ein Internat. Der Vater heiratete zwei Jahre später wieder. Stani blieb der Stiefmutter gegenüber jedoch skeptisch und mißtrauisch.

Die Stimmung in diesem Gespräch ist von der ersten Therapiesitzung deutlich verschieden. Helga sitzt wie eine große Mutter da, mit besorgter Miene, vorgeneigt und auf Stani bezogen. Sie spricht mit warmer Stimme. Stani wirkt bei der Besprechung seiner Kindheit ambivalent: Auf der einen Seite zeigt er sich kindlich-schutzbedürftig und scheint die intensive Zuwendung seiner Frau zu genießen, auf der anderen Seite ist er stark abwehrend und versucht alles zu rationalisieren. Helga ist für ihn wohl die archaische Mutter: überschwenglich in ihren Gefühlen, aber verschlingend und bedrohlich in ihrer aggressiven Liebe. Er hat das Gefühl, noch nie bei einer Frau Geborgenheit gefunden zu haben. Er stellt absolute Ansprüche an Helga und wehrt gleichzeitig eine Bindung an sie ab aus Angst, den Schmerz nicht verkraften zu können, wenn er von ihr im Stich gelassen würde. Diese Passage setzt sich folgendermaßen fort:

M   Es ist doch natürlich, daß man mit der Zeit weniger empfindlich ist auf gewisse Erlebnisse und Enttäuschungen.
F   Ich kann das nicht akzeptieren, das hast du dir einfach zugelegt aus gewissen Überlegungen heraus. Das, was du mir alles erzählt hast, abgesehen davon, daß ich am liebsten losgeheult hätte, habe ich das

immer wahnsinnig bewundert und gedacht: Ja, ja, da sieht man, daß das Milieu auch nicht alles ist. Wie gut der Stani doch trotz seiner Kindheit rausgekommen ist. Ich wäre wahrscheinlich dabei kaputtgegangen, ich hätte das nicht ausgehalten.

M Aber es kann doch auch sein, daß dadurch, daß ich ein Jahr gearbeitet habe – das war eine bewußte Entscheidung . . .

F Schon, aber du warst damals schon vierzehnjährig. Aber das, was Nelly (seine zweite Mutter) letzten Sommer erzählte, daß nämlich deine Mutter einen Suizidversuch gemacht hatte, als du dreijährig warst, und dich dabei mitnehmen wollte . . .

Th Die leibliche Mutter?

M Ja, das hat meine Stiefmutter erzählt, wieweit dies stimmt, kann ich auch nicht wissen.

F Ja, gut, kann sein. Aber du weißt, wie das ist, vielleicht hatte sie das schlimm empfunden, ein uneheliches Kind zu haben, du weißt doch, wie stark Kinder die Spannung spüren. Da hast du sicher auch was mitgekriegt, aber es gar nicht bemerkt.

Th Sie haben gesagt, Sie hätten geweint, als er Ihnen die Geschichte erzählte?

(Der Mann, der bisher in offener, fast kindlicher Haltung dagesessen war, schützt jetzt sein Gesicht wieder hinter der rechten Hand.)

F Ich weiß nicht mehr, wie das war, aber ich könnte auch jetzt schon wieder weinen; ich finde das einfach furchtbar, ich finde das wirklich sehr traurig; das möchte ich keinesfalls meinen Kindern zumuten; auch wenn Stani das gar nicht so schlimm empfunden hat, zum Beispiel wenn er am Nachmittag im Tagesheim war, vielleicht hat er es nicht vermißt, ich finde das sehr traurig, ich finde das jedesmal zum Losheulen, bei ihm natürlich speziell stark, weil ich zu ihm eine Beziehung habe. (Sie spricht mit

Stani versucht, die Gefühle über seine schwere Kindheit, insbesondere über die mangelnde Geborgenheit bei einer verläßlichen Mutter, hinunterzuspielen. Gleichzeitig scheint er es aber zu genießen, daß Helga sich gefühlsmäßig so stark für ihn engagiert und die ihr delegierten Gefühle zum Ausdruck bringt.

besorgter Mimik, wie eine Mutter über ihr Kind.)

Th→M Haben Sie das jeweils gespürt, daß Ihre Lebensgeschichte die Frau so berührt?

M (Abwehrend und deutlich bemüht, Gefühle herunterzuspielen) Das habe ich schon gespürt, ja, das mit dem Tagesheim ist vielleicht etwas anders, das war immer mit den gleichen Lehrern und immer in den gleichen Räumen, mit immer den gleichen Kindern und Spielsachen.

F Ja, du guter Stani, aber . . .

M Es war wie ein Internat.

F Ja, aber wir würden uns doch mit Händen und Füßen wehren, wenn die Kinder in eine Krippe müßten. (Mann will etwas einwenden.) . . . Bitte laß mich ausreden, es ist doch das, was man eine Krippe nennt.

M Es war nicht nur für Kleine, es war auch für Schulkinder.

F Es gibt auch Tagesheime für Schulkinder.

M Es ist aber nicht dasselbe, hier ist Schule und Heim getrennt.

F Ja, gut, aber irgendwo würden wir uns beide doch mit Händen und Füßen wehren und sagen: Nein, nicht in so einer großen Horde, sondern eine Ersatzbezugsperson muß gefunden werden, damit das Kind wirklich jemanden hat. Du sagst immer: Das hat mir gar nichts ausgemacht, aber wir sind doch einig, daß wir unseren Kindern nie so was antun würden.

In Helgas besorgte Stimme mischt sich zuletzt ein fordernder Ton. Mein Eindruck ist, daß sie sich bemüht, Stani all das, was er an Mutterliebe vermissen mußte, zu ersetzen. Stani spricht teilweise fast kindlich darauf an, gleichzeitig gerät er aber in eine verstärkte Abwehrhaltung. Auf dieser Mutter-Kind-Ebene besteht offensichtlich eine starke emotionale Bindung zwischen den beiden Partnern. Mit dem Hinweis, daß sie den eigenen Kindern dasselbe Schicksal ersparen möchten, trifft Helga eine empfindliche Stelle von Stani. Wie gleich noch zu sehen ist, meint sie damit die Gefahr eines gemeinsamen Unfalltodes. Hintergründig spielt sie damit aber auf die Auswirkungen einer Scheidung auf die Kinder an.

M   (Beim Thema der Kinder jetzt mit wärmerer Stimme) Ich war ja den ganzen Tag über dort, nicht dauernden Ortswechsel.

F   Aber trotzdem, Stani, ich weiß gar nicht, weshalb du dich so dagegen wehrst, ich meine, über solche Themen hat man doch schon hundertmal diskutiert, daß das dem Kind eventuell doch schade. Du sagst immer, schau, es hat mir doch nicht geschadet, ich bin ja nicht krank geworden; das mag stimmen. Du bist ja auch nicht krank, aber daß du vielleicht gerade in dieser schweren Zeit dir sagen mußt: «Um zu überleben – Schwamm drüber, neu anfangen.» Soll denn ein Mensch das aushalten? Du sagst immer: «Psychiater nein, ich bin doch nicht krank.»

M   (lacht abwehrend) Nein, nein, du hast gesagt, ich wäre krank, ein Psychopath oder schizophren.

F   Nein, nein, ich würde nie einem Menschen sagen, er sei schizophren, das würde ich nie . . .

M   Schizophren hast du nicht gesagt, aber Psychopath, daran erinnere ich mich genau.

F   Na gut, du hast mir auch gesagt, ich sei nicht normal, aber ich meine, das haben wir uns beide schon an den Kopf geworfen. Aber weshalb du dich immer so furchtbar dagegen wehrst: «Ja, wieso? Das macht mir doch gar nichts.» Es hat dir vielleicht doch geschadet, und vielleicht wärest du ganz anders geworden, wenn du in einem richtigen Heim aufgewachsen wärest.

M   Das bezweifle ich nicht.

F   Du mußt dich doch nicht dagegen wehren.
M   Ich wehre mich auch nicht dagegen.
F   Doch.
M   Ich habe einfach den Eindruck, daß du mir mit Gewalt einreden willst, daß es schlecht war, und ich erinnere mich wirklich nicht, daß ich so schlechte Erlebnisse hatte.

Als Frau zeigt Helga eine höhere Leidensfähigkeit und Gefühlsoffenheit. Sie trägt für Stani die Gefühle aus. Stani ist einerseits dafür dankbar, da er Angst hätte, so stark zu empfinden. Andererseits aber fürchtet er, dadurch von Helga abhängig zu werden und mit Gefühlen manipulierbar zu sein. Stani ist in seiner feinfühligen Art sehr verletzbar und braucht einen gewissen äußeren Schutz. Stanis Zwiespalt zeigt sich in der Diskrepanz zwischen abwehrenden Worten und seiner Mimik, die den kindlichen Genuß, sich verwöhnen und bemuttern zu lassen, zum Ausdruck bringt. Helga und ich stehen nun auf der gleichen Linie und bemühen uns therapeutisch um Stani.

F   Ich bin kein Psychiater, ich kann es deshalb nicht sagen, ich will dir nicht einreden, daß es schlecht war – Stani, aber möchtest du jetzt, daß Klaus (das ältere Kind) in ein Internat käme? Dazu kommt, daß die Mutter gestorben ist, als du zehnjährig warst. Ich finde das entsetzlich, wenn ich mir vorstelle, ich würde in drei Jahren sterben und würde die Kinder hinterlassen. Und deshalb überlegen wir uns doch auch so genau, was geschehen würde, wenn uns beiden etwas passieren würde, wir könnten doch gemeinsam einen Autounfall haben. Da haben wir doch stundenlang darüber diskutiert. Weshalb sagst du da einfach, es war doch gar nicht schlecht. Du sagst doch auch, das wäre schlimm für unsere Kinder, weshalb soll es da für dich nicht schlecht gewesen sein?
M   Ich habe nicht gesagt, daß ich das für die Kin-

der haben will, und ich sagte auch nicht, daß es das Beste war für mich.

F   Aber es war nicht schlecht . . .

M   Wenn ich sage, ich empfand es nicht schlecht, heißt es ja nicht, daß ich es in allen Fällen als richtig empfinde. Ich kann doch abstrahieren . . .

F   (Zwischen Mann und Frau herrscht eine gewisse Ratlosigkeit. Die Frau blickt auf den Therapeuten und erwartet offensichtlich von ihm Hilfe. Leise, kaum verständlich, ihre Bemühungen scheinbar aufgebend) Ja, ich bin vielleicht nicht so gut in dieser Beziehung.

Th   Mir ist jetzt aufgefallen, Ihre Frau sagt, daß sie auch jetzt noch, wenn sie das alles wieder hört, starke Gefühle bekommt. Da kam es mir so vor, wie wenn Ihre Frau für Sie die Gefühle hätte.

M   Ich hätte keine?

Th   Sie haben sicher auch welche, aber Sie wagen es nicht, diese hochkommen zu lassen. Irgend etwas in Ihnen wehrt sich dagegen. (Mann lacht auf.) Und das ist durchaus verständlich. Die Frage ist, wieweit Sie das, was die Frau empfindet, auch selbst ausdrücken könnten, selbst hochkommen lassen könnten . . .

M   Ich weiß nicht, da gehört doch eine gehörige Portion Mitleid dazu, das ist doch Mitleid, was sie in diesem Fall empfindet. (Schaut den Therapeuten vielsagend an.)

Auf meine Intervention hin gibt Stani einiges von seinen Ängsten preis. Er fürchtet, in Selbstmitleid zu verfallen, das heißt zu regredieren und sich Gefühlen von Trauer, Verletzung und Enttäuschung auszusetzen. Er fürchtet aber ebenso, von Helga lediglich bemitleidet und damit zu einem armen, bedauernswerten Geschöpf abgewertet zu werden. Diese Stelle ist vom Kollusionskonzept her besonders interessant. Therapeutisch wäre es wichtig, daß Stani regredieren könnte, um seine abgespaltenen Gefühle zu erleben und seine frühkindlichen Traumatisierungen nachvollziehen zu können. Diese Regression würde nun aber die dyadische Balance allzu stark gefährden, indem Stani in der regressiven Position sich unterlegen fühlen würde. Als Therapeut sehe ich mich hier in einer Zwickmühle, nämlich in der Schwierigkeit, einerseits die therapeutische Regression des Mannes zu fördern, ohne andererseits sein Selbstwertgefühl zu strapazieren und der Frau Anlaß zu geben, sich mit mir in der progressiven Therapeutenposition zu liieren. Allzu leicht stabilisiert sich eine derartige Situation in der Therapie dahin, daß dann nur noch der eine als Patient dasteht, während der andere mit dem Therapeuten zusammen sich helfend um ihn bemüht. Helgas Tendenz, sich in therapeutischer Weise um Stani zu kümmern, wird in den folgenden Interventionen noch deutlicher. Ich fühle mich in dieser Situation nicht mehr ganz wohl und hoffe auf eine Gelegenheit zum Ausgleich.

Th Vielleicht nur bis zu einem gewissen Grad.

F Hast du dich noch nie bedauert? Ich habe mich oft grenzenlos bedauert, so lange, bis ich dann fast gelacht habe.

(Alle drei lachen.)

M Vielleicht ganz kurz, aber dann dachte ich, dadurch wird es ja nicht besser. Ich denke sehr schnell: Was nützt es, wenn ich traurig bin, es ändert doch nichts.

F Doch.

M (ungehalten, die Frau bedeutsam anblickend) Ich will sagen, wie *ich's* empfinde.

Th Sie würden sich unwohl fühlen, wenn Sie sich bedauern würden?

M Ich würde es sinnlos finden und würde mir sagen: Was tust du da, was hast du da vor – ungefähr denke ich so, auch in anderen negativen Erlebnissen. Was vorbei ist, ist vorbei.

Th   Ja.

M   Vielleicht ist es anerzogen, vielleicht ist es . . .

F   Erworben.

M   Ich weiß es nicht. Es ist sicher von der Lebensform geprägt, aber daß man das schlimm finden soll – sie findet es nämlich schlimm (mit Nachdruck).

Th   Sie haben den Eindruck, sie zwingt Sie fast dazu.

M   Sagen wir, ich habe kein Verständnis dafür, daß man das schlimm findet.

Th   Schlimm finden muß. Sie haben den Eindruck, sie drängt es Ihnen jetzt fast auf?

M   Ja, sozusagen. Ich sollte das schlimm finden, daß ich so bin. (Frau drückt in ihrer Mimik Zweifel aus.) Ja, doch, fast!

F   (Abwägend, nach einer Pause) – Ja – soweit du sagst, «ich kann mich nun mal nicht so freuen und traurig sein, was soll's eigentlich». Ich finde das eigentlich schade, wenn man sich nicht ganz und gar freuen kann. Wenn ich einmal traurig bin, so geht es bei mir meist schnell vorbei, aber vorher bin ich komplett traurig, von der Zehenspitze bis zum Scheitel. Ich empfinde das dann auch stark körperlich, es ist ein eigenartiges Gefühl. Ich finde es persönlich viel schöner, wenn man so stark empfinden kann. Stani, ich finde, daß man reicher ist, wenn man stark empfinden kann, das ist zwar nicht immer ganz gemütlich, es geht ja in beiden Richtungen, aber ich persönlich empfinde es als Bereicherung.

M   Ja.

F   Du gehst da immer gleich in Verteidigung.

M   Nein.

F   Ich drücke mich da vielleicht nicht ganz vorsichtig aus, ich müßte wohl sagen, ich persönlich empfinde . . .

M   Ja, sehr oft ist es mehr kategorisch, du sagst:

«Es *ist* eine Bereicherung. Wenn man das nicht emp- 2. Sitzung
findet, ist man ein Armer.»

F   Nein, das ist deine Verteidigungsstellung.

Th   Ja, nun, er empfindet es so, und es ist sein
Recht, das zu sagen.

F   Ja, das ist der Unterschied, so wie man es
meint und so wie man es sagt, klar.

(Einige Sekunden Pause)

Th   . . . Sofern man es wirklich anders meint.

F   Sofern man es wirklich anders meint – (sin-
niert, lächelt dann) – ja natürlich, wenn man es wirklich anders meint (scheint sich selbst zu ertappen). In
dem Fall meine ich es auch wirklich.

M   Ich empfinde sie relativ oft als intolerant. Ich
mache oft den Fehler, daß ich zu wenig berücksich-
tige, daß das ihre Ausdrucksweise ist, das ist ihre
Art, und ich mache dann schon auch den Fehler, daß
ich das nicht so annehme und ihr sage, du bist wieder
intolerant, das ist natürlich ein Fehler, ich weiß, ich
sollte das auch nicht machen.

Th→M Sie haben offenbar den Eindruck, sie hat
ein festes Bild, wie man sein muß, und drängt Ihnen
das auf?

M   Daß sie gerne ihre Vorstellungen mir aufdrängen möchte, daß sie es gerne hätte, ich wäre so, wie
es ihren Vorstellungen entspricht.

Th→F Was denken Sie dazu?

F   (Sinnierend, in sich gekehrt, nicht mehr so auf
den Mann bezogen) Ich überleg gerade . . .

Helga neigt dazu, Stani zu bedrängen, Gefühle so zu erleben und auszudrücken, wie sie es tut.

Um das therapeutische Gleichgewicht wiederherzustellen,
fördere ich bei Stani die Möglichkeit auszusprechen, wie er sich
von Helga in seinen Gefühlen forciert fühlt und die Empfindung
hat, sie diktiere ihm, was er zu fühlen habe. Helga will sich
verteidigen, was ich konfrontierend in Frage stelle. Helga scheint
von dieser Umkehr der Stimmung ziemlich betroffen. Stani

scheint dabei Schuldgefühle zu bekommen und versucht, Helga mir gegenüber in Schutz zu nehmen.

Die Interdependenz der Verhaltensweisen beider Partner ist eine wichtige Problematik der Paartherapie. Helga spürt, sicher zu Recht, daß Stani die vielen Verlust- und Frustrationserlebnisse seiner frühen Kindheit nicht bewältigt hat und daß er alle damit in Zusammenhang stehenden Gefühle abspaltet. Sie möchte ihm bei der Bewältigung dieser Schwierigkeiten behilflich sein. Die Art ihrer Hilfeleistungen ist andererseits geprägt von ihren eigenen Beziehungsschwierigkeiten, insbesondere von ihrer Tendenz, den Partner auf ein festes Bild zu verpflichten, was und wie er zu denken und zu fühlen habe. Der Nachteil der Paartherapie gegenüber der Einzeltherapie liegt darin, daß man sich nicht einseitig mit den Schwierigkeiten und Fehlhaltungen nur eines Partners beschäftigen kann, der Vorteil aber, daß es unmittelbar erlebbar wird, wie die Partner sich in ihren Fehlhaltungen bestärken: Durch sein gefühlabspaltendes, ausweichendes Verhalten provoziert Stani Helga, ihm die Gefühle zu diktieren. Durch Helgas forcierte Weise wird andererseits seine Gefühlsabwehr verstärkt.

Da die Stunde zu Ende geht und es notwendig wäre, einen Entscheid bezüglich des weiteren Vorgehens zu treffen, frage ich die Partner nach ihren Vorstellungen, gebe aber auch klar zu verstehen, daß ich grundsätzlich zu einer Behandlung bereit wäre.

Th   Ja, es ist jetzt die Frage, ob Sie eine Therapie möchten, und wenn ja, in welcher Form.

F   Ich wäre dafür, wir sind ja schließlich nicht die einzigen, bei denen es kriselt nach dem berühmten Ja-Wort bei der Heirat. In unserem Bekanntenkreis sind da verschiedene Krisenpaare, und die anderen haben eben einen Fernsehapparat.

M   Ich habe schon einmal gesagt, als Lösung brauche ich keinen Fernsehapparat.

Th   (lachend) Jetzt haben Sie die Wahl.

F   Zwischen Fernsehapparat und Therapie. (Alle
lachen.)

M   Vernunftsmäßig meine ich, man sollte es ma-   Erneut wird
chen, daß ich zum Beispiel mit der Zeit mehr Emp-   die Thera-
findungen äußern kann, darüber wärest du erfreut   piemotiva-
(zur Frau gewandt), und ich wäre auch froh, wenn   tion bespro-
bei ihr das gestörte Bewußtsein ...   chen. Stani

F   Selbstbewußtsein.   kann sich
                          positiver zu
M   Selbstbewußtsein verändert werden könnte,   einer Thera-
dann würde sie wohl manches nicht mehr tun, was   pie einstel-
mich jetzt stört: ihre laute Art, sich in den Mittel-   len, ohne
punkt zu stellen. In diesem Sinne könnte die Thera-   daß er aber
pie wirklich etwas bringen.   einen klaren
                               Entscheid
F   Stani, das ist doch gar nicht so schlimm.   ausspricht.

M   Ich empfinde das so, du mußt nicht die letzten
Monate nehmen.

F   Das hat doch geändert dadurch, daß wir darüber diskutiert haben.

M   Da hast du dir auch ein bißchen Mühe gegeben. Das stimmt, das war nicht mehr so schlimm.

F   Ich finde, du solltest das positiv werten.

M   Ich denke dabei nicht an die letzten Monate.

F   Ich finde das aber wichtig, so hat man doch
einen Ansatz.

M   Ja, das stimmt, ja (zum Therapeuten), wenn
diese Erwartungen realistisch und nicht übertrieben sind, so wäre ich gern dabei. Was meinen Sie dazu?

Th   Hm – ja – also von dem, was ich hier heute
gehört habe, scheint es mir wichtig, daß Sie (zu
Helga gewandt) Stani einerseits die Gefühle nicht
aufdrängen, aber daß Sie (zu Stani gewandt) es andererseits auch akzeptieren, wenn sich Helga im Mittelpunkt wohl fühlt. Mir schiene es wichtig, daß
keines von beiden dem anderen ein Bild aufdrängen
soll, das diesem nicht entspricht.

M   Das ist es ja gerade, daß wir in dieser Hinsicht verschieden sind.

Th   Ja, darüber bin ich nicht so sicher. Ich glaube, daß es kein Zufall ist, daß Sie miteinander in Verbindung stehen, ich glaube, daß Sie gegenseitig sich entsprechen, auch wenn scheinbar jedes das Gegenteil vom andern ist.

M   Gegenteil würde ich nicht sagen.

Th   Die Sitzungen finden einmal wöchentlich statt, eine Sitzung dauert jeweils rund 90 Minuten, das Honorar würde dem Krankenkassentarif entsprechen.

M   Wie ist es mit Unterbrüchen?

F→M Weshalb?

M   Weil ich gelegentlich ins Ausland muß. – Ja, aber es würde schon gehen, doch!

(Wir verabschieden uns.)

Ich hoffe, mit meiner Haltung dem Paar in dieser Stunde zwei Dinge vermittelt zu haben, die für die Therapiemotivation und das Therapieziel wichtig sind. Auf der einen Seite unterstütze ich Helga in ihren Bemühungen, Stani zu helfen, seine abgespaltenen Gefühle bezüglich frühkindlicher Frustrationen wahrzunehmen und auszudrücken. Auf der anderen Seite versuche ich aber auch zu zeigen, inwiefern diese Bemühungen sich kontraproduktiv auswirken können, wenn sie Stani allzu stark damit bedrängt. Es scheint mir wichtig, Stani zu zeigen, daß er in der Therapie zwar Gelegenheit hat, die Wahrnehmung von Gefühlen anzustreben, daß dazu aber kein Zwang besteht. In diesem Sinne hat die Therapiesituation auch einen gewissen Vorbildcharakter für die Paarbeziehung: Es geht darum, sich zwar sorgend umeinander zu kümmern, aber unter gleichzeitiger Respektierung von dem, was der Partner an Hilfe von einem akzeptieren will.

Einschätzung der Therapieindikation

Am Ende der 2. Sitzung machte ich mir Gedanken über die Therapieindikation.

1. Diagnostische Einschätzung des Paarkonfliktes
Kollusionsfokus:

Der Paarkonflikt bietet sich im wesentlichen als narzißtische Kollusion an: *Helga* neigt dazu, Stani *in einer funktionalen Weise zu lieben,* als Bild eines idealisierten Vaters, dessen Funktion es ist, sie zu akzeptieren und aufzuwerten. Auf Grund der internalisierten negativen Vaterrepräsentanz erwartet sie aber unbewußt die Enttäuschung. Stani in seiner Identitätsschwäche hat sich primär mit dem idealisierten Vaterbild identifiziert. Sekundär fühlt er sich aber auf ein «falsches Selbst» verpflichtet und weicht der ihm von Helga angetragenen Funktion aus. Je mehr er sich Helgas Ansprüchen entzieht, desto mehr bedrängt sie ihn, und je mehr sie ihn bedrängt, desto mehr entzieht er sich ihr.

Stanis Liebe zu Helga trägt andererseits substitutive Züge: Helga sollte ihn in jenen Persönlichkeitsaspekten ergänzen, die er an sich vermißt: die Fähigkeit, starke Gefühle zu erleben und auszudrükken. Sekundär fühlt er sich aber gerade von dem, womit er sich ergänzen wollte, bedroht, denn seine emotionale Zurückhaltung beruht nicht auf Gefühlsmangel, sondern auf Gefühlshemmung, aus Angst vor deren zerstörerischen Auswirkungen. So verlegt er sich darauf, Helga in ihrem Gefühlsausdruck zu entwerten, womit er sie gerade an ihrer empfindlichsten Stelle trifft. Je mehr er ihre Emotionalität ablehnt, desto mehr neigt sie aus existentieller Gefährdung zur Gefühlsübersteigerung.

Beide setzen den Partner einer Double-bind-Erwartung aus: jeder fordert den anderen auf, sich so zu verhalten, wie er sich gerade nicht verhalten dürfte. Im Grunde sehnen sich beide nach einer absoluten, bedingungslosen Liebe, nach Verschmelzung und Einswerden. Ein Kollusionsfokus läßt sich für beide Partner folgendermaßen formulieren: *«In der Enttäuschung, mit dem Partner nicht symbiotisch verschmelzen zu können, muß ich ihn zerstören, um nicht existentiell gefährdet zu werden.»*

Neben der narzißtischen Kollusion spielt auch ein Mutter-Kind-Aspekt zwischen Frau und Mann mit, der die Beziehung wesentlich stabilisiert.

Bisherige Lösungsversuche, Therapiemotivation und therapeutischer Spielraum:
In beidseitigen außerehelichen Beziehungen hatte jeder der Partner versucht, sich in seiner Beziehungsfähigkeit zu bestätigen und sich gegenüber dem Partner abzugrenzen. Das Aufgeben der außerehelichen Beziehungen würde diese Distanzierungsbemühungen gefährden. Bei der starken Scheu des Mannes, sich auf irgend etwas festzulegen, ist seine Therapiemotivation schwer einzuschätzen. Andererseits stellt sich bei Helga die Frage, ob sie bereit ist, ihr eheliches Leitbild zu verändern. Der therapeutische Spielraum ist wenig durch äußere Gegebenheiten eingeengt: Bei der Teilzeitarbeit von Helga in ihrem gelernten Beruf besteht keine schwere finanzielle Abhängigkeit. Das Paar ist äußerlich noch nicht so weit etabliert, daß die äußeren Verhältnisse einer Trennung entgegenstehen würden. Im Falle einer Trennung werden die zwei noch nicht einmal schulreifen Kinder das Hauptproblem bilden.

Konfliktfreie Bereiche und stabilisierende Ressourcen:
Die Partner entsprechen sich bezüglich Intelligenz und Bildung. Beide sind psychologischen Gedankengängen aufgeschlossen. In ihrer Kleidung, ihrem Gehaben, ihren Interessen und Lebensvorstellungen entsprechen sie einander weitgehend. Beide zeigen eine gute Lebensbewährung und haben viele Bereiche in ihrer Beziehung, wo sie sich durchaus verstehen und miteinander konstruktiv zusammenarbeiten. Sie haben einen gemeinsamen Freundeskreis, mit dem sie in einem regen Austausch stehen. Die Kindererziehung bildet eine starke und relativ konfliktfreie Basis. Die Kinder scheinen nicht benutzt zu werden, um gegeneinander zu agieren und zu intrigieren. Da die Kinder noch klein sind, liegt beiden viel an einer positiven Gestaltung des Familienlebens.

2. Zielsetzung der Therapie

Das Idealziel wäre, daß beide Partner einander aus ihren widersprüchlichen Erwartungen entlassen. Die Therapie sollte Helga helfen – eventuell über den Umweg einer Vater-Übertragung auf den Therapeuten –, ein besseres Vaterbild aufzubauen und sich selber besser zu akzeptieren. Stani sollte versuchen, seine Gefühlshemmungen Helga gegenüber – eventuell unter dem Schutze der therapeutischen Situation – abzubauen und zu erfahren, daß die Äußerung aggressiver Regungen die Partnerbeziehung nicht zerstört (wie er es auf Grund seiner frühkindlichen Erfahrungen erwartet) und Liebesgefühle ihn nicht zur persönlichen Selbstaufgabe verpflichten. Beide Partner sollten lernen, sich voneinander klarer abzugrenzen. Das *Realziel* wäre, daß die Partner sich selbst und den anderen in den eigenen Begrenzungen akzeptieren würden und lernen könnten, mit ihrer eingeschränkten Beziehungsfähigkeit umzugehen. Womöglich sollten sie auf destruktive Nähe-Distanz-Spiele und Einbezug von Drittpersonen (außereheliche Beziehungen) zum Zweck der provozierenden Abgrenzung verzichten.

3. Zur Verfügung stehende Therapiemethode

Die Paartherapie scheint mir eine geeignete Methode, um die Kollusion zu bearbeiten und womöglich das Realziel zu erreichen. Eventuell ließe sich damit auch der Boden für eine vertiefte analytische Einzeltherapie legen, die dem Aufbau eines besseren Selbst dienen müßte. Die äußeren Rahmenbedingungen für eine Paartherapie liegen vor. Ich habe den Eindruck, daß das Paar mit dem ihm angebotenen Therapieverfahren konstruktiv arbeiten kann.

4. Motivation des Therapeuten

Ich habe den Eindruck, mit beiden Partnern eine gute Beziehung hergestellt zu haben und für beide Sympathie empfinden zu können. Das Problem des Paares ist mir aus der eigenen Eheerfahrung bekannt, bildet aber zwischen meiner Frau und mir keinen aktuellen Konflikt.

Dritte Sitzung vom 26. September

Übersicht

Stani hat Angst, in der Therapie auf die Liebe zu Helga verpflich-
tet zu werden, Helga möchte von ihren absoluten Ansprüchen an
eine Beziehung nicht abrücken, sondern lieber die Beziehung
abbrechen als sich mit Halbherzigkeiten abfinden. Stanis Aus-
weichtendenzen haben für mich als Therapeuten etwas Provo-
zierendes. Ich möchte ihn festnageln auf einen Entscheid für oder
gegen eine Therapie und verwickle mich mit ihm dabei in eine
ähnliche Kollusion, wie sie zwischen Helga und ihm besteht. Die
Deutung dieses Geschehens als therapeutische Kollusion *verbes-*
sert das Klima wesentlich. Stani gibt ganz ähnliche Konflikte
preis, wie sie für Helga bestehen: Auch er sehnt sich im Grunde
nach einer exklusiven Liebe, nach einer Frau, die absolut und
bedingungslos zu ihm steht. Obwohl ihm die heftigen Gefühls-
ausbrüche und der absolute Anspruch auf Treue von Helga un-
angenehm sind, ist er doch gleichzeitig davon fasziniert, da sie
ihm Beweis inniger Liebe sind. Seine außerehelichen Beziehun-
gen dienen vor allem der Absicherung in seiner Angst, früher
oder später von Helga im Stich gelassen zu werden. Er muß sich
Frauen – oder Ersatzmütter – auf Reserve halten. Er fühlt sich
andererseits zutiefst gekränkt, daß Helga außereheliche Bezie-
hungen eingegangen ist. Er setzt Helga widersprüchlichen Er-
wartungen aus: Einerseits sollte sie absolut und ungeteilt zu ihm
stehen und nur für ihn dasein, andererseits sollte sie nichts von
ihm erwarten und keinerlei Ansprüche an ihn stellen. Helga
bedrängt Stani in inquisitorischer Weise, bis er sie verletzend
zurückweist und sie in ihrem Mißtrauen bestätigt. Das Anstreben
absoluter Offenheit zwischen den Partnern wird in dieser Phase
durch mich eingeschränkt, weil sie benutzt zu werden droht, um
sich gegenseitig zu verletzen und zurückzustoßen.

Zum weiteren Verlauf:

Zwei Monate nach dem zweiten Gespräch teile ich dem Paar mit,
ich wäre grundsätzlich in der Lage, mit einer Paartherapie zu

beginnen. Daraufhin telefoniert Stani mit mir und bittet um ein Gespräch allein, ohne Helga. Er habe sich in der Zwischenzeit von der Familie getrennt. Er müsse mir offenbaren, daß er noch eine langjährige Beziehung zu einer anderen Freundin habe, die er bis dahin vor Helga – und vor der Freundin, mit der er zusammen lebe – verheimlicht habe. Er wisse nun nicht, ob er Helga ein Geständnis ablegen solle, bevor er mit der Therapie beginne. Ich bestelle Stani zu einem Einzelgespräch. Dies widerspricht an sich meinem Grundsatz: Wenn ich mit einer Paartherapie begonnen habe, führe ich keine Einzelgespräche ohne Information des Partners durch und schon gar nicht, um in Geheimnisse eingeführt zu werden, über die der Partner noch nichts weiß. Allzuleicht wird man nämlich zum heimlichen Vertrauten des einen Partners und ist in seiner therapeutischen Aktionsfreiheit nachträglich behindert. Bin ich aber von Anfang an nur über Dinge orientiert, die in der Paarsituation ausgesprochen werden, kann ich mich freier in den Prozeß einlassen und alles äußern, was die Gespräche in mir an Einfällen und Interpretationen auslösen. In diesem Fall habe ich nicht den Eindruck, Stani möchte mich zum heimlichen Vertrauten machen, sondern er telefoniere mit mir, um mit der Paartherapie besser zurechtzukommen. Wir wenden uns schon bald dem viel prinzipielleren Problem der Zielsetzung der Therapie zu. Er äußert erneut Zweifel, ob diese Therapie bei ihnen angezeigt sei. Er glaubt, jemand zu sein, der sich schlecht an eine einzige Person binden kann. Es gibt immer noch andere Frauen, die ihn sexuell anziehen. Es sei ihm gar kein Bedürfnis, ein enges und exklusives Paar zu bilden. Auf der anderen Seite möchte er die Beziehung zu Helga nicht auflösen, schon der Kinder wegen nicht. Ich habe den Eindruck, daß Stani große Angst vor den zwingenden und bedrängenden Erwartungen Helgas hat und deshalb stark auf Wahrung von äußerer Distanz und ausreichenden Fluchtmöglichkeiten bedacht ist. Er befürchtet, sich selbst aufgeben zu müssen, wenn er stark unter Helgas Kontrolle gerät. Bei dem spürbaren Absolutheitsanspruch Helgas ist es andererseits fragwürdig, ob sie eine Ehe auf verdünnter Basis akzeptieren kann.

Ich erkläre Stani die Therapieziele. Am wichtigsten erscheint mir eine offene Kommunikation mit dem Bemühen, sich gegenseitig in seinen Möglichkeiten und Grenzen zu akzeptieren, wobei offenbleiben müsse, ob eine derartige Beziehungsform für beide akzeptabel sei oder ob man auseinandergehen möchte. Wieweit die Therapie dazu verhelfen könne, sich persönlich näherzukommen und die Beziehung zu intensivieren, werde sich erweisen. Stani äußert die Absicht, die in der Zwischenzeit vollzogene äußere Trennung wieder aufzuheben, zu Helga zurückzukehren und seine außerehelichen Kontakte abzubrechen.

Man könnte sich als Therapeut freuen, daß bereits nach dem zweiten Gespräch außereheliche Beziehungen aufgegeben werden und zuvor getrennt Lebende wieder zueinander ziehen. Derartige Angebote werden zu Beginn einer Paartherapie oft gemacht. Nicht selten geht es Partnern bereits nach wenigen Gesprächen wesentlich besser, ja, gelegentlich wird ein zweiter Honey-moon erlebt. Solche Blitzerfolge sind jedoch kaum von Dauer, so daß ich im Laufe der Jahre eher dazu gekommen bin, die Paare anzuhalten, äußeres Verhalten vorläufig nicht zu verändern, sondern sich mit den Hintergründen und dem Wesen ihrer Schwierigkeiten zu befassen. Durch vorschnelle Verhaltensänderung kann man sich nämlich den Vorwürfen und Angriffen des Partners entziehen und macht eine vertiefte Auseinandersetzung mit der Krise gegenstandslos. Ich stelle mich hier in einen gewissen Gegensatz zu vielen Therapeuten, die erpicht sind auf rasche, konkrete Verhaltensänderung. Ich riet Stani, vorläufig an seiner Situation nichts zu ändern. Wenn ihm am Geständnis der außerehelichen Beziehung liege, so könne er dieses in der Therapiestunde vorbringen. Ich wies aber seinen Wunsch ab, an seiner Stelle Helga zu informieren.

Wenige Stunden vor der nächsten Therapiestunde informierte er Helga über seine außereheliche Beziehung. In Tränen aufgelöst, erschien sie zur dritten Stunde.

Es folgen nun Ausschnitte aus der dritten Sitzung.

Th Wie geht es?

M Jeden Tag auf und ab. Vielleicht können wir darauf eingehen, daß sie gerade heute nachmittag gesagt hat, sie halte es so nicht mehr aus (die Frau sitzt mit gespanntem, finsterem Ausdruck da, der Mann wirkt aktiver und engagierter). Vielleicht können wir einmal darüber sprechen, was sie stört.

F Es ist sehr unterschiedlich (wegwerfendes Schulterzucken).

M Vielleicht wäre es besser, du sagst zuerst, wie die Situation ist.

F Ja, es ist unterschiedlich, manchmal ist es gut, vielleicht bin ich stimmungslabil, ich bin immer hin und her gerissen. Es ist einfach die Situation, daß Stani immer wieder da ist, Montag, Dienstag und Mittwoch bringt er die Kinder ins Bett, oder dann will er das Auto haben und bringt es morgens zurück . . . und daß er mehr oder weniger doch immer da ist. Teilweise finde ich das ja gut, auch für die Kinder, aber ich halte das nicht mehr aus. Dann fühle ich mich wieder zu ihm hingezogen, und dann ist es doch wieder nichts, und dann stehen die Pantoffeln von ihm herum, einmal stören sie mich, und dann sag ich wieder: Morgen ist es vielleicht schon wieder anders. Dieser dauernde Wechsel. Eine Scheidung wäre für mich doch das Beste. Andererseits sage ich mir, er hat ein gutes Verhältnis zu den Kindern, für die ist es besser, so wie es ist. Aber ich halte das zeitlich nicht aus, ich finde das schrecklich, und überhaupt diese Unsicherheit. Aber manches Mal ist das wieder ganz anders, da haben wir wieder den Plausch. Manchmal denk ich: Schluß, fertig (macht mit den Händen Bewegungen, als ob sie etwas durchschneiden müßte), dann habe ich wenigstens was. Dann weiß ich, wo ich steh, und kann mich wieder anders orientieren, auch wenn es im

Helga denkt, bei der dau-

ernden Unsi-
cherheit über
Stanis Liebe
würde eine
Scheidung
eine klare Si-
tuation
schaffen.

Moment schwer ist. Ich glaube, daß ich mit endgültigen Situationen viel besser fertig werde als mit
diesem Herumhängen und Unsichersein. Es wäre
eine klare Linie, auch wenn es für kurze Zeit schwerer wäre. Dann werde ich auch viel aktiver, sonst
hänge ich so herum, werde passiv, warte ab und
denke, was kommt denn jetzt eigentlich. Wenn ich
eine klare Linie habe, werde ich viel aktiver.

Das therapeutische Klima hat sich gegenüber der zweiten
Sitzung wesentlich verändert. War damals Helga in der überlegenen Position eines Therapeuten und wirkte Stani kindlich und
regrediert, so sitzt er diesmal gelassener da, während Helga
ihrem Schmerz und ihrer Verzweiflung mit weinerlicher Stimme
Ausdruck gibt. Helga wirkt jetzt regredierter, verunsicherter, in
ihrer Sprache weniger kohärent und prägnant. Ich habe den
Eindruck, Stani biete mir seine verzweifelte Frau an und überlas-
se es mir, mit ihren Problemen fertig zu werden.

Th→M Leiden Sie eigentlich auch unter diesem
Zustand?
M   Viel weniger.
Th   Ihnen ist es noch ziemlich wohl so?
M   Wohl, das wäre etwas übertrieben, aber ausgesprochen leiden eigentlich nicht. Und überhaupt ist
die Situation häufig so, daß ich mir sage: Ach, das ist
doch alles Scheiße.
F→M Aber letzten Donnerstag abend hatte ich
wirklich das Gefühl, du habest gelitten.
M   Ja, manchmal schon.
F→Th Ja, das geht natürlich auf und ab, mal so, mal
so. Ich leide auch nicht ständig darunter, und was
auch noch ein Problem ist, ich lebe ja mit den Kindern im Haus, und der Peter (ihr Freund) geht dauernd ein und aus. Bisher wissen aber die Hausbe-
wohner noch nicht, daß Stani woanders wohnt. Ich

weiß nicht, was sie denken, und ich würde am liebsten zu den Hausbewohnern gehen und sagen: Ich
lebe getrennt, mein Mann lebt bei seiner Freundin
und ich mit meinem Freund. Aber jetzt ist die Situation so, daß ich denke, sie sollten es vielleicht doch
nicht wissen, daß das dauernd heimlich geht, und
das ist eine dauernde Spannung, in der ich lebe, so
daß ich denke, wir sollten möglichst nicht miteinander ins Auto steigen. Ich möchte doch lieber klaren
Wein einschenken, und das habe ich jetzt lang genug
erlebt, daß du alles viel geschickter hintenherum
machst und ich immer die Böse bin. Das stinkt mir
manchmal. Das ist auch so eine Situation, unter der
ich leide, da fühle ich mich im Nachteil und empfinde das als ungerecht.

Th   Leben Sie mit Peter zusammen?

F   Nein, das nicht.

Th→M Sie leben allein oder bei der Freundin?

M   Bei der Freundin.

Th→F Weshalb wohnen Sie nicht mit Peter zusammen?

F   Ja, es ist vor allem wegen der Nachbarn. Die
Hausbesitzerin wohnt gerade über uns. Es ist ein
älteres Fräulein, und ich weiß nicht, was die dazu
denken würde, ob die uns nicht noch womöglich die
Wohnung kündigen würde. Ich kann nichts dazu
machen, aber es macht mich aggressiv, weil es einfach ungerecht ist. Dieser Druck ist wirklich
schlimm für mich. Es gibt mir das Gefühl – vielleicht
ist das auch noch die Erziehung –, daß man doch
etwas Unrechtes tut.

Mir ist es nicht recht wohl. Stani wirkt unbeteiligt, zeitweise
hält er wieder schützend seine Hand vor seine zu Helga gewand-
te Wange. Zeitweilig blickt er vor sich hin und spielt mit den
Fingern. Helga bringt ihre Klagen zwar mit Bitterkeit vor, wirkt

aber auch wenig auf die Therapie bezogen. Aus dem Bedürfnis, «wieder mehr zur Sache» zu kommen, etwas Dynamik in die Therapie zu bringen, stelle ich eine konfrontierende Frage.

Th Aber es ist mir einfach nicht recht klar, was hält Sie überhaupt noch zusammen?

F Uns beide?

(Längere Pause, beide blicken zuerst stumm vor sich hin, dann wenden sie sich einander zu und blicken sich schweigend an.)

F Ich hänge noch an Stani, wie das genau ist, weiß ich nicht, wie genau ich reagiere, weiß ich nicht. Aber ich merke in den letzten zwei Tagen, daß ich mich doch zu ihm gezogen fühle, auch wenn ich mit Peter zusammenkomme. Wenn Stani wieder da ist, fühle ich mich doch zu ihm hingezogen, weshalb genau, kann ich nicht sagen.

M Ist es nicht etwa die Gewohnheit? Du hast mich auch gefragt, ich habe gesagt, zu einem großen Teil ist es die Gewohnheit.

F Diese Gewohnheit, das, was uns vertraut ist, das ist bei mir eigentlich verlorengegangen. Ich weiß es nicht genau.

Th→M Und bei Ihnen?

M Vor allem die Kinder und die Atmosphäre, das ist bei ihr natürlich auch, Familie, Wohnung, alles, was wir bis dahin hatten, das würde fehlen, und das möchte ich gern behalten. Natürlich kann ich das mit jemand anderem später auch haben, im Moment aber nicht. Irgendwie habe ich doch noch eine gewisse Beziehung zu ihr. Aber zu einem großen Teil ist es eben doch die Gewohnheit, ich weiß, wie sie ist – es ist nicht das Bedürfnis, mit ihr intim zu sein, solche Sachen sind nicht vorhanden.

Th   Überhaupt nicht?

M   Nein, das heißt, es war einmal vor ein paar Wochen so, daß ich mir sagte, eigentlich könnte ich mit ihr auch wieder zärtlich sein, aber das ist sehr selten.

Th   Ja, daß Sie überhaupt kein Bedürfnis danach haben oder daß Sie denken, wenn sie sich etwas anders verhalten würde, hätte ich im Grunde genommen ein Bedürfnis.

M   Ich glaube schon, daß die Anziehung wieder stärker werden würde, wenn gewisse Umstände anders wären, das glaube ich.

Th   Was müßte denn anders sein?

M   Daß, wenn wir zusammen wären, es wirklich ruhig wäre. Es ist trotz allem immer eine Spannung da, eine sehr große Spannung, manchmal ist es an der Oberfläche ziemlich unangenehm, oftmals ist es nur unterschwellig da. Wenn das nicht da wäre, hätte ich vielleicht eine viel größere Möglichkeit, mich ihr zu nähern. Wahrscheinlich sie auch. Dann wären gewisse Voraussetzungen besser, wieweit aber eine Anziehung bei mir da ist, kann ich auch nicht sagen, aber ich stelle mir vor (Therapeut möchte intervenieren, Mann aber hebt seine Stimme an) . . . aber ich stelle mir vor, es könnte sich bessern.

Th   Ich komme einfach nicht recht drauf, wieweit Sie für eine Therapie motiviert sind. Therapie würde im Prinzip heißen, daß man es im Grunde genommen wünschen würde, wieder enger beieinander zu sein, aber es sind gewisse Hindernisse da, die – wenn irgend möglich – in der Therapie behoben werden sollten.

M   Mit Beieinandersein meinen Sie natürlich gefühlsmäßig?

Th   Ja, daß man sich irgendwie als Paar fühlt, in einer speziellen Weise einander etwas angeht.

Stani verhält sich auch in der Therapie ausweichend und unfaßbar, was den Therapeuten zunehmend verärgert. Der Therapeut beginnt in seinen Formulierungen die Kontrolle zu verlieren.

239

Ich fühle mich von Stanis lässiger Widerstandshaltung frustriert und frage mich, ob wir überhaupt eine ausreichende Basis für eine Therapie haben, wenn er so wenig Engagement zeigt. Ich spüre in mir Ärger aufkommen, der sich in meiner gespannten und gedehnteren Artikulation zeigt. Für mein therapeutisches Engagement wäre wichtig zu wissen: Bleibt dieses Paar nur aus Gewohnheit und Angst vor dem Ungewissen zusammen, oder besteht eine positive Motivation, an der Beziehung zu arbeiten?

> M Es ist natürlich sehr schwer zu sagen, solange ich mit meiner Frau zufrieden wäre, hätte ich nicht unbedingt das Bedürfnis, meine Befriedigung anderswo zu suchen.
>
> Th Mh.
>
> M Das bezieht sich natürlich auch auf sie. Wenn wir natürlich nach Neuseeland gehen würden, müßten wir uns innerlich aufeinander einspielen und einstellen. Die jetzige Situation verhindert das aber. Andererseits glaube ich, daß wir beide – ich jedenfalls – Angst haben, das alles über den Haufen zu werfen und mit ihr wieder neu zu beginnen, also hinzugehen und diese spannungsgeladene Situation zu ertragen in der Hoffnung, es werde sich irgend einmal bessern.
>
> F (schüttelt verständnislos den Kopf) Warum hast du denn – das hast du doch letzthin einmal gesagt, warum hast du überhaupt jetzt Angst, alles zu verlieren, im Grunde genommen kannst du es doch so weich und schön mit jemand anderem einrichten. Du kannst zwar keine Kinder mehr bekommen (Stani ist unterbunden), das willst du ja auch nicht, wie du mir gesagt hast, aber . . .
>
> M Die möchte ich auch nicht verlieren, wenn ich schon keine mehr haben kann.
>
> F Aber warum hast du Angst davor, alles zu verlieren?

M   Es ist nicht . . .
F   So hast du es ausgedrückt.
M   Ja, ja, es ist nicht eine wohldefinierbare Angst, es ist einfach die Situation, es ist so unsicher. In dieser Unsicherheit spüre ich manchmal, daß jede Möglichkeit drinliegt.
F   Was meinst du?
M   Daß ich zu dir komme oder in einer anderen Beziehung bleibe. Oder es liegt natürlich auch die Möglichkeit drin, daß in deinen Augen alles verlorengeht. Da habe ich auch Angst, alles zu verlieren. Es könnte auch sein, daß Renate (seine Freundin) einen anderen kennenlernt, und du schürst natürlich diese Angst.

Stani wirkt jetzt etwas beteiligter. Er bringt einen unerwarteten Aspekt: Er mutet nicht nur seiner Frau das Gefühl einer dauernden Unsicherheit zu, ob er bei ihr bleiben oder sie verlassen möchte, sondern tönt eigene Ängste an, von allen Frauen verlassen zu werden.

F   Ja, das stimmt schon, daß ich das so sehen würde, denn einerseits ist es so, daß Stani eine Beziehung haben will mit einer Frau, wo er sich sicher fühlen kann, daß die Frau nicht ausflippt.
M   Ausflippen durchaus, wenn ich weiß, daß ich Nummer eins bin, sagen wir es so.
Th   Ja . . .
F   (fällt dem Therapeuten ins Wort) Aber das bist du ja bei ihr, aber du hast immer wieder gesagt, es fehle dir das Vertrauen und die Sicherheit bei ihr. Du möchtest gerne eine Beziehung haben zu einer Frau, wo du sicher bist, geborgen bist. Gut, wenn sie einmal ausflippt, das würdest du schlucken, aber da ist schon wieder die Unsicherheit, zu der du das Vertrauen hast und du sicher bist.

Th→M   Aber haben Sie das bei Helga nicht?

M   Jetzt nicht.

Th   Wäre das für Sie überhaupt ein erstrebenswertes Ziel?

M   Als generelles Ziel, ja.

Th   Möchten Sie bei Ihrer Frau Nummer eins sein? Also gelegentliches Ausflippen gestattet? Aber quasi doch so, daß Sie eindeutig Nummer eins wären? Daß Sie ein Paar wären miteinander?

M   Wenn ich das jetzt einfach mit ja beantworte, ist es allzu verpflichtend, wenn man in die Einzelheiten geht. Mit nein kann ich das auch nicht beantworten.

Th   Es ist einfach immer die gleiche Frage, ob Sie überhaupt motiviert sind für eine Therapie.

M   (versucht sich zu erklären).

Th   (läßt ihn nicht zu Wort kommen, spricht mit verstärkter Stimme) Für eine Therapie sollte es im Prinzip doch so sein, daß Sie möchten. Es mag sein, daß Sie gewisse Ängste haben, gewisse Wünsche, wie Helga anders sein sollte, aber im Prinzip ginge es um die Frage, ob es doch die Frau ist, mit der Sie im Grunde zusammen leben möchten.

M   (besinnlich) . . . Wenn Sie es so sagen, müßte ich vielleicht doch sagen, es sei so nicht richtig. So wie unsere Beziehung jetzt ist, wäre es natürlich nicht die Frau, die ich haben möchte. Verstehen Sie mich recht, nicht die Idealfrau.

F   (sitzt mit verschränkten Armen da und sieht in zunehmender Spannung gegen die Zimmerdecke).

Th   Ja, das gibt es ja meistens nicht (etwas spitz und ärgerlich).

M   Genau . . . nun, ich glaube schon, daß ich durchaus mit ihr erreichen möchte, daß es wieder besser wird, geborgener und vertrauter, das glaube ich schon.

Der Therapeut bedrängt Stani in recht massiver Weise, für oder gegen eine therapeutische Zusammenarbeit Stellung zu beziehen.

242

Th   Also so: Würden Sie das als ein Anliegen empfinden, quasi jetzt in der Therapie an Ihrer Beziehung zu arbeiten, um zu sehen, ob man sich dann
wieder näherkommen könnte?
M   Das war ja das Ziel, weshalb ich nochmals zu
Ihnen kam, weil ich das klären möchte. Ich möchte
einfach unsere Beziehung klären. Ich glaube, wenn
wir die Beziehung geklärt haben, weshalb ich immer
noch Angst habe wie früher und viel andere Sachen,
wenn solche Ängste nicht mehr vorhanden sind,
dann könnten wir vielleicht viel klarersehen, ob wir
wirklich neu anfangen möchten.

Als Therapeut reagiere ich immer ungehaltener und bedränge
Stani, endlich einmal Stellung zu beziehen, was er eigentlich
möchte. Es ärgert mich zunehmend, daß er jeder Frage immer
wieder ausweicht. Ich lasse mich zu Äußerungen provozieren,
die im Grunde nicht meiner theoretischen Überzeugung entsprechen. Ich stelle Therapie nicht mehr dar als Versuch, die
Beziehung zu klären, sondern als Bemühung, die Liebe zueinander wiederherzustellen. Mit diesem Verlust der therapeutischen
Kontrolle verwickle ich mich mit Stani zunehmend in eine Kollusion. Stani konstelliert die Beziehung zu mir so, daß mir ganz
ähnliche Gefühle aufkommen wie seiner Frau. Genau wie Helga
fühle ich mich von Stani betrogen, da er in den ersten Behand-
lungsstunden den Anschein erweckt hatte, als ob er echt für eine
Therapie motiviert wäre, als ob er zwar durch Ängste in der
Beziehung zur Frau behindert sei, aber es für ihn doch fraglos
feststehe, daß er im Grunde genommen Helga lieben möchte. Ich
glaubte, er wäre daran interessiert, sich mit mir in eine therapeutische Beziehung einzulassen. So wie ich jetzt reagiere, ist spürbar, daß ich von Stani ein Bekenntnis zur Therapie erwarte. Daß
er dieser Forderung immer ausweicht, bedeutet für mich als
Therapeut eine narzißtische Kränkung, der ich recht direkt Ausdruck verleihe.

Th Sie haben offenbar jetzt eine gewisse Angst, Sie müssen sich zu einem Bekenntnis verpflichten, wenn ich Sie so frage.

M Ja, ich habe versucht klarzulegen, daß, wenn ich jetzt einfach ja sage, dann würde es nachträglich heißen, du hast ja gesagt. Ich finde, das ist etwas, das man zuerst klären müßte.

Th Ja, ja. – (Pause) –

M Ich meine, auch bei ihr ist es das gleiche.

Th Ich glaube, daß das vielleicht jetzt überhaupt ein Problem ist zwischen Ihnen, daß Sie (die Frau) vielleicht die Tendenz haben, ihn zu einer Stellungnahme zu bringen und er sich wohl davor besonders scheut.

F Nein, das nun eigentlich nicht. Ich meine – äh –, nein, das habe ich nicht versucht. Ich habe mich sehr zurückgehalten.

M Aber das, was ich dir gestern abend vorgeworfen habe, kommt relativ oft vor, daß du nur immer sagst: «Du kannst es ja nicht ... du willst es ja nicht ...» aber sag doch du endlich einmal, was du willst, erwarte nicht nur immer von mir etwas, red mal von deinen Gefühlen. Ich habe den Eindruck, daß da manches unklar ist.

F Ja – ich habe mich schon geäußert, ich habe dir ja neulich erklärt, wie ich das sehe – ich weiß nicht, ob du das immer wieder vergißt.

M Du erklärst es eben ziemlich generell und in Allgemeinsätzen. Du weichst aus.

F (mit erhobener Stimme) Du kannst ja fragen, was du nicht weißt.

M Das war auch in andern Situationen so, daß du alles so drehst, daß du sagen kannst: Du willst ja sowieso nicht.

F (sitzt mit hochgezogenen Schultern da und sieht den Mann von der Seite her feindselig an).

M   Du hast schon öfters alles zurückgedreht.

F   Jetzt weiß ich genausoviel wie am Anfang.

M   Oft kamen Aggressionen von dir, und dann haben wir aufgehört.

F→Th Das geht mir wohl oft so, das macht man wohl manchmal so, daß dir immer nur das Negative im Gedächtnis bleibt.

M   Sag nicht immer.

F   Daß ihm nur das Negative im Gedächtnis bleibt. (Frau spricht mit schriller Stimme.) Er empfindet das stärker und vergißt das andere ganz. Er soll doch einmal an das andere denken.

Th   Ja – ich denke jetzt nur, Sie (Helga) haben gesagt, Sie möchten einmal wissen, wo Sie stehen, und das ist ja die Schwierigkeit Ihnen (Stani) gegenüber, die jetzt auch ich spüre, daß ich auch immer möchte, daß Sie einmal sagen, wo wir jetzt stehen. Ich spüre schon, es ist wahrscheinlich für Sie schwierig, sich so festzulegen und zu verpflichten, aber umgekehrt verstehe ich auch Sie (Helga), daß Sie Mühe haben, das auszuhalten.

Der Therapeut merkt, daß er sich mit Stani in einen ähnlichen Konflikt verwickelt hat wie Helga und bearbeitet diesen als therapeutische Kollusion.

Das Zwiegespräch der Partner hat mir etwas Zeit gegeben, mir über meine Gefühlsreaktionen klarzuwerden. Ich bin in eine zunehmende Spannung gegen Stani hineingeraten und ertappe mich nun dabei, daß ich genau gleich auf Stani reagiere wie Helga. Im Unterschied zu Helga bin ich aber dank der therapeutischen Distanz eher in der Lage, diese Kollusion, die sich zwischen uns einspielt, zu deuten. Es ist zu einer Eskalation gekommen zwischen meiner Forderung, sich festzulegen, und seinem Ausweichen vor jeder verbindlichen Stellungnahme. Diese Deutung ist für uns alle drei wichtig. In erster Linie kann ich mich selbst entspannen damit, daß mir meine Gefühlsreaktionen klarerwerden und ich diese aussprechen kann. Die Deutung ist für Stani wichtig, einerseits um die zunehmende gespannte Reaktionsweise von mir besser verstehen zu können, aber auch um zu sehen, inwiefern er in anderen Personen ähnliche Gefühlsreaktionen auslöst wie bei Helga. Die Deutung ist für Helga wichtig, weil mein therapeutisches Verhalten einen gewissen Vorbildcharakter für die Bewältigung von Partnerkonflikten haben kann. Ich zeige ihr, daß ich zwar ähnlich auf Stani reagiere wie sie und mich somit mit ihr zu identifizieren vermag, ich zeige ihr aber ebenso, daß das Beharren auf dieser Reaktionsweise zu nichts führt, und daß ich an mich selbst die Forderung stellen muß, Stani so zu akzeptieren wie er ist, ohne ihm ein Bild aufdrängen zu wollen, wie ich ihn gerne haben möchte. Stani fühlt sich offensichtlich durch die Deutung im Rahmen dieser *Kollusion* verstanden und honoriert das in der Folge mit einer besseren Fähigkeit, seine Vorbehalte zu erklären.

M   Ich sehe oft selbst nicht, wo ich stehe. Deshalb ist es vielleicht auch schwierig, das zu sagen. Die Beziehung zu ihr als Frau ist nicht vorhanden. Dafür habe ich jetzt eine sexuelle Beziehung zur Freundin. Alles andere tendiert sehr stark auf ihre (Helgas) Seite hin.

Stanis Angst, Helga zu enttäuschen, ist im Sexuellen am stärksten.

Th   Befürchten Sie, wenn Sie mit ihr (Helga) wieder sexuelle Beziehungen hätten, sich damit auch festzulegen?

M   Weniger die Festlegung als die Enttäuschung beiderseits.

Th   Was wäre dann die Enttäuschung?

M   Daß wir gegenseitig nicht zufrieden sind.

Th   Daß es sexuell nicht klappt?

M   Ja, rein biologisch klappt es, aber empfindungsmäßig nicht, davor habe ich Angst. Das können Sie ja vielleicht verstehen.

F   (wirkt in sich versunken).

M   Nach allem, was du mir von Peter erzählt hast.

F   Und du . . .

M   (läßt sie nicht zu Wort kommen) Und vor allem möchte ich auch meine Einstellung besser ken-

nenlernen, meine Wünsche . . . äh . . . ich habe noch
im Herbst gedacht und auch im Frühling, daß eigentlich eine Annäherung nicht unbedingt nur, aber
sehr stark, über eine sexuelle Annäherung geschehen
könnte. Für eine kurze Zeit hatten wir diesen Eindruck, daß es vielleicht richtig ist.

F   Ich nicht.

M   Doch, in Amerika.

F   Ja, damals.

M   Ja, ja, gut, aber dann sind wieder andere Sachen dazugekommen.

F   Nein, das war ganz anders. Bevor das Sexuelle
geht, muß das andere einmal abgebaut sein. Ich kann
mich ja schließlich nicht ins Bett legen mit jemandem, den ich hasse. Du kannst das vielleicht eher, ich
persönlich nicht. Und in Amerika, da waren an sich
günstige Voraussetzungen. Die Kinder waren weg.
Es ist dann im Laufe der Zeit doch bessergegangen,
und es ist dann auch im Sexuellen wieder ganz gutgegangen. Nach so langer Zeit kann es ja dann auch
nicht grad sofort wieder gutgehen.

Th   Wann war das?

F   Im März . . . und dann sind wir zurückgekehrt
im Bewußtsein, ja, es wird eigentlich wieder gehen,
und dann hat Stani mit einer anderen angefangen,
und ich hatte schon geglaubt – weil du es auch gesagt
hast . . .

M   Was habe ich gesagt?

F   Daß es so schön ist mit mir und daß du dich
freust und daß du mich gern hast, und da habe ich
natürlich gedacht, ja . . . nicht etwa, daß ich gleich
begeistert war, Hoffnung nur auf Sparflamme, und
dann hat Stani wieder mit einer anderen was angefangen, und ich habe den Kopf geschüttelt und gedacht, es bleibt doch alles beim alten. Vor den Sommerferien war es dasselbe, ich bin enttäuscht worden.

Th   Spielt da auf beiden Seiten die Befürchtung
mit, daß es mit dem andern Partner schöner war,
also Sie (Stani) befürchten, Helga hat es mit Peter
schöner, und Sie (Helga) denken, er mit den andern
Frauen?
F   Ja, sicher, das spielt eine große Rolle.
M   Mh.
Th   Bei Ihnen auch?
M   Ja.
Th   Daß Sie das blockiert zueinander?
F   Ja, wahrscheinlich schon. (Helga wirkt jetzt
viel gelöster und aufgeräumter, Stani etwas besinn-
lich, stark auf das Thema bezogen.)
– Pause –

F   Nach so langer Zeit mit dem andern Partner ist
es schon schwierig, glaube ich.
Th   Haben diese anderen Partnerbeziehungen, die
Sie beide haben, eigentlich auch eine Spitze gegen-
einander?
F   Natürlich.
M   Wie meinen Sie das?
Th   Ja, daß man sich vor dem anderen bestätigen
will.
M   Darüber reden wir eigentlich wenig.
Th   Ja, und wie empfinden Sie das?
F   Ja, unbedingt.
M   Ja, ich verstehe nicht recht, zu wem sagen Sie
das?
Th   Zu beiden. Wenn Sie miteinander Beziehun-
gen haben, ist da jedes blockiert, weil es denkt,
der andere hat es mit dem anderen Partner viel schö-
ner?
M   Ja, aber auch, daß man es selber schön hatte
mit dem andern. Nicht nur, daß es der andere schön
hatte.
Th   Ja, man ist mit den andern auch unbefangener.

Die außer-
ehelichen
Beziehungen
dienen bei-
den Part-
nern, sich
dem anderen
gegenüber
zu behaup-
ten und zu
bestätigen.

248

F   Freier, freier, das ist doch logisch, und dann kommt noch das Neue dazu.

M   Nicht nur, daß ich denke, du hast es mit Peter schöner, sondern daß ich auch denke, ich habe es mit Renate schöner. Es ist eben beides.

F   Ja, das ist ja logisch, daß das eine Rolle spielt. (Sie wirkt enttäuscht, spricht wieder mit schrillerer Stimme.)

Th   Und daß Sie das gegeneinander ausspielen? Daß da eine gewisse Rivalität zwischen Ihnen spielt?

F   Und das wegen der Potenz von Peter, das mag ja sein, daß dich das verletzt.

M   Du tust es, aber ich tue es nicht. Ich mache ja nie solche Bemerkungen.

F   Ja, schon, aber du hast es auch gesagt, wie schön es mit Susanne und mit der Hedwig war.

M   Das war im letzten Herbst, aber jetzt in den letzten Monaten mache ich keine solchen Bemerkungen mehr.

F   Doch, und dann schieße ich natürlich böse zurück, ob das nun nett ist oder nicht. Ich spiele das auch aus, daß auch ich einen Partner habe, der besser ist. (Sie hat ihn verletzt, zum Beispiel mit der Bemerkung, Peter sei potenter als er und habe einen größeren Penis.)

M   Ich mag mich in keinem einzigen Fall . . .

F   Doch, wie sinnlich Renate ist.

M   Du hast mich ganz konkret gefragt: Wie ist sie?

F   Mich interessiert einfach ihre Art.

M   In so einem Fall ist es etwas anderes, aber sonst . . . Du erzählst keine Einzelheiten, und ich will auch keine wissen, und mir hast du gesagt, du wollest auch keine wissen. Ich möchte an sich gerne mit dir darüber reden. Sicher, ja.

F   Dann habe ich gesagt, nein, ich will das gar

nicht. Du sagst das natürlich nicht so grad und offen. Dir ist es vielleicht nicht so bewußt, und du machst mich nicht bewußt böse, aber du hast halt eine ganz andere Art.

Th   Ist es auch eine gewisse Bewährungsprobe, wenn Sie miteinander Verkehr haben?

F   Wir schlafen schon ewig nicht mehr miteinander . . . und da ist es nicht –

Stani ist im Gespräch nun wesentlich engagierter. Er zeigt erstmals Helga, wie sehr ihre außereheliche Beziehung ihn verletzt, weil er sich eine Frau ersehnt, die absolut zu ihm stehen würde.

M   Doch, ich fühle mich manchmal blockiert, das war mir nicht so klar, das kommt mir jetzt klarer. Da fühle ich mich blockiert dir gegenüber, das vorzubringen, deswegen weil . . . ich habe das Gefühl, daß sie eigentlich gar nichts mehr mit mir möchte, daß sie doch viel lieber mit Peter zusammenbleiben möchte, aber sie will sich das selbst nicht eingestehen und versucht mit mir zusammen zu leben aus weiß Gott was für Gründen. Dieser Gedanke blockiert mich ziemlich oft in meiner Zuneigung, daß ich das Gefühl habe, im Grunde genommen will sie ja gar nicht mehr. Weshalb will sie nur immer mich verpflichten und fordert von mir, mich zu ändern?

Th→M   Daß Sie sich eigentlich auch nicht sicher fühlen, ob Sie vom Partner geliebt werden?

M   Ja, man könnte es vielleicht so ausdrücken. Es geht dabei einfach um ihre Einstellung in der ganzen Sache. Die ist meinem Gefühl nach nicht ehrlich. Da soll sie doch von sich selber erzählen, was sie möchte, und nicht immer mir vorwerfen: «Du kannst ja sowieso nicht treu sein.» Sie sollte versuchen zu sagen, wie sie zu mir steht, und nicht immer: «Du bist so und so . . .» Das blockiert mich relativ häufig. Das ist mir jetzt gerade in diesem Moment aufgekommen, und ich finde, das ist wichtig.

Stani beginnt sich dagegen zu wehren, sich von Helga dauernd vorhalten zu lassen, er könne nicht treu sein. Im Grunde stellt er an die Liebe noch viel absolutere Maßstäbe als Helga und traut ihr keine Treue zu. Er vermutet, daß sie nur aus äußeren Gründen bei ihm bleiben wolle. Diese Bemerkungen zeigen, wie ähnlich sich die Partner in ihrem beeinträchtigten Selbstwertgefühl sind. Beide leiden unter der Vorstellung, für einen Liebespartner nicht akzeptabel zu sein, nicht wirklich um ihrer selbst willen geliebt zu werden. Die gemeinsame Angst wird von den Partnern in unterschiedlicher Weise ausgetragen. Die Frau agiert die Angst direkt aus und fordert vom Mann immer wieder Liebesbekenntnisse, um ihre Verdächtigungen zu entkräften. Die weitgehend irrationale Angst, Helga stehe nicht absolut zu ihm und könne ihn genauso im Stich lassen wie damals seine Mutter, läßt Stani eine Freundin suchen, und weil diese auch nicht völlig vertrauenswürdig erscheint, braucht er noch weitere Freundinnen in Reserve. Die Partner verstärken sich gegenseitig in diesem Verfolgungs-Flucht-Spiel, in der kollusiven Vorstellung: «Ich möchte von meinem Partner bedingungslos geliebt werden, kann ihm aber nicht trauen, daß er wirklich zu mir steht, und versuche mich auf Distanz zu halten, indem ich ihn verletze.»

F   Und du sagst immer, mach es doch mal ganz unabhängig von dem, was ich will – aber unabhängig von dem, was ich will, machst du ja auch nichts. Möchtest du mich überhaupt unabhängig von Peter? (In der Stimme der Frau keimt eine gewisse Hoffnung auf.)
M   (sogleich wieder abwehrend) Ich habe den Peter in diesem Zusammenhang eigentlich gar nicht hineingebracht. Ich sprach immer, wie ich mich dir gegenüber fühle, wie wenig da vorhanden ist. Aber wenn ich an dich denke, dann kommt der Peter hinein, weil bei dir der Peter blockiert.
F   Das ist mir etwas unklar. Du hast gerade gesagt, daß du blockiert bist, weil du dir denkst, was ich mit Peter habe.

M   Nein, nicht daß die Beziehung ohne Peter besser wäre, sondern daß ich mich blockiert fühle, die Beziehung zu ändern und es besser zu machen. (Stani wirkt wieder deutlich ausweichend.)

Th→F Sie haben ihn gefragt: Wenn ich den Peter nicht hätte, möchtest Du mich überhaupt? Ist Peter ein wichtiger Trumpf in Ihren Händen?

F   Ja, ja, natürlich.

Th   Daß Sie den Eindruck haben, Sie müßten ihm Ihren Wert mit Peter beweisen?

F   Das sowieso. Bevor ich jemand anderen hatte, habe ich mich gefragt, ob ich überhaupt noch eine Frau bin. Das muß ich sagen – nein, das meinte ich jetzt nicht – daß ich eine Frau bin, das weiß ich jetzt mittlerweile, aber wenn ich jetzt den Peter nicht hätte und ich absolut allein wäre, ob Stani dann eher kommen würde und glaubte, daß es dann besser wäre?

Stani würde es aber auch nicht ertragen, wenn Helga seinetwegen die Beziehung zu ihrem Freund aufgeben würde.

M   Ich würde dann vielleicht diese Blockade nicht spüren, daß du nicht ehrlich bist.

F   Ich habe dir ja gesagt, wie das für mich ist: Einerseits möchte ich ganz gerne mit Peter zusammen leben, obwohl es da auch Probleme gibt, aber ich mag nicht mit Peter experimentieren, wenn ich zwei Kinder habe. Ich habe schon zweimal mit Peter endgültig – aber wirklich endgültig – gebrochen.

M   Ja, wir haben darüber geredet. (In seiner Stimme klingt mit, daß er Helga diese Endgültigkeit nicht abnimmt.)

F   Wir haben uns zweimal ernsthaft getrennt, und dann hat dir das gar nicht in den Kram gepaßt, und dann hab ich dir in den Sommerferien gesagt: «Peter hin oder her, ich spüre einfach, daß du gar nichts für die Beziehung tun willst», und da hast du gesagt: «Gut, jetzt fang ich an: top eingeschlagen.» Da dachte ich hinwiederum, nein, so naiv mache ich das doch nicht, so hin und her. Aber ich habe mich wirklich getrennt, ernsthaft. Aber natürlich, wenn ich auf Peter verzichte, stelle ich dann Ansprüche an dich. Ich meine, das kommt dann so heraus: Jetzt habe ich mich getrennt, ich habe für unsere Beziehung ein Opfer gebracht, und jetzt müssen wir versuchen . . . es kommen dann von mir gewisse Ansprüche, die zu erfüllen du nicht bereit bist.

M   An sich stört mich Peter gar nicht, er stört mich nur indirekt. Weil Peter da ist, habe ich immer das Gefühl, daß Helga in ihren Äußerungen nicht ehrlich ist.

Th   Wie wären dann ihre Äußerungen, wenn sie ehrlich wären?

M   Daß sie nicht immer im Hintergrund denken würde, ich habe immer noch den Peter. Sie ist nicht ehrlich, weil sie doch lieber mit Peter zusammen leben möchte. Wenn sie sagt, sie möchte lieber mit mir zusammen leben, glaube ich ihr das nicht. (Der Mann spricht jetzt mit viel mehr Affekt, er ist in seiner Psychomotorik gelöster, verleiht seinen Worten durch Mitbewegung der Hand verstärkten Ausdruck.) Ich glaube, daß sie lieber mit ihm zusammen leben möchte, in diesem Sinne stört es mich.

F   (wirkt ebenfalls viel gelöster und offener) Hör mal zu, Stani, ich streite in keiner Weise ab, daß ich jetzt gern mit Peter zusammen leben möchte. Es ist momentan schön mit ihm zusammen, und wir verstehen uns gut. Aber ich habe dir gesagt, schau, aus denen und denen Gründen habe ich Ängste, und wenn du nochmals zurückkehrst und ich die Möglichkeit habe, mit den Kindern in einer Familie zu leben, so will ich das machen, Peter hin oder her.

M   (Helga hat jetzt wieder Oberwasser) Aber weil du mit ihm und den Kindern zusammensein möchtest, deshalb greifst du mich immer an und wirfst mir Sachen vor, daß ich nicht will und ich so oder so bin, weil du im Grunde genommen im Innersten es gar nicht anders möchtest.

F   Nein, Stani, schau mal, das ist so, ich übertreib's jetzt ein bißchen, aber letztlich brauchst du ja doch nur mit dem kleinen Finger zu winken und schon bin ich da. Du kriegst mich doch sehr schnell wieder rum. Du brauchst nur ein bißchen netter zu sein, und dann springe ich schon wieder über. Der Peter dient dir nur als Alibi. Andererseits stört er dich dann doch.

M   Mich stört Peter indirekt durch dein Verhalten.

F   Das ist nicht wahr.

Th   Weshalb ist das nicht wahr? Ich habe den Eindruck, beide sind ganz zwiespältig zu Peter eingestellt. Beiden bringt er gewisse Vorteile und beiden gewisse Nachteile.

Vordergründig besteht scheinbar eine einfache Situation: Peter hindert Helga und Stani, zueinander zu finden. Doch gleichzeitig schützt Peter die beiden Partner voreinander, und deshalb will letztlich keines Peter ausbooten. Wenn auch Stani zutiefst verletzt ist über die Beziehung von Helga zu Peter, so würde er es noch viel weniger ertragen, wenn Helga ihm zuliebe auf Peter verzichten würde und Stani damit auf ihre Forderungen verpflichten könnte. Helga kann Peter nicht aufgeben, weil er für sie ein wichtiger Trumpf ist, den sie nicht leichtsinnig verspielen will. Man kann kritisch einwenden, ich beachte Peter in der Therapie nur in seinem funktionalen Charakter für die Paarbeziehung und nicht als ein von dieser Beziehung betroffener Mensch. (Meine Begründung s. ‹Die Zweierbeziehung›, S. 194 und 202–206.)

F   Das ist schon so, ja, aber ich meine und glaube nicht, daß ich unehrlich bin in dieser Beziehung. Ich sage, an sich möchte ich schon ganz gerne mit Peter zusammensein, aber aus denen und denen Gründen nicht. Unsere Probleme kenne ich, aber die Probleme, die mit Peter entstehen würden, die kenne ich noch nicht, da habe ich große Angst davor. Sicher würde es nicht wieder ein solches Schlamassel wie jetzt mit dir geben, aber Peter ist doch – innerlich unsicher. Wenn jetzt manche Probleme mit ihm nicht vorhanden sind, so sage ich mir, nach einem Jahr Zusammenleben würde ich sehen, daß die Probleme dieselben geblieben sind und der Partner sie einem nicht wegnimmt, sondern sie höchstens erleichtert. Davor habe ich natürlich Angst. Lieber den Stani in der Hand als den Peter im Himmel. Da bin ich ganz realistisch. Im Grunde glaube ich doch, daß es möglich wäre, mit Stani eine gute Beziehung zu finden.

M   Was wären dann für dich die Voraussetzungen dazu?

F   (seufzt) Wenn das so einfach wäre. Was ich wirklich glaube, auch wenn es im Moment hart wäre, daß wir uns von unseren Partnern trennen müssen. Bei jeder Unannehmlichkeit kann sich ja jeder husch zu seinem Partner flüchten, so daß wir die Spannung in unserer Beziehung gar nicht austragen müssen. Ich glaube, wenn wir unsere Beziehung bearbeiten möchten, müßten wir uns von unseren Partnern trennen. Vielleicht ist es dann auch falsch, dann sitzen wir beide alleine da und sind wütend, daß wir uns deshalb getrennt haben. Ich weiß nicht, wie das rauskäme.

M   Ich fürchte sehr stark, daß es in kürzester Zeit zu diesen Vorwürfen käme.

Th   Ja, vor allem könnte ich mir vorstellen, daß jeder denken wird, jetzt habe ich dieses Opfer gebracht, jetzt muß der andere wirklich auch zeigen,

Helga schlägt vor, beide sollten ihre außerehelichen Beziehungen aufgeben, ein Vorhaben, das im gegenwärtigen Zeitpunkt vom Therapeuten in Frage gestellt wird.

daß er das Opfer wert war.

F   Ja, ja, das stimmt.

Th   Ich frage mich, ob es nicht besser wäre, Ihre Partnerbeziehungen einmal so zu belassen und eher zu versuchen, sich selbst klarzuwerden, wie Sie eigentlich *zueinander* stehen.

Hier kann man sich als Therapeut verschieden verhalten, je nach eigenen Werthaltungen. Man könnte sich freuen darüber, daß beide Partner bereits jetzt ernsthaft daran denken, ihre außereheliche Beziehungen aufzugeben und sich intensiver mit ihrer eigenen Ehe zu befassen. Man könnte sogar direkt die Haltung einnehmen, die Therapie habe gar keinen Sinn, solange die Partner dank ihrer außerehelichen Beziehungen einander dauernd ausweichen können. Bei der narzißtischen Struktur der Partner, bei ihrer hochgradigen Verletzbarkeit und Angst vor bedrängender Nähe habe ich aber den Eindruck, daß es im jetzigen Zeitpunkt ungünstig wäre, die außerehelichen Beziehungen aufzugeben, weil ich glaube, daß sie diese Beziehungen vorläufig brauchen als trennenden Riegel gegen die Tendenz, sich durch zu große Nähe in der Ehe zu überfordern. Dazu kommt, wie bereits erwähnt, daß ich gegenüber voreiligen Verhaltensänderungen in einer Paartherapie zurückhaltend bin, um zu verhindern, daß die Auseinandersetzung über die Hintergründe einer Störung gegenstandslos wird, indem diese vorwegnehmend behoben wird. Man kann als Therapeut natürlich auch die Haltung haben, außereheliche Beziehungen gehörten zu einer modernen Partnerbeziehung und die Tendenz, die außerehelichen Beziehungen aufgeben zu wollen, sei ein regressives Phänomen. Nach meiner bisherigen beruflichen Erfahrung kann ich mich dieser Ansicht nicht anschließen.

Th→M Es wäre schon wichtig zu wissen, ob Sie Helga, wenn sie sagt, sie möchte gerne mit Ihnen zusammen leben, auch wirklich glauben können oder ob Sie denken: Im Grunde will sie nur aus

Bequemlichkeit bei mir bleiben.

M   Ich möchte schon, daß es so weit kommt, daß ich das ehrlich glauben kann.

F   Weißt du, Stani, daß du mir das ehrlich glauben kannst – nein – nein, das ist falsch –

Th→F An was liegt das eigentlich, daß Sie ihm nichts glauben können?

F   Er hat mich viel zu oft belogen.

M   Daß sie es mir nicht glaubt, das ist mir ziemlich klar. Daß sie wegen Susanne denkt, wie hat er mich beschissen, das ist verständlich. Umgekehrt ist es eher undefinierbar. Ich glaube einfach, sie reagiert deshalb so, weil sie mit ihren eigenen Gefühlen nicht im reinen ist.

Th   Glauben Sie ihren Gefühlen oder glauben Sie ihnen eben nicht. Wenn Helga Ihnen sagt, sie möchte doch lieber mit Ihnen zusammensein, glauben Sie das?

M   Das glaube ich noch eher, aber wenn sie dann anfängt, über mich herzufallen, so tut sie das nur deswegen, weil sie sich gegen ihre Angst wehren will, betrogen zu werden, nachdem sie vielleicht gesagt hat, «ich will mit dir zusammensein». Deswegen sagt sie im nächsten Satz, «aber du willst ja nicht, du bist böse, du hast mich betrogen und belogen».

Stani kann verstehen, daß Helga sich von ihm betrogen fühlt. Er wirft ihr aber vor, sie benutze das gegen ihn, um eigene Ängste abzuwehren.

Bis dahin habe ich den Eindruck, Stani neige zu übertriebenem Mißtrauen Helga gegenüber, wenn er behauptet, sie sei nicht ehrlich und sage nicht, wie sie im Grunde zu ihm stehe. Diese Mißtrauenshaltung könnte in seinen frühkindlichen Erfahrungen begründet sein. Für mich wird erst in späteren Therapiestunden klar, daß diese scheinbaren Übertreibungen des Mannes einen realen Sachverhalt treffen, nämlich eine Tendenz von Helga, scheinbar vorbehaltlos auf Stani zuzugehen, dabei aber die Distanz immer wieder damit herzustellen, daß sie bei ihm einen Anlaß aufdeckt, durch den sie sich frustriert und zurückgestoßen fühlen kann und der sie in ihrer Mißtrauenshaltung und Anklage bestätigt.

Stani kommt in dieser Therapiestunde erstmals dazu, sein Mißtrauen Helga gegenüber wahrzunehmen und auszusprechen, weil er bisher durch ihre Anklage immer in die Defensive gedrängt worden war. Stani spürt jetzt sehr richtig, daß Helga ihre eigene Vertrauens- und Geborgenheitsproblematik an ihm austrägt. Statt den Partner direkt zurückzustoßen, veranlaßt sie den Partner, sie zurückzustoßen, was im Endeffekt zum gleichen Resultat führt. Beide sehnen sich nach der Verschmelzung in einer Symbiose, die beide aber abweisen müssen wegen der Gefahr, darin unterzugehen.

> Th Vielleicht wäre das einmal ein erster Schritt, daß jedes von sich her ehrlich spricht und daß Sie anzunehmen versuchen, daß der andere es ehrlich meint.
>
> F Daß man mal akzeptiert, daß der andere das, was er sagt, auch ehrlich meint. Es ist schon so, daß es manchmal wieder Situationen gibt, wo man das Gegenteil sagt, das glaube ich schon. Wenn ich zum Beispiel jetzt sage: «Ich möchte es mit dir nochmals versuchen», daß ich dann, wenn wieder etwas passiert ist, sage: «Nein, nie im Leben.» Aber daß ich das dann auch aussprechen kann, wenn man nach einer gewissen Zeit wieder sagt: «Doch, es würde doch gehen.»
>
> Th Wobei vielleicht wichtig wäre, daß man nicht in den andern eindringen soll. Jeder soll nur so viel sagen, wie er sagen will. Das scheint mir wichtig Stani gegenüber, weil ich mir vorstellen könnte, daß Sie (Stani) es nicht gut ertragen, wenn man Sie ausfragt und Ihnen auf den Pelz rücken will. Jeder sollte die Freiheit haben zu sagen: «Ich möchte mich nicht dazu äußern.»
>
> M Das ist nun tatsächlich ein Problem, daß ich

noch nie zu sagen vermochte: «Das möchte ich nicht sagen.» Am Ende habe ich es jeweils doch gesagt. Das finde ich echt störend, daß du es nicht respektierst, wenn ich etwas nicht sagen möchte.

F   Das war wegen der Susanne.

M   Ja, nicht nur, das war auch sonst. Du akzeptierst es einfach nicht, wenn ich sage: Das möchte ich jetzt nicht sagen.

Th→F Es scheint mir wichtig, das zu akzeptieren, denn sonst gerät er immer wieder in Situationen, wo er die Unwahrheit sagt.

Der Therapeut äußert seine Bedenken gegenüber dem Anstreben einer vorbehaltlosen Offenheit.

F   Ja, genau, aber er könnte doch auch einmal von sich aus etwas sagen.

Th   Nein, man müßte ihm die Freiheit geben, das zu sagen, was er will.

M   (mit beteiligter Stimme zur Frau) Ich habe wirklich Schwierigkeiten, dir von meinen Gefühlen etwas mitzuteilen, weil du das sofort mit Spott belegst.

F   Ja, das war ein paarmal so.

M   Ja, aber das stört mich, das hemmt mich.

F   Wir haben letztes Jahr von einer früheren Freundin gesprochen, und er hat gesagt, die finde ich eigentlich immer noch nett, und dann hab ich gesagt, ja, und diese findest du nett, und jene findest du nett und jene auch.

M   Wenn ich versucht habe, von mir etwas zu geben, so ist es mir doch gar nicht gleichgültig, was du von der Hedwig sagst. Du hättest doch das zumindest ohne Kommentar anhören können, aber dann kommt der Spott zurück. Ich habe dann wirklich Hemmungen, von meinen Gefühlen etwas zu sagen, weil ich den Eindruck habe, daß du das dann ausnutzest.

F   Das glaub ich absolut nicht, wenn ich spotte, so ist das nur aus Abwehr, wenn ich gekränkt werde. Natürlich kann ich das akzeptieren, daß du anders

259

bist und drei Frauen nebeneinander haben mußt. Dann witzle ich mal über die Haremsbeziehung, über die Hedwig, die du angeblich so gern hast, und dann über die Susanne und die und jene dazu, das ist sicher unrecht, ach ja.

Th Aber Sie sagten, Sie ertragen das nicht gut.

F Ja, das ist für mich eine Kränkung.

Th Reagieren Sie doch direkt, zeigen Sie doch die Kränkung! Es frägt sich wirklich, ob es sinnvoll ist, all das Helga zu erzählen. Man kann sagen, es sei schön, daß Sie (Stani) so offen sind, aber man kann sich auch fragen, ob damit nicht immer wieder Öl ins Feuer gegossen wird und ob es nicht viel wichtiger wäre, über *Ihre* Beziehung zueinander zu sprechen als dauernd über die Gefühle zu anderen Partnern. Wie stehen Sie zueinander? Hier sollten Sie versuchen, wirklich offen zu sein.

Meine persönlichen Werthaltungen und Erfahrungen stehen im Gegensatz zu heute weitverbreiteten Ansichten von totaler Offenheit in einer Beziehung. Ich erlebe es in Therapien häufig, daß sich die Partner überfordern mit dem Ideal, man sollte sich in einer Ehe alles, was man für andere Partner empfinde, offen erzählen. Diese Therapiepassage zeigt, wie sehr der therapeutische Prozeß von den persönlichen Einstellungen und Werthaltungen des Therapeuten bestimmt wird, auch wenn sich dieser grundsätzlich darum bemüht, dem Patienten seine Wertvorstellungen nicht aufzudrängen. Mit meinen Interventionen schaffe ich eine Schutzzone für den Mann gegen die inquisitorischen Tendenzen der Frau und setze der Frau damit auch in der Therapie Schranken zur Respektierung der Freiheit des anderen, das zu sagen, was er will.

Es wird eine kurze Passage ausgelassen, wo Stani berichtet, wie überempfindlich Helga auf jede Kritik reagiert, und sie bestätigt, daß sie dann gleich aggressiv reagiere und versuche, es Stani zurückzuzahlen, indem sie ihn schlechtmache.

F   Daß ich dich schlechtmache, das weiß ich, daß
das vielleicht falsch ist, und das macht mich jeweils
ganz verrückt, daß ich genau weiß, das sollte ich
jetzt eigentlich nicht sagen und daß ich es doch tue.
Th   Mh.
F   (blickt Stani für kurze Zeit intensiv an und
schweigt) Und das war auch, wenn du mir vorgeworfen hast, daß ich so flirte im Schachklub, vielleicht ist es gemein den Männern gegenüber, aber ich
habe es oft benutzt, um dir – (bricht in Tränen aus) –
um dir zu zeigen, daß ich auch eine Frau bin.
M   Ja, aber das war doch früher.
F   (schlägt wütend mit den Fäusten auf ihre Knie)
Nein, nein!
M   Doch, das war schon ganz am Anfang, daß du
geflirtet hast und mir mit den spitzen Schuhen auf
die Füße getreten bist.
F   (mit tränenerstickter Stimme) Das ist doch
überhaupt nicht wahr. Jahrelang habe ich absolut
nicht geflirtet.
M   Ich erinnere mich an die Faschingsparty bei
dir. (Sie kannten sich damals erst zwei Wochen.)
F   Ja, aber das war doch ganz, ganz am Anfang,
das war einfach die Unsicherheit. Was ist denn dabei
herausgekommen?
M   Es waren das einfach so harmlose Flirte, einfach beim Tanzen, daß du den Partner so angelächelt
hast. Aber lieber wäre mir gewesen, du hättest es
nicht gemacht.
F   Ja, ich weiß, es war falsch.
M   Falsch? Aber weshalb hast du es überhaupt
getan?
F   Natürlich ist es falsch, wenn man das, was man
für sich in Anspruch nimmt, dem Partner nicht zugesteht, aber du empfindest ja genau dasselbe, und
so hab ich's eben auch empfunden.

Th   Offenbar kommt es immer zur Eskalation
zwischen Ihnen.
Beide Ja, das ist jetzt aber nicht mehr so.

Helga kommentiert zu dieser Passage des Manuskripts: «Beim
Lesen der ‹Szenen› empfinde ich die Frau unsympathischer als
den Mann, zum Beispiel in den Erpressungsversuchen oder in
zwangshaften Wiederholungen. Ich finde, es kommt der ganze
Hintergrund zuwenig zur Darstellung mit meinen Ängsten,
Kränkungen und Verzweiflungen.»

Th   Und doch kränken Sie sich beide mit Ihren
Freundinnen bzw. Freunden.
F   Er behauptet zwar, es mache ihm nichts aus.
Entweder ist er nicht ehrlich und es macht ihm
wegen Peter was aus oder es macht ihm tatsächlich
nichts aus, und das empfind ich auch als Zurückweisung.
Th   Ja, aber es macht ihm offenbar etwas aus, das
hat er heute deutlich gesagt, aber wenn er Ihnen das
direkt sagen würde . . .
F   Dann hat er mich gleich wieder am Hals.
Th   Ja, oder er ist dann Ihnen gegenüber in einer
geschwächten Position.
M   Aber es ist natürlich auch unterschiedlich. Das
eine Mal empfinde ich praktisch nichts, wenn sie mit
Peter weggeht, und andere Male stört es mich. Es
stört mich vor allem indirekt durch ihr Verhalten. Es
stimmt schon, manchmal, wenn ich gesagt habe, es
mache mir nichts aus, hat es mir doch etwas ausgemacht.
Th   Aber man kann es sich schwer leisten, es zuzu-
geben, weil man befürchtet, der andere triumphiere
dann?
M   Nein, es ist ganz unbewußt, wenn ich es ihr
jeweils nicht sage.

Th   So wie ich es gehört habe, haben Sie heute 3. Sitzung recht deutlich geäußert, daß es Ihnen wegen Peter was ausmacht und daß Sie ganz ähnlich wie Helga absolute Ansprüche an den Partner stellen und jede Halbheit Sie kränkt. Aber es ist nicht leicht, dem andern dann seine Verletzbarkeit zu zeigen.

(Der Mann hebt beide Fußspitzen an und verschränkt die Arme. Er fühlt sich unangenehm von meinen Äußerungen berührt.)

M   Nein, ich habe versucht zu sagen, daß es nur indirekt stört.

Th   Aber die Tatsache, daß Peter da ist, wirkt vielleicht doch störend, weil Sie daraus ableiten, daß Helga nicht echt zu Ihnen steht.

M   Ja, gut, so kann ich es akzeptieren. Es ist nicht, daß ich beklemmende Gefühle bekomme, wenn sie mit Peter ausgeht. Sie fragt mich ja relativ häufig, ob mich das stört. Dann sag ich «nein», und das empfindet sie dann als Kränkung.

F   Ja – (schaut sinnierend an die Decke) –, ich hab gefunden, was soll's denn überhaupt, es ist ihm ohnehin völlig wurst, was ich tue.

Th   So geht's: Er läßt sich nichts anmerken, dann fragen Sie sich, wenn ihm das nichts ausmacht, was muß ich jetzt nur machen, bis ihn etwas trifft. Es stellt sich für Sie dauernd die Frage, kann ich ihn überhaupt berühren, oder kann ich ihm mit nichts zusetzen.

F   Ja, er hat überhaupt nicht reagiert, und ich habe es dann ziemlich weit auf die Spitze getrieben. Da hat er sich immer weiter zurückgezogen. In dem Sinne war es mit Susanne schon ungünstig, weil du dich immer in Gedanken auf sie zurückziehen konntest und du dir mir gegenüber gar keine Mühe geben mußtest. Du konntest dich auf deine Welt zurückziehen, und unsere Probleme blieben ungelöst. Ich

Helga hatte gehofft, Stani durch ihre außereheliche Beziehung zu provozieren, um ihn gefühlsmäßig zu erreichen. Er zog sich dabei aber noch stärker in sich zurück und verstärkte eigene außereheliche Beziehungen.

bin dann leergelaufen – ich weiß, ich hab das falsch gemacht –, ich bin dann aggressiv geworden, weil ich unzufrieden war. Vielleicht hätte man sich eben doch eher mal getroffen, weißt du, Stani, vielleicht wäre es schon anders gelaufen, wenn du mir hättest sagen können, daß es dich kränkt, ich hätte es dann wohl doch nicht getan.

M   Das konnte ich damals nicht. Das konnten wir damals nicht, ganz einfach gesagt. Weshalb, kann ich auch nicht recht sagen. Wir konnten es einfach nicht. (Längere Pause. Beide schauen besinnlich vor sich hin.)

M   Das mit Susanne hat mir tatsächlich viel bedeutet. Ich glaube, ich hätte mich trotzdem echt mit dir auseinandersetzen können.

F   Im letzten Herbst, da war es so, die Hedwig saß heulend herum, ich saß heulend herum, und der Stani fährt munter mit der dritten in Urlaub.

M   «Munter» kannst du weglassen.

F   Also er fährt, nein, ich möchte das «munter» nicht weglassen, er fährt munter mit der dritten nach Davos in die Ferien. Da war ich komplett überfordert . . .

(Pause)

Th   (nach längerer Pause, die vorgesehene Zeit der Therapiestunde ist abgelaufen) Ja, wir müssen für heute schließen. Ich möchte Ihnen empfehlen, in der Zwischenzeit möglichst nicht miteinander über dieses Thema zu sprechen.

M   Das haben wir selbst auch schon versucht.

F   Ja, schon, aber noch nie so bewußt. Das können wir schon.

Nach den erfreulichen Fortschritten in dieser

Th   Daß Sie die ganze Thematik über die Bedeutung von Freund und Freundin in Ihrer Beziehung aus Ihren Gesprächen zu Hause vorläufig ausklammern und dem geschützten Rahmen der Therapie vorbehalten und daß Sie auch sonst nicht versuchen, zu Hause die therapeutischen Gespräche fortzusetzen. Ich habe den Eindruck, daß es in der Therapie beiden leichterfällt, offener zu sein, aber daß das leicht wieder in Brüche geht, wenn Sie zu direkt aufeinanderprallen.

F   Mh.

M   Ja, das glaub ich auch, daß es zu mühsam ist, wenn wir zu Hause darüber reden.

Th   Ich möchte es nur beschränken auf diese Themen, nicht daß Sie sonst nicht miteinander sprechen sollen.

M   Ob du wohl darauf verzichten kannst, deine Gedanken und Bemerkungen zu sagen?

F   Also hör mal zu, also, als ob ich das nicht fertigbringen würde, eine Woche nicht mit dir zu reden, das hat ja jetzt seinen bestimmten Grund und ist nicht wie früher, wo du einfach nicht darüber sprechen wolltest.

Th   Gut, in einer Woche wieder.

3. Sitzung

Stunde bittet der Therapeut das Paar, bis zur nächsten Sitzung nicht über die angeschnittenen Themen zu diskutieren.

Es mutet paradox an, daß ich dem Paar am Ende der Stunde eine Verhaltensverschreibung gebe im Sinne eines Redeverbotes, wo doch eines der wichtigsten Anliegen der Therapie die Förderung des partnerschaftlichen Gespräches wäre. In dieser Stunde konnten wesentliche Fortschritte erzielt werden, indem beide Partner einander bisher sorgsam gehütete Empfindsamkeiten preisgaben. Diese Eingeständnisse konnten nur im geschützten Rahmen der Therapie erzielt werden. Es besteht nun die Gefahr, daß die Partner diese jetzt noch sehr zerbrechlichen Fortschritte wieder zerstören, wenn sie außerhalb der Therapie das Gehörte benützen, um einander zu verletzen.

Gesamthaft habe ich den Eindruck, daß wir in dieser Stunde einen Schritt weiter in der Bearbeitung des Kollusionsfokus gekommen sind: *«In meiner Enttäuschung, daß der Partner nicht total in mir aufgeht bzw. mich in ihm aufgehen läßt, versuche ich meine Verletzbarkeit zu verbergen, indem ich den Partner vorwegnehmend verletze.»* Diese für beide Partner zutreffende Formel wird überspielt, indem die zutiefst verletzte Helga mit Peter beweisen will, daß sie nicht auf Stani angewiesen ist, während er versucht, sich aus diesen Provokationen zurückzuziehen, was Helga noch mehr kränkt und sie zur Verstärkung ihrer Herausforderung veranlaßt.

Ein wichtiges Therapieziel würde darin liegen, daß sich die Partner ihre Sensibilität und Verletzbarkeit zeigen könnten, ohne deswegen ein Abwehr- und Rachespiel inszenieren zu müssen.

Vierte Sitzung vom 3. Oktober

Übersicht
Nach dem erfreulichen Fortschritt, welcher in der vorangegangenen Stunde die Bearbeitung der therapeutischen Kollusion bei Stani brachte, ist es diesmal Helga, die mit Abbruch der Beziehung zu Stani und damit indirekt auch zu mir als Therapeut droht. Die äußere Scheidung steht in der Therapie symbolhaft für die innere Scheidung der Partner, die Erfordernis, sich voneinander abzugrenzen, sich zu unterscheiden und das Getrenntbleiben in der Liebe zu akzeptieren. Ich erlebe Helgas Scheidungsdrohung als Erpressung und als Kränkung in meinen Bemühungen. Ich reagiere mit fehlplacierten und verletzenden Deutungen von Helgas Verhalten. Hier gelingt es mir aus eigenen Schwierigkeiten nicht, die Kollusion, die sich zwischen Helga und mir bildet, therapeutisch zu bearbeiten. Je mehr ich mich von ihr durch Drohungen erpreßt fühle, desto verletzender und distanzierender reagiere ich, was bei ihr wiederum die Tendenz verstärkt, mehr Nähe und Akzeptation durch Erpressung erwirken zu wollen.

Th Ja, wie geht's? .

M Ja, es hat sich einiges geändert, und vielleicht sollten wir darüber sprechen, ob es in diesem Moment überhaupt noch einen Sinn hat, die Therapie zu machen. Denn Helga sagte in den letzten Tagen ziemlich eindeutig, sie wolle nicht mehr mit mir leben und auch später mit mir keinen Kontakt haben, und so fehlt eigentlich jeder Anlaß für eine Therapie. Aber vielleicht muß man jetzt ergründen, wie echt dieser Wunsch bei ihr ist, warum das so plötzlich kam.

F   (hat frisch gewaschene Haare, trägt ein farbiges Kleid, sieht blühend aus) Ich habe mir wegen der Therapie so überlegt, was eigentlich war, und hab gefunden, nein, erstens mal hab ich wirklich das Gefühl, daß Stani ja gar nicht zu mir zurück möchte, sondern daß er seine Kinder und sein Heim haben möchte, aber nicht zu mir zurückkommen. Ich konnte mich nach der letzten Stunde nicht mehr davon lösen, konnte dann in der Nacht nicht schlafen, das geht dann die ganze Nacht weiter, und so ist es das ganze Jahr immer auf und ab gegangen, und ich sagte mir jetzt, das möchte ich nun nicht mehr, ich möchte nicht mehr abhängig sein von Stanis Hin und Her, ich möchte mein Leben mal selbst in die Hand nehmen und nicht mehr abhängig sein, worauf Stani gesagt hat, ich will keine scheißemanzipierte Frau, sondern eine, die mich verwöhnt. Ich habe das einfach satt, dann sehe ich schlecht aus, und die Leute fragen mich, ja, Frau X, wie geht es Ihnen, und ich sage, ich reiße zu viele Feste und bin deshalb müde. Ich möchte einfach wieder ein normales Leben, ich möchte mich wieder in die Hände, ich möchte mein Leben in meine Hände nehmen und nicht immer hin und zurück. Das macht mich fertig, das habe ich letztes Mal schon gesagt, das macht mich kaputt, ich möchte das wirklich nicht mehr. Und ich habe gerade letztes Mal in der Therapie das Gefühl gehabt, vielleicht ist Stani überfordert, und

Nachdem in der vorangegangenen Sitzung bei Stani ein echteres Engagement für die Therapie spürbar wurde, wird deren Fortsetzung schon wieder, diesmal durch Helga, in Frage gestellt.

man kann von ihm kein Ja und kein Nein erwarten, und vielleicht kann er das nicht sagen, vielleicht ist das seine Art usw., aber ich merke, daß ich dabei kaputtgehe, nicht schlafen kann, mich wieder zu ihm hingezogen fühle und wieder weggestoßen werde; auch wenn es vielleicht der schlechtere Weg ist und ich vielleicht auch Angst davor habe, aber ich möchte mich jetzt einfach mal trennen. Wenn Stani nicht da ist, geht es mir viel besser, dann ist eine Entspannung da. Ich will jetzt nicht immer wieder abwarten, und dann werde ich passiv, auch in allen Kleinigkeiten, hänge so herum. Ich möchte wieder stärker berufstätig sein, hab aber einfach die Kraft nicht dazu, kann mich nicht aufraffen; wenn ich eine Trennung mach, dann weiß ich, daß ich das Leben jetzt in meine eigenen Hände nehmen muß, da weiß ich, daß ich das viel besser kann.

Th   Sie fühlen sich abhängig?

Helga glaubt, ohne definitive äußere Trennung nie von Stani unabhängig werden zu können.

F   Ich hab das schon gesagt, daß ich mich immer noch stark von ihm abhängig fühle, ich komme nur durch eine Trennung davon los, vielleicht bin ich ungeduldig, aber das letzte Mal habe ich gemerkt, daß ich mich trennen möchte. Gerade das in der letzten Stunde, daß Stani weder ja noch nein sagen mag und sich nicht entscheiden kann, ob er zu mir zurück will oder nicht, vielleicht kann man das von ihm nicht erwarten, aber für mich ist das einfach zu schwer. Ich möchte mich jetzt wirklich trennen, auch wenn es mir nachher schlechtergeht. *Ich weiß nicht, wie ich unabhängig von Stani werden soll, wenn nicht durch eine Trennung.*

Th   Es fällt mir auf, daß Sie das Zusammenleben nur in der Möglichkeit der Abhängigkeit sehen.

F   Es gibt sicher andere Wege, aber ich weiß nicht, wie ich die finden soll. Ich sehe für mich die Unabhängigkeit von ihm nur in einer Trennung.

Th   Mh.

F   Und die Abhängigkeit macht mich dann auch wieder aggressiv, ich sag mir dann, ich hab ja sowieso nichts von ihm, und doch bin ich abhängig, vielleicht gibt es einen anderen Weg, aber ich weiß keinen andern Weg.

Th   Mh.

F   Ich weiß nicht, warum ich so abhängig bin, das ist mir nicht bewußt. Ich will eine Trennung, um unabhängig zu sein.

Th→F Haben Sie den Eindruck, daß er Sie auch abhängig halten möchte? Daß er Ihnen gar keine andere Beziehungsform zugesteht?

F   Wahrscheinlich schon – (überlegt) –, wahrscheinlich gesteht er es mir schon zu, aber ich weiß nicht, ob ich es kann.

Th→M Wie sehen Sie das?

M   Ich glaube, daß ich es könnte, ich glaube, daß wir uns auf viele verschiedene Beziehungsformen einigen könnten, wenn . . . Ich sehe das ähnlich, wie sie es sagt, daß sie nur die Extreme ertragen kann. Entweder ganz oder nichts. Soweit ich ihre Reaktionen kenne. Das ist an sich schade, daß sie so extrem ist und für sie kaum etwas dazwischen existiert.

F   Nein, mit dem Kaum-etwas-Dazwischen. Du hast ja das letzte Mal gesagt, es ist gar nichts da. Wenn ich die Konsequenzen daraus ziehen will, dann fängst du an, mit Engelsstimme zu reden, wir könnten doch das oder jenes, und das wäre doch schön, und es ist schon mal so gewesen, immer wenn ich – vielleicht empfindest du das als eine Erpressung – aber ich muß mich da mal zusammenreißen – wenn ich mal eine klare Linie sehe, dann kann ich diese akzeptieren. Vielleicht kann ich von dir nicht erwarten, daß du die Trennung akzeptierst, aber dann muß ich eben für mich selber schauen. Ich weiß

nicht, ob Sie verstehen, was ich meine? Ich kann
verstehen, daß er nicht ja oder nein sagen kann, aber
dann muß ich halt sehen, wie ich da rauskomme.

Th   Es ist unerträglich, daß der Zustand so in der
Schwebe bleibt.

Nach der vorangegangenen «guten» Therapiestunde freute ich
mich bereits auf die Fortsetzung. Bei der Begrüßung wirkte
Helga gelöster und frischer als in den früheren Stunden, so daß
ich mich eigentlich auf einen guten Fortgang der Therapie ein-
stellte. Um so mehr bin ich frustriert, wie die Therapie diesmal
durch Helgas Trennungswunsch schon wieder in Frage gestellt
wird. Ich fühle mich schon wieder in Unsicherheit gesetzt, ob die
zwei Partner eigentlich eine Therapie wollen oder nicht. Mit der
letzten Intervention, daß dieser Schwebezustand unerträglich
sei, spreche ich nicht nur die Gefühle der Frau an, sondern
entlade auch meine innere Spannung.

Wenn wir diese Sequenz von der Dynamik des therapeutischen Dreiecks aus betrachten, so kann der angedrohte Bezie-
hungsabbruch gegenüber Stani auch auf mich übertragen werden. Helga reagiert nicht nur auf Stanis Bemerkung, er könne für
sie nichts empfinden, sondern fürchtet wohl eine ähnliche Ge-
fühlslosigkeit von meiner Seite. Das Gleichgewicht im therapeutischen Dreieck ist in der letzten Stunde wesentlich verlagert
worden. Setzte sich Stani zunächst mit seiner Unentschlossen-
heit für die Therapie in die Nesseln, so erreichte er sekundär
damit mein spezielles Verständnis und – wie Helga herausspürt –
auch meine Sympathie. Sie möchte wohl den dadurch entstande-
nen Rückstand wieder ausgleichen, indem sie auch auf mich
Druck ausübt, ihr in ihren Reaktionen dasselbe Verständnis
entgegenzubringen.

F   Ja, und das geht schon ein Jahr so. Ich bin an
sich ein fröhlicher Mensch und bin gerne lustig, aber
das macht mich so fertig. Jetzt denk ich, es ist
Schluß! Und wie ich mich zu diesem Entschluß

durchgerungen habe, ist es mir gleich besser gegangen. Ich habe eine gute Beziehung zu meinen Eltern
und könnte mit den Kindern auch zu ihnen ziehen.
Natürlich ist es nicht das, was ich mir vorgestellt
hatte. Sie wohnen in einer kleinen Stadt. Ich hätte
zwar Angst, mit den Kindern in eine fremde Stadt zu
ziehen, auch vom Finanziellen her wäre es vielleicht
nicht das Beste, aber ich kann mich da gut einrichten. Und dann hab ich Stani gesagt, ich trenne mich
nicht, *weil* ich den Peter habe, sondern *solange* ich
ihn noch habe. Wenn wir (Helga und Peter) zusammenbleiben werden, na gut, und wenn nicht, dann
ist's auch in Ordnung. So sehe ich das.
(Der Mann sitzt mit verschränkten Armen und gespannten Gesichtszügen da.)
Ich müßte theoretisch nicht abhängig sein, aber ich
bin es nun mal. Ich muß das nicht, es ist unangenehm, daß wenn er kommt, so sind alle meine Gefühle da von Freude zu Trauer – zu Spannung zu
Aggression, aber immer habe ich eine starke Reaktion auf Stani und weiß nicht, wie ich das ändern
soll. Ich hab das Gefühl, um wieder zu mir zu finden, wäre eine Trennung besser.
Th   Sie haben ihn zu stark in sich selbst drin und
versuchen ihn jetzt aus sich herauszulösen?
F   Ja, wahrscheinlich.

Helgas Problem scheint wesentlich darin zu liegen, daß sie
sich von Stani sowohl innerlich wie äußerlich nicht abzugrenzen
vermag, sondern allzusehr auf ihn bezogen bleibt und dadurch in
ihrer Selbstentfaltung und Eigenaktivität gelähmt wird. Das, was
sie mit der äußeren Trennung intendiert, meint vielleicht in
einem tieferen Sinne ihr Wunsch, sich innerlich klarer zu unterscheiden. Scheidungsabsichten werden in Paartherapien häufig
in diesem Sinne geäußert. Als Therapeut ist man dann versucht,
direkt beratend auf die äußere Realität loszusteuern und dem

Paar für oder gegen Trennung und Scheidung Ratschläge und Direktiven zu erteilen. Ich sehe aber meine therapeutische Aufgabe vor allem darin, das, was sich zwischen den Partnern ereignet, auf seinen tieferen Erlebnisgehalt zu hinterfragen und den Partnern zu helfen, entscheidungsfähig und damit eventuell scheidungsfähig zu werden.

F   Ich weiß nicht, weshalb ich so abhängig bin.

M   Man müßte eine Teufelsaustreibung vornehmen.

F   Ich bin nun einfach mal abhängig, und ich sehe für mich keine andere Lösung.

(Pause)

Th   Glauben Sie, daß Sie ihn aus sich herausbringen, wenn Sie sich äußerlich trennen?

F   Ich hoffe ja, sonst würde ich das nicht wollen. Ich hoffe, daß ich das dann wirklich kann.

M   Es ist für sie vielleicht wichtig, daß sie sich trennen will mit dem Gedanken, daß wir nie mehr zusammenkommen sollen und sie sich lösen will.

F   Ja, Stani, wenn du so sagst, du seist ja dann immer noch da, wenn es dann mit Peter nicht geht, so ist das im Moment ja verlockend, aber du schätzest mich ja damit trotzdem nicht. Und doch lähmt mich das schon wieder. Das ist ja keine wirkliche Lösung, wenn ich denke, ja, ich trenne mich mal, jetzt hat jeder mal ein bißchen den Plausch, und dann finden wir uns wieder.

Th   Ich habe den Eindruck, Sie können offenbar einfach nicht sich selbst sein, solange Sie mit ihm in Beziehung stehen.

F   Ja, wahrscheinlich.

M   Nur mir gegenüber, sonst schon.

F   Ich glaube, ich war früher ziemlich selbstbewußt gewesen. Du hast gesagt, ich wäre eingebildet. Vielleicht war ich das. Jedenfalls war ich ziemlich unproblematisch, und es ist alles gutgegangen. Und dieses Selbstbewußtsein, das ich früher hatte, das ist im Laufe der Jahre immer mehr kaputtgegangen. Es ist mir gar nicht bewußt geworden, daß ich so unsicher geworden bin. Du hast mir nie das Gefühl gegeben, ich wäre attraktiv, vielleicht bin ich das objektiv gesehen auch gar nicht, aber man möchte das einfach von jemandem hören, mit dem man zusammen lebt.

4. Sitzung

Helga war vor der Heirat selbstbewußt und selbständig. In der Ehe aber hat sie sich ganz auf Stani ausgerichtet.

Th   Haben Sie den Eindruck, daß Sie sich selbst aufgegeben haben, wenn Sie sagen, früher war ich so selbstbewußt und jetzt . . .

F   Es war nicht ein bewußtes Sich-Aufgeben, es war vielmehr passiv, es ist geschehen.

Th   Sie sind zu sehr auf ihn ausgerichtet worden, ganz von seiner Bestätigung abhängig.

F   Ja, das ganz sicher. Das ist mir auch bewußt gewesen, wenn Peter mir gesagt hat, ich sei hübsch. Da ist er ganz aggressiv auf Stani geworden, und das hat mir natürlich gutgetan, aber im Grunde genommen hätte ich das gerne von dir gehört.

Th   Mir fällt wieder auf, daß Sie sich in mancher Hinsicht ganz ähnlich sind, obwohl es so aussieht, als ob Sie das Gegenteil voneinander wären. Ich glaube, beide haben Sie Mühe, sich selbst zu bleiben in einer so engen Beziehung. Sie (Stani) haben den Eindruck, Helga kommt Ihnen zu nahe und Sie müßten sich einen persönlichen Freiraum erhalten, und Sie (Helga) sind zu stark in ihm drin und können sich so auch nicht finden. Beide haben Mühe, sich selbst zu sein, wenn sie in einer engen Gemeinschaft sind.

Als gemeinsame Schwierigkeit ergibt sich, daß beide in der Beziehung Mühe haben, sich selbst zu bleiben und sich vom anderen abzugrenzen.

Hier spreche ich direkt den Fokus der narzißtischen Kollusion an, nämlich die gemeinsame Schwierigkeit, in einer engen Zweierbeziehung der Tendenz zu widerstehen, sich für den Partner aufzugeben, um sich durch den Partner bestimmen zu lassen. Helga verliert das Bewußtsein ihrer selbst für Stani, den sie dafür aber verpflichtet, sich gemäß ihren Vorstellungen zu verhalten. Stani seinerseits hat Mühe, die in ihn gesetzten Erwartungen zu enttäuschen, fühlt sich durch diese aber von sich selbst entfremdet.

F   Ja, dieses Gefühl habe ich auch, und deshalb hab ich mich entschlossen, ich möchte ganz ich selbst werden. (Pause.) Und dann fallen mir auch so viele Sachen ein; er konnte mir nicht die Wahrheit sagen, weil er Angst davor hatte, ja, das akzeptiere ich. Aber du hast die Hedwig genauso belogen, genau wie mich. Hattest du denn da auch Angst vor ihrer Reaktion?

(Der Mann hält wieder schützend die Hand an seine Wange.)

Stani kann Helga gestehen, daß er mit seinen Freundinnen dieselbe Angst hat, zu sich selbst zu stehen und deren Erwartungen zu enttäuschen.

M   Ja, das ist offenbar so gewesen, mag sein.

F   Dann ist er ein Jahr mit Susanne gegangen und hat auch nicht gewagt, mir das zu sagen, wovor hast du dann da Angst?

M   Es war nicht Angst, es war mehr aus der Überlegung heraus, daß ich dir das nicht erzählen sollte, ich weiß nicht genau, warum nicht. Ich hatte nicht die innere Freiheit und Kraft, dir das zu sagen. Du hättest auch nicht die Kraft gehabt, dich so wie jetzt auszudrücken.

F   Vielleicht nicht dir gegenüber. Gut, es ist mir jetzt vieles klarergeworden, aber ich glaube schon, daß ich vor einem Jahr auch mit vielen anderen diskutiert habe.

M   Ich weiß nicht, schon bei der ersten Beziehung, ich konnte es nicht.

F   (mit Nachdruck) Du bist feige.

M   Nein, das ist keine Charaktereigenschaft. Heute kann ich das erzählen, ich kann das auch

meinen Freundinnen erzählen, damals konnte ich 4. Sitzung
das nicht; warum ist schwer zu sagen.

F   Ja, gut, das stimmt schon, daß du es jetzt eher
kannst. Aber du hattest auch bei den anderen (den
Freundinnen) Angst vor deren Reaktionen, vielleicht vor mir noch stärker. Es sieht immer so aus, als
ob nur ich dich zertrampelt und kaputtgemacht hätte, aber du hattest auch Angst vor deren Reaktionen.
Es kann natürlich auch durch die Erfahrungen sein,
die du bei mir gemacht hast, aber die (die Freundinnen) sind ja auch nicht so sanfte Täubchen.

M   Es ist auch gar nicht so sehr die Aggression, die
ich fürchte. Es kann eher eine sehr bedrückende
Situation sein, wenn die andere traurig ist.

F   Ja, du fürchtest überhaupt jede Emotion.

M   (leise) Vielleicht.

(Längere Schweigepause)

Th   Mich beschäftigt weiterhin die Frage der Trennung; ich glaube, Sie sollten sich trennen . . .

(Beide Partner schauen etwas schockiert auf den
Therapeuten.)

Die Frage ist nur, in welcher Form. Von mir aus
gesehen ginge es vor allem darum, sich klarer voneinander zu trennen. Ich glaube, daß das mehr ein
innerer Prozeß ist.

F   Mh.

M   Sie sieht als notwendige Voraussetzung für
diesen Prozeß, daß sie auch äußerlich getrennt ist.

Th   Das weiß ich nicht, vielleicht ist es leichter,
wenn Sie die Trennung auch äußerlich vollziehen,
aber das Problem ist, daß Sie sich vor allem innerlich
nicht trennen, nicht abgrenzen können. Sie (Helga)
sind zu stark in ihm drin, und er fühlt sich andererseits auch von Ihnen ausgefüllt. Es besteht keine
klare Abgrenzung zwischen Ihnen beiden.

F   Mh (blickt den Mann an).

Der Thera-
peut unter-
stützt die
Trennungs-
absicht, wo-
mit er das
Paar erschüt-
tert. Er
meint aber
mehr die in-
nere und
nicht die äu-
ßere Tren-
nung.

275

Th   Keine gesicherte Abgrenzung, die Beziehung ist immer eine Bedrohung.

F   Mh. (Pause). Ja, mir ist das wirklich aufgefallen, wenn der Stani heimkommt, vielleicht geht es dir anders: Aber bei mir geht es wohl auch um eine räumliche Trennung. Daß es leichter ist, wenn wir uns nicht mehr sehen, oder daß wir uns vielleicht nur am Montag in der Therapie sehen. Mir scheint es wichtig, daß wir ganz klar abmachen, uns nicht zu sehen und nicht anzurufen, und deshalb möchte ich eine totale Trennung, weil ich das sonst nicht kann!

Th→M Wie sehen Sie das?

M   (seufzt) Ich kann nicht dagegen sein, ich finde es schon eine gute Lösung, für mich persönlich wäre eine andere Lösung möglich, aber für Helga vielleicht nicht. Es ist tatsächlich so, daß es mir nicht schlechtgeht und bei mir nicht so starke Reaktionen auftreten, ich kann die momentane Situation gut ertragen, es ist bei mir nicht so wie bei ihr.

F   Eben das find ich so erstaunlich. Du hast doch das letzte Mal in der Therapie gesagt – als ich gesagt habe, ich leide darunter – hast du gesagt, nein, eigentlich leide ich nicht darunter, aber als ich dann zu Hause gesagt habe, jetzt will ich eine Trennung, hast du dich dagegen gewehrt und hast mir wieder zugesprochen; wir hätten ja eigentlich in der Zwischenzeit nicht darüber reden sollen, aber ich wollte es dir nur sagen, damit du dich für die nächste Therapiestunde darauf einstellen kannst. Wenn du zu Hause bist, sagst du immer, wie schlecht es dir geht.

M   Du verstehst mich falsch. Es geht ja nur um die Frage, ob ich auch starke Reaktionen habe, wenn ich dich sehe. Aber obwohl das nicht der Fall ist, bedrückt mich der Gedanke, daß ich alles aufgeben müßte, die Kinder, die Wohnung, das Heim; das kann mich trotzdem bedrücken, das schließt sich nicht aus.

F   (zunehmend aufgebracht) Das ungarische
Gulasch und das warme Sofa und die Kinder, ja, gut.
(Längere Pause. Beide schauen sich recht aggressiv
an.)
Th   Das Problem der Abgrenzung war zum Teil ja
auch das letzte Mal aktuell, als wir über die außerehelichen Beziehungen sprachen, wobei ich eine
ähnliche Schwierigkeit sah zu entscheiden, «was ist
dein Problem und was ist mein Problem».
F   Mh, das finde ich auch, solange wir nicht zusammen sind, finde ich auch, daß diese Beziehungen
seine Sache sind, aber sobald wir zusammen sind,
empfinde ich das auch als meine Sache.
Th   Weshalb eigentlich?
M   Es ist immer das gleiche, sobald ich jemand
anderen gern habe, fühlt sie sich in ihrer Persönlichkeit verletzt.
F   Das kann schon sein, daß es eine Kränkung ist;
wenn wir nicht zusammen sind, dann denke ich
immer, bitte, er soll machen, was er will, aber wenn
wir zusammenkommen wollen, dann stört mich das
schon. Es ist bei mir auch unterschiedlich. Manchmal bin ich ganz aggressiv auf seine Freundinnen,
und manchmal denk ich, ich hab ja gar nichts gegen
diese.

Jetzt aus der Distanz wird für mich deutlich, wie ich mich
zwar einigermaßen an die therapeutischen Spielregeln halte, dabei aber doch das Verhalten der Frau stärker in Frage stelle als
jenes des Mannes. Offensichtlich agiere ich in der nun folgenden
Passage aus eigenen Affekten auf Helgas Druckversuche, wobei
mein Bemühen um Aufrechterhaltung der therapeutischen Rolle
unbewußt zum Mißbrauch dieser Rolle wird. Ich verpacke meine persönlichen Empfindungen der Kränkung und Bedrohung
in der Fortsetzung meiner Arbeit in therapeutische Interventionen und mache meine Reaktionen damit schwer angreifbar. Das

war mir in dieser Gesprächsphase nicht bewußt, zeigt aber erneut, wie schwierig es für den Therapeuten in der Paarbehandlung ist, mit der Befangenheit in der eigenen Geschlechtsrolle und den eigenen Beziehungsproblemen zurechtzukommen.

Th   Für mich macht es manchmal fast den Eindruck, als ob Sie seine Freundinnen brauchen, um sich besser von ihm abzugrenzen.

F   Inwiefern?

Th   Weil Sie sich sonst zu nahe kämen.

F   Ja, das kann schon sein.

Th   Wegen seiner Freundinnen können Sie ihn ja immer wieder von sich stoßen und sagen: «So ein mieser Kerl, und dann geht er wieder mit diesen Frauen, da bin ich so enttäuscht über ihn, da mag ich gar nicht mehr mit ihm zusammen leben.»

Der Therapeut fühlt sich durch Helgas Trennungsdrohung, die den Fortgang der Therapie gefährdet, gekränkt und

F   Das kann schon sein, das wird wohl wahrscheinlich so sein. Es ist klar, daß es mir dann viel leichterfällt, daß ich dann sagen kann: «Du brauchst mich ja gar nicht», und so kann ich ihn zurückstoßen (starke motorische Mitbewegung).

(Längere Pause, Frau senkt den Kopf, wirkt getroffen.)

F   Ja, die Frage ist ja wahrscheinlich, ob wir überhaupt noch weiter Therapie machen wollen (weinerliche Stimme).

Als Quittung auf meine fehlplacierte Interpretation folgt die Drohung Helgas, die Therapie abzubrechen. Helga gerät mir gegenüber in eine schwierige Situation: Sie fühlt sich durch meine Bemerkungen verletzt und zurückgestoßen, bemüht sich aber, diese zu akzeptieren, um die ungetrübte Übereinstimmung mit mir aufrechtzuerhalten. Die Schwierigkeit, die sie mit Stani hat, überträgt sich jetzt auf die Beziehung zu mir, nämlich daß sie es als Zurückweisung erlebt, wenn sie mit einer Bezugsperson nicht im Einklang stehen kann. Auf der anderen Seite fühle ich mich durch ihre Scheidungsdrohung dazu erpreßt, mich ganz auf sie einzustellen, und reagiere – ähnlich wie Stani – mit verletzenden Distanzierungsbemühungen. Es bietet sich hier eine therapeutische Kollusion zwischen Helga und mir an, deren Bearbeitung ich aber verpasse, weil ich persönlich zu stark in meine Schwierigkeiten mit Helga verwickelt bin und mir der Abstand fehlt.

M   Hältst du an deinem Entschluß eigentlich jetzt immer noch fest?

F   Ja, Stani! So geht es nicht weiter, und wenn ich mich mehr distanziert hab, können wir uns doch auf einer ganz anderen Basis begegnen, als wenn wir so aneinander hängen. Für mich ist es einfach unerträglich, wenn du immer im Hintergrund bist und wenn ich dich brauche immer wieder da bist. Ich habe auch den Stolz, mit dem wenigen Geld, das ich habe, selbst auszukommen, um zu zeigen: «Sieh, ich kann das.» Ich will zeigen, daß ich es allein kann und nicht immer nur denke, jetzt schau ich mal, wieweit ich es allein kann, und wenn es nicht geht, dann ist der Stani ja schon zur Stelle. So wie es jetzt ist, kann ich dich einfach jederzeit benutzen.

Th   Daß Sie sich dabei behindert fühlen, je sich selbst zu finden?

F   Ich hab im Moment das Gefühl.

Th   Daß Sie sich innerlich dann doch immer noch so abhängig fühlen?

F   Ja, das macht mich eben doch immer abhängig, daß ich die Probleme im Grunde genommen gar nie selbst bewältigen muß, daß eben Stani immer da ist. Zum Lösungsprozeß gehört das auch, daß ich mich nicht auf ihn verlassen kann. Gut, Geld werd ich weiterhin von dir brauchen, aber da kann ich dich ja einfach so betrachten wie einen Arbeitgeber.

kränkt nun seinerseits Helga mit einer «Deutung». Helga widerspricht ihm nicht, stellt aber den Sinn einer Therapie in Frage. Hier hatte es der Therapeut unterlassen, die Spannung, die zwischen ihm und Helga aufgetreten ist, als therapeutische Kollusion zu bearbeiten.

Th Ich glaube, daß diese Selbstfindung eher ein innerer Prozeß ist, obwohl dabei vielleicht die äußere Situation erschwerend mitwirkt. Aber da wäre die Frage, ob man den äußeren Kontakt so gestalten kann, daß es Ihnen eher möglich ist, selbständig zu werden, zum Beispiel, daß Sie genau abmachen, wann Sie sich sehen, daß keine Telefone dazwischen sind, so daß Sie wissen, Sie müssen jetzt wirklich selbst mit den Schwierigkeiten fertig werden und können nicht warten, bis er wieder vorbeikommt.

F Aber häufig ist es eben Stani, der telefoniert.

M Ich habe gesagt, ich akzeptiere deinen Wunsch, nur möcht ich nicht, daß du jetzt gerade alle Verbindungen zu mir abbrichst.

F Ja, wie siehst du das denn? Sollen wir uns voneinander distanzieren, um wir selber zu sein im Hinblick auf eine spätere Zukunft, oder sollen wir uns völlig unabhängig davon entwickeln?

M Für mich ist es ganz klar, daß, wenn wir eine Therapie machen, daß wir das im Hinblick auf die Chance tun, uns später wieder zu begegnen und wieder zusammenzukommen. Ich will damit nicht sagen, daß das unbedingt im Moment mein Wunsch ist, nicht daß du später wieder sagst, aha, damals hast du das und das gesagt. Ich will nur sagen, daß es möglich sein könnte, jetzt ist es nicht möglich.

F Ja, gut, aber dann kommst du wieder mit dem Plan, daß wir miteinander ins Ausland gehen würden. Das würde doch überhaupt nichts ändern. Da würd ich dir wieder zu sehr auf der Pelle sitzen, und ich würde weiterhin von dir abhängig bleiben. Vielleicht ginge es etwas besser durch die äußere Bedrohung.

Stani tritt für die Fortsetzung der

M Aber du weißt jetzt, wo wir Fehler machen, ich auch, und daß wir bewußt etwas anderes versuchen könnten als vorher. Für mich ist die einzige

Möglichkeit jetzt die Therapie. Ich sehe überhaupt nicht die Möglichkeit, daß ich jetzt wieder zu dir zurückkommen würde und wir versuchen würden, miteinander auszukommen. Aber wenn wir jetzt eine Therapie machen und du sagst, ich will ja mit dir sowieso nie mehr zusammenkommen, dann ist es auch nicht nötig, daß wir uns näherkommen. Und wenn du sagst, ich solle auch die Kinder nie mehr sehen ...

Therapie ein und lehnt eine definitive äußere Trennung für die Dauer der Therapie ab.

F   Ja, das wegen der Kinder, das war eine andere Situation.

M   Die Sache ist ganz klar von den äußeren Umständen her. Wenn ich auch nicht so tief gebunden bin, daß ich nur noch das möchte, finde ich es wichtig für die Kinder und die Familie, unsere Beziehung so weit zu normalisieren, daß wir wirklich eine Möglichkeit sehen könnten, wieder miteinander zusammen zu leben, weil die äußeren Umstände ja dafür sprechen, daß wir es eigentlich sollten.

F   (spöttisch) Weil ich am besten Gulasch kochen kann.

M   Nein, verstehst du, wenn du sagst, ich kann nicht eindeutig ja oder nein sagen, wenn du mich fragst, willst du jetzt mit mir zusammen leben, so sag ich ...

F   «Vielleicht» (spöttischer Ton).

M   Nein, falsch, ich will schon, aber nicht so wie bisher.

F   Ich war ja auch nicht glücklich dabei.

M   «Ja-sagen» kann ich auch nicht dazu. Es ist eben eine verfängliche Frage, und deshalb habe ich das letzte Mal nicht geantwortet.

F   Ja, das weiß ich schon, aber auf die Frage, ob du überhaupt noch an mir etwas findest, kannst du ja auch nicht antworten, du erwähnst nur die Atmosphäre und das Daheim.

281

M   Natürlich.

F   Daß wir Probleme haben ist ganz klar, aber irgendeine Substanz sollte doch noch da sein, daß man sich überhaupt noch –

M   Du darfst nicht vergessen, daß das äußere Gefallen sehr stark mit dem inneren Verhältnis zusammenfällt; wenn ich dich gern habe, gefällst du mir, wenn ich dich nicht gerne habe, gefällst du mir nicht.

Th   Was glauben Sie eigentlich, weshalb kommt er hierher?

F   (lange Zeit vor sich hin sinnierend, seufzend, der Mann hält sich schützend die Hand vor das Gesicht) Ja, da muß ich nachdenken. Man kann natürlich sagen, seine Motivation ist, daß sich unsere Beziehung normalisiert. (Pause.) Ja, deshalb. (Pause. Wirkt wenig überzeugt.) Ich hab aber das Gefühl, vielleicht täusch ich mich, vielleicht kommt das ganz anders heraus, ich habe das Gefühl, daß, wenn ich mich einmal von Stani distanziert habe, daß ich dann gar nicht mehr zurück will, vielleicht täusch ich mich, vielleicht geht es mir dann besser, vielleicht hab ich eine andere Einstellung zu ihm.

M   Ja, gut, dann ist es wenigstens eine eindeutige Lösung, dann weißt du, daß du mich nicht mehr zurückhaben willst. Wir könnten ja trotzdem einen guten Kontakt zueinander haben. Ich fände es einfach schade, wenn ich zum Beispiel die Kinder nicht mehr sehen sollte. Sie haben im Moment drei Bezugspersonen, und ich sehe keine Notwendigkeit dafür, weshalb wir nicht in einem freundschaftlichen Kontakt zueinander verbleiben könnten.

Helga befürchtet, daß ihre Liebe zu Stani erlöschen würde, wenn sie sich mit seiner begrenzten Liebesfähigkeit abfinden müßte.

Beim Wiederbetrachten der Video-Bänder fällt mir meine Tendenz auf, von der Frau weit mehr Anpassung an den Mann zu erwarten als umgekehrt, ein Eindruck, den Helga bei der Manuskriptbesprechung bestätigt. Ich bemühe mich, in der Therapie den Mann so zu akzeptieren, wie er ist, und von der Frau dieselbe Haltung dem Mann gegenüber zu erwarten. Da die Frau ja nicht in einer therapeutischen Beziehung zum Mann steht, wird sie von dieser Erwartung überfordert. Wie Helga Stani erneut zu einem Bekenntnis drängen will, versuche ich zu vermitteln mit der Frage an sie, weshalb er denn überhaupt in die Therapie komme. Persönlich stört es mich, daß sie so wenig Bereitschaft zeigt, ihm eine echte Motivation zur Verbesserung der Beziehung zuzugestehen. Helga legt sowohl an ihre wie an seine Liebe absolute Maßstäbe: alles oder nichts.

22. Sitzung vom 26. März

Übersicht

In der Zwischenzeit ist ein halbes Jahr verstrichen. Die Beziehung zwischen Stani und Helga ist in Bewegung geraten. Zeitweise können sich die Partner näherkommen, wobei oft auf jeden Fortschritt gleich wieder ein Rückschritt folgt. Für Helga ist es schwierig, positive Veränderungen in der Therapie anzuerkennen, weil sie deren Beständigkeit anzweifelt. Viel näher liegt es ihr, so lange das Gegenteil anzunehmen, bis Stani ihr die Dauerhaftigkeit seiner veränderten Einstellung und Haltung bewiesen hat. Mit diesem Anspruch wird jede therapeutische Veränderung behindert. Vereinzelt ist es zu sexuellen Kontakten zwischen Helga und Stani gekommen. Stani befürchtet, Helga könnte zu hohe Erwartungen an diese Veränderungen knüpfen und stößt sie in verletzender Weise von sich, indem er ihr vorhält, sie sei ihm zu dick. Helga profiliert sich in eigenständiger Art: Sie ist nicht bereit, seinetwegen abzumagern, sondern besteht darauf, entweder könne er sie so akzeptieren, wie sie sei, oder er lasse es bleiben. Damit erleichtert sie Stani eine eigene Position zu definieren und sich mit ihr zu konfrontieren, was für ihn zwar beschwerlich, aber weniger bedrohlich ist.

In diesem halben Jahr blieb der Fokus der Behandlung auf der narzißtischen Kollusion. Stani versetzt Helga immer wieder in

Double-bind-Situationen, in widersprüchliche Erwartungen, bei deren Erfüllung sie so oder so bestraft wird. Er wünscht von ihr mehr Zärtlichkeit, Wärme und Entgegenkommen, erträgt jedoch keine spontanen Gefühlsäußerungen und Erwartungen, durch die er sich verpflichtet fühlen könnte. Dieselbe Schwierigkeit hat Stani aber auch mit Renate. Diese ist – obwohl sie mit ihm zusammen lebt – mit einem Studenten verlobt, der im Ausland weilt. Stani ist gekränkt, daß sie seinetwegen mit dem Freund nicht gebrochen hat, obwohl er keinesfalls möchte, daß sie an ihn irgendwelche verpflichtende Ansprüche stellen würde. Hinter diesem widersprüchlichen Verhalten steht seine tiefe Sehnsucht nach einer absoluten, bedingungslosen und durch nichts zu trübenden Liebe, die er in seiner Kindheit so stark vermissen mußte, deren Realisierung ihm aber nicht möglich ist, weil die Liebe nie einer phantasierten Wunscherfüllung entsprechen wird, sondern durch das Wesen einer erwachsenen Frau und deren eigene Vorstellungen und Erwartungen bestimmt sein wird.

Aber auch bei Helga werden gewisse Widersprüche faßbarer. Sie war zu Beginn der Beziehung von Stani fasziniert, weil sie hoffte, durch ihn aus dem Verhaftetbleiben in einer solid-bürgerlichen Lebensführung befreit zu werden. Stani schien ihr das Gegenteil von ihrem Vater zu sein. Hörte sie bei diesem immer: «Hier steh ich, hier bleib ich», so war Stani ein Mann, den sie nie ganz fassen konnte. Er war unpünktlich, unzuverlässig, verträumt. Unter ihrem Druck habe er sich gebessert. Aber damit hat er sich nur rein äußerlich an sie angepaßt, innerlich blieb Helga weiterhin im ungewissen, wer er war. Dieses Hintergründige und Unfaßbare ärgert sie nicht nur, sondern fasziniert sie auch.

Unmittelbar vor dieser Stunde schien die Beziehung der Partner zueinander sich deutlich zu verbessern. Bei den wiederaufgenommenen sexuellen Beziehungen traten bei Stani, offenbar eine Ausnahme, sexuelle Funktionsstörungen auf. Helga war beglückt über diese intimen Beziehungen und berichtete in der letzten Stunde, daß sie sich ihm gegenüber völlig sicher gefühlt habe und auch nicht von der Angst befallen worden sei, aus dieser Begegnung Ansprüche und Erwartungen abzuleiten. Stani schien sich nicht mitfreuen zu können und schien in zwiespältiger Stimmung zu sein. Darauf angesprochen, erwiderte er in verletzender Weise, er habe Mühe, Helga zu akzeptieren, weil sie ihm zu dick sei. Mit dieser Bemerkung zerstörte er schlagartig Helgas Glücksstimmung. Zwar ergab die nähere Klärung, daß Stani die heftige Nähe Helgas nicht erträgt und Angst hat, sie werde sich ihm wieder zu stark öffnen. Mit dieser verletzenden Bemerkung wollte er Helga wieder auf Distanz setzen und vielleicht auch die Kränkung über seine sexuellen Schwierigkeiten kompensieren. Die jetzige Stunde beginnt mit dem Dilemma: Soll die Frau abmagern, um dem Mann zu gefallen, oder soll sie bleiben, wie sie ist und es in Kauf nehmen, ihm nicht zu gefallen.

Stani hat sich in der Zwischenzeit einen Bart wachsen lassen, was ihm einen revolutionären Anstrich gibt. Helga trägt in letzter Zeit seltener Jeans, dafür eher einen Rock, was sie jünger und etwas mädchenhafter erscheinen läßt.

Th   Wie geht es?
F   Es ist nicht so gutgegangen, und zwar hab ich ja vor der letzten Therapie – als wir miteinander geschlafen hatten und als das Verhältnis zueinander wirklich sehr gut war, mindestens hat's so ausgesehen, haben wir uns gefreut, und ich hab mir natürlich schon wieder falsche Hoffnungen gemacht und gedacht, Stani akzeptiert dich, nicht daß er mich berauschend findet, das wird keiner, nachdem er zehn Jahre mit einer zusammen lebt, aber gut, ich habe trotzdem gedacht, er akzeptiert dich doch, mehr auf jeden Fall als zuvor, und nachdem wir miteinander geschlafen haben, sind wir noch beieinander gelegen, und wir haben da so gespottet: «Ja, ja, der Rahm ist ab», und er sagte: «Nein, nein, es fühlt sich doch schön an», was wollte er auch anders sagen. Nach der letzten Therapiestunde hab ich

Helga und Stani haben die sexuellen Beziehungen wiederaufgenommen.

285

Stani hat sie
aber gleich
wieder von
sich gesto-
ßen mit ver-
letzenden
Bemerkun-
gen über ihre
Körperfülle.
Helga hat
daraufhin
wieder allen
Mut ver-
loren.

dann losgeheult, das hat mich sehr getroffen, was er gesagt hat, vor allem auch, weil ich zuvor gedacht habe, jetzt habe ich mich von Stani innerlich befreit; was er von mir sagt und denkt, das macht mir jetzt alles gar nichts mehr aus oder viel weniger, und da hab ich gemerkt, daß mich das doch sehr gekränkt hat, und da ist mir alles wieder hochgekommen, wir haben doch das alles schon gehabt, da hat's mir, puh, hat's mir ausgehängt, und das Gefühl überfiel mich, es hat sich überhaupt nichts verändert – meine Frage ist, wie ich mich überhaupt verhalten soll, um dem Stani diese Angst vor mir zu nehmen, ob das überhaupt möglich ist, ob das drinliegt oder ob das nur geht, wenn ich mich total aufgebe und ein sanftes Wesen wäre. Ob das überhaupt möglich ist, daß Stani je diese Angst vor mir verliert, und wie ich mich verhalten sollte, ohne daß ich mich total aufgebe. Ich weiß schon, daß wenn ich lieb und sanft wäre und alles über mich ergehen ließe, auch daß er sagt, ich widere ihn an, wenn ich so reagierte – es ist jetzt gerade das Gegenteil wie im Oktober, wo Stani einmal fragte, was soll ich tun, daß Helga ihre Angst verliert, ihr Mißtrauen.

(Längere Schweigepause.)

M   Ja, ich glaube nicht, daß so sanft sein und zu allem ja sagen das Richtige wäre, das glaub ich nicht. Was man da tun soll, kann ich auch nicht recht sagen. Was mich immer wieder erschreckt, ist, daß, wenn ich eine Bestandsaufnahme mache und sage, was ich empfinde, daß es dir dann sofort aushängt, statt daß du sagst, na gut, das ist so, was können wir damit anfangen. Und daß du darauf nicht eingehst. Wenn du darauf eingehen könntest, würde ich es, glaub ich, auch eher verlieren. Ich habe Angst, dir das mitzuteilen, weil du dann eben explodierst.

F   Ja, wenn du's so sagen würdest, daß du dabei

diese Ängste hast, dann, glaube ich, hätte ich es noch ertragen können. Der wunde Punkt war ja das mit dem Abnehmen.

M   Ja, dann fragen wir doch Herrn Willi, wie war das mit dem Abnehmen?

F   Du hast gesagt, du könntest mir vieles nicht sagen, und da hat Herr Willi gesagt, gibt es da etwas, wovor Sie Angst haben.

M   Ja, und dann hab ich mir überlegt und hab gedacht, das mit dem Abnehmen kann ich dir nicht sagen, weil du dann explodierst.

F   Ja, gut, da hab ich jetzt halt drauf reagiert und hab mich auch darüber geärgert.

Th→F Wie hätte er sich in dieser Frage verhalten sollen?

F   Er hätte gar nichts tun können. Wenn er mich zu dick findet und das nicht sagen kann, so ist das mein Problem, wenn ich es nicht ertrage und so heftig darauf reagiere. Er hat sich schon richtig verhalten, ich hätte es schlucken sollen, aber es war für mich ein zu harter Brocken. Es hat mich eben doch sehr tief gekränkt.

Th   Wie stehen Sie denn eigentlich zu Ihrem Körper?

F   (denkt nach) Ich möchte vielleicht schon etwas abnehmen, aber nicht sehr viel, ich bin eigentlich mehr oder weniger zufrieden, aber das bin ich erst wieder durch Peter geworden, weil zuvor, zum Beispiel in Amerika, bin ich häufig vor dem Spiegel gestanden und fand mich so häßlich, da dachte ich, der arme Stani, der braucht wirklich andere Frauen, und ich hatte echtes Mitleid mit Stani, weil ich mich so abstoßend fand. Aber das hat sich dann wieder gelegt, weil Peter mich schön findet, und wenn man vom Partner akzeptiert ist, ist man auch eher zufrieden. Wenn ich mit Peter zusammen bin, dann fühl

Helga hat Mühe, ihren Körper zu akzeptieren und ist diesbezüglich stark auf die Bestätigung durch den Partner angewiesen.

ich mich ganz frei, dem ist es völlig wurst, ob ich drei Kilogramm mehr oder weniger habe, im Gegenteil, er sagt, mir ist es lieber, wenn du zunimmst, dann bist du gut gelaunt. (Helga lächelt.) Jetzt hätte ich natürlich wieder furchtbare Hemmungen, mit Stani zu schlafen.

Th   Es ist auch im Körperlichen nicht leicht, man selbst zu sein und nicht zu stark auf ihn bezogen.

F   Ich . . . fühlte mich zuvor so befreit und glaubte, ja, jetzt bin ich ich selbst und bin jetzt so enttäuscht, daß es doch wieder so gekommen ist.

Die Stimmung in dieser Stunde ist geprägt von Resignation, die uns alle drei ergriffen hat. Es bestand die Hoffnung, daß doch bereits solide Fortschritte in der Selbstabgrenzung der beiden Partner erzielt worden seien. Diese erweist sich für die Partner in der sexuellen Begegnung als besonders schwierig. Im Körperlichen drückt sich das Beziehungsproblem am konkretesten aus. Helga hat Mühe, sich selbst zu akzeptieren und ist sehr darauf angewiesen, sich von ihrem Partner vorbehaltlos akzeptiert zu fühlen.

Th→M   Wie war es Ihnen denn zumute?

M   (seufzt) Zuerst war ich enttäuscht, als hinterher wieder die starke Reaktion kam, ich hab schon gemerkt, daß ich sie verletzt hatte, aber nicht erwartet, daß sie nachträglich so heftig reagiert. Was mich vor allem getroffen hat, sind ihre Folgerungen daraus, daß sie gesagt hat, so, jetzt laß ich mich scheiden. Ich will nichts mehr von dir, daß sie sofort absolute Schlüsse zieht und von mir verlangt, daß ich Stellung nehme.

Th→M   Wie hätten Sie reagiert, wenn Ihnen Ihre Frau auch etwas in diesem Stil gesagt hätte?

M   Ich stelle mir vor, daß es mich nicht so auf den Boden werfen würde. Ich würde wahrscheinlich

auch denken, na ja, eigentlich hätte ich mir etwas
anderes vorgestellt, ich wäre auch enttäuscht, ich
könnte aber nicht so reagieren, so heftig und ablehnend deswegen. Meine Grundreaktion wäre höchstens die, daß ich mich fragen würde, was könnte ich
unternehmen, um ihr jetzt wieder zu gefallen.

Th   Ja, würde das heißen, daß Sie zum Beispiel in
einer solchen Situation eine Abmagerungskur machen würden?

M   Ich reagiere in solchen Situationen so.

F   Das tue ich nicht.

M   Ja, ich sag es ja nur.

Th   Sie möchten dem andern dann entsprechen?

M   Ja, wenn mir die Meinung des anderen etwas
bedeutet. Dann würd ich mir überlegen, was kann
ich machen, und wenn ich dick wäre, würde ich
versuchen abzunehmen.

F   Das ist etwas, was ich einfach nicht tue. Du
hast zudem noch gesagt, du wüßtest gar nicht, ob du
mich hinterher dann lieben könntest.

M   Ich glaube eben, daß das Äußere gar nicht so
eine Rolle spielt, wenn man sich eben auch sonst gut
versteht.

Helga und Stani spüren, daß die Körperfülle nur ein vorgeschobenes Problem für tiefere Schwierigkeiten ist, sich nahezukommen.

Stanis Mißempfindung gegenüber Helgas Körper ist weniger
von dessen physischer Beschaffenheit bestimmt, sondern ist vor
allem Ausdruck der an sich gestörten Beziehung. In diesem
Sinne wäre es auch müßig, darüber zu debattieren, ob Helga nun
eine Abmagerungskur machen soll oder nicht, weil es letztlich
gar nicht um ihr Körpergewicht geht, sondern um Stanis Abwehrreaktion gegenüber ihrer Nähe. Erfreulicherweise steht
Helga dezidiert dazu, dem Mann zuliebe keine Abmagerungskur
zu machen. Würde sie dies nämlich tun, so entspräche sie zwar
vordergründig seinem Wunsch, hintergründig würde sie aber
seine Abwehrreaktion erneut verstärken. Stani muß Angst bekommen, wenn Helga allzusehr auf seine Wünsche eingeht und

ihn damit nachträglich bedrängen und erpressen kann. Letztlich wird er angstfreier, wenn sie klar zu sich steht und sich ihm entgegenzustellen vermag. An ihrer Leibesfülle konkretisiert sich bildhaft das gemeinsame Beziehungsproblem.

F   Ja, weshalb sagst du denn das wegen dem Abnehmen?

M   Weil wir uns sonst nicht gut verstehen, deshalb spielt das vielleicht eine Rolle.

F   Aha.

(Pause.)

M   Aber ich hab dir auch gesagt, es ist mir nicht das Wesentliche; auch wenn du abnimmst, wird das an meiner Liebe zu dir nichts ändern. Da ist kein Kausalzusammenhang.

F   Also dann lieb mich zuerst, dann nehm ich ab.

(Beide lachen.)

M   Wenn ich dich liebe, dann müßtest du auch gar nicht mehr abnehmen.

F   Das einfachste ist, du liebst mich, wunderbar! Dann bin ich munter und glücklich und muß nicht abnehmen, das ist ja wunderbar.

(Alle drei lachen.)

Th→M   Wie sollte sich Ihrer Meinung nach Helga verhalten?

M   Weniger absolut, ganz allgemein gesagt. Weniger absolut.

Th   Was meinen Sie damit?

M   In ihren Reaktionen ist sie entweder oben oder unten, dazwischen gibt es nichts. (Zu Helga.) Schau mal, wenn ich nur sage, ich habe Mühe, zu dir zu kommen, dann denkst du, ich mag dich nicht. (Helga schüttelt den Kopf.) Ja, doch, du reagierst so, und schon sagst du, jetzt will ich scheiden, morgen reich ich die Scheidung ein.

F   Nein, Stani, das stimmt nicht.

Th→F Sie sagen, er grenze sich von Ihnen ab. Ich glaube, es ginge bei Ihnen um das gleiche Problem, nämlich daß Sie Mühe haben, sich genügend von ihm abzugrenzen. Ich glaube, es bleibt Ihnen gar kein anderer Weg, als daß Sie lernen, das zu machen, was Sie für sich als richtig empfinden. Wenn Sie sich nicht so sehr nach ihm richten, so könnte ich mir vorstellen, daß auch er weniger Angst vor Ihnen hätte.

F   Es ist ja zwischendurch auch wirklich schon so gewesen, daß wir uns getroffen haben und dann darüber reden konnten, aber manchmal denk ich, wir sind überhaupt nicht weiter als vor eineinhalb Jahren. Und das mit dem Abgrenzen, wie soll ich das machen? Gut, daß ich . . .

(Längere Pause. Frau kämpft mit den Tränen und seufzt. Der Mann sieht sie stark beteiligt an, hält gleichzeitig aber wieder die Hand schützend vor sein Gesicht.)

F   Im Grunde genommen mach ich gar nicht so viele Dinge auf Stani bezogen.

Th→M Es würde mich interessieren, wie Sie das sehen? Wenn Helga klarer wüßte, was sie möchte, wäre es dann für Sie auch leichter, aus Ihrem Zwiespalt herauszukommen?

M   Das könnte schon sein.

Th→M Ich begreife Helga gut. Sie hat wiederholt gesagt, daß Sie so ein Ideal hätten von einer Frau, die ganz für Sie da wäre und die ganz verbunden wäre mit Ihnen, und gleichzeitig stoßen Sie Helga immer ab, sobald sie sich so zu verhalten bemüht, wie Sie es erwarten. Das ist wirklich verwirrend für sie.

M   Ja, Sie meinen, ich stoße die Idealfrau immer ab?

Th   Offenbar ist das ein Problem, das Sie ja nicht nur mit Helga haben, sondern auch mit Ihren Freun-

Eine klarere Abgrenzung Helgas würde es auch Stani erleichtern, seine Position zu definieren.

dinnen. Ich habe den Eindruck, daß es Ihnen schwerfällt, eine klare Stellung zu beziehen.

M Es fällt mir tatsächlich schwer, weil ich es meist selbst nicht klar sehe.

(Längere Passage, in der der Mann diese Schwierigkeit näher erläutert.)

Wie in anderen Stunden eingehender behandelt, wirkt das unbewältigte Erlebnis seines Mutterverlustes in der Kindheit bei Stani nach, nämlich die Angst, wenn er sich nicht gemäß den Erwartungen einer «Mutter» verhalte, so sterbe diese gleich weg, weil ihr keinerlei Belastung zugemutet werden dürfe. Aus dieser Angst heraus sucht er einerseits eine nahtlose Verschmelzung mit der «Mutter» und stößt sie andererseits haßerfüllt von sich, weil sie ihm in ihrer Nähe gefährlich wird, er nicht mehr sich selbst sein kann und sich zu stark an sie zu binden droht, so daß er den Schmerz des Alleingelassenwerdens kaum noch verkraften könnte.

Th→F Bezüglich Ihres Körpers sehe ich überhaupt keine andere Möglichkeit, als daß Sie zu Ihrem Körper stehen. «So bin ich! Entweder kann er mich akzeptieren oder er kann's nicht.»

F Das ist das, was ich ja letztes Mal gesagt habe, ich nehme kein Gramm ab.

M→F Aber du bist eben mit dir selbst auch nicht zufrieden.

F Doch; aber natürlich zwischendurch denkt man, zum Beispiel hab ich schon gedacht, ich hätte gern etwas größere Augen. Ja nu, was soll's. Ich bin ja eigentlich zufrieden. (Der Mann will widersprechen.) Ja, doch.

M Das stimmt nicht. Du bist unabhängig von mir nicht zufrieden, deshalb wolltest du auch nicht mit den Kindern baden gehen, weil man dich sehen könnte.

F   Oh.
M   Doch, das hast du so gesagt.
F   Ja, das ist, weil du mir gesagt hast, daß du mich
so häßlich empfindest.
M   Das war ja schon früher so.
F   Weil du mich schon seit Jahren ablehnst. Daß
du das nicht kapierst!
M   Ich habe wirklich Mühe, das zu akzeptieren.
Wenn du mit dir selbst zufrieden wärest ...
F   Ich konnte ja nicht zufrieden sein, weil ich in
der Abhängigkeit zu dir war.

Das Problem um das Körpergewicht der Frau liegt auf der
Linie des therapeutischen Fokus. Es gibt in dieser Frage keine
andere Lösung, als daß die Frau sich auf die eigenen Füße stellt
und sich, so wie sie ist, zu akzeptieren sucht, ohne sich durch die
Augen des Mannes sehen zu wollen. Das Tragische jeder Kollu-
sionsbildung liegt darin, daß der Partner ausgerechnet jene Verhaltensweisen zeigt, die einem ein Fortschreiten in der notwendigen Richtung erschweren, ja, daß er aus eigener Problematik
eine Entwicklung in einer lautstark geforderten Richtung unter-
bindet, weil er sich dadurch gefährden würde. Wenn Stani von
Helga hintergründig doch erwartet, sie sollte mit ihm eine Einheit bilden, und über ihre Ansätze zu eigenständiger Profilierung
gekränkt ist, so wird es für sie doppelt schwierig sein, sich aus
ihren persönlichen Einschränkungen herauszuarbeiten, weil sie
damit die Weiterexistenz der Beziehung gefährdet. Ich versuche
deshalb Stani zu zeigen, daß auch er weniger Angst vor der Nähe
bekäme, wenn er Helga als eigenständiges, von ihm abgegrenztes
Wesen akzeptieren könnte.
    Die unausweichliche Erfordernis, sich eigenständig zu profi-
lieren, ergibt sich für Helga auch in der folgenden Situation:
Stani arrangierte gemeinsam mit seiner Freundin Renate ein Fest,
wobei er Helga im ungewissen ließ, ob ihre Anwesenheit dabei
erwünscht sei.

Th   Ich frage mich, ob Sie sich mit diesem Fest nicht zuviel zugemutet haben.

(Die Frau zuckt mit den Schultern.)

M   Mit dem Fest meinen Sie?

Th   Ja, ein Fest, das Sie gemeinsam mit Ihrer Freundin arrangieren.

F   Ja, als ich erfuhr, daß du mit Renate da bist, sagte ich gleich, nein, da geh ich nicht hin, aber du sagtest dann, nein, das ist ganz leger und locker.

M   Ja, aber das ist doch klar, daß, wenn ich bei Renate wohne und dort ein Fest gebe, daß ich dann auch mit ihr sein werde, und du wolltest kommen und hast erwartet, daß ich mich dann um dich kümmere.

F   Nein, nein.

M   So schien es mir wenigstens.

F   Nein, das habe ich weder gedacht noch erhofft. Ich hab gedacht, das Ganze ist in einem legeren Rahmen, so hast du mir es geschildert.

M   Es geht nicht darum, ob wir Gastgeber waren, aber wenn ich da bin, so möchte ich mit ihr auch mal tanzen, ohne daß von dir dann Ansprüche und Erwartungen kommen.

F   Aber das kapiere ich überhaupt nicht. Peter kam ja auch mit, und ich sagte dann so: «Mh, da sind ja hübsche Männer, oh, da mach ich das und das», und da hast du mich so in den Arm genommen und zu Peter gesagt: «Du, Peter, ich paß auf sie auf.»

M   Moment, Moment. Peter saß so niedergeschlagen da, und du hast gesagt: «Oh, du armer Peter» (Stani streichelt Helga mitleidsvoll tröstend über die Schultern), und da hab ich gesagt: «Ja, Peter, ich paß auf sie auf.»

F   Es geht mir ja gar nicht darum. Aber du hast wiederholt zu Peter gesagt: «Ja, komm doch, komm doch.» Ich verstehe nicht, weshalb du nicht gesagt

hast: «Du, Junge, ich glaub, es ist besser, wenn du 22. Sitzung
nicht kommst.» Hast denn du gar keine Angst, daß
es Spannungen geben wird? Und auch der Renate,
macht der das gar nichts aus? Die fühlt sich ja angeblich bedroht durch mich. Und da hast du gesagt, die
findet das interessant. Und ich hab gesagt, das find
ich fast pervers. Wenn ich mit einem anderen bin,
bedroht durch dessen Frau, dann finde ich das nicht
interessant.

M   Sie fühlte sich ja gar nicht bedroht von dir.

F   Na gut, dann hab ich mir das halt eingebildet.

Th→M Hier haben Sie, glaub ich, gesagt, Renate
würde sich freuen.

M   Nicht freuen, sie hat gesagt, ja, es wäre gut,
wenn man mal so ungezwungen miteinander wäre,
um zu reden.

F   (schüttelt den Kopf) Ungezwungen?

M   Ja, man hat nichts miteinander zu tun, man
kann sich aus dem Weg gehen, wenn es Spannungen
gibt, aber man kann auch miteinander reden.

F   Quatsch! (Drückt mit der Mimik aus, daß sie
diese Vorstellung unsinnig empfindet.)

M   Ja, gut, das ist ihre Vorstellung gewesen, und
du hast eine andere.

F   Ja, gut, ist egal.

Th   Ich glaube, es ist nicht egal. Ich habe den Eindruck, daß Sie sich alle, inklusive Renate und wer da
alles ist, so stark machen wollen. Ich kann mir
schwer vorstellen, daß das Renate Spaß macht.

M   Spaß hat sie nicht gesagt.

Th   Ja, oder daß das eine Gelegenheit zu unge-
zwungenem Zusammensein wäre.

M   Sie hat schon mehrmals gesagt, sie möchte gern
einmal mit Helga reden.

F   Ich will aber gar nicht mit ihr reden.

Th   Ist es nicht mehr ein Sich-gegenseitig-

Stani hat mit seiner Freundin zu-sammen ein Fest organi-siert, zu dem auch Helga geladen war. Seine Hoff-nung war, daß die bei-den Frauen miteinander ins Gespräch kämen. Hel-ga versteht, sich hier klar von ihm ab-zugrenzen.

Beschnuppern, um sich dann in zuckersüßem Ton herunterzumachen?

F   Sie ist eine Sozialarbeiterin und ist ganz altruistisch, ich sag das jetzt ganz spöttisch. Sie ist so altruistisch, daß mich das wirklich ankotzt. Natürlich, ich fühl mich durch sie bedroht und bin da sehr subjektiv. Aber diese ganze Art, «wir könnten doch zu viert, das wäre doch so nett», da sag ich nein! Stani sagt, du solltest doch mal mit Renate reden, dann könnte sie dir das und das sagen, da sag ich, er soll mir doch das selber sagen, das braucht mir doch nicht Renate zu sagen.

M   Ich sag das jeweils nur, wenn du sagst, ich hätte es so schön, ich hätte keine Kinder bei mir, und da lag mir daran, daß Renate dir einmal sagt, wie sehr mich das beschäftigt.

F   Du kannst mir ja selbst sagen, daß dich das stark beschäftigt und meine Vermutung falsch sei. Ich sag da einfach, er hat doch wirklich ein gutes Leben, er kann die Freiheit haben, wenn er will, er kann aber auch zurückkommen und die Kinder haben, wenn er will, er hat doch wirklich ein schönes Leben; weshalb soll er denn eigentlich überhaupt zurückkommen? Und dann wird er immer ganz aggressiv. Er hat doch ein schönes Leben, jedenfalls ein schöneres als ich.

Aus der Einstellung heraus, außereheliche Beziehungen seien zu tolerieren, werden heute oft Situationen für «offene Aussprachen» oder «freundschaftliche Gespräche» arrangiert, durch die sich die Partner überfordern. Dabei werden oft die wahren Gefühle verleugnet und man spielt sich gegenseitig Souveränität und Überlegenheit vor. Helga spürt das klarer als Stani und profiliert sich mit ihrer Meinung dem Mann gegenüber erneut.

Es folgt ein Ausschnitt aus einer späteren Phase dieser Stunde.

Stani wirft Helga vor, sie verhalte sich in der Therapie ganz anders als zu Hause und bezichtigt sie deswegen der Unehrlichkeit.

Th   Das dünkt mich ein ganz wichtiger Punkt. Haben Sie überhaupt *den Eindruck, daß Sie sich in der Therapie anders zueinander verhalten als sonst?*

F   Nein, das glaub ich nicht.

Th   Haben Sie den Eindruck, sich mehr zusammenreißen zu müssen aus Angst, der Partner werde das sonst in die nächste Stunde bringen?

F   Das tue ich eben nicht, ich denke höchstens hinterher, wenn ich etwas gesagt habe, ui, das war jetzt aber nicht grad schön, was du da von dir gegeben hast.

Th   Weshalb das?

F   Weil mir das peinlich ist, weil ich mich da zu Dingen habe hinreißen lassen, die sehr unschön sind.

Th   Vor mir ist das peinlich?

F   Ja, schon. Vielleicht hab ich das nur gemacht, um ihm eins auszuwischen, und ich weiß schon, daß das falsch ist, und es ist dann für mich nicht sehr schmeichelhaft, wenn Stani das hier vorbringt.

Th   Haben Sie Angst, daß Sie mir gegenüber in eine ungünstigere Position geraten?

F   Nein, das ist eigentlich nicht so, aber wenn ich eine negative Reaktion gehabt habe, die ich eigentlich nicht hätte haben sollen, und wenn er Ihnen dann das erzählt, so stehe ich dann natürlich nicht gerade so gut da.

Th   Mh.

F   Nicht daß ich Angst hätte, daß Sie mich bestrafen oder daß ich ins Hintertreffen geraten würde, sondern einfach, weil es mir peinlich ist.

Bei der Paartherapie ist immer zu überlegen, was die Tatsache, daß das Paar allwöchentlich mit dem Therapeuten zusammentrifft, für Auswirkungen auf das Zusammenleben hat. Insbesondere besteht die Gefahr der «forcierten Normalisierung» der Beziehung, weil jedes sich um ein Wohlverhalten bemüht, durch das es unangreifbar wird. Die Paarsitzungen drohen zu Gerichtssitzungen zu entarten, wo jeder als Ankläger und Angeklagter auftritt und sich derjenige im Vorteil fühlt, der keinen Anlaß zu Angriffen gibt. Leicht mutet dann eine äußere Harmonisierung der Beziehung als therapeutischer Fortschritt an. Als Therapeut sollte man die Gefahr derartiger Scheinbesserungen im Auge behalten und sie immer wieder in der Therapie besprechen.

F   Wenn man Dinge bewußt tut, die nicht schön sind, so ist einem das schon peinlich, also mir mindestens schon.

Th   Machen Sie, wie Sie sagen, manchmal gewisse Dinge absichtlich, um zu provozieren?

F   Ja, ich mache diese Dinge manchmal ganz bewußt.

Th   Und was erreichen Sie damit?

F   Wahrscheinlich ist es schlicht und einfach eine Rache, ich erreiche überhaupt nichts damit.

M   Doch.

F   Ja, daß ich dich wegschiebe. Ich glaube, *ich kränke Stani aus Rache*, weil er mich kränkt. Ich kränke ihn ja vor allem mit Spott, weil ich ihm da überlegen bin, weil er nicht spotten kann.

M   Ich mag das nicht.

F   Du kannst es eben nicht.

M   Doch, ich kann es, du kannst es vielleicht besser, aber das heißt nicht, daß ich es nicht kann.

F   Gut, sagen wir, du kannst es genausogut, aber ich fühle mich diesbezüglich überlegen. Und teilweise habe ich einfach Freude am Wortspiel. Ich kann auch über mich selbst spotten, ich hab eigentlich Spaß daran.

M   Es ist oft aber eben nicht Spott, sondern es ist
Kränkung.
F   Weil ich dir weh tun will. Das ist genau das,
was mir peinlich ist dabei, ich weiß ja genau, daß ich
nichts Konstruktives erreiche dabei.

Als männlicher Therapeut habe ich zu lernen, daß Mann und
Frau unterschiedliche Arten zeigen, sich in einer unbefriedigenden Situation Gehör zu verschaffen. Männer glauben am meisten
zu erreichen durch logisches und vernünftiges Argumentieren,
während Frauen viel direkter, emotionaler und farbiger reagieren. Aus Angst, in ihren Klagen nicht beachtet und ernst genommen zu werden, tendieren Frauen eher dazu, ihre Anschuldigungen zu übersteigern und die Umgebung zu provozieren, wobei
sie manches sagen, was einer sachlichen Kritik nicht standhält.
Psychiater bezeichnen dieses unecht wirkende, theatralische und
appellative Verhalten als hysterisch, was einer abwehrenden Distanzierung durch Entwertung entspricht. Frauen neigen dazu, auf
diese Distanzierungen mit einem Mehr-des-Gleichen zu reagieren,
das heißt, sich noch aufdringlicher und drastischer zu verhalten, um
ernst genommen zu werden. Helga fürchtet, daß ich den Fehler
begehen könnte, ihre Affektäußerung wörtlich zu nehmen, anstatt
zu fragen, was sie damit eigentlich meint und will.

Th→F Sie suchen damit doch Nähe, erreichen aber
Ablehnung und Distanzierung. Vielleicht muß man
sich fragen, ob Sie den Effekt, den Sie damit erwir-
ken, auch wirklich beabsichtigen?
F   Wahrscheinlich schon. Ich kränke ihn viel be-
wußter, und er kränkt mich unbewußt.
Th   Wie wäre das, wenn Stani ganz begeistert von
Ihnen wäre? Würde Ihnen das Angst machen?
F   (nachdenklich) – Warum sollte mir das Angst
machen?
Th   Daß Sie sich zu nahekämen, daß Sie sich wie-
der zu sehr einlassen und dann doch wieder ent-

täuscht würden, so daß Sie manchmal lieber von vornherein alles kaputtmachen, um es gar nicht soweit kommen zu lassen.

F   Ich weiß nicht – ich empfinde das nicht so – vielleicht merke ich es nicht.

Th→M   Wie sehen Sie das?

M   Dieser Gedanke, daß sie, wenn sie sich zu sehr engagiert, wieder enttäuscht sein könnte, das trifft wohl schon zu.

F   Doch, das sicher.

M   Andererseits, daß sie mit dem Spott auch erreicht, daß sie mich auf Distanz hält, das trifft wohl auch zu. Wieweit das aber wirklich gewollt ist . . .

Th   Wieweit da mitspielt: *Ich will mich nur wieder bei Stani engagieren, wenn ich ganz sicher bin, daß er das erwidert und allzeit erwidern wird.*

F   Das geht wahrscheinlich schon so.

Th   Und solange ich da nicht ganz sicher bin, möchte ich ihn lieber von mir weghalten.

F   Ja, das ist es schon, das geht schon in die Richtung. Ich bin da noch nicht weitergekommen, ich verhalte mich da noch genauso wie vor einem Jahr.

Th   Mir scheint einfach die Frage wichtig, *ob nicht nur Stani Angst hat, Sie kämen ihm zu nahe, sondern Sie auch Angst haben, wenn er Ihnen nahekommt?*

F   Sie haben zuvor gefragt, wie das für mich wäre, wenn er begeistert von mir wäre und mich lieben würde, und da denk ich, das würde ich sehr schön empfinden und auch gut ertragen.

Th   Sofern Sie todsicher wären, daß das lebenslänglich andauern würde?

F   Und da ich genau weiß, daß es das in der Realität nicht gibt . . .

Th   Machen Sie es immer wieder kaputt.

F   Ja, wahrscheinlich.

F Ja, aber ich hab zwischenhinein doch immer wieder das Gefühl, daß ich das jetzt viel besser ertrage, daß ich viel toleranter und freier bin, und dann plötzlich geht es wieder schlechter, und ich weiß jetzt nie recht, ob ich es mir nur eingebildet habe, es gehe besser, wenn es dann doch wieder schlechter kommt, oder ob das jeweils nur ein Zurückfallen ist. Das kann ich nicht beurteilen, das weiß ich nicht.

Th Daß Sie Mühe haben, einer Veränderung zu trauen und sich deshalb immer so absichern möchten, und gerade durch diese Tendenz, sich abzusichern, wird eine positive Veränderung erschwert, weil er sich darauf verpflichtet fühlen würde und er den Eindruck haben könnte, «ich halte das nicht durch, und wenn ich sie doch wieder enttäuschen muß, so will ich lieber gar nichts verändern».

F Ich habe gerade das letzte Mal gesagt, ich möchte das schon versuchen, und wenn es halt schiefgeht, dann geht es halt schief; ich wollte das ehrlich versuchen, und dann war nach der letzten Stunde wieder alles kaputt, und ich war selbst über mich enttäuscht, daß ich so reagiert habe. Und jetzt bin ich wieder ganz verunsichert.

Th Dieses Auf und Ab ist der normale Verlauf einer Therapie.

F Mh, daß es also so läuft?

Th Ja, das ist normal, daß es immer wieder so Punkte gibt, wo man den Eindruck hat, es ändere sich überhaupt nichts.

F Mh. Jetzt fühle ich mich eigentlich wieder besser, jetzt hab ich das Gefühl, ich könnte das vielleicht doch, daß ich nicht zuviel erwarte und daß ich das nicht kaputtmachen würde oder müßte, weil ich nicht zu große Erwartungen habe, jetzt hab ich plötzlich wieder das Gefühl, das ginge.

(Stani möchte etwas einwenden und blickt sie an, Helga blickt zurück und sagt spöttisch, das Gesicht zu einer bissigen Grimasse verziehend):
Wie lieb du mich anblickst. (Stani lächelt.) Richtig aggressiv und böse.

M   Nein, nein. Mich hat gerade der Gedanke beschäftigt, was mach ich, wenn du das tatsächlich kannst, wie ertrage ich das, und wie mache ich da weiter.

Es stellt sich die Frage, inwieweit Spott und Aggressivität von Helga Reaktionen auf die Frustrationen von seiten Stanis sind und wieweit Helga damit ihre eigenen überhöhten Erwartungen und Enttäuschungsängste abwehren will.

Beim Wiederabspielen der Bänder fällt mir auf, daß ich mich mehr mit Helgas Problematik beschäftige als mit Stanis Schwierigkeiten, die ich offenbar fast als Gegebenheit hinnehme. Es mag dabei mein diagnostischer Eindruck mitspielen, daß Helga auf Grund ihrer expansiven Art von einer aktiven therapeutischen Konfrontation mehr profitieren kann, während Stani auf Grund seiner Überempfindlichkeit und Fluchttendenz eher Fortschritte macht, wenn er nicht bedrängt wird oder von mir sogar geschützt wird. Aber vielleicht bin ich auch als männlicher Therapeut eher geneigt, die Frau als Patientin zu sehen und mich mit ihren Problemen zu befassen. Stanis letzte Bemerkung entspricht aber meinem Eindruck, daß er sich nicht einfach außerhalb der Therapie hält, während ich mich mit Helga beschäftige, sondern daß er vielleicht gerade in diesem Schonklima sich eher mit seinen Schwierigkeiten auseinanderzusetzen vermag.

23. Sitzung vom 9. April

Übersicht
Die Schwierigkeit in der Therapie liegt zur Zeit darin, daß beide die Kollusion jetzt klar wahrnehmen und auch sehen, in welchem Sinne sich jedes verändern müßte. Beiden fällt es aber schwer, ihr

Fehlverhalten aufzugeben, weil sie fürchten, der Partner könnte an eine feststellbare Veränderung bereits zu große Erwartungen bezüglich Dauer und Ausmaß knüpfen. Jeder Ansatz zu einem Fortschritt ist somit mit einem anschließenden Rückschritt gekoppelt. Beide agieren gemäß der gemeinsamen Phantasie: Weil ich nicht so sein kann, wie mich der Partner sehen will, muß ich seine Hoffnungen im Keim ersticken, um seine Enttäuschungsreaktionen vorwegzunehmen. Diese Reaktion ist typisch für diese therapeutische Phase. Der Verzicht auf ein Krankheitssymptom oder ein Fehlverhalten bringt von seiten der Umgebung höhere Erwartungen an Belastbarkeit, Gesundheit und Selbstverantwortlichkeit mit sich; Ansprüche, von denen Kranke verschont werden, was als Krankheitsgewinn bezeichnet wird. Es braucht Mut, gesund zu werden. Besonders deutlich wird das auch im Sexuellen: Der Mann hat Angst, sexuelle Beziehungen wiederaufzunehmen, weil er fürchtet, sein sexuelles Ansprechen könnte nicht andauern, und er müßte somit die Frau wieder enttäuschen. Helga spürt, daß sie tatsächlich die Tendenz hätte, ihn dabei festzunageln aus Angst, seine Einstellungsänderung wäre nicht echt. Aus dieser Angst heraus möchte sie einen Fortschritt bei Stani nur zulassen, wenn sie sicher sein kann, anschließend nicht enttäuscht zu werden. Es braucht auch vom Partner Mut, einen Fortschritt des anderen anzuerkennen, weil von ihm damit ebenfalls eine veränderte Haltung abgefordert wird und er auf sein Fehlverhalten im Sinne einer Reaktion auf das Fehlverhalten des anderen verzichten muß, ohne die Garantie zu haben, daß sich der andere echt und dauerhaft verändert hat. So hat jeder Angst, am Ende der Betrogene zu sein.

Die Partner haben gemeinsam mit den Kindern in einem Ferienhaus Ostern verbracht. Es gab dort zwar heftige Diskussionen, aber im ganzen gesehen kamen sie besser miteinander aus als früher. Sie hatten auch intime Beziehungen. Sie erscheinen recht aufgeräumt zur Sitzung. Sie haben sich geeinigt, daß Stani in zwei Monaten zu Helga zurückkehren wird, nachdem sie ihm ein diesbezügliches Ultimatum gestellt hatte. Von dieser Stunde soll in einem Ausschnitt gezeigt werden, wie schwierig es für die Partner ist, zueinanderzufinden. Jetzt, wo Stani angeblich bereit wäre, auf den von Helga festgelegten Termin das Zusammenleben wiederaufzunehmen, sabotiert Helga diesen Entschluß, anstatt sich – wie man zunächst erwarten müßte – darüber zu freuen. Die Atmosphäre der Therapiesitzung ist deutlich anders als früher. Der Mann kämpft viel emotionaler, die Frau, die jünger und kecker aussieht, gerät eher in Defensive. Trotz der Heftigkeit des Aufeinanderprallens ist die Atmosphäre weniger feindselig als früher.

M Bis dahin hat doch Helga immer gesagt, überleg dir das bis zum 1. Mai. Sie hat doch immer gesagt, sie wolle mit mir zusammen leben, und da hab ich Zweifel geäußert darüber, ob es überhaupt um meine Person geht, und sie sagte, bist du doch dumm, daß du das nicht merkst. Da hab ich wirklich geglaubt, es handle sich nur um meine Entscheidung. Ich hatte es auch immer so formuliert. Und schließlich sage ich jetzt, daß ich bereit wäre, zu ihr zu kommen, und da sagt sie, sie habe sich noch gar nicht entschieden. (Helga lacht wie über einen gelungenen Streich.) Da war ich auf einer Seite enttäuscht, ja. Auf der andern Seite reagiere ich natürlich und denk mir, das beweist mir ja gerade, daß es ihr ohnehin nicht um meine Person geht.

F Du hast dann natürlich noch gesagt, eine Möglichkeit wäre ja, daß ich mit Peter zusammenbleiben würde und die Kinder hätte, und wenn es dann mit Peter ausgegangen sei in etwa ein bis zwei Jahren . . . er setzt das immer voraus, daß in ein bis zwei Jahren . . .

M Das ist ziemlich klar.

F (spitz) Warum denn?

M Weil er doch viel schwächer ist als du.

F Das meinst du.

M   Ja, gut, das ist mein Eindruck.

Th→F Es würde mich noch interessieren, Sie haben gesagt, der Ton sei jetzt ganz anders, wenn er es hier erzählt.

F   Ja, der Ton, wie er mich geschildert hat. Das belustigt mich. Es belustigt mich, vielleicht hab ich das so gesagt, aber jetzt weiß ich, wo du stehst, was ich vorher wirklich nicht gewußt habe. Er war schon am Telefon enttäuscht, daß ich nicht fröhlich reagierte.

M   Ja, nein, das weniger.

F   Und ich hab ihn dann gefragt, bist du enttäuscht, und er hat da nicht nein gesagt . . .

M   Ja, ich hab auch nicht sofort gesehen, was es war, man merkt ja auch nicht immer sogleich, wie man reagiert.

Th→M Ich könnte mir vorstellen, es war für Sie leichter zu ertragen, daß die Frau sich zurückgehalten hat, als wenn sie sich nun gleich riesig gefreut hätte.

M   Zurückgehalten ist schon richtig, aber daß sie dann zurückkrebst. Bis jetzt war es ja klar, daß sie will; daß sie sagt, nein, ich hab ja gar nicht gesagt, daß ich will, das mein ich, darüber war ich enttäuscht. Es war schon einmal eine ähnliche Situation, daß ich mir wirklich Mühe gegeben habe, auch mit der ganzen Beziehung zu Renate, und dann sag ich ja, und dann sagt sie (mit abschätziger Gestik): «Was soll es, ich hab mich noch zu gar nichts entschieden.» Da war ich natürlich auch enttäuscht, wer hat das schon gern. Das hätte sie wirklich lassen können, das ist aber echt bei ihr der Fall. Weshalb spielt sie mir über Monate vor, daß sie wirklich will, das stört mich einfach. Ich habe schon ein paarmal gesagt: ich komm sowieso nicht nach, der Widerspruch zwischen dem, was sie sagt und dem, wie sie sich verhält.

Helga hat Stani ein Ultimatum für die Wiederaufnahme des Zusammenlebens gestellt. Jetzt, wo Stani dazu bereit wäre, wehrt sie sein Entgegenkommen ab.

Helga und Stani haben beide Angst vor der Frustration, wenn sie sich in bindende Nähe einlassen würden. Sie müssen deshalb jeden Ansatz von Nähe bereits vorwegnehmend zerstören.

Th   Ich könnte mir schon vorstellen: Sie (Helga) haben große Angst, verletzt zu werden, und Sie (Stani) haben Angst, bedrängt zu werden, und da kommt die schwierige Frage, wie werden Sie das lösen, wenn Sie wieder zusammen leben, um dabei genügend abgegrenzt zu bleiben und sich nicht zu nahe zu kommen. Ich glaube, das ist von beiden Seiten jetzt die Schwierigkeit. Ich könnte mir vorstellen, daß das beiden doch ziemlich Angst macht. (Pause. Beide schauen sinnierend vor sich hin.)

M   Klar macht das Angst. Ich meine, ich kenne doch mein Verhältnis zu ihr und meine Situation, ich weiß, daß von mir her zuwenig vorhanden ist für sie und daß ich nicht mal sicher bin, ob ich das ändern kann, wenn sie mir dabei nicht hilft in irgendeiner Weise.

Th   Und können Sie sagen, in welcher Weise sie Ihnen helfen könnte?

M   Ich habe schon ein paarmal gesagt, daß sie versuchen müßte, mich nicht bewußt zurückzustoßen mit ihrem Verhalten. Sie weiß, womit sie mich zurückstößt, und macht es trotzdem.

Th   Mh.

Th → F   Merken Sie das?

F   Ja.

M   Auch heute. Sie hat gemerkt, daß sie aggressiv ist und schlechter Laune; gut, das ist so. Und sie sagte, mir stinkt's, und ich denke, okay. Aber dann kommen pausenlos Sticheleien. Ich verstehe nicht, weshalb du das machst; du weißt ja, was du damit erreichst.

F   Ja, vielleicht will ich das ja damit erreichen.

M   Aber dann kannst du ja auch nicht erwarten, daß sich meine Beziehung zu dir bessert.

F   Ja, weißt du, das mit dem Gern-Haben, das Verhalten, das du erwartest, kommt mir immer so

vor wie bei einem Kind vor Weihnachten: «Wenn du 23. Sitzung
jetzt ganz, ganz lange lieb zu mir bist, zärtlich und
nett, dann kann ich dich vielleicht auch liebhaben.»
Das empfind ich immer als so «ganz so wie ich es
mag». Dann könnte eventuell bei mir auch etwas
kommen, das ich nicht mag. So empfind ich das.
(Der Mann sitzt wieder halb von der Frau abgewen-
det, seine Hand schützend an die Wange gelegt.)
F   Dann reagiere ich trotzig und sag nein, das
mag ich nicht.
Th   Ich könnte mir vorstellen, daß Sie ihn zurück-
weisen aus Angst, von ihm zurückgewiesen zu
werden.
F   Ja, natürlich, daß ich schnell so mach (macht
eine abwehrende Geste mit den Händen), das ist das
alte Spiel, daß ich prophylaktisch böse bin, das
schon.
Th   Vielleicht auch, um Ihre eigenen Erwartungen
zu begrenzen?
F   Ja, ja, das stimmt schon.

Die Partner haben insofern Fortschritte gemacht, als jeder viel
besser schildern kann, wie verletzbar und kränkbar er ist und
durch was er sich vom Partner zu destruktiven Reaktionen provoziert fühlt. Vordergründig kann man gut verstehen, daß, wenn
Helga von Stani nicht ein entschiedeneres Entgegenkommen
spürt, sie lieber ganz auf ihn verzichtet. Wie sich in der Therapie
aber an vielen Stellen zeigt, sabotiert Helga immer wieder jeden
Versuch Stanis, ihr näherzukommen, weil sie dann Angst bekommt vor den großen Hoffnungen, die in ihr geweckt werden,
die gemäß ihrer Erwartung doch früher oder später frustriert
werden. Prophylaktisch verhält sie sich dann gleich so, daß jeder
Annäherungsversuch von Stani entkräftet und im Keim erstickt
wird. Jetzt, wo er auf sie zugeht, will sie sich nicht mehr festlegen. Dieses Kipp-Phänomen, wo der eine das Verhalten, das er
beim anderen bekämpft hatte, plötzlich selbst annimmt, sobald

der andere es aufgegeben hat, zeigt sich bei der therapeutischen Bearbeitung der Kollusion häufig. Man greift therapeutisch zu kurz, wenn man jetzt eine Art Schadenfreude empfinden würde, daß Helga, die bis dahin dauernd Stani mit ihren Forderungen verfolgt hat, sich als jene erweist, die bei einer angebotenen Nähe ebenso abwehrend und ängstlich reagiert. Es wird dann leicht behauptet, der eine Partner agiere nur stellvertretend die Widerstände des anderen. Mir ist vor allem wichtig, dem Paar zu zeigen, daß ihr scheinbar gegensätzliches Verhalten innerlich miteinander verbunden ist durch ein gemeinsames Grundproblem. Beiden gemeinsam ist hier die Angst vor der Frustration, sobald die ersehnte Symbiose zustande kommen könnte.

M (mit Affekt) Ich fühle mich sowieso unverstanden von dir. Das ertrag ich nun nicht, das hat doch keinen Sinn mehr, wenn ich versuche zu erklären, weshalb ich so reagiere. Dann sagst du, ja, ich kann verstehen, aber . . . Dann lassen wir das doch lieber grad sein.

F Du fühlst dich unverstanden von mir. Warum denn?

M Durch deine Reaktionen. Ich kann dir das ganz genau sagen: du hast dich unterdrückt gefühlt, die mangelnde Zärtlichkeit beklagt, sexuell war eine Problematik da, und da hast du ein großes Theater aufgeführt, fertig, schlicht und einfach.

F Warum fühlst du dich da unverstanden?

M Weil du mich immer wieder angreifst.

F Das ist eine klare Reaktion, ich komme nicht . . . ich kann nicht verstehen, weshalb du dich da unverstanden fühlst. Daß mich das kränkt, kannst du vielleicht auch verstehen.

M Das kann ich, aber . . .

F Aber warum fühlst du dich jetzt unverstanden?

M Jetzt sagst du das so sachlich, aber wenn wir

allein darüber reden, dann sagst du (mit theatrali-
scher Übertreibung gestikulierend und schreiend):
«Und du hast andere Frauen gehabt, und ich werde
jetzt auch Sex haben», und ich weiß nicht . . .
(Frau will widersprechen.)
Du reagierst hier ganz anders, vor Herrn Willi be-
herrschst du dich.

F   Und du auch.

M   Nein, ich glaube nicht.

F   Doch. Denn erstens mußt du mir hier mal
zuhören, zweitens schreist du mich nicht an, und –
was war noch – unterbrich mich nicht – und, das hab
ich ja auch schon in der Therapie gesagt, wenn der
Stani mal eine Freundin hätte, das könnte ich gut
verstehen, aber . . . Mich hat das nun mal gekränkt,
und das ist mein Problem, daß ich dann eben zu-
rückgeschossen habe. Theoretisch kann ich dich
sehr gut verstehen, aber es ist mir halt eben an den
Kragen gekommen. Ich verstehe deine Reaktion
schon, aber mich hat's eben gekränkt, und deshalb
werd ich aggressiv. Ich weiß nicht, ob das Verhalten
so schwer zu verstehen ist.

M   Aber so kommen wir eben nicht weiter. Gut,
du hast mir einen Termin gesetzt mit Bedenkzeit,
und da hab ich versucht, einen ganzen Monat lang,
dir näherzukommen; glaubst du, es ist in diesem
Monat etwas passiert? Überhaupt nichts. Es ist genau wie vor drei Monaten, immer wieder Vorwürfe
von Vergangenheit, die immer wieder alles zerstören, was anders werden könnte. Unter solchen Umständen hab ich einfach Angst, auf den 1. Juni zuzugehen. Deshalb hab ich dich gebeten, machen wir
doch etwas Vernünftiges und sprechen wir darüber,
was wir jetzt im Moment erleben. Daß du das nicht
siehst. Und wenn ich dir so wieder nicht näherkommen kann, hören wir doch besser auf.

F   Ich habe gar nicht gemerkt, daß du mir näherkommen wolltest.

M   Ja – äh – uh; weshalb reden wir denn überhaupt? Weshalb will ich denn überhaupt versuchen,
nochmals mit dir zusammenzukommen?

F   Ja, Stani, daß du mir näherkommen wolltest,
also das mit dem Näherkommen, na gut, *ich versuche eben, auf Distanz zu halten, weil ich Angst vor
deiner Nähe habe.*

M   Ja eben, das mein ich ja auch.

Th   Es scheint mir so wichtig, daß beide über die
Ängste sprechen, die Sie vor einer Annäherung haben, jeder von seiner Seite.

M   Das, was jeder im Moment erlebt.

F   Du wirfst mir immer vor, ich sage überhaupt
nicht, was für Ängste ich habe, jetzt nehm ich dann
mal ein Tonband mit, das stimmt doch überhaupt
nicht. Ich red doch von meinen Ängsten, die sind ja
sehr offensichtlich.

Th   Ich könnte mir schon vorstellen, daß es für
Stani leichter wäre, wenn Sie mehr über Ihre Angst
sprechen, als aggressiv über ihn herzufallen.

F   Ja, das ist mir auch klar, daß das nicht die
beste . . . daß das ein Fehlverhalten ist.

Th   So leicht ist es vielleicht doch nicht, über eigene
Ängste zu sprechen, anstatt nur auf Stani zu reagieren.

F   (angespannt vor sich hin sinnierend) Ich
glaub, ich hab eine einzige große Angst, meine große
Angst ist einfach, daß ich nicht akzeptiert werde.
Das ist meine ganz große Angst. Na gut. Jetzt sollte
ich mir sagen, wenn ich schon so große Angst habe,
so sollte ich versuchen, etwas netter zu sein. Ich hab
das auch schon probiert, aber ich habe auch Angst,
nett zu sein, denn Stani, selbst wenn ich gar nicht
Gott-weiß-was-alles will, hat sofort das Gefühl, o
Gott, o Gott, jetzt ist sie nett, jetzt will sie wieder

Beide Part-
ner können
sich jetzt viel
direkter ihre
Ängste vor
Nähe einge-
stehen.

was. Das sind genauso Stanis Ängste, die da mitspielen. Auch damals, als wir miteinander geschlafen
haben, da hab ich wirklich keine großen Erwartungen gehabt, ich habe nicht gedacht, jetzt findet er
mich toll, ich habe mich wirklich darüber gefreut
und hab noch einen Spaß darauf gemacht und hab
gedacht, es geht ja, es ist ja ganz schön, ich hatte gar
keine großen Erwartungen. Ich hatte nicht gedacht,
wie schön, jetzt liebt er mich wieder. Das ist alles gar
nicht dagewesen. Das hatte mich so befreit. Und
hinterher kam diese Enttäuschung. Damals ist es mir
nach dem Schlafen gutgegangen, es ist mir gutgegangen, weil ich so gemäßigt reagieren konnte, das hat
mich befreit. Jetzt bist du einen Schritt weiter, hab
ich gedacht, und nachher war wieder alles vorbei,
und alles war wieder wie früher. Ich bin im Grunde
genommen ja recht realistisch und hab gar nicht so
große Erwartungen. Aber natürlich, ich bin spontan, ich bin mal fröhlich, aber da ist nichts weiter
dahinter. Und daß er dann gleich denkt, o Gott, o
Gott, o Gott! (Mimt Stanis abwehrende Geste.)
Th   Sie haben gesagt, mir ist so wichtig, ob ich
akzeptiert werde oder nicht. Gibt es für Sie nur
entweder – oder?
F   Nein, das glaub ich nicht, aber – wenn er mich
wenigstens zu drei Viertel akzeptiert oder zwei
Drittel.
Th   Oder vielleicht mal ein Zehntel. Fangen wir
mal bei einem Zehntel an.
F   Mit einem Zehntel anfangen und dann mal
warten, ob es vielleicht mal fünf Zehntel wird?
Th   Ohne Erwartung. Daß man sich mal einstellt
auf einen Zehntel.
F   Ein Zehntel ist mir einfach zuwenig in einer
Partnerschaft, das geht nicht.
Th   Er spricht von kleinen Schritten, und ich habe

den Eindruck, daß, wenn es so «entweder – oder» ist, wird es bei ihm zum «weder – noch».

M   Ich hab schon ein paarmal gesagt, diese extreme Art kann ich schlecht ertragen.

F   Aber wenn ich nicht in der Hoffnung bin, daß wir wenigstens auf fünf Zehntel leben können, dann sag ich nein. Ein Zehntel langt mir nicht; das ist nicht «entweder – oder», aber mit einem Zehntel, da sag ich, das ist mir zuwenig für eine Beziehung. Und wenn ich keine Erwartung und Hoffnung auf fünf Zehntel haben kann, dann ist das irgendwie . . .

M   Und warum hast du diese Hoffnung nicht?

F   Auf fünf Zehntel? Weil ich Angst davor habe, daß da höchstens zwei Zehntel drin liegen, das hat gar nichts mit «entweder – oder» zu tun, aber so ein Existenzminimum ist auch bei der AHV (Alters- und Hinterbliebenenversicherung), weißt du. (Zum Therapeuten): Mit dem, was Stani jetzt für mich empfindet, möchte ich nicht mehr weiter mit ihm zusammen leben.

Th   Was empfindet er denn eigentlich für Sie?

F   (vor sich hin sinnierend) Ziemlich wenig.

Th   Woher wissen Sie das?

F   Weil er es mir gesagt hat. «Es ist nicht genug da, es könnte ja eventuell noch etwas kommen, aber als Frau schätz ich dich schon gar nicht.» Doch, einmal hat er zwar gesagt: «Ja, es ist vielleicht doch nicht so schlecht» – da war's aber auch dunkel (spitzbübisch lachend). Aber (kämpft jetzt mit den Tränen) – und dann hab ich eben Peter, der mich hübsch findet und attraktiv (kokettierende Bewegungen), und dann sag ich: «Du kannst mir mal!» Das ist meine Reaktion, da benutz ich dann eben Peter. Das ist ja auch viel angenehmer, wenn man mit einem Mann zusammensein kann, der einen attraktiv findet.

Es ist zu einer Annäherung zur Mitte gekommen. Die Frau, die zu Beginn der Therapie den Mann mit ihren absoluten Liebesansprüchen verfolgte und ihn damit nur in Abwehr drängte, spürt jetzt ihre eigenen Ängste vor Nähe, wo der Mann fähiger wird, eigene Bedürfnisse nach Nähe zur Frau zu äußern und mit mehr Affekt von ihr ein liebevolles Entgegenkommen zu fordern.

25. Sitzung vom 23. April

Übersicht

Die Kollusion wird allmählich entflochten. Beide Partner sind nicht mehr so reaktiv aufeinander bezogen, sondern nehmen ihre Beziehungsstörungen zunehmend als persönliche Schwierigkeiten wahr. Auf Grund ihrer narzißtischen Problematik erkennen beide Partner die Tendenz, zutiefst gekränkt und kränkend zu reagieren, wenn der Partner nicht so ist, wie sie es von ihm erwartet haben. Beide leiden auch unter der Angst, das Nachsehen zu haben, wenn sie sich näher kämen und erneute Hoffnungen an die Beziehung stellen würden. Beide haben sie Schwierigkeiten, Liebesgefühle des Partners zu akzeptieren. Jedes reagiert mit Abwehr, sobald das andere einen Schritt näher kommen möchte. Stani spürt jetzt deutlicher, daß die Forderung, Helga hundertprozentig zu akzeptieren, nicht nur von ihr gestellt wird, sondern auch aus ihm selbst kommt. Aus Kränkung, daß er diesem Ideal nicht genügen kann, reagiert er mit Schuldgefühlen und kränkendem Verhalten Helga gegenüber. Die Partner finden jetzt in der Gemeinsamkeit ihrer Schwierigkeiten eine starke Verbindung. Stani erkennt, daß er Helga wegen ihrer Spontaneität und ihres Gefühlsüberschwanges nicht nur ablehnt, sondern sie im Grunde beneidet und bewundert.

Stani berichtet von einer neuen Stelle, die er in Aussicht hätte als Lehrer für naturwissenschaftliche Fächer in einer Internatsmittelschule für Mädchen. Er fühlt sich unsicher, ob er diese Stelle annehmen und mit der Familie dorthin ziehen sollte. Er sieht

313

allerdings die Gefahr, daß er dort Beziehungen mit den jungen Mädchen eingehen könnte. Helga entgegnet, sie mache das nicht mit, wenn sie dann dauernd in dieser Unsicherheit sei, ob Frauen, die weniger als 50 kg schwer seien, ihr den Rang streitig machen könnten.

Sie könne nicht mit ihm zusammen leben, wenn sie ständig in Unsicherheit leben müßte, ob er sie wieder hintergehe und belüge.

F   Selbst wenn ich ihn nicht kontrolliere, einfach das Gefühl, die Angst ist ja doch da, und wenn er dann nach Hause kommt und ich denke, na Gott, er geht mir ja doch ab, dann bring ich das nicht fertig, ihn dann freundlich zu empfangen. So gelegentliches Ausflippen, das will ich ja gar nicht wissen, das ginge schon noch.

Th   Aber es fehlt einfach die Vertrauensbasis.

F   Ja.

Th→M Und das ist ja beidseits. Sie glauben ihr ja im Grunde auch nicht.

M   Ja, vielleicht weniger in punkto Treue.

Th   Aber in punkto Geliebt-Werden?

M   Ja, ich merke bei mir immer das gleiche Problem wie bei ihr, daß ich mich nicht binden will, daß ich Angst davor habe, mich ganz fest zu binden; ich weiß nicht, warum ich diese Angst habe. Es geht schon auch in die gleiche Richtung wie bei ihr.

Th   Ja, aber zum Teil ist es ja im gleichen Sinne wie bei ihr, nämlich die Angst, der Betrogene zu sein.

Stani kann nun besser artikulieren, wie auch er dauernd Angst hat, seine Liebeserwartungen

M   Es ist bei mir auch mit anderen Beziehungen so gewesen, daß ich immer sehr darauf geachtet habe, daß ich nicht zu sehr eingeengt werde, daß ich nicht zu fest gebunden werde; das könnte mit ihr immer noch eine große Rolle spielen.

Th   Es hat ja sicher mehrere Gründe, aber vielleicht spüren Sie, daß es mit dem Vertrauen zu tun

314

hat. Die Angst, wenn man sich zu sehr einläßt, fühlt
man sich plötzlich als der Betrogene, weil der andere ja gar nicht das empfindet, was man erwartet
hat.

25. Sitzung

M   Das weniger. Mehr in der Reflexion, daß sie
mir nicht das gibt, was ich gerne möchte, was ich
erwarte. Daß ich in diesem Sinne enttäuscht werde
und kein Vertrauen zu der Möglichkeit habe, einander wirklich zu entsprechen. Weniger, daß sie mich
mit fremden Männern betrügen würde. Klar, ab und
zu kommt auch dieser Gedanke.

könnten
vom Partner
enttäuscht
werden.

Th   Ist es eher der Eindruck, nicht so geliebt zu
werden, wie Sie es erwarten?
M   Ja, das eher.

Der Anteil des Mannes an der Kollusion läßt sich herausschälen. Er erlebt seine Schwierigkeiten in der Beziehung zu Helga
nicht mehr als Reaktion auf ihre bedrängende Art, sondern als in
seiner persönlichen Eigenart gründend. Es handelt sich um die
gleiche narzißtische Schwierigkeit, die Helga für sich im Erstinterview äußerte, nämlich daß der Partner einen enttäuscht und
kränkt, weil er nicht so denkt, fühlt und ist, wie wir es von ihm
erwarten.

Th   Mh. – Ich glaube, es wäre wichtig, das als ein
gemeinsames Problem zu akzeptieren. Sie beide sind
hochempfindsam, beide sind Sie beunruhigt von der
Frage, akzeptiert mich der andere wirklich oder laufe ich nicht Gefahr, mich zu sehr einzulassen und
dann der Betrogene zu sein und enttäuscht alleinzu-
stehen. Vielleicht ginge es darum, das als ein gemeinsames Problem zu akzeptieren. Es stellt sich die
Frage, wie werden wir miteinander am ehesten mit
dieser Schwierigkeit fertig. Jetzt steht jeder für sich
allein als Einzelkämpfer da. Das ist aber ein gemeinsames Problem.

M   Ich versuchte zu sagen, daß das nicht nur mit ihr zusammenhängt, sondern bei mir auch in anderen Beziehungen so ist.

Th   Ich glaube, es besteht für beide in anderen Beziehungen dieselbe Schwierigkeit, wenn sie jemandem näherkommen.

(Schweigen.)

(Frau blickt den Mann fragend an.)

M→Th   Was für Möglichkeiten sehen Sie?

Th   Ich meine nicht im Sinne einer äußeren Lösung, sondern wie können wir uns so verstehen, daß die Angst und das Mißtrauen gegenseitig möglichst abgebaut wird.

(Schweigen.)

(Beide sind besinnlich.)

F   (seufzt) Ich glaube, die Voraussetzung wäre, daß wir uns mal gegenseitig akzeptieren, so wie wir sind, soweit wie möglich; ich glaube, das wäre sehr wesentlich dabei.

Th   Ja, aber für Sie ist's ja die Schwierigkeit, daß, wenn der eine sich bemüht, den anderen zu akzeptieren, der andere trotzdem den Eindruck hat, er werde nicht wirklich akzeptiert.

(Beide schweigen. Die Frau blickt erneut den Mann fragend an. Der Mann hält schützend die Hand vor sein Gesicht.)

M→Th   Sehen Sie die Möglichkeit, daß wir das ändern können?

(Es herrscht eine nachdenkliche, etwas ratlose Stimmung.)

F   Ich glaube, es ist bereits ein wesentlicher Fortschritt zu sehen, daß es ein gemeinsames Problem ist, das schafft eine gemeinsame Basis, wenn man denken kann, o Gott, der andere ist ja genauso beschissen dran wie du selbst. Das ist doch schon mal eine sehr wichtige gemeinsame Basis.

Beiden ist die Angst gemeinsam, vom Partner nicht wirklich akzeptiert zu werden und das Nachsehen zu haben, wenn sie sich in eine Bindung einlassen würden.

M   Ja, in letzter Zeit wurde uns das ja ziemlich bewußt, daß wir uns im Grunde recht ähnlich sind in der Angst, enttäuscht zu werden.

F   Aber irgendwie fühlt man sich selbst eben doch ein bißchen mehr benachteiligt. Vielleicht geht dir das auch so. Weil man selbst darunter leidet. So auch mit dem Akzeptieren. Wenn ich mir sage, im Grunde genommen akzeptiert er mich ja doch nicht, andererseits ich mich immer frage, warum kommst du immer mit dem Akzeptieren. Man weiß dann, der Stani, der hat auch Ängste, und ich hab auch Ängste. Ich sag dann zu mir: «Du mußt doch gar keine Ängste haben.» *Die Ängste sind hier drin. Auch wenn du mir zehnmal sagen würdest, ich finde dich hübsch und ich habe dich gerne, ich glaube es ja dann doch nicht, wenn du mir das sagst.* Selbst wenn du sagen würdest: «Ja, du gefällst mir» (lächelt etwas verlegen, den Mann und den Therapeuten um Bestätigung bittend), aber du sagst es ja eben nicht, das ist ja gerade die Schwierigkeit, selbst wenn du es jetzt sagen würdest: «Du gefällst mir», dann würde ich innerlich denken: «Ja, schon aber . . . aber die anderen gefallen ihm hundertmal besser.»

M   *Genau das Ähnliche denke ich für mich, was du da für dich sagst.*

F   Ja eben, aber dann findet man das doch völlig ungerechtfertigt, wenn der andere so was empfindet. In diesem Sinne war es uns nicht ganz so bewußt. Vor allem haben wir nichts dagegen unternommen. Jeder denkt, der andere hat es ja viel besser und ich selbst bin ja der Beschissene.

Wir sind an einem zentralen Punkt der Kollusionstherapie angelangt, wo die beiden Partner in der Gemeinsamkeit ihrer Schwierigkeit eine Basis finden in der Hoffnung, sich in der Bewältigung dieser Schwierigkeit gegenseitig zu helfen. Helgas

Marginal note: Beide spüren, daß das Problem des Akzeptiertwerdens nicht so sehr durch den Partner verursacht wird als durch persönliche Schwierigkeiten. Die Gemeinsamkeit dieses Problems wirkt auf die Partner verbindend.

Hoffnung, von Stani eine Form von Bestätigung zu erlangen, löst bei ihm nun aber bereits wieder eine distanzierende Bewegung aus:

> M   Das ist jetzt von deiner Seite. Ich muß schon ehrlich sagen, das hab ich eigentlich nie gedacht, weil ich immer das Gefühl gehabt habe, daß du mich mehr magst als ich dich, zumindest in der letzten Zeit.
> (Frau ist deutlich frustriert, läßt den Kopf hängen.)
> (Pause.)
> F   (gedämpft) Na gut, ich hab das jetzt von meiner Seite her beleuchtet.
> Th   Wir haben schon oft über die Gemeinsamkeit Ihrer Schwierigkeiten gesprochen. Aber vielleicht wäre das doch etwas Neues, wenn wir uns fragen würden, wie können wir uns am besten miteinander aus diesen Schwierigkeiten herausarbeiten?
> M   Wie können wir das miteinander am besten; dazu würde doch nun gehören, daß wir zunächst eine Bestandsaufnahme machen. Daß man eben nicht glaubt, der andere sei weiß Gott wie oben oder unten. Daß jeder ganz im Bild ist, wo der andere steht.
> Th   Ja.
> M   Das gehört dazu.
> F   Wobei ich einschränkend sagen möchte, wenn der andere weiß, wo er steht, und es auch so äußert.
> M   Aber oft kann man erst merken, wo man steht, wenn man gefordert ist, Stellung zu nehmen.

Die Äußerungen des Mannes sind unerwartet und erstaunlich. Er, der sich bisher dauernd jeglicher Stellungnahme entzogen hat und sich nie auf etwas festlegen wollte, plädiert nun selbst dafür, daß man beide Partner zu einer Stellungnahme herausfordern sollte. Die Frau stellt die Realisierbarkeit dieser Forderung in

Frage. Auch diesbezüglich haben die Partner gegenüber dem Therapiebeginn ihre Positionen miteinander vertauscht.

M   Es ist natürlich schwierig, aber je mehr man darüber spricht und gefordert ist, Stellung zu nehmen, um so klarer kann man das dann herausschälen.

F   Ja, natürlich, das stimmt schon, daß man das klarer formulieren kann, wenn man dazu gezwungen ist, aber das Problem ist natürlich auch, daß man vielleicht selbst – daß man, um eine gewisse Situation zu vermeiden, nicht ganz ehrlich ist.

M   (ernst und mit Nachdruck) Aber das ist ja vor allem mein Problem.

(Frau seufzt.)

Die Frage ist, wieweit es für dich ein Problem ist.

F   Ich habe die Angst, daß ich dann nicht alles sage, um nicht verletzt zu werden (macht distanzierende Handbewegungen). Ob wir das wirklich fertigbringen, soweit zu kommen, uns das zu sagen und ob wir auch wirklich genau wissen wollen, wo wir stehen?

Th→F Ich hatte eben den Eindruck, daß Sie etwas verletzt waren, als er gesagt hat, es sei doch recht einseitig mit der Liebe.

F   (macht abwägende Kopfbewegungen) Ja, schon.

Th   Ja, das kann ich gut verstehen.

M   Das ist doch etwas, das ich immer wieder erlebt habe, daß, wenn du auf mich zukommst, ich nicht so reagieren kann, wie ich eigentlich sollte. Aber ich könnte auch gar nie sagen: «Ich hab dich ja lieb», weil du es nicht annimmst, wenn ich dir so was zeige. Du machst das dann immer ganz herunter, so als ob das überhaupt nichts wäre, was ich für dich empfinde.

Beide gestehen sich offen und frei ein, welche Abwehrmaßnahmen sie dem Partner gegenüber benutzen, um sich in ihrer Verletzbarkeit zu schützen.

Zunehmend wird für beide Partner klar, wie sie die gleiche Schwierigkeit haben, Liebesgefühle des anderen zu akzeptieren. Der Mann kränkt die Frau dauernd damit, daß er ihre Liebesangebote zurückweist, aber auch die Frau zerstört jegliche Äußerungen von Zuneigungen des Mannes, indem sie diese gleich im Keim erstickt und entwertet. Der Mann scheint jetzt eindeutig entschlossen, sich nicht mehr weiterhin nur defensiv zur Frau zu verhalten, sondern seine eigenen Gefühle für die Frau besser wahrnehmen und darstellen zu lernen.

> F   Aber das kam doch in einer der letzten Therapiestunden, daß du gesagt hast, du wagest nicht, deine Gefühle für mich zu zeigen, weil du befürchtest, daß diese für mich immer kränkend wären. Und ich habe dann gesagt, das sei natürlich nicht gerade charmant für mich, daß deine Gefühle für mich immer kränkend sein müssen. Und du hast dann behauptet, du habest das nicht gesagt.
> (Es entspinnt sich nun ein heftiger Streit zwischen beiden, ob Stani das gesagt habe oder nicht, wobei ich als Richter angerufen werde.)
> M   Aber schau, für dich ist doch alles kränkend, wo ich nicht hundertprozentig zu dir stehe. Dann bist du ja immer schon gekränkt – für dich ist es nur nicht kränkend, wenn ich total für dich da bin.
> F   Nein, das stimmt doch nicht.
> M   Ja, gut, ich empfinde das so.
> F   Das stimmt eigentlich nicht.
> Th→ F Was hat er jetzt gesagt?
> F   Er hat gesagt: «Für dich ist alles kränkend, für dich ist es nur nicht kränkend, wenn ich hundertprozentig für dich da bin.»
> Th   «. . . Ich empfinde das so.»
> F   Aha –

Sensibel reagiert immer eines von beiden mit Abwehr, wenn das andere einen Ansatz zur Annäherung macht. Jetzt, wo der Mann Fortschritte zu einer beidseitigen besseren Akzeptation machen will, bekommt die Frau Angst, Dinge zu hören, die ausschließlich negativ lauten. Der Mann wehrt sich diesmal vehement gegen diese Vermutung. Er sagt zwar nicht, daß er etwas Positives für die Frau empfindet, wehrt sich aber eindeutig dagegen, daß es nur Negatives sei.

Th→F Es dünkt mich so wichtig, daß Sie versuchen, das einfach als sein Empfinden zu akzeptieren.

F   Ja, gut, aber was soll man denn da machen, wenn man jetzt sagt, ich kann das akzeptieren, er empfindet es jetzt so? Was soll man denn da machen? Hundertprozentig kann ich es nicht akzeptieren, das sind meine Grenzen, ich kann nur siebzig oder fünfzig Prozent, und der Eindruck ist, das hat dann alles gar keinen Zweck.

M   Das sag ich ja nicht. Ich hab nie gesagt, es hat keinen Zweck, selbst damals nicht, als meine Liebe null Prozent war.

Th   Mein Eindruck ist, weil er die Forderung spürt, hundertprozentig zu Ihnen stehen zu müssen, glaubt er: «Ich kann diese Erwartung nie erfüllen, also geht es sowieso nicht.» Und da nützt es wahrscheinlich nichts, wenn Sie sagen: «Ich mein es ja gar nicht so.» Ich glaube, er ist einfach so, das ist seine Schwierigkeit, aus der heraus er reagiert, aus der heraus er vielleicht auch kränkt, weil er den Eindruck hat, er könne diese Forderung nie erfüllen.

F   Ja, ich kann ja versuchen, das zu akzeptieren, daß ihm diese Erwartungen Angst machen, und sollte nun versuchen, die Erwartungen herunterzusetzen.

Th→F Können Sie auch sehen, daß er vielleicht gerade aus diesen Erwartungen heraus Sie so kränkt? Helga kann Stanis einge-

321

schränkte Beziehungsfähigkeit zwar verstehen, sie kann sich damit aber nicht zufrieden fühlen.

F   Ja, das versteh ich absolut. Aber das kränkt mich eben dann trotzdem. Ich kann zehnmal sagen, der Stani reagiert so und so. Aber es kränkt mich trotzdem. Das find ich das Schlimme daran. Vielleicht ist diese Kränkung etwas schwächer und kürzer, aber im Moment kränkt mich das dann erst mal.

Th   Ich finde das schon sehr viel, wenn Sie diese Kränkung so klar wahrnehmen und auch als solche äußern können.

Die Kollusion entflechtet sich schrittweise. Wenn Helgas Anspruch auf hundertprozentige Akzeptation wegfallen würde, könnte Stanis Abwehr nicht mehr nur als Reaktion auf ihre Forderungen dastehen. Es würde dann klarer, inwiefern er aus eigener Problematik die Idealvorstellung hat, man müßte eine Frau vorbehaltlos akzeptieren können, und inwiefern er bei Nichterfüllung dieser selbstgestellten Erwartung Schuldgefühle empfindet und aus diesen heraus die Frau kränken muß. Diese Frage wurde in anderen Sitzungen bearbeitet.

Der Prozeß der Therapie ist nun so weit gediehen, daß die Partner ihre Gefühle, Bedürfnisse und Erwartungen besser wahrnehmen und einander mitteilen können. Wenn die persönlichen Beziehungsschwierigkeiten damit auch nicht behoben sind, so ist doch bereits viel gewonnen, wenn beide Partner sich und den anderen in diesen Schwierigkeiten akzeptieren können, anstatt sich gegenseitig reaktiv in den Schwierigkeiten zu bestärken. Die Paartherapie setzt hier ein bescheidenes, aber konkretes Ziel: sich in seinen beschränkten Möglichkeiten zu verstehen und gerade darin eine besondere Verbindung und Liebe zu finden.

F   Ich hab immer das Gefühl, daß ich mich gegen dich wehren muß. Ich hab überhaupt nie das Gefühl, daß du mich so annimmst wie ich bin. Ich bin in deiner Gegenwart sehr unfrei.

M   Ja, deshalb wohl auch die Kränkungen.

F   Insofern, als ich dauernd denke: «Das hat er nicht gern.» Ich tue es zwar dann trotzdem, aber nicht spontan. Ich hab das grad am Wochenende gedacht; wenn ich mich freue, kann ich es, wenn Stani da ist, nicht zeigen, ich denk dann dauernd: «Das fällt ihm auf die Nerven. Komm runter und schrei nicht so.»

(Helga berichtet dann über das gemeinsam in den Bergen verbrachte Wochenende. Es hatte hoch geschneit. Sie stand mit den Skiern oben am Hügel. Sie habe gejauchzt und sich dann in den Schnee fallen lassen. Er stand schon unten. Vielleicht habe sie auch etwas Angst gehabt, sie wisse es nicht mehr recht. Stani lacht und sieht Helga dabei liebevoll an.)

F   Auf jeden Fall hab ich das trotzdem schön gefunden, und er, er hat gesagt: «Komm runter und schrei nicht so.» Dabei hat es mir einfach Spaß gemacht, in den Schnee zu plumpsen. Es ist einfach so, daß, wenn ich mich freue und das zeige, das mag ich in Stanis Gegenwart nicht mehr. Da fühl ich mich unfrei. Manchmal tue ich es trotzdem, aber ich hab nicht das gleiche Erlebnis und die gleiche Freude daran. Die Aggression kann ich viel besser zeigen.

M   Das stimmt schon. Manchmal ist es mir einfach zuviel, und ich glaube, das könnte in Richtung *Eifersucht* gehen, daß sie das kann und ich das nicht kann.

F→M Komisch, das hab ich vorher auch grad gedacht, vielleicht ist *Stani neidisch, daß er das nicht auch so empfinden kann.*

M   Nicht empfinden, ich kann es schon empfinden, aber *ich kann es nicht so ausdrücken. Es ist schon möglich, daß es sich um eine Art Eifersucht handelt.*

Th   Das scheint mir eine wichtige Feststellung, weil Sie bisher immer gesagt haben, es sei Ihnen

Helga fühlt sich in ihrer Spontaneität durch Stanis Anwesenheit gehemmt. Stani äußert, daß er Helgas Überschwenglichkeit nicht einfach nur ablehne, sondern daß er sie im Grunde deswegen bewundere und beneide.

einfach unangenehm. Im Grunde genommen vermissen Sie das aber an sich selbst . . .

M   Es kam mir einfach so dieser Gedanke, daß ich vielleicht neidisch bin. In gewissen Situationen kann ich mich auch so freuen und das zeigen, aber nicht in ihrer Anwesenheit, wahrscheinlich weil ich denke, sie denkt dann, das sei so ein schwacher Versuch, meine Gefühle zu zeigen. Es könnte eine Art Eifersucht sein, daß ich denke, sie kann das sowieso besser; teilweise sind mir ihre Ausbrüche natürlich auch unangenehm, zum Beispiel wenn wir mit Leuten zusammen sind, wenn ich denke, die finden es vielleicht blöd.

Th   Sie vermissen an sich, daß Sie nicht so frei die Gefühle zeigen können?

M   Ja, und ich habe Angst, daß ich das in ihrer Gegenwart gar nie lernen kann und daß es dann wieder Reaktionen gibt, weil ich mich von ihr erdrückt fühle.

Th   Sie haben den Eindruck, Sie könnten mit ihr in dieser Hinsicht nie Schritt halten?

M   Ja, in dieser Hinsicht ist sie immer weit oben (blickt an die Decke hinauf), und das stört mich, daß sie da immer so weit oben ist.

Th   Vielleicht ist das wichtig für Helga zu sehen, daß Sie sie nicht nur ablehnen wegen dieses Gefühlsüberschwangs, sondern auch bewundern.

M   Ja, ich hab das gelegentlich auch schon gesagt, daß *diese spontane Art, daß ich die auch bewundere und gerne hab und daß ich das nicht nur ablehne. Die Ablehnung ist dann vielleicht auch, weil ich das nicht so gut kann.* Wenn es spontane Freude ist, dann bewundere ich das. Es gibt verschiedene Variationen, warum mich das stört, wenn sie so laut ist und alles übertönt, das seh ich nicht so genau. Es könnte auch dort eine Art Eifersucht sein; sie erdrückt mich einfach damit, weil ich dann gar nicht die Möglichkeit habe, noch irgend etwas zu sagen. Ihre spontane Art aber, wenn die Kinder oder Freundinnen da sind oder sie Geschenke bekommt, das ist eher das, was ich an ihr bewundere.

Th   Ja, vielleicht auch vermissen würden, wenn sie das überhaupt nicht mehr hätte.

M   *Ja, das stimmt, das vermiß ich jetzt auch bei der Renate, das fehlt mir schon, daß sie eher so ist wie ich, grob ausgedrückt.* Sie empfindet auch, aber sie hat nicht so die Möglichkeit, es zu zeigen. Da bin ich manchmal neidisch auf Helga.

Die Beziehung zu Renate ist für Stani weniger belastend, weil sie ihm ähnlicher ist, aber offenbar auch weniger erfüllend, weil sie ihn wenig zu ergänzen scheint in den Punkten, in denen er sich selbst als unvollständig empfindet. Es stellt sich die Frage, wieweit die Freundin die Funktion hat, ihm einen Schutzraum anzubieten, der in dem Moment gar nicht mehr notwendig wäre, wo er sich von Helga nicht mehr so bedrängt fühlen würde.

27. Sitzung vom 15. Mai

Übersicht
Helga ist in der Therapie zunehmend verzweifelt und depressiv geworden. Sie kann sich schwer von ihrem absoluten Anspruch an eine Liebesbeziehung lösen und fühlt sich überfordert von der Erwartung, in der Beziehung zu Stani mehr sie selbst zu sein und sich nicht in all ihren Gefühlen und Strebungen auf ihn auszurichten. Stani fühlt sich für ihre Existenz, für ihr Sein oder Nichtsein verantwortlich, was ihm Schuldgefühle und Angst verursacht. Er fordert sie auf, mehr zu sich selbst zu stehen und es in Kauf zu nehmen, daß ihn dann manches an ihr stören werde.

Helga ist de-
pressiv-ver-
stimmt. Stani
glaubt, es
könnte da-
mit zusam-
menhängen,
daß er sie
nicht mehr
als Mutterer-
satz bean-
spruche und
sie Mühe ha-
be, sich dar-
auf einzu-
stellen.

F (seufzt lange) Ich weiß nicht, ob ich es je
fertigbringe, eine normale Beziehung mit Stani aufzubauen. Durch mein Verhalten oder – (bricht in
Tränen aus) . . . ich hab einfach einen blöden Tag
heute –

M Ich glaube, es spielt da eine Mutter-Sohn-
Beziehung mit. Ich habe zu Beginn in dir einen
Mutterersatz gesucht, und du hast es so aufgenommen, es paßte gut zusammen mit deinen Erwartungen. Dadurch, daß ich mich daraus gelöst habe, ist
die Mutter-Sohn-Beziehung gestört, und du hast
Mühe, dir eine andere Beziehung vorzustellen, es
fehlt eine andere Beziehungsmöglichkeit.

F Ich hab das gar nicht so empfunden.

M Ich war bevormundet, du hast mein Leben
bestimmt, jetzt hab ich mich befreit, genauso wie ein
Sohn sich von der Mutter befreit, und die Mutter hat
dann den Kontakt verloren und hat Schwierigkeiten.

F Du suchst in jeder Frau eine Mutter.

M Das spielt in jeder Partnerwahl mit, ich habe
das nie nur als Mutter-Sohn-Beziehung empfunden,
aber es paßte sowieso zu deiner Art.

Th→F In der zweiten Stunde, vor einem Jahr, haben Sie erzählt, wie er aufgewachsen ist.

F Daß ich vor Mitleid geschmolzen bin und er
sagte, es sei gar nicht so schlimm gewesen.

Th Ja. Damals hatte ich den Eindruck einer Mutter-Sohn-Beziehung von beiden Seiten her, nämlich
daß Sie wie eine gute Mutter für ihn eingestanden
sind.

F Ich weiß schon. Stani fand es nicht so schlimm,
und mir kamen die Tränen.

Th→M Sie sind frustriert aufgewachsen und hofften, in Helga eine Mutter zu finden. Sie, Helga,
fanden darin eine Aufgabe, die auch Ihnen viel bedeutet hat.

F   Das ist seit zwei Jahren vorbei.

M   Seither haben wir auch Schwierigkeiten.

F   Diese Mutter-Sohn-Beziehung hörte auf, als ich eigene Kinder hatte, so rein funktionell.

Th→M Wie war es für Sie, eigene Kinder zu haben?

M   Das hat mich gefreut, weil ich mich dadurch als erwachsen bestätigt fühlte.

Th   Mußten Sie Helga danach mit den Kindern teilen?

M   Nein, ich war auf die Kinder nicht eifersüchtig. Helga nahm sich ja nicht nur für die Kinder Zeit. Als ich sie als Mutter verlor, fand ich die Frau nicht mehr so toll, und die Schwierigkeiten begannen.

F   Und du suchtest in Susanne eine neue Mutter.

M   Schon möglich.

Th   Hatten Sie auch Angst, daß Helga Ihnen als Mutter verlorengehen könnte?

M   Das könnte schon sein, ich habe das zuvor nicht so klar gesehen.

Th   Spielt die Angst mit, die *Mutter zu verlieren,* daß sie sterben könnte?

M   *Sterben nicht, aber verlorengehen.* Familie und Haushalt könnten schon mit der Mutterrolle zusammenhängen.

Th   Haben Sie Angst vor einer Bindung und erneutem Verlust?

M   *Angst, mich zu stark zu gewöhnen, das könnte ich mir vorstellen.* Früher scheute ich vor jeder Bindung zurück, und vielleicht habe ich auch deshalb Mühe, Beziehungen wieder abzubrechen.

F   Du hast gar nicht Angst, mich als Helga zu verlieren, sondern nur Angst vor der Endgültigkeit.

M   Mich belastet es so stark, daß du deine Entscheidung immer ganz auf mich abstimmst.

F   Ich habe dir schon gesagt, daß ich wohl gerne mit dir zusammensein möchte, aber die Probleme

Stanis Bindungsangst hängt mit seinem frühkindlichen Mutterverlust zusammen, den er als Erwachsener auf Helga und seine Freundinnen überträgt.

327

sind zu groß, weshalb ich es nicht mehr will. Eine definitive Trennung wäre wohl besser. Ich könnte dann eher zur Ruhe kommen.

Auffallend ist vor allem die veränderte Atmosphäre gegenüber der zweiten Therapiesitzung, wo dieser Mutter-Kind-Aspekt in ihrer Beziehung auch zur Sprache kam. Auf dem Video-Band wirkte Helga damals als die große, spendende Mutter und Stani als das umsorgte Kind, während Helga jetzt verzweifelt und trotzig wie ein verlorenes Kind dasitzt, Stani dagegen liebevoll besorgt und mütterlich zu ihr spricht. Der Verlust der Mutterfunktion hat Helga um eine Aufgabe gebracht, die ihr in der Beziehung einen wesentlichen Halt vermittelte. Ohne diese stabilisierende und ihr Selbstgefühl positiv verstärkende Funktion wird sie von Angst erfüllt, sich ihm gegenüber nicht gleichwertig behaupten zu können. Sie hat Mühe, daran zu glauben, daß sie ihm weiterhin viel bedeutet, auch wenn sie ihn nicht mehr mit Leben ausfüllt, nicht mehr seine existentielle Basis bildet und er unabhängiger von ihr zu denken, fühlen und sprechen vermag.

Th→M Es fällt mir immer wieder auf, wenn Helga scheiden will, dann sind Sie viel zärtlicher zu ihr.

M Wenn es endgültig wird, habe ich Angst. Sonst habe ich nicht so das Bedürfnis, mit ihr zusammenzusein.

Th Helga bekommt am meisten Zuwendung, wenn sie gar keine mehr will.

F Das Spiel haben wir seit Jahren gespielt.

M Jetzt spielen wir es aber ohne Kränkungen.

F Früher hatte ich oft bewußt gesagt, ich will dich nicht, weil du mich dann wolltest. Das bin ich leid.

Th Das zeigt, wie sehr Sie aufeinander bezogen sind. Es wäre wohl günstiger, wenn jedes sich stärker so verhalten könnte, wie es sich im Grunde in der Beziehung zum Partner fühlt und nicht nur re-

Sobald Helga sich von Stani distanzieren oder ihn verlassen will, geht er

aktiv auf das Verhalten des Partners abgestimmt.
M ... du sagst immer: «Wann, glaubst du, ist es soweit?» Weshalb machst du das von mir abhängig? Ich frage mal: «Wann, glaubst *du*, ist es soweit?»
F Ich glaube, ich wäre mehr dazu bereit.
Th Es wäre vielleicht für ihn leichter, wenn auch Sie eine klarere Haltung hätten. Wann ist es für Sie soweit?
F Ich will überhaupt nicht mehr – (bricht in Tränen aus). Ich hab natürlich auch Angst vor einer definitiven Lösung. Aber ich kann nicht mehr, es ist mir Wurst, ob ich später immer die gleichen Fehler in Beziehungen machen werde. Ich möchte nun endlich meine Ruhe finden und mich einrichten.

27. Sitzung

wieder stärker auf sie zu. Er hat Angst vor Bindung und Angst vor endgültiger Trennung.

Stani hat sich wohl noch nicht so sehr von Helga gelöst, wie er vorgibt. Er gerät in Angst, wenn er nicht spürt, daß sie im Hintergrund immer für ihn da ist. Mit dieser Haltung provoziert er Helga zu einem Nähe-Distanz-Spiel, in dem Helga am meisten Zuwendung erreichen kann, wenn sie am entschiedensten mit Scheidung droht. Dieser Zustand wird für Helga zunehmend unerträglich. In den folgenden Stunden bittet sie Stani, seine Effekten in der Wohnung abzuholen. Sie möchte ihn aus der Wohnung und damit aus sich selbst herausbringen. Seine Effekten markieren seine Präsenz und erlauben es ihr nicht, mehr zu sich zu finden und nicht immer auf ihn bezogen zu sein. Helga bemüht sich dann etwas forciert, sich zurückzuziehen und keinen Druck mehr auf Stani auszuüben. Diese Bemühung wird von Stani entwertet. Ihre Zurückhaltung sei nicht echt. Helga solle wirklich so sein, wie sie sei. Helga entgegnet: «Wenn ich mich nicht verhalte (so wie sie sich fühlt), bin ich nicht ich selbst, und wenn ich aggressiv bin, bin ich auch nicht so, daß ich akzeptiert werden kann.» Stani dazu: *Sei wie du bist, dann kann ich sagen, was mich stört. Laß es doch zu, daß mich etwas stört, ohne dich immer gleich auf mich abzustimmen.* Helga: «Also gut, so bin ich ‹ich›, ohne Rücksicht auf Verluste.» Stani fordert von Helga, sich zu definieren und es in Kauf zu nehmen, daß er sich auch definiert und sie sich dann aneinanderreiben als zwei getrennte, aber aufeinander bezogene Individuen. Er gibt aber auch zu, daß es für ihn schwierig wäre, wenn die Beziehung durch Helga nicht immer auf Spannung gehalten würde, weil ihn das belebe und er immer Angst habe, eine Beziehung könnte alltäglich und langweilig werden und dadurch auseinanderfallen. Wenn Helga so aggressiv über Stani herfällt, erfüllt sie somit die tieferen Erwartungen von Stani, obwohl er vordergründig sich an ihrer Art stört.

31. Sitzung vom 28. August

Übersicht
Nach zweimonatigem Ferienunterbruch eröffnet Helga heute ihren Beschluß, sich endgültig zu scheiden. Sie habe die Hoffnung begraben, daß Stani je wirklich zu einer näheren Beziehung fähig sein werde. Sie könne zwar Stani besser verstehen, habe aber keine Lust, diesen unbefriedigenden Zustand zu verewigen. Ich bin über diesen Entscheid betroffen und enttäuscht. Stani hält Helgas Beschluß für einen forcierten Willensakt. Helga wirkt verkrampft und verzweifelt. Es ist ihr gelungen, sich in den Ferien vermehrt auf eigene Füße zu stellen. Sie äußert die Absicht, sich auch von Peter zu trennen, denn er sei wesentlich jünger als sie und noch sehr kindlich. Er sei ihr unterlegen, fast hörig. Sie habe ihren früheren Verlobten getroffen. Dieser habe geäußert, er habe sich damals von ihrer starken Persönlichkeit erdrückt gefühlt. Helga erkennt eine eigene Schwierigkeit: Wenn sie sich einem Mann nicht überlegen fühlen kann, fühlt sie sich bedroht und gerät in aggressives Verhalten, um sich sicherer zu fühlen. Sie möchte neue Partnerbeziehungen anknüpfen, um sich selbst in ihren Beziehungsmöglichkeiten zu erfahren und zu sehen, in welchen Bereichen sie sich mit anderen Menschen überhaupt treffen könne. Zumindest für andere Beziehungen stellt sie jetzt nur noch beschränkte Ansprüche. Auch in Stanis Beziehung zu Renate kriselt es. Wir versuchen, die Bilanz der Therapie zu

ziehen. *Helga hatte erwartet, daß sie als glückliches Paar aus dieser Therapie hervorgehen würden. Auch ich bin vom Ergebnis dieser Therapie nicht befriedigt. Zwar haben beide Partner gelernt, ihre tieferen Gefühle und Schwierigkeiten besser wahrzunehmen und einander mitzuteilen. Ich bedaure es aber doch sehr, daß dieses mir sympathische Paar nun auseinandergehen will. Stani zeigte in den vorangegangenen Sitzungen deutlicher, wie sehr er an Helga hängt, wie er sie, wie ein Kind die Mutter, ungeteilt beanspruchen möchte. Andererseits befürchtet er, sich allzu stark von ihr abhängig zu machen und neben ihr nicht erwachsen werden zu können.*

Es handelt sich um die erste und zugleich letzte Sitzung nach einer zweimonatigen Sommerpause.

Th   Wie war es Ihnen zumute, als Sie hierhergekommen sind?

Helga will sich endgültig trennen.

F   Ich dachte, ach, jetzt geht's wieder von vorne los. Aber im Grunde habe ich mittlerweile nicht mehr Angst davor.

Th   Aber haben Sie doch gewisse Erwartungen?

F   Nein, ich habe keine Erwartungen mehr, es fehlt mir die Motivation zur Therapie, *ich hab mich jetzt entschlossen, ich möchte mich trennen.* Er sagt, er wisse nicht, was er beruflich und persönlich machen werde. Ich weiß nicht, ob er so ambivalent bleiben will, aber ich weiß, daß ich das nicht mehr mitmachen will, da bin ich nicht mehr bereit, an unserer Beziehung zu arbeiten.

Th   Ja – (zu Stani gewandt) und Sie?

M   Ich möchte es versuchen, meine Vorstellung ist immer noch die Hoffnung auf eine bessere Beziehung zueinander und daß wir uns näherkommen könnten. Ich habe das Gefühl, daß wir uns besser verstehen und wir uns zeitweise, wenn auch nicht dauernd, näher sind. Jedenfalls geht es in diese Rich-

tung, und ich glaube, es kommt mal so weit, daß ich
wünsche, mit ihr zusammen zu leben.

Helga will
sich nicht
mit Halbhei-
ten abfinden.

F   Ich glaube, in den Ferien ist es gutgegangen,
weil ich absolut keine Ansprüche mehr an Stani
gestellt habe. Ich habe nicht verlangt, daß er mich
hübsch findet und mich gerne hat und auch – überhaupt gar nichts. Auf die Dauer will ich das aber in
einer Beziehung nicht missen. Wenn ich mit einem
Mann eine Beziehung habe, dann will ich, daß er
mich gerne mag und mich akzeptiert, da bin ich
nicht bereit, darauf zu verzichten. Es ging nur deshalb gut, weil ich mir sagen konnte, wenn er mich
gern hat, na gut, wenn nicht, dann läßt er es eben
bleiben. Aber auf die Dauer kann ich das nicht. Ich
frage mich ganz kalt: Was bringt es mir, wenn ich
mit Stani zusammenbleibe? – Finanzielle Vorteile –
gesellschaftliche Vorteile, daß ich einen Mann vor-
zeigen kann – und daß die Kinder einen Vater haben,
der sich um sie kümmert, aber das könnte er ja
ohnehin. Ich mag nicht mehr denken, irgendeinmal
kommt es vielleicht. Ich weiß jetzt, daß ich allein
leben kann, und habe keine Lust, noch weitere zwei
Jahre zu warten, um zu sehen, ob du es dann vielleicht auch irgendeinmal kannst.

Th→M (Enttäuscht, etwas verärgert, mit scharfer
Stimme) Können Sie das verstehen? (Auf Stani ausweichend.)

M   Ja, sie sagt jetzt, sie habe sich losgelöst, aber es
scheint mir aufgezwungen, und sie will jetzt das, was
aufgebaut wurde, zerstören. Deshalb will sie auch
nicht, daß wir nachher noch einen guten Kontakt
haben.

Th→F (etwas gefaßter) Mein Eindruck ist, daß Sie
sich aus einer Einsicht dazu entschlossen haben,
aber daß Sie das noch stark schmerzt.

F   (sitzt mit hochgezogenen Schultern da, wirkt

stark gespannt) Du triumphierst immer so und hältst mir unter die Nase, daß ich mich einerseits trennen möchte und andererseits dann doch immer wieder für dich da sei. Es ist von mir her aber keine Erpressung und kein Gewaltakt.

Th Eher ein langsam reifender, schmerzlicher Entschluß?

F Zuerst eher eine Befreiung, aber jetzt schon schmerzlich – (kämpft mit den Tränen) – aber – (Stani blickt stark beunruhigt zu Helga).

Th In welchem Sinne finden Sie es erzwungen?

M Nicht erzwungen, aber daß sie es im Grunde gar nicht so möchte.

F (bewegt den Kopf abwägend hin und her).

Th Für mein Gefühl hat es jetzt keinen erpresserischen Charakter, sondern ist ernst.

M Mein Eindruck ist auch, daß es nicht erpresserisch ist. Aber ich kann nicht verstehen, weshalb wir nicht weiterhin gute Freunde bleiben können.

F Das können wir ja.

M Nein, du hast immer das Gegenteil gesagt, daß du den Kontakt dann völlig abbrechen willst. Das macht mir eben Angst, ich habe Angst vor dem Endgültigen.

Stani hat Angst vor der Endgültigkeit der Trennung.

Th In der Therapie entstand lange Zeit der Eindruck, daß es Ihnen schwerfällt, eine eindeutige Position einzunehmen, weil Sie sich von Helga unter Druck gesetzt fühlen. Jetzt, wo Sie sich nicht mehr erpreßt fühlen, fällt es Ihnen dennoch schwer, eine eindeutige Position einzunehmen. Das ist für Helga sicher belastend, übrigens auch für Sie selbst, für beide.

M Ja, sicher. Ich habe einfach Mühe, Entscheidungen zu treffen und mich auf etwas Endgültiges einzustellen.

Th→F Wie sehen Sie das bei ihm?

F Manchmal denke ich, er könnte es, manchmal

aber – im großen und ganzen liegt hier das Hauptproblem, aber er könnte sich doch wenigstens im
kleinen daran halten. (Berichtet ein Beispiel über ein
geplantes gemeinsames Wochenende, für das sich
Stani bis zuletzt nicht festlegen konnte.) Er sollte
wenigstens im kleinen mal zu seinen Entscheidungen stehen.

Es herrscht eine gespannte Atmosphäre. Die Frau wirkt verkrampft, so als ob sie Mühe hätte, ihren Entscheid durchzuhalten. Der Mann wirkt verunsichert. Er hat zwar Mühe, die Frau
direkt zu bitten, ihren Entscheid zurückzunehmen. Unausgesprochen ist aber deutlich spürbar, wie sehr er sich ohne die
Beziehung zur Frau verloren fühlen würde. Ich selbst bin durch
den vorgetragenen Scheidungsentschluß der Frau ebenfalls getroffen. Ich frage mich, ob Helgas Entscheid das Resultat meines
Unvermögens ist, ihr in ihrer Verzweiflung mehr Mitgefühl zu
zeigen. Deshalb frage ich sie:

Th→F Empfinden Sie Ihren Entschluß als eine
Befreiung für Sie persönlich, oder haben Sie das
Gefühl, daß in der Therapie in Ihnen etwas kaputt-
gegangen ist?

F   Nein, im Moment eindeutig als Befreiung. Das
ist mir sehr deutlich geworden in diesen Ferien. Es
ist nicht die Anwesenheit des Partners das Wichtige,
sondern die Gewißheit, daß er zu einem steht. Es ist
mir auch klargeworden, daß ich mich wahrscheinlich auch von Peter trennen werde. Ich kann jetzt gut
allein leben. In den Ferien bin ich auch mit jemand
anderem zusammengetroffen und fand es schön, andere Beziehungen anknüpfen zu können und einfach mal zu sehen, in welchen Bereichen man sich
treffen kann.

Th   Daß Sie an eine Beziehung nicht mehr einen so
    absoluten Anspruch stellen?

M   Das konntest du nur, weil du wußtest, daß
Peter zu Hause auf dich wartet.
F   Nein, das ist für mich neu, das hab ich früher
nicht empfinden können.

Im Vergleich mit den vorangegangenen Stunden wirkt Helga
jetzt wesentlich kontrollierter, entschlossener und abgegrenzter.
Für Stani ist die Veränderung Helgas offensichtlich ungewohnt.
Er versucht mit allen Mitteln, diese Veränderung zu entwerten.
In der Folge wirft Stani Helga vor, sie reibe ihm ihre Scheidungsabsichten so provokativ unter die Nase, daß er sich zur Verteidigung gedrängt fühle. Auf meine Frage hin erklärt Stani dann, er
würde die Scheidung akzeptieren, wenn er einsehe, daß Helga
von sich her richtig handle. Von ihm her denke er jedoch, es
könnte vielleicht noch besser kommen. Wir diskutieren darüber,
ob Stani eventuell von einer Einzeltherapie, insbesondere einer
Psychoanalyse, für seine persönlichen Probleme mehr profitieren könnte. Obwohl er die Notwendigkeit grundsätzlich bejaht,
befürchtet er, durch eine Analyse zu stark aus dem Gleis geworfen zu werden, sich nicht mehr konzentrieren zu können, nicht
mehr arbeitsfähig zu sein. Er müßte sich zuerst beruflich konsolidieren. Zur Zeit wisse er jedoch noch nicht, ob er sich eine
Stelle im Ausland suchen müsse. Helga drückt spöttisch ihr Bedauern aus, und *die zwei balgen sich wieder miteinander. Die
Stimmung ist im Grunde genommen nicht feindselig.* Gesamthaft bemühen sich die Partner, insbesondere Helga, um eine Bilanz.

Th→F Wenn das Ende der Therapie jetzt die Scheidung wäre, wie denken Sie dann eigentlich über die
ganze Therapie?
F   Ich denke eigentlich sehr positiv darüber, ich   Trotz ge-
glaube, daß ich meine Aggressionen gegen Stani,   planter
gegen die ich zuvor überhaupt nichts machen konn-   Scheidung
te, daß ich diese Aggressionen doch weitgehend ab-   beurteilen

bauen konnte und einsehen konnte, daß Stani wirklich so ist und daß ich keine Erwartung mehr habe; das empfind ich als einen ganz großen Fortschritt, weil ich dann nicht mehr enttäuscht bin und nicht mehr aggressiv werden muß; das empfind ich als einen großen Vorteil. Ohne Therapie wäre ich wohl noch immer am gleichen Punkt wie vorher; vielleicht hätte sich das sogar noch verstärkt. Ich wär wahrscheinlich noch viel enttäuschter als vor einem Jahr.

Th→M Und Sie?

M Eigentlich auch, vor allem, weil ich das Gefühl habe, daß wir uns gegenseitig anders verstehen. Wir sehen eher, weshalb das so gekommen ist und weshalb wir so reagieren. Ich hab jetzt wirklich erlebt, daß wir einander Verständnis entgegenbringen; das wäre früher nicht möglich gewesen und wäre nicht von alleine gekommen.

F Ich muß ehrlich gestehen, ich bin im Grunde genommen damals mit einer anderen Erwartung in die Therapie gekommen. Ich hab gedacht, das Endziel ist, daß da am Ende ein glückliches Paar hervorgeht, auch wenn gesagt wurde, das Endziel sei die Klärung der Beziehung; aber über lange Strecken hab ich das eben doch immer gehofft. Im Endeffekt bin ich nicht enttäuscht, daß es so geworden ist, aber diese Erwartung an die Therapie hatte ich ziemlich lang, am Schluß nicht mehr so sehr.

Aus Helgas Stimme läßt sich doch eine ziemliche Enttäuschung heraushören. Helgas Kommentar bei Manuskriptbesprechung: «Ich hatte Mühe, das ohne starke Gemütsbewegung zu sagen, denn zum damaligen Zeitpunkt hat mich das doch noch sehr geschmerzt.»

Obwohl ich das nicht direkt ausdrücke, bin auch ich im Grunde genommen über den Verlauf der Therapie enttäuscht. Theoretisch mag ich das anders betrachten, gefühlsmäßig erlebe ich die Scheidung am Ende einer Therapie meist doch als ein unbefriedigendes Ergebnis. Ich frage mich, inwiefern ich als Therapeut versagt habe. Gerade bei diesem Paar hatte ich in besonderem Maße den Eindruck, daß ihre Beziehung – wenn auch durch tief in der Persönlichkeit verankerte Schwierigkeiten behindert – wertvoll und reichhaltig sei. Obwohl ich Mühe habe, die Scheidung als Lösung der Therapie zu akzeptieren, versuche ich nicht, das Paar zu überreden, beieinander zu bleiben. Das Gefühl des Versagens richtet sich vielmehr gegen mich selbst. Ich frage mich, ob es mir nicht gelungen ist, der Frau warme Anteilnahme und Verständnis entgegenzubringen, ob sie mich in ihrer bedrängenden Art in eine ähnliche Abwehrhaltung gedrängt hat wie Stani und ob ihr Scheidungsentscheid in der Enttäuschung, ja eventuell sogar Rache gründet, weil ich ihr anspruchsvolles Leitbild der Ehe zerstört habe. Mehrmals habe ich versucht, mit ihr darüber zu sprechen. Sie erklärte meine Befürchtung als gegenstandslos. Bei ihrem Bemühen, zu mir eine idealisierte, ungetrübte Beziehung aufrechtzuerhalten, frage ich mich, ob sie irgendwelche Konflikte mit mir verleugnen muß. Vor dieser Sitzung hatte ich unsere Psychologin, Therese Kohler, gebeten, einen Retest mit dem Gemeinsamen Rorschach durchzuführen, weil ich Mühe hatte, mich im Gesamtverlauf der Therapie zu orientieren. Im Moment beansprucht die Scheidungsabsicht der Frau meine volle Aufmerksamkeit, so daß ich nicht in der Lage bin zu sehen, inwiefern die Therapie in der Persönlichkeitsentfaltung von beiden Partnern einen Gewinn hätte bringen können.

F→Th Was ist eigentlich aus dem Gemeinsamen Rorschach herausgekommen?

Th   Ja, es hat mich speziell bei Ihnen beschäftigt – es zeigte sich im Test, daß die Kommunikation zwischen Ihnen beiden wesentlich besser und klarer ist als zu Beginn der Therapie, daß Sie besser miteinander zusammenarbeiten können, aber auf der Erleb- Wir besprechen die Testwiederholung des

337

Gemeinsa-
men Ror-
schach-Ver-
suchs, die ein
deutlich an-
deres dia-
gnostisches
Bild ergibt
wie zu Be-
ginn der
Therapie

nisebene sind bei Ihnen (Helga) Hinweise der Resignation, des Abgestorbenseins und der Angst. Da
würde mich schon interessieren, was Sie dabei erlebt
haben.

F   Ich weiß, ich bin ganz schlecht in diesen Test
hineingegangen; es war kurz vor den Ferien, ich war
da relativ aggressiv und nahm noch einen Schnaps
und dachte, statt daß ich immer «Schmetterling»
sage, sage ich mal «böser Geier»; ich war wahnsinnig
aggressiv. Ich habe aber den Eindruck, daß sich das
dann während des Testes gelegt hat, aber daß ich
eine Resignation hatte, das kann schon sein. Vielleicht ist das teilweise jetzt noch so.

Th   Aber war das mehr in Beziehung zu Stani, oder
haben Sie das überhaupt jetzt, diese Lebensresigna-
tion, Gefühl des Abgestorbenseins, Verlorengegan-
genseins?

Der Thera-
peut ver-
sucht sein
Unbehagen
über Helgas
Entwicklung
im Sinne ei-
ner thera-
peutischen
Kollusion
anzuspre-
chen. Helga
geht nicht
darauf ein.

F   (Pause, sieht nachdenklich vor sich hin). Das
weiß ich nicht, das kann ich nicht beurteilen. (Pause.) Vielleicht ist es auch deshalb zwischen Stani und
mir gutgegangen wegen dieser gewissen Gleichgül-
tigkeit, ich weiß es nicht.

Th   Ich habe mich wegen der letzten Stunden
überhaupt gefragt, ob Sie den Eindruck hatten, daß
zwischen Stani und mir eine gewisse Allianz
bestehe.

F   Eigentlich nicht. Es gab wohl immer mal Situationen, wo man das Gefühl hat, jetzt tut er sich
mit Stani zusammen, aber es gab auch andere Situationen, wo ich den Eindruck hatte, aha, jetzt steht er
mir bei; aber gesamthaft gesehen hab ich das nicht
empfunden.

Th   Mh.

Th→M Bei Ihnen ist's eher so herausgekommen,
was ja positiv zu werten ist, daß zu Beginn der
Therapie eine extreme Polarisierung bestand: Helga

war ganz das Gefühl und Sie (Stani) waren die Abwehr der Gefühle. Wenn Sie (Helga) starke Gefühle
gezeigt haben, sind Sie (Stani) ganz zugegangen und
haben auch im Test keine Beziehung zu Ihren Gefühlen gefunden. Und da haben Sie sich doch sehr in
die Mitte angenähert, und Sie (Stani) konnten wesentlich mehr gefühlhaft mitreagieren im Test. Das
wäre eigentlich ein gutes Zeichen. Aber zum Teil
heißt das vielleicht auch, daß Sie sich gegenseitig
nicht mehr so brauchen. Helga hat zuvor Ihre Gefühle ausgetragen, einen Gefühlsteil von Ihnen, daß
Sie da einen Fortschritt erzielt haben, daß Sie Ihre
Gefühle jetzt nicht mehr nur abwehren müssen,
sondern auch erleben können.

M   Ja, das glaub ich auch, auch daß ich in mancher
Hinsicht – daß ich im persönlichen Bereich manche
Entscheidungen leichter fällen kann. Das glaub ich
auch.

(Pause)

Wir diskutieren noch längere Zeit das weitere Vorgehen. Helga fühlt sich für eine weitere Therapie zur Zeit nicht motiviert,
kann sich aber auch nicht zu einer Therapiebeendigung entschließen. Auch Stani verspricht sich von allwöchentlichen Sitzungen nichts Neues. Ich schlage deshalb vor, daß wir uns in
größeren Abständen zu Nachbesprechungen sehen könnten mit
dem Ziel, die Scheidung in einer konstruktiven Weise durchzuführen, die den Kindern nicht abträglich sei und beiden Partnern
ermögliche, an dieser Krise zu wachsen. Wir vereinbaren eine
Nachbesprechung in zwei Monaten.

Das Therapieergebnis im Gemeinsamen Rorschach-Versuch

Für mich als Therapeut wurde es zunehmend schwierig, den
Überblick über den sich abspielenden Prozeß zu bewahren. Für
einen Therapeuten besteht eine ähnliche Situation wie für Eltern,

die an ihren heranwachsenden Kindern Veränderungen weniger leicht wahrnehmen als Außenstehende, die diese in größerem persönlichem und zeitlichem Abstand sehen. Dazu kommt, daß ein therapeutischer Prozeß ein diskontinuierliches Geschehen ist, bei dem bereits erzielte Fortschritte immer wieder von Rückschlägen gefolgt sind, so daß den Therapeuten wie auch die Patienten leicht ein Gefühl von Orientierungslosigkeit und Resignation ergreift. In dieser Situation kann eine Testuntersuchung, wie wir sie mit dem Gemeinsamen Rorschach-Versuch (WILLI 1973) durchführen, eine wesentliche Hilfe sein, um auf diesem Wege ergänzende Informationen zu erhalten.

Der Gemeinsame Rorschach-Versuch ist ein Test, bei dem die Partner miteinander den Rorschach absolvieren mit der Auflage, sich bei jeder der zehn Kleckstafeln auf eine Deutung zu einigen. Die Art, wie das Paar formal die Aufgabe bewältigt, zeigt die Kommunikationsstruktur und Kooperationsfähigkeit. Die Besonderheit des Tests liegt aber darin, daß er gleichzeitig durch die Interpretation der Klecksdeutungen das tiefere emotionale Erleben der Partner erfassen kann, ihre Bedürfnisse, Ängste und die zu ihrer Bewältigung errichteten individuellen und partnerschaftlichen Abwehrmechanismen. In der Regel führen wir den Gemeinsamen Rorschach-Versuch zu Beginn und gegen Ende einer Therapie durch. Das Ergebnis einer Paartherapie kann nach folgenden fünf Kriterien beurteilt werden:

1. Struktur der Zweierbeziehung (ökonomische oder neurotische Funktionsteilung, angstbesetzte Rollenfixierungen, doppelbödige Rollenerwartungen), Definition und Offenheit des Systems gegen außen,
2. Kommunikation, Austauschprozesse,
3. Kooperation (Fähigkeit, als Paar oder Familie zu funktionieren, Problemlösungsverhalten),
4. Persönlichkeitsentfaltung in der Partnerschaft, interdependente Interaktionspersönlichkeiten.
5. subjektive Befriedigung in der Partnerschaft.

Die Kriterien 1–4 können mit dem Gemeinsamen Rorschach-Versuch in objektivierbarer und quantifizierbarer Form erfaßt und interpretiert werden. Test und Retest dieses Paares wurde bereits früher eingehend dargestellt (WILLI 1976), so daß ich hier nur die in der jetzigen Therapiesituation wichtigen Befunde besprechen möchte.

Zu Beginn der Therapie zeigte das Paar im Test eine äußerlich recht gute Zusammenarbeit, die jedoch in emotionalen Situationen erheblich gestört war. Gemeinsame Problemlösungen konnten oft nur durch Einschränkung der individuellen Differenzierung erreicht werden. Die Partner zeigten wenig Befähigung, aufeinander einzugehen, sondern versuchten starr, ihre eigenen Phantasien dem Partner gegenüber zu bewahren. Im Rollenverhalten bestand eine extreme Polarisierung. Der Mann zeigte sich gefühlsmäßig eingeengt und formalistisch, die Frau dagegen expansiv, mit wenig eigenen Möglichkeiten zur Kontrolle und Steuerung. Innerhalb des Paares ergab sich eine Funktionsteilung: Die Frau drückte Gefühle aus, der Mann brachte ihre Gefühle unter Kontrolle. Die Frau versuchte sich dem Mann gegenüber zu behaupten durch Agieren und Manipulieren, insbesondere indem sie Männlichkeit einerseits hochstilisierte, andererseits entwertete und zerstörte. Der Mann wehrte sich durch Entwertung ihrer Gefühle. Dennoch wurde der Mann vom unkontrollierten Verhalten der Frau in seinem emotionalen Erleben wesentlich stimuliert und fasziniert.

Am Therapieende gelingt eine bessere Qualität der Zusammenarbeit vor allem durch eine höhere Flexibilität der Partner und durch die verbesserte Kommunikation: Beide können klarer unterscheiden, was ist meine und was ist deine Deutung? Wieweit kann ich mich dir anpassen, ohne mich selbst aufzugeben? Welche Deutungen von dir sind für mich zwar nicht die besten, aber doch immerhin Das Testergebnis zeigt viel ausgeprägtere und positivere Veränderungen, als der Therapeut aus der mo-

341

annehmbar? Der Mann beurteilt die Frau weniger
ablehnend, und diese übt nicht mehr einen so mani-
pulierenden Druck auf ihn aus. Die Partner nehmen
sich klarer als zwei voneinander abgegrenzte, autonome Individuen wahr und verstehen sich besser in
ihren tieferen Gefühlen. Beide Partner sind eher in
der Lage, ihre eigenen Gefühle und Ansichten zu
formulieren, diejenigen des Partners zu erfassen und
in sachlicher Weise nach konstruktiven Lösungen
zu suchen. Besonders wichtig ist die Feststellung,
daß sich die Partner in ihrer zuvor extrem polarisierten, emotionalen Erlebnisverarbeitung und in ihrem
Gefühlsverhalten einander annähern. Der Mann
kann jetzt seine Gefühle besser spüren und ausdrük-
ken. Er wirkt impulsiver und kontaktfähiger. Er
setzt sich seinen Ängsten eher aus. Die Frau dagegen
ist weniger expansiv und zeigt ein niedrigeres Anspruchsniveau. Sie kontrolliert ihre Gefühle und ihr
Verhalten stärker selbst, ohne den Mann durch theatralisches Agieren zu erschrecken und zu provozieren. Der Mann fühlt sich von ihr weniger bedrängt
und kann seine rationalisierend-kritisierende Abwehrhaltung reduzieren.

In Übereinstimmung mit dem Eindruck aus der
Therapie stellt sich bei der Frau allerdings die Frage,
was der Preis für ihren Verzicht auf Manipulieren
und expansives Agieren ist. Die Inhalte ihrer Deutungen sind nicht mehr von «phallisch-kastrieren-
der» Rivalität geprägt, sondern eher depressiv und
ängstlich. Wichtig ist allerdings, daß sich diese *Verstimmung nur im Inhalt ihrer Deutungen* zeigt,
während *die formalen Erlebnisdeterminanten eher
auf eine gefestigtere Persönlichkeit hinweisen.*

Die mann-weibliche Rivalität und das emotionale
Spiel der Partner um Gefühlsüberschwang versus
Gefühlskontrolle läßt sich kaum mehr nachweisen.

Dagegen ist jetzt bei beiden Partnern als unbewältig- te Schwierigkeit eine Mutter- und Geborgenheits- problematik in den Vordergrund getreten. (Zusam- menhang mit beabsichtigter Scheidung und an- schließendem Alleinsein?)

Im Gegensatz zu meiner eher pessimistischen The- rapiebeurteilung zu diesem Zeitpunkt ergibt der Ge- meinsame Rorschach-Versuch ein recht positives Er- gebnis: Im Retest zeigen die Partner eine bessere Kooperation und Kommunikation, die Frau eine verbesserte Gefühlskontrolle und der Mann eine of- fenere emotionale Erlebnisfähigkeit.

Nachgespräch vom 23. Oktober

Übersicht

Entgegen meiner Erwartung hat Helga im zweimonatigen Inter- vall keine konkreten Schritte zur Scheidung unternommen. Die Atmosphäre in dieser Sitzung ist deutlich verändert. Die Partner haben sich auf ein subtiles Gleichgewicht eingespielt, wo sie unter Wahrung der äußeren und inneren Trennung sich gegenseitig zarte Andeutungen von Liebe machen können und diese auch zu akzeptieren vermögen, ohne gleich in Bedrängnis und verletzen- de Abwehrreaktionen zu geraten. Insbesondere scheinen Helgas Wunden über die Enttäuschung, daß die Therapie ihrem eheli- chen Leitbild nicht zu entsprechen vermochte, am Vernarben zu sein. Das Zurücknehmen ihrer Ansprüche Stani gegenüber führt nicht zu einer Abnahme an Zuwendung, sondern schafft ihm erst Raum, ihr Zuwendung zu zeigen. Unausgesprochen, vor allem im Sich-einander-Zuwenden und Sich-Anlächeln, ist viel Zärt- lichkeit spürbar. Es ist, wie wenn das aber nicht direkt verbali- siert werden dürfte, weil dabei alles wieder zerbrechen könnte. Es besteht ein unausgesprochenes Einvernehmen, daß sich die Partner gut mögen. Das äußere Bild hat sich gegenüber Thera- piebeginn stark verändert, fast ins Gegenteil verkehrt. Zeigte damals Helga, wenn sie sprach, weit ausfahrende, fast etwas

343

theatralische Mitbewegungen, die im Gegensatz zur gehemmten
und lahmen Haltung von Stani standen, so spricht er jetzt mit
starker Gefühlsbeteiligung, die sich auch in kräftiger Körperspra-
che ausdrückt, während Helga stärker in sich gekehrt wirkt.
Helga sieht, daß sie den Scheidungsentschluß brauchte, um in-
nerlich zu Stani Distanz zu gewinnen, daß dieser Entschluß zur
Zeit aber nicht mehr aktuell ist. Sie wirkt innerlich stärker von
ihm geschieden. Helga wirkt dabei noch depressiv. Sie scheint
noch in der Trauerarbeit über das verlorene Eheideal zu stehen
und braucht wohl Zeit, um diesen Verlust zu verarbeiten.

Die Beziehung wirkt jetzt viel entspannter und liebevoller.

Th Wir haben uns schon lange nicht mehr gesehen. Wann war es das letzte Mal?

M O ja, ich hab vergessen, ich hab Ihre Rechnung irgendwo verlegt.

F Hast du in der Schachzeitung geguckt? Vielleicht hast du sie dort hineingelegt.

M Ja, ich muß nochmals nachgucken.

F (auflüpfisch). Es fehlt dir offenbar die ordnende Hausfrau.

(Alle drei lachen.)

Th Ja, wie geht es?

F Ja, im Moment geht es noch gut, aber ich weiß nicht, in welcher Verfassung ich hier wieder rauskomme. (Beide lachen.) Es ist mir öfters so gegangen, daß, wenn ich in die Therapie gekommen bin, es mir eigentlich recht gutgegangen ist im Vergleich damit, wie ich hinterher rausgekommen bin.

Th Ja. –

M Ja, in der Zwischenzeit war es ruhig; mir ist es ja wichtig, daß es ruhig ist (lächelt in Selbstironie), aber es war nicht nur ruhig, sondern zwischenhinein gab es auch Momente, wo ich nicht nur bei mir, sondern auch bei ihr das Gefühl hatte, ja, jetzt könnte etwas da sein, aber nicht bedrückend und beängstigend, sondern positiv.

Th   Ja, Sie meinen auch von Helga her?

M   Ja, ich meine insbesondere von ihr her.

Th→F Ist das so?

F   Puh, ja, ja ja – es ist einfach so, ich hab überhaupt keine Aggressionen mehr auf Stani, und wir sind auch nicht weniger oder häufiger zusammen als zuvor. Die Berührungspunkte sind gleich und, was mich sehr erleichtert, ich habe für ihn nicht mehr die gleichen Gefühle; das hab ich am Sonntag gemerkt; am letzten Sonntag, als er telefonierte, er möchte noch schnell vorbeikommen, dachte ich, das ist nicht so günstig (wegen der Anwesenheit von Peter), aber er kam dann doch, und wir haben zusammen das Abendessen eingenommen, und früher hat er mir da immer so leid getan, und da hab ich immer gedacht, oh, jetzt sitz ich hier mit den Kindern und Peter, und der arme Stani muß uns jetzt wieder verlassen. Das hab ich jetzt überhaupt nicht mehr empfunden. Früher hat er mir dabei immer richtig leid getan, und ich hatte noch Schuldgefühle dazu. Das ist jetzt irgendwie vorbei, und das find ich recht angenehm. Oder er war jetzt zum Beispiel einige Wochen beruflich im Ausland, und da hat er geschrieben, das hab ich nett gefunden, aber mehr nicht. Er hat geschrieben, er merke, er könne nicht gut allein sein und müsse immer an uns denken. Da hab ich gar nicht mehr so sehr darauf reagiert. Ob ich das nun ganz bewußt gemacht habe und das abgeklemmt habe, um nicht wieder enttäuscht zu werden, das weiß ich selbst nicht so genau, aber ich hab's nett gefunden, ohne Hoffnungen und Erwartungen, sondern ich hab mich einfach darüber gefreut, mehr nicht. Ich weiß nicht, ob ich jetzt jedes Gefühl verloren habe, oder ob ich mich echt von ihm distanziert habe; ich sage das so vorsichtig, weil ich ja schon oft gemeint habe, ich hätte mich distanziert

Helga hat keine konkreten Scheidungsschritte unternommen. Sie hat sich aber innerlich besser von Stani abgegrenzt.

345

und dann gemerkt habe, daß es doch nicht so ist. Das find ich eigentlich ganz angenehm.

Th   Daß Sie die Situation jetzt mit weniger Bitterkeit ertragen?

F   Ja. Es war nicht nur Bitterkeit, sondern viel eher, daß ich nicht mehr so stark auf alles reagiere, was er tut, auch auf das Positive hab ich da ja so stark reagiert, und das ist jetzt weniger. (Pause.) Es ist nicht eigentlich Bitterkeit, aber manchmal bin ich schon etwas – grad wenn ich die Kinder manchmal als Zwang empfinde; ich hab sie zwar sehr gern und möchte sie auf jeden Fall bei mir behalten, aber die Vorstellung, daß ich sie die nächsten fünfzehn Jahre ständig bei mir haben werde, das macht mir manchmal Angst, weil ich die ganze Verantwortung allein habe, und manchmal werd ich dann auch aggressiv und denke, der Stani, der hat's gut, der kann frei sein, aber dafür hat er anderes nicht; das ist klar. Manchmal denk ich dann doch, der hat es gut. Und letztes Mal haben Sie mich in der Therapie gefragt, ob ich *die Scheidung als eine Erleichterung oder als einen Verlust empfinde. Ich hab da gesagt, ja, Erleichterung, aber hinterher hab ich dann gemerkt, daß ich das doch sehr stark als Verlust empfinden würde.* Jetzt weiß ich es eigentlich wieder nicht (seufzt), ja, ich weiß es nicht. Ich hab mich in der Zwischenzeit gar nicht mehr damit auseinandergesetzt, ich habe es einfach so belassen. Wir haben uns kurz gesehen, und das war ganz nett. Aber wir sind nicht so weit, daß wir da miteinander die positiven Aspekte der Scheidung hätten beleuchten können; das würde doch noch ziemlich lange gehen, glaube ich, bis ich die Scheidung als eine Bereicherung empfinden könnte (lächelt dazu), und wahrscheinlich geht Stani im Frühling beruflich nach München, und da wär ich dann ganz froh, wenn auch eine räum-

Helga würde eine Scheidung doch als Verlust erleben.

liche Distanz dazwischen wäre.

Th   Inwiefern wären Sie froh?

F   Mir ist auch die räumliche Distanz recht wichtig, weil wir uns sonst ja doch sehr häufig sehen, und das gibt doch immer wieder Schmerzen, und das fällt mit der räumlichen Distanz dann weg.

Th→M Wie ist das für Sie?

M   (seufzt) Ich kann das gar nicht so genau sagen. Wenn sie so was sagt, dann denk ich natürlich, sie hat sich eben bereits entschieden für Peter. (Die Atmosphäre ist entspannter und wärmer. Längere Pause.)

F   (recht nachdenklich) Was mein großes Problem ist, das mich am meisten beschäftigt, sind die Kinder. Da hab ich auch eine furchtbare Angst. Die Kinder betrachten unseren Zustand der Trennung als vorübergehend und sehen, daß wir jetzt weniger streiten, und ich hab den Kindern gesagt, Stani geht vielleicht mal nach München, um zu arbeiten, und wir gehen ihn dann in den Ferien besuchen, und da sagte Christoph (der Sohn), nein, Stani soll nicht weggehen, er soll hierbleiben und so . . . Und da überleg ich immer, wie soll ich ihnen das sagen.

Stani muß beruflich in eine andere Stadt ziehen.

M   Ja, man muß ihnen ja auch gar nicht sagen, jetzt geht er für fünf Jahre nach München, sondern man sagt einfach, jetzt ist er nach München gegangen.

F   Ja, ich weiß nicht, ob nicht irgend einmal der Moment kommt, wo das nicht mehr geht. Daß sie so denken: «Ja, ich weiß nicht, ob er je wieder zurückkommt.» Einmal sollen sie doch wissen, es ist ein klarer Schnitt. «Stani ist unser Vater, der hat uns gern, wir sehen uns in den Ferien, aber er wird nicht mehr hier wohnen.» Ich weiß nicht, was da besser ist. Ich finde einfach, daß wenn man sich scheiden läßt, daß man das den Kindern dann auch sagen sollte.

M   Ja, dann schon, wenn es dann wirklich soweit wäre.

F   Und das ist etwas, wovor ich auch ziemlich Angst habe, wie sie darauf reagieren werden.

Th→F Früher haben Sie immer gesagt, dieser Schwebezustand sei für Sie unerträglich, und es müsse nun rasch etwas entschieden werden.

F   Ja, jetzt, grad im Moment, ist mir das wieder egal. Das kann noch einige Zeit so gehen.

(Mann bricht in bitteres Lachen aus.)

Th   Ich frage mich, ob Sie sich jetzt miteinander auf einen Zustand eingespielt haben, wo Sie die Verdünnung der Beziehung eher akzeptieren und es gar nicht mehr so schmerzlich erleben.

M   Ja, wahrscheinlich weil sie weiß, daß es nur noch für eine begrenzte Zeit ist.

F   Nein, es ist nicht deshalb, sondern es ist in der Beziehung zu dir, daß ich nicht mehr so stark reagiere. Das hat mit der Zeit gar nichts zu tun, und im Moment sag ich mir, die Frage, ob ich scheiden soll oder nicht, ist eigentlich weggefallen. Das schon, das stimmt. Ich weiß nicht, ob das aus einer gewissen Resignation ist, daß ich es aufgegeben habe, solche Erwartungen an Stani zu stellen. Aber ich hab auch keine Lust, mich zu engagieren oder etwas Neues mit ihm zu versuchen, absolut nicht.

Th   Aber es tönt für mich jetzt nicht mehr so, daß Sie sagen, für mich ist dieser Zustand völlig unerträglich.

F   Nein, nein, das sicher nicht.

Th   Vielleicht ist doch noch manches da, was Sie verbindet.

(Pause. Stani blickt Helga fragend, fast bittend an.)

F   Vielleicht ist etwas da, aber ich wüßte nicht, wie ich das formulieren sollte. Ich wüßte nicht genau, was es eigentlich ist.

Stani leidet unter Helgas Distanzierung und möchte sich ihrer Liebe versichern.

348

M   Vor den Ferien war aber doch ein paarmal das gewisse – ich weiß nicht, wie ich das sagen soll –, es war, wie wenn wir geflirtet hätten, so diese Atmosphäre war da.

F   So gewisse Spannungen.

M   Ja, so knisternde Spannungen, aber nicht im unangenehmen Sinne, und das hab ich so interpretiert, daß auch von deiner Seite zumindest noch etwas Positives da ist, daß dich interessiert, was in mir vorgeht, daß dich das interessiert.

F   Ja, ich mein, daß mich das natürlich interessiert, was mit dir geht, das ist ganz klar.

M   Ja, so klar ist das nicht mehr.

F   Ja, nein.

M   Manchmal sagst du, daß es dir jetzt scheißegal ist.

F   Schon, aber schließlich waren wir zehn Jahre zusammen; ich interessier mich auch für Freunde, mit denen ich zwei Jahre zusammen war.

M   Es ist nicht das; durch diese Spannung kann man sagen, daß eben doch noch mehr da ist als nichts.

F   (überlegt. Pause. Ganz leise) Schon.

M   Ich kann das jetzt zugeben, ohne daß ich deswegen Angst habe, daß du dich sofort daraufstürzest. Ich finde, du könntest das vielleicht auch ruhig zugeben.

F   Ja, ich hab dir das ja auch in der Situation gesagt, als wir so Kaffee tranken, aber auch neulich in der Post hab ich es dir doch gesagt: «Oh, ich krieg ja direkt Herzklopfen», hab ich gesagt, als du mich so angesehen hast.

M   Ja, aber warum gehst du dann immer wieder paar Schritte zurück?

F   Ja, einfach so aus Spaß. (Helgas Kommentar bei der Manuskript-Besprechung: «In Wirklichkeit

Die Partner können andeutungsweise einander Liebesgefühle zeigen.

war es aus Angst.») Ja, ich hab ja das auch zugegeben, daß ich gesagt habe . . .

M   Wenn ich das so spüre, daß du noch etwas für mich übrig hast, so empfind ich das jetzt nicht mehr als beängstigend oder besitzergreifend.

F   Ja, wahrscheinlich weil ich gesagt habe, ich hab mich entschieden.

M   Nein, wir haben in letzter Zeit gar nicht darüber geredet.

F   Also ich bin aus der letzten Therapiestunde mit der Überzeugung herausgegangen, daß die Scheidung das einzig Wahre wäre. Du hast damals gesagt, ja, sie spürt ja noch was, sie will das ja gar nicht. Aber wenn es mir zehnmal weh tut, ist es die einzige Möglichkeit. Verstandesmäßig lehne ich mich ganz stark dagegen auf, mit dir noch etwas zu versuchen. Das war, ich weiß nicht . . .

Th   Ich empfinde zwischen Ihnen eine Übereinkunft, die noch sehr zerbrechlich ist und die ich kaum anzusprechen wage.

M   Möglich.

F   Ich fühl mich im Moment ziemlich belastungsfähig.

Helga und Stani haben eine neue Form von begrenzter Nähe, von Getrenntbleiben in der Verbundenheit der Liebe gefunden.

Th   Für mich ist *neu, daß Sie beide in derselben Stunde unwidersprochen andeuten können, daß Sie sich gut mögen und eigentlich nicht auseinandergehen möchten und daß Sie sich aber auch nicht zu nahekommen könnten.* Ich habe den Eindruck, Sie können das jetzt ohne Bitterkeit akzeptieren.

F   Ja, im Prinzip geht es uns ja ganz gut so.

M   Ich sehe den Vorteil dieses Zustandes darin, daß wir nicht aggressiv aufeinander reagieren, daß wir dadurch eher die Möglichkeit haben, einander zu verstehen und zu begreifen. Wenn wir so miteinander weiterreden können, ist es auf jeden Fall angenehmer und besser.

F   Ja, das ist klar, Stani, aber früher habe ich eben immer die Erfahrung gemacht, daß, wenn ich klar und eindeutig sagte, ich möchte das, daß du dich dann eingeengt gefühlt hattest. – Ja, mir geht es zur Zeit eigentlich ganz gut, irgend einmal möcht ich dann wohl schon scheiden, also gerade zehn Jahre möchte ich es auch nicht so belassen. Es hat den Vorteil, daß wir uns jetzt ohne Aggressionen begreifen können, aber ich denke, es kommt dann doch dazu, daß man sich mehr und mehr voneinander entfernen wird.

Th   Für mein Empfinden sind Sie sich jetzt viel näher als früher.

M   Auch für mich.

Th   Sie sind viel freier zueinander und viel entspannter in Ihrer Beziehung . . .

F   Mh.

Th   . . . als in allen Sitzungen früher. Ich frage mich, können Sie sich näherkommen, wenn Sie äußerlich stärker getrennt sind, in einer ganz subtilen Weise näher, aber in einer verdünnten Beziehung.

F   Mh.

M   Ich empfind es auch so, daß ich sicherer bin ihr gegenüber und jetzt keine Angst habe; es ist mir leichter möglich, das zu tun oder zu sagen, was ich möchte. Dadurch kann ich mich ihr eher nähern als früher.

Th→M Daß für Sie diese klarere Abgrenzung zuträglicher ist, kann ich gut verstehen. Hingegen bei Ihnen (Helga) hatte ich immer den Eindruck, Sie ertragen das schlecht, und es fällt Ihnen sicher auch jetzt noch schwer, aber vielleicht hat es jetzt nicht mehr so den Charakter der Bitterkeit wie in den letzten Monaten.

F   (senkt den Blick, kämpft mit den Tränen und

schweigt). Ja, das stimmt eigentlich schon – wenn wir versuchen, uns näherzukommen –, jetzt bin ich sehr weit weg von Stani, da kann ich alles ertragen, aber wenn wir versuchen, uns näherzukommen, dann kämen bei mir auch wieder Ansprüche.

Th Vielleicht können Sie sich nur in gewissen Grenzen näherkommen.

F Ja, ich weiß. Wir könnten doch auch ein freundschaftliches Verhältnis zueinander haben, wenn wir geschieden sind.

M Aber es ist noch nicht lange her, daß du gesagt hattest, du möchtest dann überhaupt keine Beziehung mehr zu mir.

F Ja, ich sehe das jetzt etwas anders, früher hab ich gemeint, ich könnte das nie, ich würde immer Aggressionen auf Stani haben, aber jetzt . . . (Senkt den Blick und kämpft sichtlich mit den Tränen. Längere Pause. Der Mann sitzt beteiligt und auf die Frau bezogen da.)

Th Was empfinden Sie jetzt?

F Ich hab mir einfach überlegt, wie das weitergehen soll. Denn wenn wir uns sowieso nicht näherkommen können, weil wir es nicht aushalten, was für eine Beziehung soll ich dann zu Stani haben? (Längere Pause.)

Mein Eindruck ist, daß sich die Partner auf ein subtiles Gleichgewicht einzuspielen beginnen. Die äußere Distanzierung und der grundsätzliche Entscheid für eine definitive Trennung verhelfen den Partnern, die noch wenig gesicherte innere Abgrenzung zu konsolidieren. Dank dieser äußeren und teilweise inneren Abgrenzung ist es den Partnern jetzt eher möglich, aufeinander zuzugehen, einander Verständnis zu bekunden und in Andeutungen auch Sympathie und Liebesregungen mitzuteilen. Dieser Zustand ist jedoch noch wenig gefestigt. Offensichtlich leidet Helga mehr darunter, als sie es zunächst aussprechen kann.

Wie Helga jetzt mit den Tränen kämpft, versuche ich eher ihre Kontrolle über die Gefühle zu stärken, weil ich befürchte, daß der unkontrollierte Ausbruch von Emotionen das ganze mühsam errungene Gleichgewicht wieder stören könnte.

F→M Was findest du denn?

M   Ich empfinde immer noch, daß du irgend etwas unterdrückst. Bei diesem Entschluß, daß du scheiden willst, unterdrückst du etwas, was du nicht sehen willst. Vielleicht ein Gefühl für mich. Es hat jetzt so etwas Gewaltsames.

F   Und wenn das so wäre? Was nützt es mir, dich zu lieben? So wie du bist und so wie ich bin würde es jedesmal Spannungen geben, wenn wir uns näherkämen.

M   Ja, wahrscheinlich schon.

F   Und das ist der Grund, weshalb ich sage, wenn wir uns nicht nahekommen können, dann trennen wir uns besser. Wenn du irgendein Freund von mir wärest, dann könnt ich eine lose Beziehung haben. Wir können ja befreundet bleiben, wenn wir geschieden sind.

Der Entscheid «Ehescheidung oder nicht» wird differenziert und verliert an Bedeutung.

M   Ich glaube nicht, daß die Scheidung unbedingt etwas so Endgültiges wäre; es wäre nicht das erste Mal, daß Leute nach der Scheidung doch nochmals zusammenkamen. Es geht ja eigentlich gar nicht so sehr um die Scheidung.

F   Doch, für mich in dem Sinne schon, daß ich dann eher die Möglichkeit hab, einen neuen Partner zu suchen. Der erste Rahm ist ab, da muß ich jetzt langsam schon die Augen aufmachen nach einem anderen Partner; wenn ich jetzt noch 25 wäre, dann hätt ich ja noch Zeit zum Versauen.

M   (lächelnd) Ja, das stimmt.

F   Aber jetzt, mit 35, ist der Ofen bald aus. Das sehe ich ganz realistisch. Die Auswahl ist schon recht klein. Gott sei Dank werden ja heute viele Ehen geschieden, aber die armen hinterbliebenen Männer haben dann ja meist auch die Nase voll von ihrer ersten Ehe (lacht dazu). Natürlich könnt ich mir jetzt auch sagen, der Stani hindert mich ja nicht daran, einen neuen Partner zu suchen . . . (Pause. Überlegt.) Ja, das ist eigentlich auch wahr, stimmt.

Beide Partner sehen immer deutlicher, daß die Scheidung ein äußeres Geschehen ist, das ihre Beziehung nicht definitiv beenden wird. Einerseits sehen sie, daß die Scheidung die Beziehung zueinander freier machen könnte, was sie als günstig erleben, andererseits ginge es doch irgendwie weiter, so daß die Scheidung im Grunde an ihrer jetzigen Beziehung nicht viel ändern würde. Dieser Gesichtspunkt scheint mir von allgemeiner Bedeutung, weil allzuleicht – auch von Ehetherapeuten – die Scheidung als der Schlußpunkt betrachtet wird. In der Realität kann man die gemeinsam verbrachten Jahre, insbesondere wenn diese noch mit einer Familiengründung verbunden waren, nicht auslöschen. Sie sind ein fester Bestandteil des eigenen Lebens. Das spätere Leben wird in jedem Fall auf dieser früheren Phase weiterbauen. Man kann in einer zweiten oder dritten Ehe versuchen, die frühere Beziehung zu vergessen. Die frühere Beziehung wird aber in der späteren Beziehung in irgendeiner Weise präsent bleiben. Häufig wird dieser Umstand verdrängt und verleugnet.

Th→F Es ist mir jetzt selbst nicht recht klar, geht es Ihnen besser, oder haben Sie vielleicht eine Tendenz, Ihren Zustand etwas zu überspielen, um sich nicht mehr so stark einzulassen? In den letzten Monaten ging es Ihnen ja wirklich nicht gut.
F Diese Frage hab ich mir selbst gestellt, ob es mir wirklich gutgeht, oder ob ich einen Schutzwall aufgebaut habe. Vor den Ferien ist es mir eigentlich gar nicht gutgegangen (blickt den Mann an), wir

sagten uns doch beide, wie geht es uns verschissen. 31. Sitzung
Da war ich sehr unzufrieden und reizbar.

M   Das hängt mit dem Biorhythmus zusammen.

(Beide lachen.)

F   Ich glaube nicht, daß es das gibt. Aber zum
Beispiel in den Sommerwochen ist es mir gutgegangen. Ich hab den Eindruck, daß ich auch aus den
schlechten Phasen jetzt viel besser wieder herauskomme und daß diese nicht mehr so heftig sind. Am
Anfang der Ferien hatte ich das Gefühl, nicht mehr
so stark erleben zu können, und da war ich selbst
enttäuscht von mir, weil ich nicht mehr so intensiv
empfunden habe. Ich war schon vor den Ferien
emotional ziemlich ausgeglichen. Ich fand das nicht
so schön, ich hab es lieber, wenn ich so intensiv
empfinde, sowohl im positiven wie im negativen
Bereich, und da weiß ich jetzt nicht genau, ob ich
mir eine Schutzkruste zugelegt habe, oder ob es mir   Helgas neu-
wirklich gutgeht, und ich hab gedacht, wenn ich   gefundenes
jetzt heute aus der Therapie herauskomme, dann   Gleichge-
weiß ich dann, ob es mir wirklich gutgeht oder ob es wicht ist
nur überspielt ist (lächelt dazu und erhebt mahnend   noch wenig
den Zeigefinger).   gefestigt.

Th   Ich habe auch so eine eigenartige Empfindung.
In den Frühjahrs- und Sommermonaten hatte ich
den Eindruck, daß Sie wirklich ganz tief verwundet
sind durch die Entwicklung in der Therapie, und
jetzt kommt es mir so vor, als ob es am Vernarben
wäre, und habe fast etwas Hemmungen, auf das
allzusehr einzugehen aus Angst, alles wieder aufzu-
reißen. Ich hab den Eindruck, lassen wir doch das
jetzt etwas ruhen, bis es sich stabilisiert hat. Aber ich
bin etwas unsicher, ist das richtig, oder ist das ein
Ausweichen vor Problemen, über die man doch
noch sprechen sollte.

Helgas Kommentar bei Manuskript-Besprechung: «Für diese Bemerkung war ich Ihnen sehr dankbar.»

Helga erlebt die therapeutische Veränderung sehr zwiespältig. Ein wichtiger Grund, weshalb sie ihre absoluten Ansprüche an Stani nicht aufgeben wollte, liegt in ihrer Befürchtung, dadurch an Erlebnisfähigkeit einzubüßen. In der Regel führt eine Therapie zu einer besseren Realitätsanpassung, zu einer reflektierteren Haltung. Das Sich-Festklammern an absolute Ansprüche in einer Liebesbeziehung bewirkt, wie dieses Beispiel zeigt, nicht intensivere Nähe, sondern verhindert gerade die Intimität. Ein Mehr an Anspruch führt zu einem Weniger an Realisierbarem und umgekehrt. In diesem Sinne führt eine «vernünftigere» und «realistischere» Haltung nicht zu einem Verlust an Liebesfähigkeit, sondern ermöglicht überhaupt erst das Zusammenkommen. Die Liebe wird dabei vielleicht etwas entzaubert, verliert an Phantastischem und Traumhaftem. Dieser Verlust kann schmerzlich erlebt werden und ist schwer zu akzeptieren.

F   Ich kann das selbst nicht recht beurteilen. Aber manchmal hab ich wirklich das Gefühl, daß es mir gutgeht. Und wenn das nur überspielt wäre, so glaub ich, würde doch nicht so die Sonne in mir scheinen, und daß ich das in der Beziehung zu Stani vielleicht etwas überspiele, das mach ich, glaub ich, nur, damit ich die Schutzschicht etwas dicker machen kann. Das kann schon sein.

Th   Vielleicht brauchen Sie auch tatsächlich eine Schutzschicht, und das ist auch der Grund, weshalb ich im Moment Hemmungen hätte, diese in Frage zu stellen und einzureißen. Vielleicht brauchen Sie sie, zumindest für eine gewisse Zeit.

F   Aber das mit dem Einreißen habe ich gemerkt, daß ich da viel schneller wieder rauskomme.

(Der Mann sitzt quer auf dem Stuhl, den einen Arm auf die Lehne aufgestützt, zur Frau vorgebeugt und ihr intensiv zugewandt, eine beteiligte Haltung, die er in früheren Therapiestunden nie in solcher Weise gezeigt hatte.)

M   Es ist vielleicht auch nicht mehr so tief einge-
rissen worden.

F   Zum Beispiel nach dem letztenmal nach der
Therapie ist es mir recht mies gegangen. Da hattest
du mir nach der Stunde gesagt, ich mach so ein
hochmütiges Gesicht, du könntest mir eine runter-
hauen.

(Frau neigt den Kopf, kämpft mit den Tränen. Der
Mann wirkt stark betroffen.)

Th   Ich spür Ihren Schmerz, daß da vieles noch
nicht vernarbt ist.

F   Ja, es muß doch da einfach mal Gras darüber
wachsen.

(Längere Pause.)

Th   Ich glaube, daß es vielleicht doch gut wäre, Die Partner
wenn wir uns in größeren Abständen mal sehen; da haben sich
wird es sich ergeben, inwiefern es sich nur um eine auf ein subti-
Schutzhaltung handelt, ein Verdrängen, das sich auf les Gleichge-
längere Zeit dann nicht bewähren wird. wicht eingespielt.

F   Mh.

Th   Mein Eindruck ist, daß Sie mehr Distanz zueinander gewonnen haben und daß Sie diese Distanz
brauchen. Die Frage ist natürlich, ob Sie das ertragen; ich glaube, Sie (Stani) ertragen das wesentlich
besser.

M   Ja, sie hat mich, als ich im Ausland war, mal
angerufen. Früher wär ich darüber erschrocken oder
wäre aggressiv geworden, «was will sie denn jetzt
schon wieder», jetzt aber habe ich mich gefreut, ich
hab gespürt, daß ich mich gefreut habe darüber, und
habe nichts Unangenehmes gespürt, wie «warum
ruft sie an». Jedenfalls bevor ich gewußt habe, was
sie will, hab ich mich einfach gefreut, daß sie angerufen hat.

Stani sitzt jetzt auf mich zugeneigt da und spricht sehr stark mit den Händen. Die äußere Haltung und Gestik des Paares hat sich gegenüber der ersten Therapiestunde umgekehrt. Unterstützte damals Helga ihre Rede mit lebhafter Körpersprache, während Stani eher zurückgelehnt dasaß und wenig Ausdrucksbewegungen zeigte, so spricht jetzt Stani mit sehr viel Mitbewegungen und stark modulierter, temperamentvoller Stimme, während Helga nachdenklich und in sich gekehrt wirkt.

M   Und das finde ich gut, das war ja lange Zeit nicht so. Ich hätte das als Kontrolle empfunden, und weil ich mich gefreut hatte, konnte in der Folge auch ich sie leicht wieder anrufen und mit ihr etwas plaudern; es ist mir wirklich leichtgefallen und hat mir Freude gemacht. Das hat eben mit der Distanz zu tun, daß ich mich gefreut habe und nicht gleich gedacht habe, ja, jetzt überfällt sie mich wieder. Ich hatte einfach im Moment Freude daran, ohne lange zu überlegen, was sie jetzt wieder damit anfängt. Und das wäre gut, wenn es so weitergehen könnte. Dann würde man sehen, was man miteinander anfangen kann.

(Pause.)

M   (zur Frau gewandt) Wie war das für dich?

F   (abwehrend) Für mich war das ganz normal – äh, ich habe schon lange nicht mehr daran gedacht, daß du das, wenn ich dich anrufe, als Kontrollanruf empfinden könntest.

M   Nicht als Kontrolle, aber ich hab einfach gemerkt, daß ich früher negativ darauf reagiert habe.

F   Ich glaube, das hängt damit zusammen, daß wir jetzt so viel Distanz zueinander haben. Jetzt denkst du eher: «Das ist eigentlich schade, jetzt hat sie gar keine Ansprüche mehr auf mich.» So kann ich leichter auf dich zukommen. Und was vielleicht auch eine Rolle spielt, ist, daß es mit Renate offenbar

auch nicht mehr so gut geht und du dich jetzt von ihr
eher zurückziehst (macht distanzierende Handbewegungen), weil da die Ansprüche zu groß werden.

M   Ja, das mit Renate stimmt schon, aber ganz
allgemein kann ich jetzt besser sagen, was ich möchte, und kann es wirklich auch besser machen, nicht
nur mit dir, sondern allgemein. Und deshalb geht es
mir auch besser.

F   Aber das liegt doch auch daran, daß ich überhaupt keine Ansprüche mehr stelle.

M   Ja klar, den äußeren Rahmen, den braucht man
dazu.

F   Auch wenn ich das früher gesehen hatte, ich
konnte das einfach nicht anders, als daß ich einfach
wahnsinnig aggressiv geworden bin und dir alle
Schande gesagt habe und daß es mir wirklich ziemlich mies war, aber ich hätte das nicht anders ge-
konnt, ich mußte meine Ängste und Kränkungen
einfach loswerden, peng und so (schlägt mit der
Faust durch die Luft); ich habe trotz des aggressiven
Verhaltens eigentlich doch erwartet, daß du mich
liebst. Das ist vielleicht schon eine Überforderung
gewesen, weil ich wirklich nicht angenehm war.
(Pause.)

Th→F Neu ist ja, daß Sie diesen Zustand nicht
mehr als völlig unerträglich empfinden. Bisher hatten Sie immer gesagt, es ist nicht mehr zum Aushalten, lieber alles kaputtmachen als diesen Schwebezustand überhaupt noch . . .

F   Ja, aber da hab ich eigentlich immer noch in
der Hoffnung gelebt, daß wir einmal ganz zusammenkommen sollten; *vielleicht brauchte ich das für
mich selbst, daß ich mir nun einmal gesagt habe, jetzt
ist's endgültig fertig, jetzt ist's vorbei.* Und vielleicht
brauche ich das auch, um mich so verhalten zu können. Vielleicht hätte ich wieder mehr Mühe, wenn

Helga hat den Entscheid für die äußere Trennung gebraucht, um die innere Trennung zu erreichen.

wir uns äußerlich näherkämen.

Th Ich glaube, das braucht jetzt Zeit, um zu sehen, wie sich das weiterentwickelt.

F→M Vor dem 20. Mai (in einem halben Jahr) laß ich mich sowieso nicht scheiden, dann wäre wieder der Hochzeitstag. Wenn ich zehn Jahre verheiratet bin, dann bin ich pensionsberechtigt, und das laß ich mir natürlich nicht entgehen.

(Alle drei lachen.)

Auch nach diesem Nachgespräch bleibt es unklar, wie die äußere Situation des Paares sich entwickeln wird. Sicher ist, daß beide Partner sich miteinander befriedigter, ausgeglichener und glücklicher fühlen und daß sie zueinander eine wesentlich konstruktivere, differenziertere und offenere Beziehung gefunden haben. Wie Helga in der letzten Passage betont, braucht sie die Scheidungsvorstellung noch für sich selbst, um sich anders zu Stani einstellen zu können. Icb glaube, es ist nicht so sehr die äußere Scheidungsvorstellung, die ihre Einstellung verändert hat, sondern die Akzeptation der inneren Scheidung, die Erkenntnis, daß sie die Frustration des Getrenntbleibens in der Liebe akzeptieren muß und die begrenzten Beziehungsmöglichkeiten des Partners zu beachten hat. Helga wirkt in dieser letzten Sitzung noch etwas depressiv und verhalten. Sie hat noch ein Stück Trauerarbeit zu leisten über den Verlust ihres Eheideals. Sie wirkt im Vergleich mit dem Therapiebeginn weicher und verletzbarer, ihre Stimme ist wärmer und gedämpfter, sie wirkt aufgeschlossener und veränderungsbereiter.

Ich sah das Paar nochmals nach drei und nach sechs Monaten. Die Beziehung wurde von beiden Seiten als wesentlich positiver und glücklicher beschrieben. Sie waren zwar immer noch nicht zueinander gezogen. Es stellte sich ein neues äußeres Problem. Rezessionsbedingt fand Stani in der Schweiz keine Arbeitsstelle mehr, so daß er sich für München entscheiden mußte, was von der Arbeit her befriedigender war, ihm aber schwerfiel, weil

Helga nicht mitziehen wollte und konnte. Renate wäre bereit, mit ihm zu kommen. Doch das wollte er wiederum nicht, da er sich von ihr ohnehin distanziert hatte, seit es mit Helga besser ging. Helga und Stani haben auch wieder sexuelle Beziehungen aufgenommen, die von beiden Seiten befriedigend erlebt wurden. Stani stört sich an Helgas Leibesfülle nicht mehr. Helga wirkt nicht mehr depressiv, sondern viel selbstbewußter, ruhiger und entschiedener. Sie hat Stani gegenüber ein kritisches Verständnis und eine wohlwollende Distanz.

Bei der letzten Besprechung kam Stani aus München auf Besuch, wie er das oft tat, um Helga und die Kinder zu treffen. Er suchte weiterhin eine Stelle in der Schweiz und war entschlossen, wieder mit seiner Familie zusammenzuziehen, sobald das die äußeren Umstände ermöglichten.

Gedanken zum Therapieergebnis

Die Beurteilung des Therapieergebnisses ist eine komplexe und subtile Aufgabe. Wer von einer Ehetherapie erwartet, es sollte am Ende ein glückliches, problemloses Paar dastehen, wird enttäuscht sein. Aber auch wer der Ansicht ist, es sollte zumindest geklärt werden, ob die Partner sich für oder gegen die Fortsetzung einer Ehe entscheiden, wird nicht befriedigt sein. Wer aber bereit ist zu differenzieren, wird feststellen, daß beide Partner und die gegenseitige Beziehung sich in diesen 31 Sitzungen verändert haben. Die Partner haben zueinander zwar nicht eine Beziehung gefunden, die einer traditionellen Ehevorstellung entspricht, aber ich glaube, sie haben *die* Beziehungsform gefunden, die ihnen im gegenwärtigen Stand ihrer persönlichen Entwicklung möglich ist.

Die meisten Menschen reagieren gekränkt auf Bemerkungen, eine enge Ehebeziehung scheine für sie nicht zuträglich zu sein. Letztlich glauben auch heute noch die meisten Menschen, sie seien nicht vollwertig, wenn sie sich zu einer traditionellen Ehe nicht fähig erklärten, ja, sie neigen dazu, die Idealvorstellungen einer Ehe noch zu übersteigern durch Ansprüche an maximale

Offenheit, Nähe und Intensität der Beziehung. Die Realitäten sprechen aber dafür, daß vielen Menschen eine enge Form von Ehe nicht entspricht und sie selbst und ihre Mitmenschen in einer solchen Beziehungsform unglücklich werden. Diese Menschen sind aber zu sinnvollen und erfüllenden Beziehungen fähig, wenn sie sich nicht in einen so engen und verpflichtenden Rahmen einordnen müssen. Die enge und exklusive Zweierbeziehung einer Ehe ist kulturell ein Neuerwerb der westlichen Industriegesellschaft und hat sich auch bis jetzt keineswegs bei allen Völkern durchgesetzt. Das Akzeptieren der eigenen Grenzen und das Suchen nach einer Beziehungsform, die diesen Möglichkeiten entspricht, empfinde ich nicht als eine neurotische Einschränkung, sondern als Zeichen menschlicher Reife. Ich glaube, daß in diesem Sinne Helga und Stani in der Therapie weitergekommen sind. Die höhere Kongruenz zwischen Ideal und Realität vermittelt beiden Partnern mehr Befriedigung und verhindert die Fortsetzung destruktiver Spiele, in denen sich die Partner verletzen, bestrafen und sich das Leben sauer machen müssen. Ihre außerehelichen Beziehungen werden nicht mehr benutzt, um Distanz voneinander zu schaffen und sich zu verletzen oder schadlos zu halten. Der Abbau des neurotischen Wechselspiels ist aber auch mit Persönlichkeitsveränderungen einhergegangen. Die beiden so polarisierten Partner haben eine Bewegung aufeinander zu gemacht. Helga ist eigenständiger geworden. Sie kann mit ihren überschießenden Gefühlen besser umgehen, braucht sie nicht mehr zu übersteigern, kann auch Stanis Grenzen besser akzeptieren, ohne ihn dauernd anzuschuldigen. Stani kann seine eigenen Gefühle besser erleben und ausdrücken. Er wagt es eher, zu sich zu stehen und sich den Erwartungen Helgas gegenüber zu definieren, ohne sie durch Verletzungen von sich weisen zu müssen.

Die Partner brauchen heute einander nicht mehr so sehr als gegenseitige Ergänzung. Sie sind in ihrem Verhalten freier und unabhängiger zueinander.

Selbst wenn es später doch zur Scheidung kommen sollte – zur Zeit steht das immer noch offen –, so glaube ich, daß dies ein freier und nicht mehr ein provokanter Entschluß zur Erpressung oder aus Rache sein wird.

Wie ist es zu beurteilen, daß Helga am Ende der Therapie depressiver wirkt? Entspricht es einer typisch männlichen Sichtweise, da von einem Therapieerfolg zu sprechen gemäß der Devise «depressiv bist du mir lieber»? Neige nicht auch ich als männlicher Therapeut dazu, das aggressive und expansive Verhalten von Helga zu Therapiebeginn als krankhaft und behandlungsbedürftig zu diagnostizieren, um mich besser davor zu schützen? Der langdauernde Verlauf hat gezeigt, daß Helgas Depression einer Durchgangsphase im Sinne einer Trauerreaktion entsprach und wenige Monate nach Therapieabschluß abklang. In den nachfolgenden Besprechungen gab sie an, stimmungsmäßig ausgeglichener und glücklicher zu sein als vor der Therapie und allgemein aktiver und selbständiger im Leben zu stehen. Bei den späteren Besprechungen, die stattfanden, wenn Stani aus Deutschland auf Besuch weilte, wirkte vielmehr er etwas verloren und vereinsamt. Er klagte, daß ihm bei der Arbeit in Deutschland der Schwung und das Ziel fehle. Ohne die bedrängende Strukturierung durch Helga schien er verstärkte Schwierigkeiten zu haben, in seinem Leben eine Linie zu finden und Initiative zu entfalten.

Bei der Manuskript-Besprechung gab Helga an, sie sei im Prozeß der Therapie erstaunt gewesen, wie sie immer und immer wieder in die alten Beziehungs- und Erlebnismuster zurückgefallen sei, nachdem sie bereits geglaubt hatte, darüber hinweggekommen zu sein.

Zur Scheidung äußert sie: «Der Wunsch nach Scheidung war der Wunsch nach Unabhängigkeit. Heute habe ich akzeptiert – ich weiß nicht, ob durch die Therapie oder die Zeit –, daß ich mich nie ganz von Stani lösen kann und empfinde die Scheidung deshalb auch gar nicht mehr so nötig. Genauso wie man sich zeitlebens nie ganz von den Eltern wird lösen können, kann ich eine zehnjährige Ehe nicht ungeschehen machen. Ich denke, es wäre etwas Schönes, gemeinsam alt zu werden, so wie ich es heute an meinen Eltern erleben kann. Eigenartigerweise ist es mir erst gelungen, mich von Stani stärker zu lösen, als er mich akzeptieren konnte. Zuvor stand ich wie unter einem Bann. Mein gestörtes Selbstbewußtsein hing von Stani ab. Vor der Ehe war ich selbstbewußter. Jetzt war es in mir: ‹Du hast mir mein Selbstbewußtsein geraubt, und das mußt du wiedergutmachen.› Es war für mich wichtig, von dem anerkannt zu werden, der mich gekränkt hat. Vielleicht steht das auch in Beziehung zu meinem Vater. Als ich so viele Auseinandersetzungen mit ihm hatte, sagte er immer nur: ‹Mit solch einer Rotznase diskutiere ich nicht.›»

Das Gefühl, vom Vater nicht akzeptiert worden zu sein, wirkte in Helga noch nach. Stani hätte für den Vater manches wiedergutmachen müssen. NORMAN und BETTI PAUL haben darauf hingewiesen, wie bei der Entstehung von Ehestörungen unerledigte Trauer und Konflikte mit den Eltern eine zentrale Rolle spielen können.

Bei der Nachbesprechung versuchte ich von Helga zu erfahren, weshalb sie auf die wiederholten Versuche, meine Schwierigkeiten in der Beziehung zu ihr zu klären, nicht eingegangen sei. Sie gab an, sie wollte die Rolle des Therapeuten als Unparteiischer nicht in Frage stellen lassen. «Für mich war es wichtig, daß die Beziehung zu Ihnen unantastbar bleibt und ich Sie in einer idealen Position hochhalten kann. Ich wäre überfordert gewesen, wenn ich die Beziehung zum Therapeuten auch noch hätte in Frage stellen und bearbeiten müssen. Es würde mir auch Angst machen, wenn ich den Eindruck bekäme, der steht ja gar nicht über der Sache. Es wäre dadurch die Vertrauensbasis zerstört worden. Wenn der Therapeut als Autorität gesehen wird, dann darf er keine Schwierigkeiten haben und muß die Fäden straff in den Händen halten. Ich denke dann, mit dem darfst du nicht auch noch in Schwierigkeiten geraten, sonst heißt es: ‹Auch der hat noch Probleme mit ihr.› Ich hatte schon mal das Gefühl, ich müßte mich gegen Sie verteidigen oder ‹der mag dich auch nur, wenn du dich veränderst›.» Diese Bemerkungen scheinen mir für die Handhabung der therapeutischen Kollusion wichtig, weil sie zeigen, daß man deren Bearbeitung dem Patienten keinesfalls aufdrängen sollte, sondern lediglich seine Bereitschaft kundtun kann, die therapeutische Beziehung zu bearbeiten, wenn der Patient das wünscht. Es zeigt sich auch, daß dem Therapeuten von den Patienten oft ein Rollenverhalten auferlegt wird, durch das er sich selbst eingeengt fühlt. Ich hätte in der Therapie gerne die Schwierigkeiten mit Helga geklärt, auch aus eigenem Interesse: sie wollte mich aber in der Position des überlegenen Therapeuten bewahren. Das habe ich zu akzeptieren. Viele Patienten brauchen das Gefühl, ein Therapeut oder Arzt sei überlegen und fehlerfrei, weil sie sich nur unter dieser Vorstellung in einen gefährlichen Behandlungsprozeß einlassen können. Bestrebungen des Therapeuten, nicht mehr scheinen zu wollen als er ist, sind da oft Grenzen gesetzt. Wenn ich mich einer Operation unterziehen muß, will ich vom Chirurgen auch nicht hören, er fühle sich der Operation nicht ganz gewachsen.

14. Lernziele dieses Buches und Lernziele in Paartherapie

Dieses Buch bildet die praktische Ergänzung zu ‹Die Zweierbeziehung›, in der ich dargestellt hatte, welche tiefe Sehnsucht zwei Partner in eine dauerhafte Beziehung verwickeln und später in unlösbar erscheinende Konflikte verstricken kann. Nach Lernzielen gegliedert wollte ‹Die Zweierbeziehung› das Verständnis für das unbewußte Zusammenspiel zweier Partner, das «Wissen und die Kenntnisse» über das Kollusionskonzept vermitteln. Hier geht es um die «Fertigkeiten» (was soll ich können?) und um das therapeutische Verhalten (wie soll ich sein?). Kann man sich das durch Lesen aneignen? Sicher nur begrenzt. Ich wollte dem Leser konkreten Einblick in den Prozeß einer Paartherapie geben in der Hoffnung, daß er sich dabei in die komplexen Beziehungen im Dreieck Frau–Mann–Therapeut einzufühlen lernt und Paartherapie für ihn transparenter wird. Das Lesen der kommentierten Therapieprotokolle, die einen wesentlichen Teil des Buches ausmachte, erforderte vom Leser die Bereitschaft, sich in diese Therapie einzustimmen.

Eine Darstellung von Psychotherapie ist immer stark von der persönlichen Einstellung geprägt. Für mich sind die Ergebnisse der Psychotherapie-Forschung wichtig, die zeigen, daß die Unterschiede verschiedener therapeutischer Schulrichtungen für das Therapieergebnis weniger bedeutsam sind, als man angesichts des oft heftig erstrittenen Wahrheitsanspruches erwarten müßte. Als bedeutsamer für das Therapieergebnis erweist sich die Persönlichkeit des Therapeuten. Auch Patienten messen der therapeutischen Beziehung mehr Gewicht zu als der theoretischen Ausrichtung und spezifischen Methodik eines Therapeuten. Ich wollte mich deshalb nicht so sehr um die Darstellung einer spezifischen Technik von Paartherapie bemühen, sondern mich mit der praktischen Gestaltung der komplexen Dreiecksbeziehung Frau–Mann–Therapeut befassen, die in jeder Form von Paartherapie einen zentralen Stellenwert einnehmen wird.

Damit soll nicht gesagt sein, Ausbildung in einer bestimmten Therapiemethode sei überflüssig, wenn nur der Therapeut eine starke, reife und engagierte Persönlichkeit sei. Es ist aber meine Erfahrung, daß Therapeuten nirgends so klar wie in der Paartherapie ihre persönlichen Grenzen zu spüren bekommen, so daß für mich Ausbildung in Paartherapie zu einem wesentlichen Teil Ausbildung im gezielten Einsetzen und Fruchtbarmachen seiner therapeutischen Begrenztheit bedeutet. War es das Anliegen des Kollusionskonzepts, wie ich es in ‹Die Zweierbeziehung› dargestellt habe, dem Therapeuten zu helfen, jedes Phänomen nicht nur als Angelegenheit des einen oder des anderen Partners zu erfassen, sondern als eine von beiden gemeinsam gebildete Aussage, so will der jetzige Beitrag darüber hinaus jedes Phänomen der Therapie als Angelegenheit der therapeutischen Triade aufweisen, von der der Therapeut mitbetroffen ist.

Die Psychodynamik der therapeutischen Dreiecksbeziehung wird in jedem therapeutischen Umgang mit Partnerproblemen zum Problem, sei dies direkt, wenn der Therapeut mit beiden Partnern zugleich konfrontiert ist, sei das indirekt, wenn sich nur einer der Partner zu ihm in Therapie begibt. Der Therapeut kann zudem je nach Methodik in der Paartherapie versuchen, seine persönliche Verstrickung zu minimalisieren, indem er den Therapieprozeß durch Übungen strukturiert. Er kann aber auch, wie das hier dargestellt worden ist, sein eigenes Betroffensein im therapeutischen Dreieck in die Therapie einbringen.

Zum Schluß möchte ich Lernziele für Paartherapie formulieren, wie wir sie für unsere Ausbildungskurse für Paar- und Familientherapie (organisiert durch das Institut für Ehe und Familie, Zürich) aufgestellt haben. Ich möchte damit klarstellen, daß ‹Die Zweierbeziehung› und ‹Therapie der Zweierbeziehung› bei weitem nicht alles vermitteln können, was ein Paartherapeut an Fähigkeiten bezüglich Wissen, Können und Haltung entfalten sollte.

367

1. Lernziele bezüglich Wissen (theoretische Kenntnisse)

Der Paartherapeut

– nennt spezifische Kriterien, die eine «gesunde» Ehe von einer «kranken» Ehe unterscheiden

– nennt äußere Kriterien, die ein Paar besonders krisenanfällig machen, wie phasentypische Krisen der Ehe, sozio-kulturelle Bedingungen, Arbeits-, Wohn- und Familiensituation usw.

– reflektiert die Ehekrise in ihren aktuellen Wechselwirkungen mit der Familiendynamik (Mehrgenerationenperspektive) sowie mit dem sozialen Konfliktfeld

– nennt persönlichkeitsspezifische Motivationen, die eine neurotische Partnerwahl begünstigen, formuliert typische, den Partnern gemeinsame Leitvorstellungen einer «idealen» Ehe und deren Ausdifferenzierung innerhalb des Paares in polarisierten Positionen unter Bildung aufeinander abgestimmter Interaktionspersönlichkeiten

– begründet den Umschlag der Kollusion der Partnerwahl zur Kollusion im Paarkonflikt

– nennt unterschiedliche Funktionen, die Drittpartner (Kinder, Eltern bzw. Schwiegereltern, außereheliche Liebespartner) im System einer Zweierbeziehung haben können

– formuliert die dynamische Bedeutung psychosomatischer und psychoneurotischer Symptombildungen für den Erkrankten, für den Partner und die Familie

– formuliert in unterschiedlicher Weise theoretische Therapieziele (Idealziele) und praktische Therapieziele (Realziele)

– beschreibt Prinzipien von konfliktverarbeitenden und verhaltensmodifizierenden Konzepten der Paartherapie in ihrer theoretischen Begründung und ihren praktischen Auswirkungen

2. Lernziele bezüglich praktischer Fertigkeiten

Der Paartherapeut

– führt ein Erstinterview mit einem Paar in der Weise, daß der

Anteil beider Partner am gemeinsamen Problem in groben Umrissen durchsichtig wird

- vermag neben der Pathologie einer Beziehung auch die gesunden Ressourcen eines Paares herauszuarbeiten und die Motivation eines Paares zu einer therapeutischen Veränderung oder zum Verharren in der pathologischen Homöostase zu klären
- schätzt in einem konkreten Fall die zu erwartenden Auswirkungen des therapeutischen Settings (Einzeltherapie, Paartherapie, Paargruppentherapie, Familientherapie usw.) ein
- formuliert auf Grund der Erstgespräche einen Behandlungsfokus, stellt Überlegungen zu Indikation, Zielsetzung und Prognose an und diskutiert diese mit dem Paar
- vermag das Fehlverhalten der Frau und dasjenige des Mannes so herauszuarbeiten, daß es sich als verstehbar im gegebenen Kontext des Betroffenen erweist
- versteht es, einen Partner, der wenig zur Therapie motiviert ist oder ausschließlich die progressive Cotherapeutenposition beansprucht, zu einer partnerschaftlichen therapeutischen Arbeit zu gewinnen, und einen Partner, der in der regressiven Position oder Patientenrolle verharrt, zu vermehrter Selbstverantwortung und Eigenaktivität zu stimulieren
- vermag in einer Paartherapie die Polarisierungstendenzen in stark–schwach, schuldig–verdienstvoll, krank–gesund auszubalancieren
- fördert die gegenseitige Wahrnehmung, die Einfühlung und das Verständnis der Partner. Er ist sich der systemstrukturierenden Wirkung, die auch von einer analytischen Haltung ausgeht, bewußt und setzt Elemente der verhaltensmodifizierenden Techniken (z. B. selektive Zuwendung, positive Umdeutung, paradoxe Interventionen usw.) unter Wahrung des analytischen Stils gezielt ein, wenn auf Einsicht abzielende Interpretationen sich als wirkungslos erweisen
- begünstigt in einem drohenden oder konkret eingeleiteten Scheidungsverfahren eine konstruktive Auflösung der Beziehung
- erfaßt das Therapieergebnis mehrdimensional

3. Lernziele bezüglich der eigenen Haltung und Einstellung

Der Paartherapeut

– nimmt die Geschlechtsgebundenheit seiner therapeutischen Interventionen wahr, stellt sie in Zusammenhang mit den eigenen Erfahrungen seiner Geschlechtlichkeit und seiner sexuellen Beziehungen und kann sie in der Dynamik des therapeutischen Dreiecks fruchtbar machen

– erkennt die Wertgebundenheit seiner therapeutischen Interventionen und Zielsetzungen und sieht sie im Zusammenhang mit der eigenen Lebensgeschichte und familiären Herkunft sowie mit der jetzigen Lebenssituation; er respektiert andersartige Wert- und Zielvorstellungen der Patienten und nimmt das menschliche Dilemma zwischen Verharren in unbefriedigender Bindung und Streben nach emanzipatorischer Freiheit ernst

– vermag Übertragungs- und Gegenübertragungsphänomene im therapeutischen Dreieck konstruktiv zu bearbeiten. Er differenziert, ob es tunlich ist, sich als Drittpartner in der Therapie zu öffnen und sich in eine therapeutische Kollusion einzulassen, oder ob eine feste Position der Unparteilichkeit aufrechtzuerhalten ist

*Die Begegnung
ist der Anfang der Trennung*

Japanisches Sprichwort

Literaturverzeichnis

BAKER MILLER, J.: Psychoanalysis and Women. Penguin Books, New York 1973.

BALINT, M.: Der Arzt, sein Patient und die Krankheit. Klett, Stuttgart 1957.

–: Therapeutische Aspekte der Regression. Klett, Stuttgart 1970.

BALINT, M., ORNSTEIN, P. H., und BALINT, E.: Fokaltherapie. (Englische Ausgabe: Tavistock Publ., London 1972). Suhrkamp, Frankfurt a. M. 1973.

BATESON, G.: Naven. Stanford University Press, Palo Alto, Kalifornien 1958.

BECK, D.: Die Kurzpsychotherapie. Huber, Bern 1974.

–: Das «Koryphaen-Killer-Syndrom». Dtsch. Med. Wschr. 102, 303–307 (1977).

BECKMANN, D.: Der Analytiker und sein Patient. Huber, Bern 1974.

–: Paardynamik und Gesundheitsverhalten. In: Familie und seelische Krankheit. Hg.: H. E. RICHTER, H. STROTZKA, J. WILLI. Rowohlt, Reinbek bei Hamburg 1976, S. 123–130.

–: Selbst- und Fremdbild der Frau. Familiendynamik 2, 35–49 (1977)

BECKMANN, D., BRAEHLER, E., und RICHTER, H. E.: Neustandardisierung des Gießen-Tests (GT). Unveröffentlichtes Manuskript 1977.

BELLAK, L., und SMALL, L.: Kurzpsychotherapie und Notfallpsychotherapie. (Amerikanische Ausgabe: Grune & Stratton, New York 1965). Suhrkamp, Frankfurt a. M. 1972.

BELLVILLE, T. P., RATHS, O. N., und BELLVILLE, C. J.: Conjoint Marriage Therapy with a Husband-and-Wife-Team. Amer. J. Orthopsychiat. 39 (3), 473–483 (1969).

BERMAN, E. M., und LIEF, H.: Ehetherapie in der amerikanischen Psychiatrie: ein Überblick. Familiendynamik 1, 238–266 (1976).

BOSZORMENYI-NAGY, I.: Mann und Frau, Verdienstkonten in den Geschlechtsrollen. Familiendynamik 2, 1–10 (1977).

BOSZORMENYI-NAGY, I., und SPARK, G.: Invisible Loyalties. Hagerstown, Maryland (Harper & Row) 1973.

BOWEN, M.: Die Anwendung von Familientheorien in der klinischen Praxis. EHE 12, 1–33 (1975).

BUEHLER, Ch.: Die Rolle der Werte in der Entwicklung der Persönlichkeit und in der Psychotherapie. (Amerikanische Ausgabe: Free Press 1962). Klett, Stuttgart 1975.

BURGARD, R.: Wie Frauen «verrückt» gemacht werden. Frauenselbstverlag, Berlin 1977.

CARTWRIGHT, R. D., und LERNER, B.: Empathy, Need to Change, and Improvement with Psychotherapy. J. Consult. Psychol. 27, 138–144 (1963).

CHRIST, J.: Treatment of Marriage Disorders. In: GRUNEBAUM, H., und CHRIST, J. (Ed.): Contemporary Marriage: Structure, Dynamics and Therapy. Little, Brown & Co., Boston 1976, S. 371–399.

D'EAUBONNE, F.: Feminismus oder Tod. Frauenoffensive, München 1975.

DEUTSCHE HAUPTSTELLE GEGEN DIE SUCHTGEFAHREN. Bulletin vom 22. 7. 1977.

DICKS, H. V.: Marital Tensions. Basic Books, New York 1967.

DUSS, J., STIERLIN, H., und WELTER, R.: Lernen und Lehren von Familientherapie. Familiendynamik 1, 186–208 (1976).

DUSS-VON WERDT, J.: Die junge Kleinfamilie. (In Vorbereitung.)

EMMA. Zeitschrift für Frauen von Frauen. Heft 2, Köln 1977.

ERIKSON, E. H.: Das Problem der Identität. Psyche 10, 114–176 (1956/57).

FREUD, S.: Die zukünftigen Chancen der psychoanalytischen Therapie. GW VIII, 104–115, Imago Publ., London 1911.

–: Zur Dynamik der Übertragung. GW VIII, 362–374, Imago Publ., London 1912.

–: Bemerkungen zur Übertragungsliebe. GW X, 306–321, Imago Publ., London 1915.

FULLER, F. F.: Influence of Sex of Counselor and of Client on Client Expressions of Feeling. J. Counsel. Psychol. 10, 34–40 (1963).

GIOVACCHINI, P. L.: Treatment of Marital Disharmonies: The Classical Approach. In: GREENE, B. (Ed.): The Psychotherapy of Marital Disharmony. Free Press, New York 1965.

GOLDBERG, H.: Der verunsicherte Mann. (Amerikanische Ausgabe 1976.) Diederichs, Düsseldorf 1977.

GREENE, B. L.: A Clinical Approach to Marital Problems. Ch. C. Thomas, Publ., Illinois/USA 1970.

GRUNEBAUM, H., CHRIST, J., und NEIBERG, N.: Diagnosis and Treatment Planning for Couples. Int. J. Group Psychoth. 19, 185–202 (1969).

GRUNEBAUM, H., und CHRIST, J. (Ed.): Contemporary Marriage: Structure, Dynamics and Therapy. Little, Brown & Co., Boston 1976.

HAFFNER, S. (Hg.): Gewalt in der Ehe. Wagenbach, Berlin 1976.

HAFFTER, C.: Kinder aus geschiedenen Ehen. Huber, Bern 1948.

HALEY, J.: Familientherapie mit gestörten Jugendlichen. Ehe 12, 148–161 (1975).

HALEY, J.: Direktive Familientherapie. Strategien für die Lösung von Problemen. (Amerikanische Ausgabe: Jossey-Bass, San Francisco 1976.) Pfeiffer, München 1977.

HEIGL-EVERS, A.: Zum Konzept des implizierten Ehevertrags. Gruppenpsychoth. u. Gruppendyn. 6, 134–146 (1972).

HEIGL, F.: Indikation zur Psychotherapie. Nervenarzt 47, 217–224 (1976).

HEIMANN, P.: On Counter-transference. Int. J. Psa. 31, 81–84 (1950).

HOEH, R., und KULMS, A.: Scheidung – Befreiung oder Katastrophe? Unveröffentlichtes Manuskript, Hamburg 1977.

HOLLENDER, M. H.: Selection of Therapy for Marital Problems. In: MASSERMAN, J. H. (Ed.): Current Psychiatric Therapies, Vol. 11, Grune and Stratton, New York 1971, S. 119–128.

JUNG, C. G.: Psychologische Typen. Gesammelte Werke, sechster Band, 9. Auflage. Rascher, Zürich 1960.

KAPLAN, H.: The New Sex Therapy. Brunner/Mazel, New York 1974.

KAUFMANN, L.: Familie, Kommunikation, Psychose. Huber, Bern 1972.

KRAUS, A., und LILIENFELD, A.: Some epidemiological aspects of the high mortality rate in the young widowed group. J. Chron. Dis. 10, 207 (1959).

LAING, R. D.: Das geteilte Selbst. (Englische Ausgabe: Tavistock Publ. London 1960). Kiepenheuer & Witsch, Köln 1972.

–: Das Selbst und die Anderen. (Englische Ausgabe: Tavistock Publ. London 1961.) Kiepenheuer & Witsch, Köln 1973.

LESLIE, G. R.: Conjoint Therapy in Marriage Counseling. J. Marriage and the Family 26, 65–71 (1964).

LIBERMAN, R. P.: Behavioristische Ansätze für die Familien- und Ehetherapie. In: SAGER, C. J., und SINGER KAPLAN, H. S. (Hg.): Handbuch der Ehe-, Familien- und Gruppen-Therapie, Vol. II, Kindler, München 1973, S. 398–417.

MACOBY, E. E., und JACKLIN, C. N.: The Psychology of Sex Differences. Stanford Univ. Press 1974.

MALAN, D.: Psychoanalytische Kurztherapie. Huber-Klett, Stuttgart 1965.

MANDEL, A., MANDEL, K. H., STADTER, E., und ZIMMER, D.: Einübung in Partnerschaft durch Kommunikationstherapie und Verhaltenstherapie. Pfeiffer, München 1971.

MANDEL, K. H., MANDEL, A., und ROSENTHAL, H.: Einübung der Liebesfähigkeit. Praxis der Kommunikationstherapie für Paare. Pfeiffer, München 1975.

MANIKA, C.: Sind Frauen «fraulicher» und Männer «männlicher», wenn sie in der Paarsituation aufeinander bezogen sind? Untersuchung mit dem Individuellen und Gemeinsamen Rorschach-Versuch. Familiendynamik 3 (1978) im Druck.

MASTERS, W. H., und JOHNSON, V. E.: Impotenz und Anorgasmie. (Amerikanische Ausgabe: Little Brown and Company, Boston 1970.) Goverts Krüger Stahlberg Verlag, Frankfurt a. M. 1973.

MEERWEIN, F.: Die Grundlagen des ärztlichen Gesprächs. Huber, Bern 1969.

MINSEL, W. R.: Praxis der Gesprächspsychotherapie, Böhlaus, Wien 1974.

MOELLER, M. L.: Zur Theorie der Gegenübertragung. Psyche 31, 142–166 (1977).

NICHOLS, J.: Die Emanzipation des Mannes. (Amerikanische Ausgabe 1975.) Diederichs, Düsseldorf 1976.

PARIN, P.: Das Ich und die Anpassungs-Mechanismen. Psyche 31, 481–515 (1977).

PARKES, C. M., BENJAMIN, B., und FITZGERALD, R. G.: Broken Heart: A Statistical Study of Increased Mortality among Widowers. Brit. med. J. 1, 740–743 (1969).

PATTERSON, C. H.: Counseling and Psychotherapy: Theory and Practice. Harper, New York 1959.

PAUL, N. L.: The Divorce Process. Unveröffentlichtes Manuskript 1977.

PAUL, N. L., und PAUL, B. B.: A Marital Puzzle. Transgenerational Analysis in Marriage Counseling. Norton, New York 1975.

PIZZEY, E.: Schrei leise. Mißhandlungen in der Familie. Deutsche Verlags-Anstalt, Stuttgart 1976.

RAPAPORT, D.: Die Struktur der psychoanalytischen Theorie. Klett, Stuttgart 1959.

REDLICH, F. C.: Die Psychoanalyse und das Wertsystem. Psyche 13, 481 (1959).

RICHTER, H. E.: Eltern, Kind und Neurose. Rowohlt, Reinbek bei Hamburg 1967.

–: Patient Familie. Rowohlt, Reinbek bei Hamburg 1970.

–: Zwei-Wochen-Paartherapie. Psyche 10, 889 (1973).

–: Lernziel Solidarität. Rowohlt, Reinbek bei Hamburg 1974.

–: Flüchten oder Standhalten, Rowohlt, Reinbek bei Hamburg 1976.

RICHTER, H. E., STROTZKA, H., und WILLI, J. (Hg.): Familie und seelische Krankheit. Rowohlt, Reinbek bei Hamburg 1976.

ROGERS, C. R.: Entwicklung der Persönlichkeit. (Amerikanische Ausgabe: Houghton Mifflin Company 1961.) Klett, Stuttgart 1973.

–: Partnerschule. (Amerikanische Ausgabe: Delacorte, New York 1972.) Kindler, München 1975.

ROSENTHAL, D.: Changes in some moral values following psychotherapy. J. Consult. Psych. 19, 431–436 (1955).

SAGER, C.: The Treatment of Married Couples. In: ARIETI, S. (Ed.): Amer. Handbook of Psychiatry, Vol. 3, Basic Books, New York 1966, S. 213–225.

–: Transference in the conjoint therapy of married couples. Arch. Gen. Psychiat. 16, 185 (1967).

SANDLER, J.: Gegenübertragung und Bereitschaft zur Rollenübernahme. Psyche 30, 297–305 (1976).

SANDLER, J., DARE, C., und HOLDER, A.: Die Grundbegriffe der psychoanalytischen Therapie. Klett, Stuttgart 1973.

SCHEU, U.: Wir werden nicht als Mädchen geboren – wir werden dazu gemacht. Fischer, Frankfurt a. M. 1977.

SKYNNER, A. C. R.: Systems of Family and Marital Psychotherapy. Brunner/Mazel, New York 1976.

SMITH, J. W., und GRUNEBAUM, H.: The Therapeutic Alliance in Marital Therapy. In: GRUNEBAUM, H., und CHRIST, J. (Ed.): Contemporary Marriage: Structure, Dynamics and Therapy. Little, Brown & Co., Boston 1976.

Spark, G. M.: Grandparents and intergenerational family therapy. Family Process 13, 225–237 (1974).

Sperling, E. und U.: Die Einbeziehung der Großeltern in die Familientherapie. In: Richter, H. E., Strotzka, H., und Willi, J. (Hg.): Familie und seelische Krankheit. Rowohlt, Reinbek bei Hamburg 1976, S. 196–215.

Spiegel, J. P.: Some Cultural Aspects of Transference and Countertransference. In: Masserman, J. H. (Ed.): Individual and Familial Dynamics. Grune & Stratton, New York 1959.

Stierlin, H.: Eltern und Kinder im Prozeß der Ablösung. Suhrkamp, Frankfurt a. M. 1975.

–: Von der Psychoanalyse zur Familientherapie. Klett, Stuttgart 1975.

–: Familiendynamische Aspekte der Übertragung und Gegenübertragung. Familiendynamik 2, 182–197 (1977).

Straus, M. A.: Cultural and social organizational influences on violence between family members. In: Price, R., und Barrier, D. (Ed.): Configurations: Biological and Sexual Factors in Sexual and Family Life. Lexington Books, Lexington (Mass.) 1974.

Stuart, R. B.: Die operante-interpersonale Behandlung von Eheproblemen. In: Sager, C. J., und Singer Kaplan, H. S. (Hg.): Handbuch der Ehe-, Familien- und Gruppen-Therapie, Vol. III, Kindler, München 1973, S. 626–642.

Toomin, M. K.: Structured Separation with Counseling: A Therapeutic Approach for Couples in Conflict. Family Process 11, 299 (1972).

Uchtenhagen, A.: Psychische Störungen bei Frauen. Schweiz. Arch. Neurol. Neurochir. Psychiat. 117, 55–64 (1975).

Watzlawick, P.: Diskussion zum Vortrag auf den Lindauer Psychotherapiewochen. Zit. E. Enke-Ferchland: Die psychotherapeutische Zweier-Beziehung aus der Perspektive der sozialpsychologischen Forschung und der psychoanalytisch-psychotherapeutischen Praxis. Praxis Psychoth. 22, 63–73 (1977).

Watzlawick, P., Beavin, J. H., und Jackson, D. D.: Menschliche Kommunikation. (Amerikanische Ausgabe: Norton, New York 1967.) Huber, Bern 1969.

Watzlawick, P., Weakland, J. H., und Fisch, R.: Lösungen. (Amerikanische Ausgabe: Norton, New York 1974.) Huber, Bern 1974.

Weis, K., und Borges, S. S.: Victimology and Rape: The Case of the Legitimate Victim. Iss. Crim. 8, 71–115 (1973).

WICKLER, W.: Sind wir Sünder! Naturgesetze der Ehe. Knaur, München 1969.

WILLI, J.: Die hysterische Ehe. Psyche 24, 326–356 (1972 a).

–: Die angstneurotische Ehe. Nervenarzt 43, 399–408 (1972 b).

–: Der Gemeinsame Rorschach-Versuch. Huber, Bern 1973.

–: Die Zweierbeziehung. Rowohlt, Reinbek bei Hamburg 1975.

–: Die Beurteilung des Behandlungsergebnisses einer Paartherapie. In: RICHTER, H. E., STROTZKA, H., und WILLI, J. (Hg.): Familie und seelische Krankheit. Rowohlt, Reinbek bei Hamburg 1976, S. 278–300.

–: Die psychosomatische Kollusion am Beispiel einer herzneurotischen Ehe. Familiendynamik 1, 319–333 (1976).

WILLI, J., und ROTACH-FUCHS, M.: Über die spezifische Struktur und Dynamik der Ehepaar-Therapiegruppe. EHE 4, 165–168 (1970).

ZUK, G. H.: Familientherapie. (Amerikanische Ausgabe: Behavioral Publ. New York 1971.) Lambertus, Freiburg i. Br. 1975.

ZWEITER FAMILIENBERICHT. Bundesminister für Jugend, Familie und Gesundheit. Bonn-Bad Godesberg 1975.

Register

Die Seitenzahlen in Klammern beziehen sich auf das 1975 bei Rowohlt erschienene ergänzende Werk von Jürg Willi: «Die Zweierbeziehung».

Horst E. Richter

Rowohlt

Michael Lukas Moeller

Selbsthilfegruppen

Rowohlt

Jürg Willi

Die Zweierbeziehung

Spannungsursachen – Störungsmuster
Klärungsprozesse – Lösungsmodelle

Analyse des unbewußten Zusammenspiels in Partnerwahl
und Paarkonflikt: das Kollusions-Konzept

«Das Buch verdient einen besonderen Platz in der Hand jedes Ehepartners und noch mehr jedes Arztes und Berufsmannes, der es mit Menschen zu tun hat.»
Berner Tagblatt

«. . . ein gut geschriebenes Buch, eine empfehlenswerte Lektüre . . .»
FAZ

Aus dem Inhalt:
Die neue Angst vor der Ehe
Funktionsprinzipien von Paarbeziehungen
Die Phasen der Ehe mit ihren typischen Krisen
Einführung in das Konzept der Kollusion an Hand eines Beispiels
Vier Grundmuster des unbewußten Zusammenspiels der Partner
Das unbewußte Zusammenspiel der Partner (Kollusion)
Partnerwahl und Einspielen der Kollusion
Die Einbeziehung von Drittpersonen in den Paarkonflikt
Psychosomatische Paar-Erkrankungen
Therapeutische Gesichtspunkte

287 Seiten. Broschiert.

Rowohlt